Reinhard Mey

Bis heute

Voggenreiter

Hinweis:
In diesem Buch wird die internationale Schreibweise verwendet, bei der das deutsche „H" als „B" und das deutsche „B" als B♭ (B flat) bezeichnet werden.

Um die Transkriptionen für die Gitarre umsetzbar zu machen, orientieren sich die Notenfassungen im Zweifelsfall an Reinhard Meys Live-Fassungen.

Text und Musik aller Titel: Reinhard Mey; Maikäfer Musikverlagsgesellschaft mbH, Berlin

„Rüm Hart", „Nanga Parbat" und „Bunter Hund:
Transkription und Bearbeitung: Carsten Gerlitz, Berlin
Notensatz und Layout: Johannes Rauterberg, Leipzig
Gitarrenlektorat: Johannes Gehlmann

„Mairegen" und „Dann mach's gut":
Transkription, Notensatz und Layout: Manfred Lechter
Pickingvorschläge: Ian Melrose

Alle Fotos: © Jim Rakete

Viktoriastraße 25, D-53173 Bonn
www.voggenreiter.de
Telefon: 0228.93 575-0

ISBN: 978-3-8024-1000-0

Inhaltsverzeichnis

Rüm Hart

Nanga Parbat

Bunter Hund

Mairegen

Dann mach's gut

Zugabe

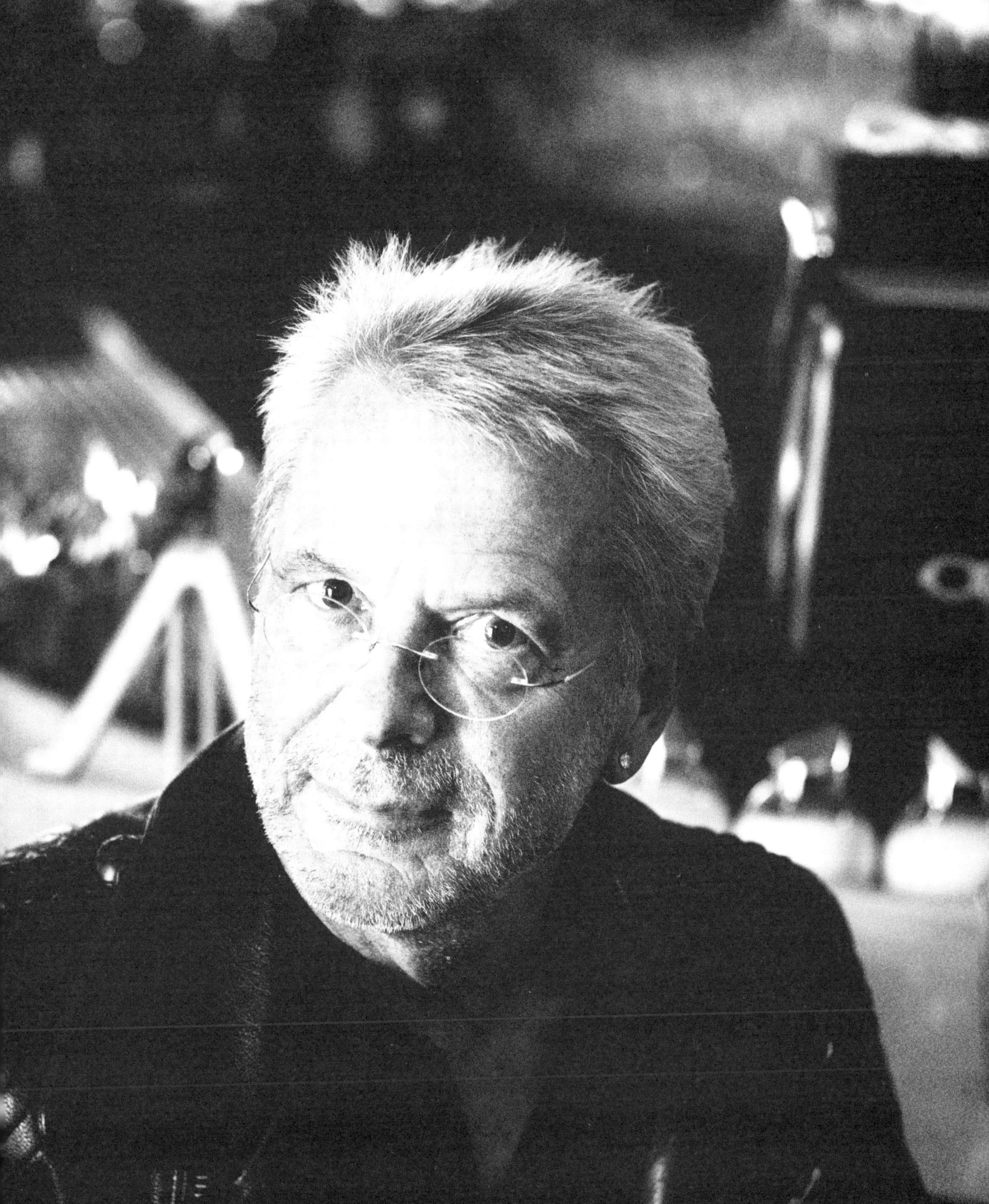

Rüm Hart

Foto: Jim Rakete, Berlin

Rüm Hart

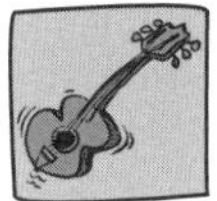

Pickingvorschlag 2

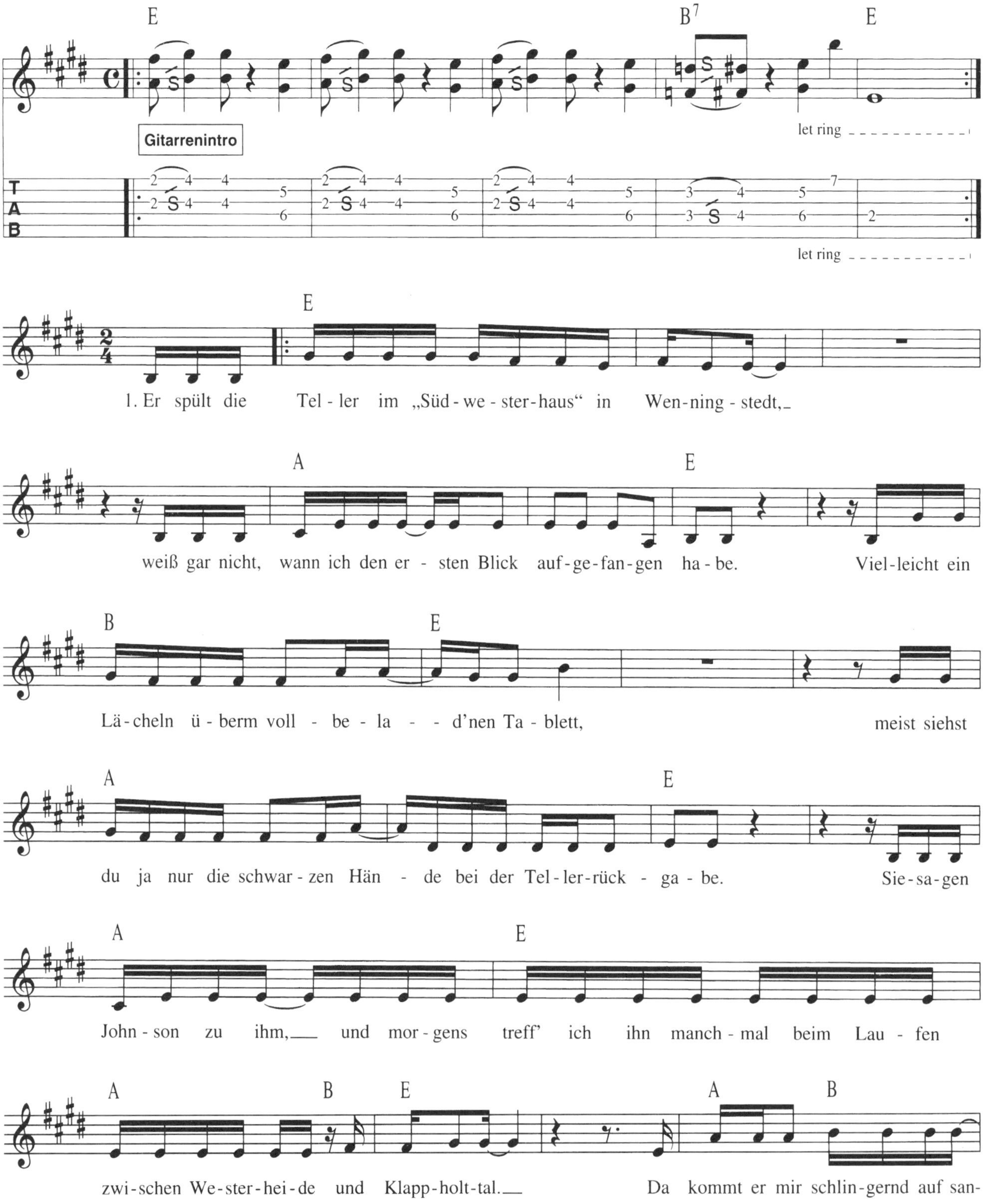

E B7 E

Gitarrenintro

let ring

let ring

E

1. Er spült die Tel - ler im „Süd - we - ster - haus“ in Wen - ning - stedt, _

A E

weiß gar nicht, wann ich den er - sten Blick auf - ge - fan - gen ha - be. Viel - leicht ein

B E

Lä - cheln ü - berm voll - be - la - - d'nen Ta - blett, meist siehst

A E

du ja nur die schwar - zen Hän - de bei der Tel - ler - rück - ga - be. Sie - sa - gen

A E

John - son zu ihm, __ und mor - gens treff' ich ihn manch - mal beim Lau - fen

A B E A B

zwi - schen We - ster - hei - de und Klapp - holt - tal. __ Da kommt er mir schlin - gernd auf san -

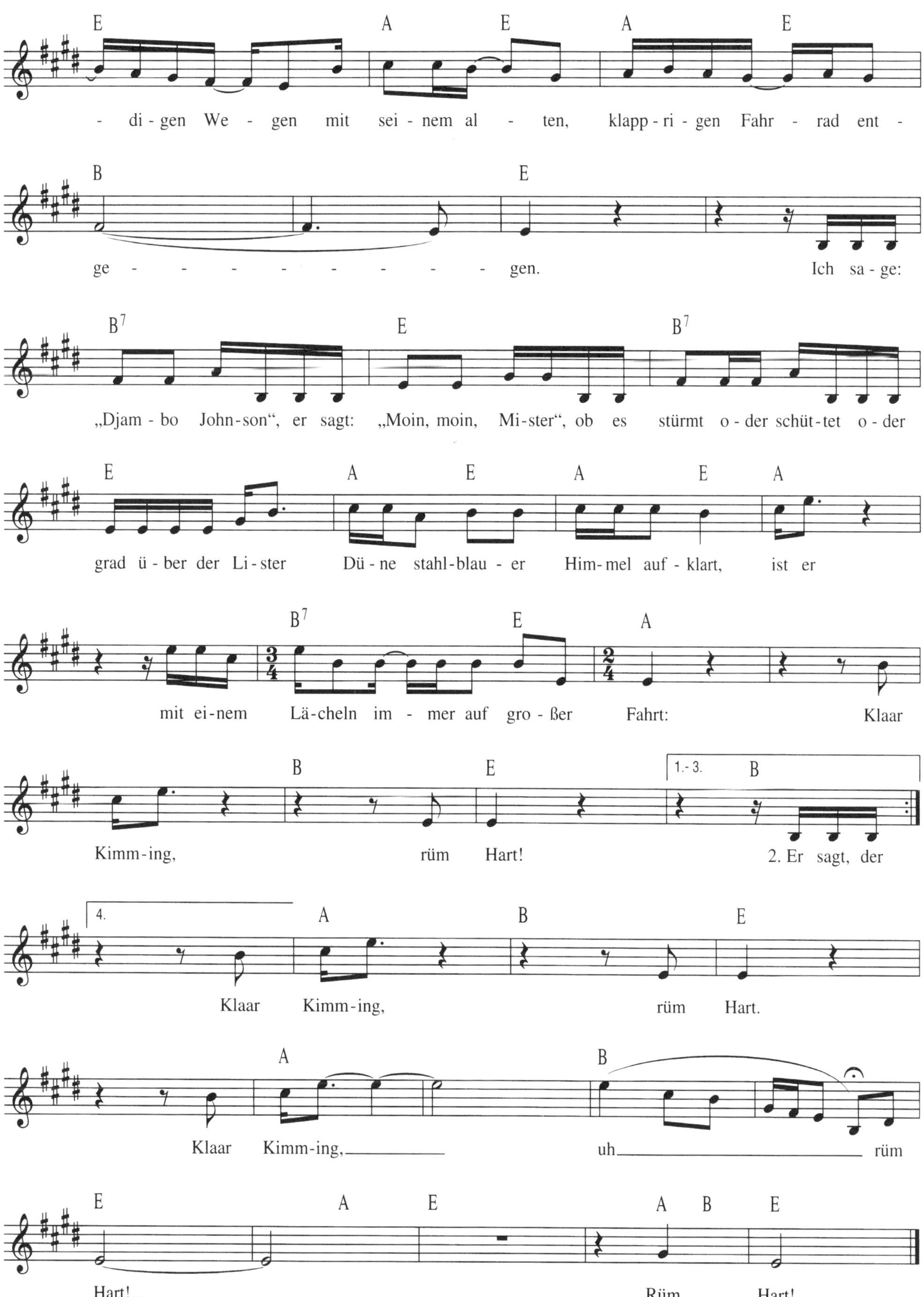
E A E A E
- di-gen We - gen mit sei - nem al - ten, klapp - ri - gen Fahr - rad ent -
B E
ge - - - - - - - - - gen. Ich sa - ge:
B7 E B7
„Djam - bo John-son“, er sagt: „Moin, moin, Mi-ster“, ob es stürmt o - der schüt-tet o - der
E A E A E A
grad ü - ber der Li - ster Dü - ne stahl-blau - er Him-mel auf - klart, ist er
B7 E A
mit ei-nem Lä-cheln im - mer auf gro - ßer Fahrt: Klaar
B E 1.-3. B
Kimm-ing, rüm Hart! 2. Er sagt, der
4. A B E
Klaar Kimm-ing, rüm Hart.
A B
Klaar Kimm-ing, uh rüm
E A E A B E
Hart! Rüm Hart!

```
                 E
1.  Er spült die Teller im „Südwesterhaus“ in Wenningstedt,
                      A                                       E
    weiß gar nicht, wann ich den ersten Blick aufgefangen habe.
                   B                      E
    Vielleicht ein Lächeln überm vollbeladenen Tablett,
                  A                                                E
    meist siehst Du ja nur die schwarzen Hände bei der Tellerrückgabe.
                A                              E
    Sie sagen Johnson zu ihm, und morgens treff’ ich ihn manchmal
                  A                       B   E
    beim Laufen zwischen Westerheide und Klappholttal.
        A             B                 E
    Da kommt er mir schlingernd auf sandigen Wegen
         A       E     A         E           B  E
    mit seinem alten, klapprigen Fahrrad entgegen.
               B7                         E
    Ich sage „Djambo Johnson“, er sagt „Moin, Moin, Mister“,
            B7                        E
    ob es stürmt oder schüttet oder grad über der Lister
     A          E        A         E     A
    Düne stahlblau der Himmel aufklart, ist er
                B7               E       A
    mit einem Lächeln immer auf großer Fahrt:
          A        B     E         (A  E)
    Klaar Kimming, rüm Hart!

                  E
2.  Er sagt, der Job ist in Ordnung, er kommt klar mit dem Geld,
                A                                            E
    er hat das Fahrrad und in Mellhörn sein eignes, kleines Zimmer.
                 B                   E
    Er sagt, die Küche ist der beste Platz auf der Welt,
             A                        B            E
    und die Leute sind nett, also fast alle und fast immer.
                A                                     E
    Manchmal guckt er durch die Durchreiche - das soll’n sie zwar nicht -
            A                      B        E
    auf die weißgedeckten Tische mit dem Kerzenlicht.
                  A           B             E
    Und von den halbvollen Tellern, die die Mädchen abräumen,
             A       E         A      E       B   E
    spült er fort, wovon sie zuhause alle nur träumen.
               B7                         E
    Ich sage „Djambo Johnson“, er sagt „Moin, Moin, Mister“,
            B7                        E
    ob es stürmt oder schüttet oder grad über der Lister
     A          E        A          E    A
    Düne stahlblau der Himmel aufklart, ist er
                B7               E       A
    mit einem Lächeln immer auf großer Fahrt:
          A        B     E            (A  E)
    Klaar Kimming, rüm Hart!
```

E
3. Der Wind treibt Regen her von See und Wolken schwer und grau,
A E
er hat die bunte Wollmütze tief ins Gesicht gezogen.
B E
Er sagt, die Leute hier haben in ihren Augen das Blau,
A B E
das ihrem Himmel so oft fehlt und dem Meer und den Wogen.
A E
Manchmal sitz' ich neben ihm im Bambushäuschen im Lee,
A B E
hör' ihm zu, wenn er von seinem Dorf erzählt und seh'
A B E
uns beide unterm Baum in der Savanne sitzen
A E A E B E
und seinem kleinen Bruder einen Mercedesstern schnitzen.
B^7 E
Ich sage „Djambo Johnson", er sagt „Moin, Moin, Mister",
B^7 E
ob es stürmt oder schüttet oder grad über der Lister
A E A E A
Düne stahlblau der Himmel aufklart, ist er
B^7 E A
mit einem Lächeln immer auf großer Fahrt:
A B E (A E)
Klaar Kimming, rüm Hart!

E
4. Er ist nicht fremd hier und ist dennoch verlor'n irgendwo
A E
zwischen Cafés und Containern, Bistros und Juwelieren.
B E
Die blonde Frau, die manchmal hersieht, meint das nicht wirklich so,
A B E
und immer Angst, es stimmt was nicht mit den Papieren.
A E
Manchmal seh' ich ihn spät in der Telefonzelle steh'n,
A B E
dann kann ich in seinen Augen so ein Leuchten seh'n,
A B E
als könnte er von fern die Stimmen seiner Ahnen hören,
A E A E B E
die ihn in der Inselnacht „Hey Johnson, du schaffst das!" beschwören.
B^7 E
Ich sage „Djambo Johnson", er sagt „Moin, Moin, Mister",
B^7 E
ob es stürmt oder schüttet oder grad über der Lister
A E A E A
Düne stahlblau der Himmel aufklart, ist er
B^7 E A
mit einem Lächeln immer auf großer Fahrt:
A B E A B E
Klaar Kimming, rüm Hart! Klaar Kimming, rüm Hart!

Immer mehr

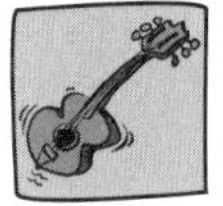

Pickingvorschlag 4

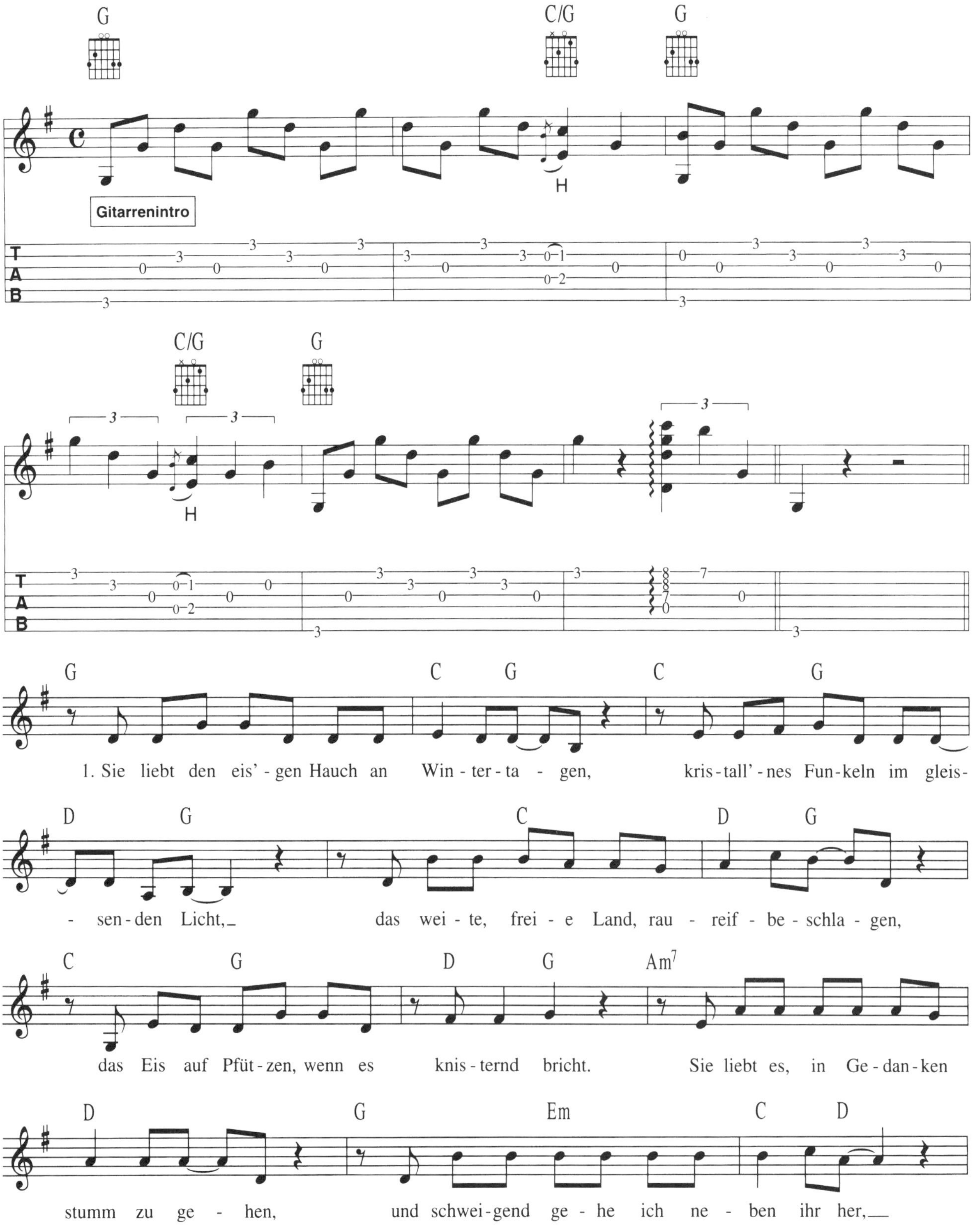

G C/G G

Gitarrenintro

H

C/G G

H

G C G C G

1. Sie liebt den eis'-gen Hauch an Win-ter-ta-gen, kris-tall'-nes Fun-keln im gleis-

D G C D G

-sen-den Licht, das wei-te, frei-e Land, rau-reif-be-schla-gen,

C G D G Am7

das Eis auf Pfüt-zen, wenn es knis-ternd bricht. Sie liebt es, in Ge-dan-ken

D G Em C D

stumm zu ge-hen, und schwei-gend ge-he ich ne-ben ihr her,

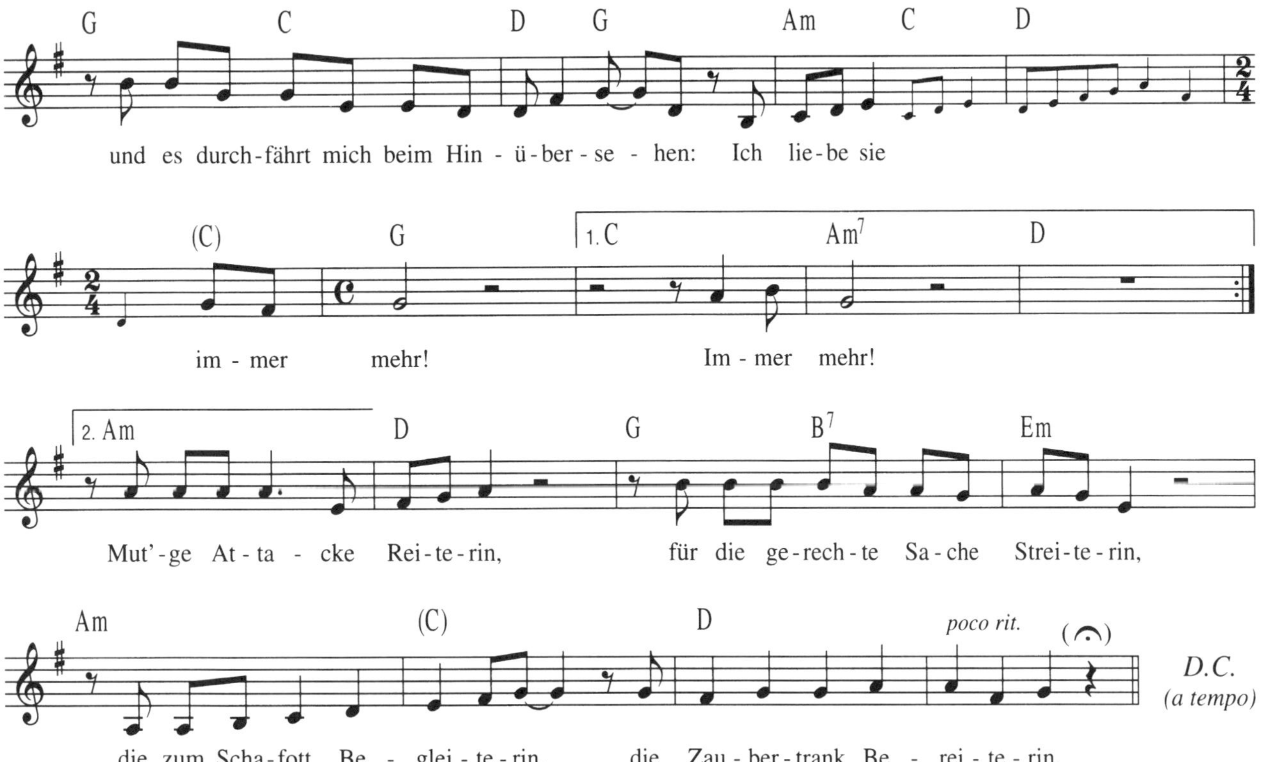
G C D G Am C D
und es durch-fährt mich beim Hin - ü-ber - se - hen: Ich lie-be sie
(C) G 1.C Am7 D
im - mer mehr! Im - mer mehr!
2. Am D G B7 Em
Mut'-ge At - ta - cke Rei - te - rin, für die ge - rech - te Sa - che Strei - te - rin,
Am (C) D
die zum Scha - fott Be - glei - te - rin, die Zau - ber - trank Be - rei - te - rin.
poco rit.
D.C.
(a tempo)

G C G C G D G
1. Sie liebt den eis'gen Hauch an Wintertagen, kristall'nes Funkeln im gleissenden Licht,
G C D G C G D G
das weite, freie Land, raureifbeschlagen, das Eis auf Pfützen, wenn es knisternd bricht.
Am^7 D G Em C D
Sie liebt es, in Gedanken stumm zu gehen, und schweigend gehe ich neben ihr her,
G C D G Am C D (C) G C Am^7 D
und es durchfährt mich beim Hinübersehen: Ich liebe sie - immer mehr! Immer mehr!

G C G C G D G
2. Sie liebt das klare Wort, die freie Rede, sie liebt die Wahrheit, und sie sagt sie laut,
G C D G C G D G
Sie widerspricht und fürchtet keine Fehde, wenn alles betreten zu Boden schaut.
Am^7 D G Em C D
Und sie vermag zu trösten, Mut zu machen. Wo nimmt sie all die klugen Worte her,
G C D G Am CD (C) G
Die alten Kampfgeist neu entfachen! Ich liebe sie - immer mehr!
Am^7 D G B^7 Em
Mut'ge Attacke Reiterin, für die gerechte Sache Streiterin,
Am D
die zum Schafott Begleiterin, die Zaubertrank Bereiterin.

G C G C G D G
3. Sie liebt die Nebel, die von See her wehen wie Schleier, die ein warmer Schein durchdringt,
G C D G C G D G
sie liebt's, am Wellensaum entlangzugehen, die Hand voll Muscheln, die sie mit heimbringt,
Am^7 D G Em C D
Und sie schreibt Ansichtskarten aus der Ferne und zaubert Düfte, Geist und Bilder her.
G C D G Am C D (C) G
Wer die bekommt, den hat das Leben gerne! Ich liebe sie - immer mehr!
Am^7 D G B^7 Em
Mut'ge Attacke Reiterin, für die gerechte Sache Streiterin,
Am D
die zum Schafott Begleiterin, die Zaubertrank Bereiterin.

G C G C G D G
4. Ich glaube, dass ich manches weiss und ahne von allem, was sie wünscht und fühlt und denkt.
G C D G C G D G
Ich weiss jemanden, der die weisse Fahne im Leben für mich vor dem Fenster schwenkt
Am^7 D G Em Am D
und der mir sagt: Ich werde bei dir bleiben, auch wenn der Wind dreht und die Wetter schwer
G C D G Am C D (C) G
dein winz'ges Boot hinaus auf's Eismeer treiben. Ich liebe sie - immer mehr!
C Am D G C Am D G C D G
Immer mehr, immer mehr, immer mehr ....

Der kleine Wiesel

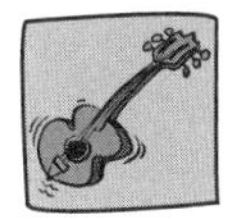

Pickingvorschlag 7

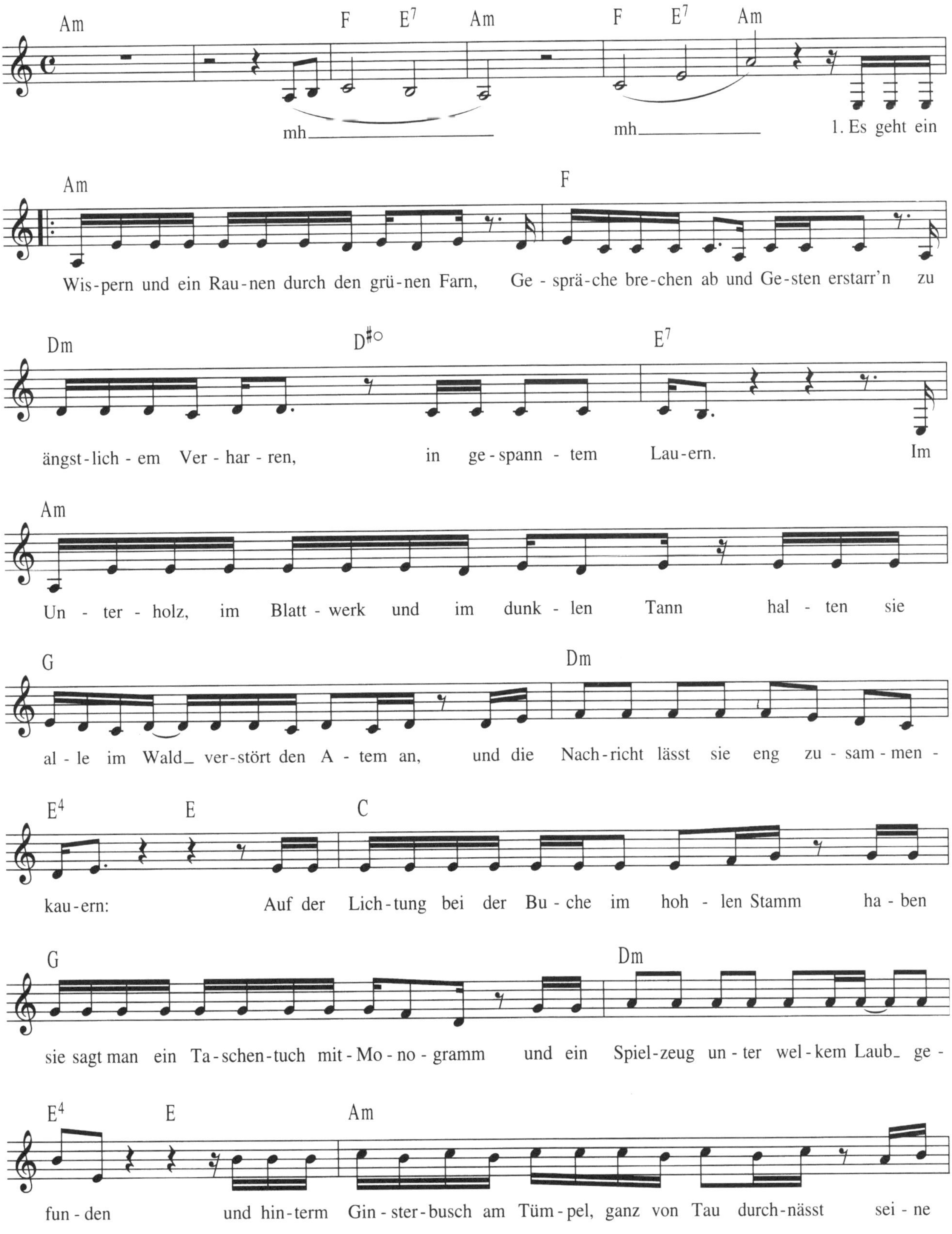

Am F E7 Am F E7 Am

mh________ mh________ 1. Es geht ein

Am F

Wis-pern und ein Rau-nen durch den grü-nen Farn, Ge - sprä-che bre-chen ab und Ge-sten erstarr'n zu

Dm D#o E7

ängst-lich - em Ver - har - ren, in ge - spann - tem Lau-ern. Im

Am

Un - ter - holz, im Blatt - werk und im dunk - len Tann hal - ten sie

G Dm

al - le im Wald_ ver-stört den A - tem an, und die Nach-richt lässt sie eng zu - sam - men -

E4 E C

kau-ern: Auf der Lich-tung bei der Bu - che im hoh - len Stamm ha - ben

G Dm

sie sagt man ein Ta-schen-tuch mit - Mo - no - gramm und ein Spiel-zeug un - ter wel-kem Laub_ ge -

E4 E Am

fun - den und hin-term Gin - ster-busch am Tüm - pel, ganz von Tau durch-nässt sei - ne

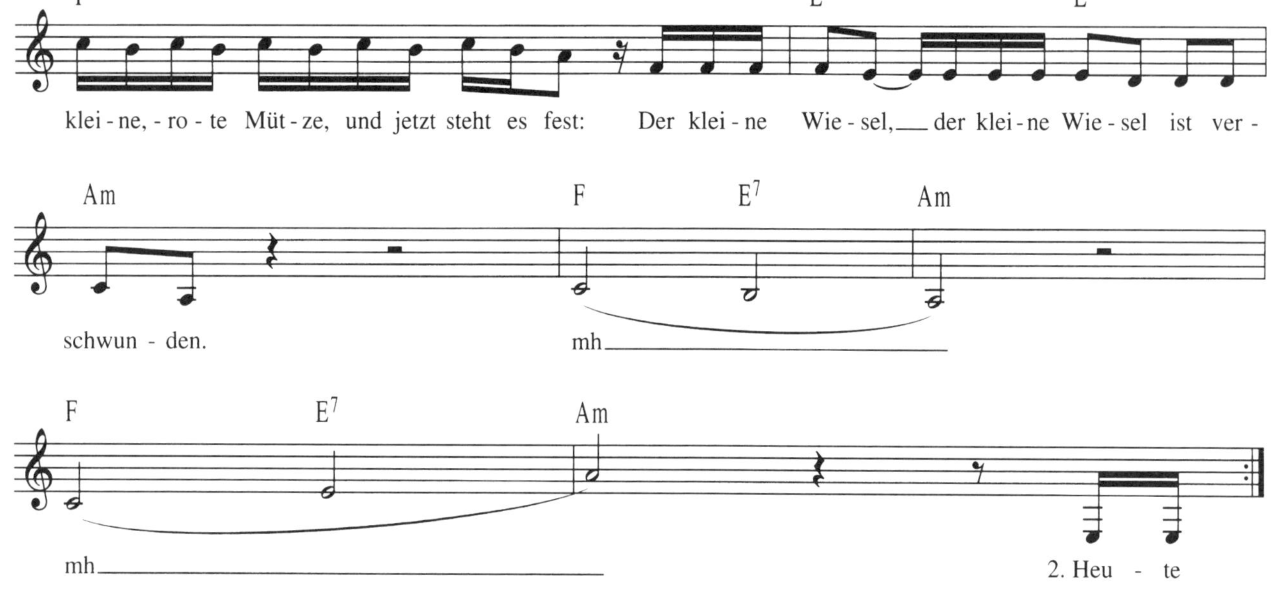

Am F E⁷ Am F E⁷ Am
mh-------- mh--------

Am
1. Es geht ein Wispern und Raunen durch den grünen Farn,
F
Gespräche brechen ab, und Gesten erstarr'n
Dm D♯° E⁷
zu ängstlichem Verharren, in gespanntem Lauern.
Am
Im Unterholz, im Blattwerk und im dunklen Tann
G
halten sie alle im Wald verstört den Atem an,
Dm E⁴ E
und die Nachricht lässt sie eng zusammenkauern:
C
Auf der Lichtung bei der Buche im hohlen Stamm
G
haben sie - sagt man - ein Taschentuch mit Monogramm
Dm E⁴ E
und ein Spielzeug unterm welken Laub gefunden
Am
und hinterm Ginsterbusch am Tümpel, ganz von Tau durchnässt
F
seine kleine, rote Mütze, und jetzt steht es fest:
E⁴ E Am F E⁷ Am F E⁷ Am
Der kleine Wiesel, der kleine Wiesel ist verschwunden. mh------- mh--------

Am
2. Heute morgen haben sie ihn alle noch geseh'n,
F
im Wald hier kann ihm ja auch wirklich nichts gescheh'n,
Dm D#° E^7
wo jeder jedem hilft, und alle einander kennen.
Am
Die Mutter war doch eben nur ganz kurz ums Eck
G
und gleich zurück, da war der kleine Wiesel weg,
Dm E^4 E
und jeder weiß, der kleine Wiesel, der kann rennen!
C
Aber jetzt ist schon längst Mittag, jetzt ist Essenszeit
G
und der kleine Wiesel nicht zu sehen weit und breit,
Dm E^4 E
die Eltern und Geschwister rufen ihn jetzt schon seit Stunden.
Am
Wo steckt er nur, was hat er wieder angestellt?
F
Wenn ein Kind nicht heimkommt, kentert die ganze Welt!
E^4 E Am F E^7 Am F E^7 Am
Der kleine Wiesel, der kleine Wiesel ist verschwunden. mh------- mh--------

Am
3. Das vorwitzigste Kerlchen im ganzen Revier,
F
so ein übermüt'ges, abenteuerlust'ges Tier
Dm D#° E^7
mit seiner spitzen Nase und den Hamsterbacken!
Am
Wie oft haben die Eltern es „Sag nein!" ermahnt,
G
„Geh nicht mit Fremden mit!", als hätten sie's geahnt.
Dm E^4 E
Er ist so zutraulich und hat doch nur den Schalk im Nacken!
C
Die Eltern bitten, und die Eltern fleh'n:
G
„Bitte lasst den kleinen Wiesel nach Hause geh'n!"
Dm E^4 E
Noch immer hat man keine neue Spur gefunden.
Am
Die Mutter wie erloschen, wie von Tränen blind,
F
der Vater wie von Sinnen vor Angst um das Kind.
E^4 E Am F E^7 Am F E^7 Am
Der kleine Wiesel, der kleine Wiesel ist verschwunden. mh------- mh--------

```
           E7/A
4.  (gesprochen) Der Fuchs sagt: „Jeder weiß, dass all das Mahnen wenig nützt,
       Am
    dass Vorsicht ganz allein uns're Kinder nicht schützt.
    E7/A                                   Am
    Wie soll'n sie sich denn von der Gefahr fernhalten?
            D#°
    Kinder erkennen manche Gefahren ganz einfach nicht.
    Em
    Ja, ist es denn dann nicht unsere verdammte Pflicht,
      D#°                              Em
    die Gefahr für uns're Kinder auszuschalten?“
      Am
    Der Prediger sagt: „Wer ein einz'ges der Kleinen fängt,
    Em
    für den wäre es besser, er würde versenkt
            Am          C               B7
    mit einem Eselsmühlstein auf dem Meeresgrunde!“
    C
    Der Richter sagt: „In welchem Erdloch er sich auch verbirgt,
                  F                             Dm   E4  E
    sein Recht auf Freiheit ist für alle Zeit verwirkt!“

      Am
5.  Das Unfassbare ist in diesem Wald gescheh'n,
                  F
    nichts ist, wie's war. Wie soll das Leben weitergeh'n?
      Dm                     D#°          E7
    Nur einer fehlt, doch dieser eine fehlt uns allen.
      Am
    Und keins der Tiere ruht, und keins der Tiere frisst
           G
    so lange, wie der kleine Wiesel nicht zu Hause ist.
      Dm                                           E4     E
    Die Gesellschaft, die die Brut nicht schützt, die soll zerfallen!
      C
    Der Abend kommt, und er ist immer noch vermisst,
         G
    wehe, wenn dem kleinen Wiesel was geschehen ist!
           Dm                            E4      E
    Da ist ein heil'ger Zorn, ein Drohen und ein Fluchen,
           Am
    die Hölle öffnet ihren Feuerschlund, die Erde bebt -
    F
    wehe dem, der die Hand gegen ein Kind erhebt!
                 E4         E               Am          F  E7 Am    F  E7 Am
    Am Morgen bei Tagesanbruch wird man weitersuchen.   mh--------  mh--------
```

Die Blitzlichter machen uns zu Idioten

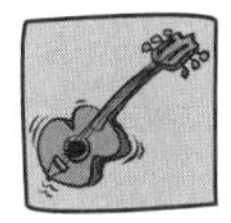

Pickingvorschlag 7

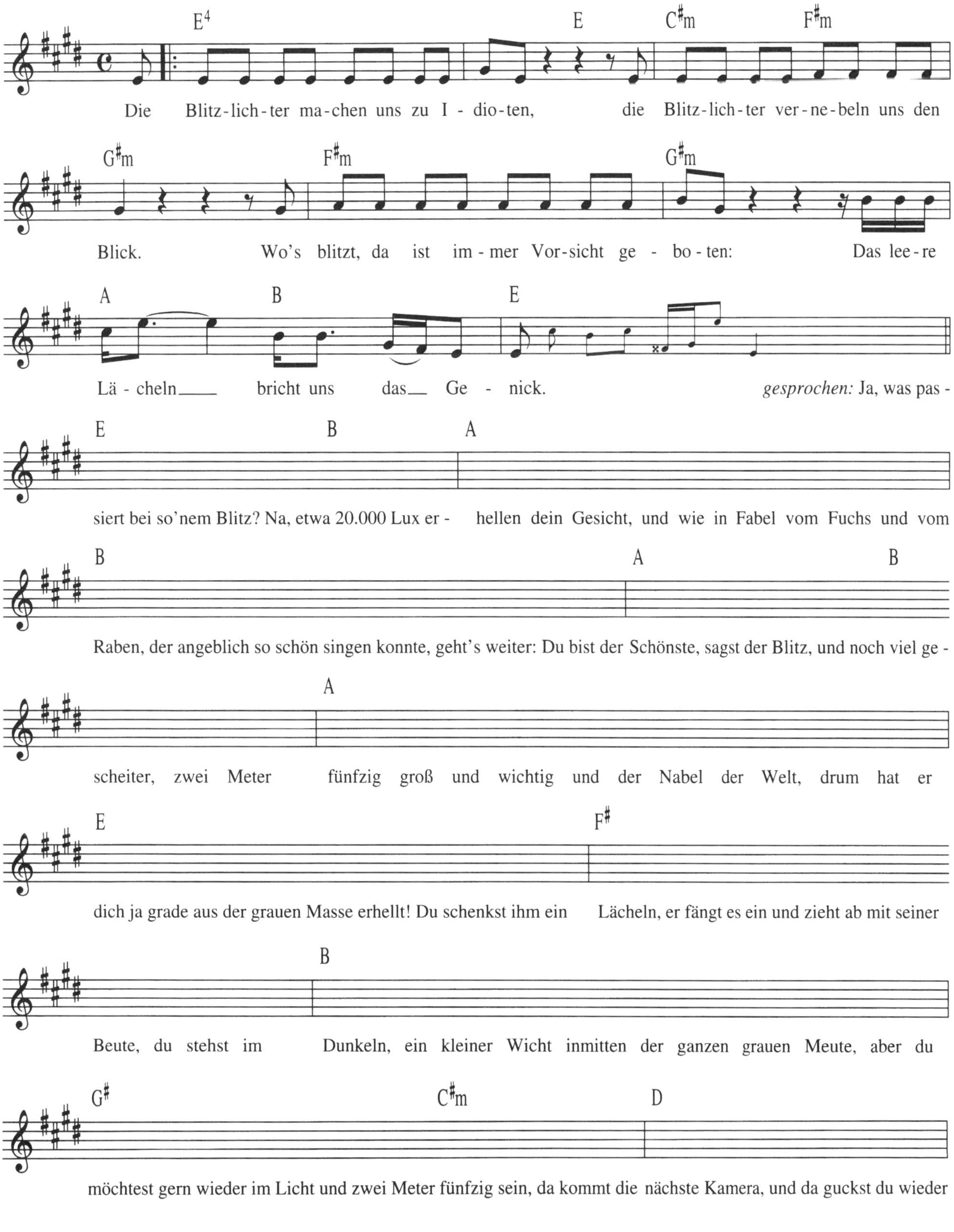

E4 E C#m F#m
Die Blitz-lich-ter ma-chen uns zu I - dio-ten, die Blitz-lich-ter ver-ne-beln uns den

G#m F#m G#m
Blick. Wo's blitzt, da ist im-mer Vor-sicht ge - bo-ten: Das lee-re

A B E
Lä - cheln___ bricht uns das___ Ge - nick. *gesprochen:* Ja, was pas -

E B A
siert bei so'nem Blitz? Na, etwa 20.000 Lux er - hellen dein Gesicht, und wie in Fabel vom Fuchs und vom

B A B
Raben, der angeblich so schön singen konnte, geht's weiter: Du bist der Schönste, sagst der Blitz, und noch viel ge -

A
scheiter, zwei Meter fünfzig groß und wichtig und der Nabel der Welt, drum hat er

E F#
dich ja grade aus der grauen Masse erhellt! Du schenkst ihm ein Lächeln, er fängt es ein und zieht ab mit seiner

B
Beute, du stehst im Dunkeln, ein kleiner Wicht inmitten der ganzen grauen Meute, aber du

G# C#m D
möchtest gern wieder im Licht und zwei Meter fünfzig sein, da kommt die nächste Kamera, und da guckst du wieder

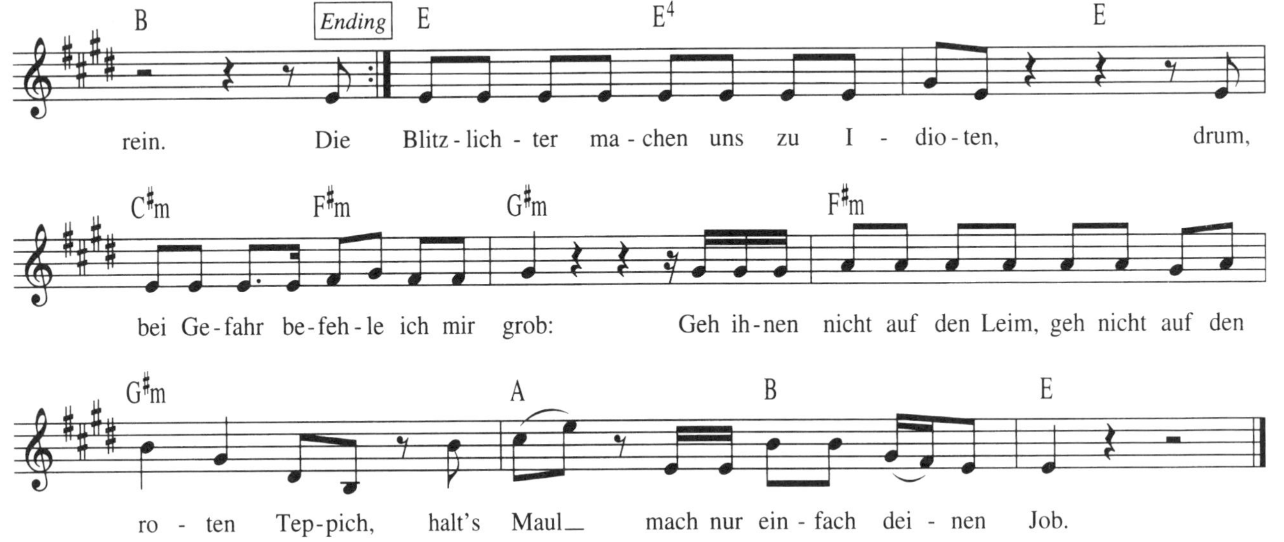

(Die Harmonien des Raps-Mittelteils orientieren sich an der Live-Version)

E4 E C#m F#m G#m
Die Blitzlichter machen uns zu Idioten, die Blitzlichter vernebeln uns den Blick.
F#m G#m A B E
Wo's blitzt, da ist immer Vorsicht geboten: Das leere Lächeln bricht uns das Genick.
E B
Ja, was passiert bei so einem Blitz? Na, etwa 20.000 Lux
A
erhellen dein Gesicht, und wie in der Fabel vom Fuchs
B
und vom Raben, der angeblich so schön singen konnte, geht's weiter:
A B
Du bist der Schönste, sagt der Blitz, und noch viel gescheiter,
A
zwei Meter fünfzig groß und wichtig und der Nabel der Welt,
E
darum hat er dich ja grade aus der grauen Masse erhellt!
F#
Du schenkst ihm ein Lächeln, er fängt es ein und zieht ab mit seiner Beute,
B
du stehst im Dunkeln, ein kleiner Wicht inmitten der ganzen grauen Meute,
G# C#m
aber du möchtest gern wieder im Licht und zwei Meter fünfzig sein,
D B
da kommt die nächste Kamera, und da guckst du wieder rein.

E4 E C#m F#m G#m
Die Blitzgewitter machen uns dümmer, sie bauchpinseln und leih'n uns Wichtigkeit.
F#m G#m A B E
Mit jeder Pose wird das Rückgrat krümmer, das Lächeln Fratze, und ständig grinsbereit.

E
Was macht der Blitz ins unserm Kopf? Nun, aus medizinischer Sicht
A
verengt sich erst mal die Pupille, und der Lachmuskel spricht
B
den Mundwinkel an, das lässt den Nerv der Wahrnehmung veröden,
A B
und die ständ'ge Wiederholung führt zum schrittweisen Verblöden,

A
denn mit jeder zusätzlichen Speichel-Schmeicheleinheit

E
kommt es zur nachhaltigen Schädigung der Urteilsfähigkeit

F#
und im Endstadium - auch in Abwesenheit von Fotolinsen -

B
zu grundlosem, permanentem, unstillbarem Grinsen:

G# C#m
Jetzt glaubt der Patient, er sei tatsächlich schön und schlau und groß,

D B
dann ist die Lage nicht mehr ernst, dann ist sie hoffnungslos!

E4 E C#m F#m G#m
Blitzlichter machen alles etwas heller, auch das, was mancher vielleicht gar nicht mag:

F#m G#m A B E
So sieht man plötzlich die Leiche im Keller, die doch so friedlich schön im Dunkeln lag.

E
Hilflose Blitzlicht-Opfer spreizen sich, wohin du auch siehst:

A
Stöhne-Frauen und Strahlemänner, gleich welche Zeitung du liest.

B
Manche zeigen dir nur ihr Zahnfleisch, and're, ohne zu fragen,

A B
ihre Intimpiercings und ihre Silikoneinlagen.

A
Andere pretzeln sich am Rednerpult vor Ehrenkompanien und

E
schütteln sich gegenseitig vor Kameras die Hände wund,

F#
denn nicht die Halbprominenten oder die Muschi-Modelle,

B
nein, die Politik bringt sie hervor, die wirklich tragischen Fälle

G# C#m
von Exhibitionismus, Dumm- und Torheit in Tateinheit

D B
mit Selbstüberschätzung und unheilbarer Mediengeilheit.

E4 E C#m F#m G#m
Die Blitzlichtgewitter machen uns eitel, den weisen Staatsmann machen sie zum Clown,

F#m G#m A B E
der färbt sich den in Ehr'n ergrauten Scheitel noch einmal jugendlich rot-dunkel-braun.

N.C.
Drum merke: Erst kommt der Blitz, dann schwillt der Kamm, dann schwillt die Brust,

und dann kommt der totale Realitätsverlust!

E E4 E C#m F#m G#m
Die Blitzlichter machen uns zu Idioten, drum, bei Gefahr befehle ich mir grob:

F#m G#m
Geh ihnen nicht auf den Leim, geh nicht auf den roten Teppich,

A B E
halt's Maul und mach nur einfach deinen Job!

Aber heute

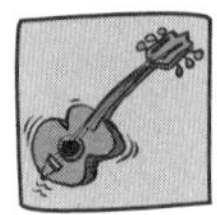

Pickingvorschlag 5/2

(Kapodaster I. Bund)

Studioversion: E-Dur (Kapodaster II. Bund)
Liveversion: E♭-Dur (Kapodaster I. Bund)

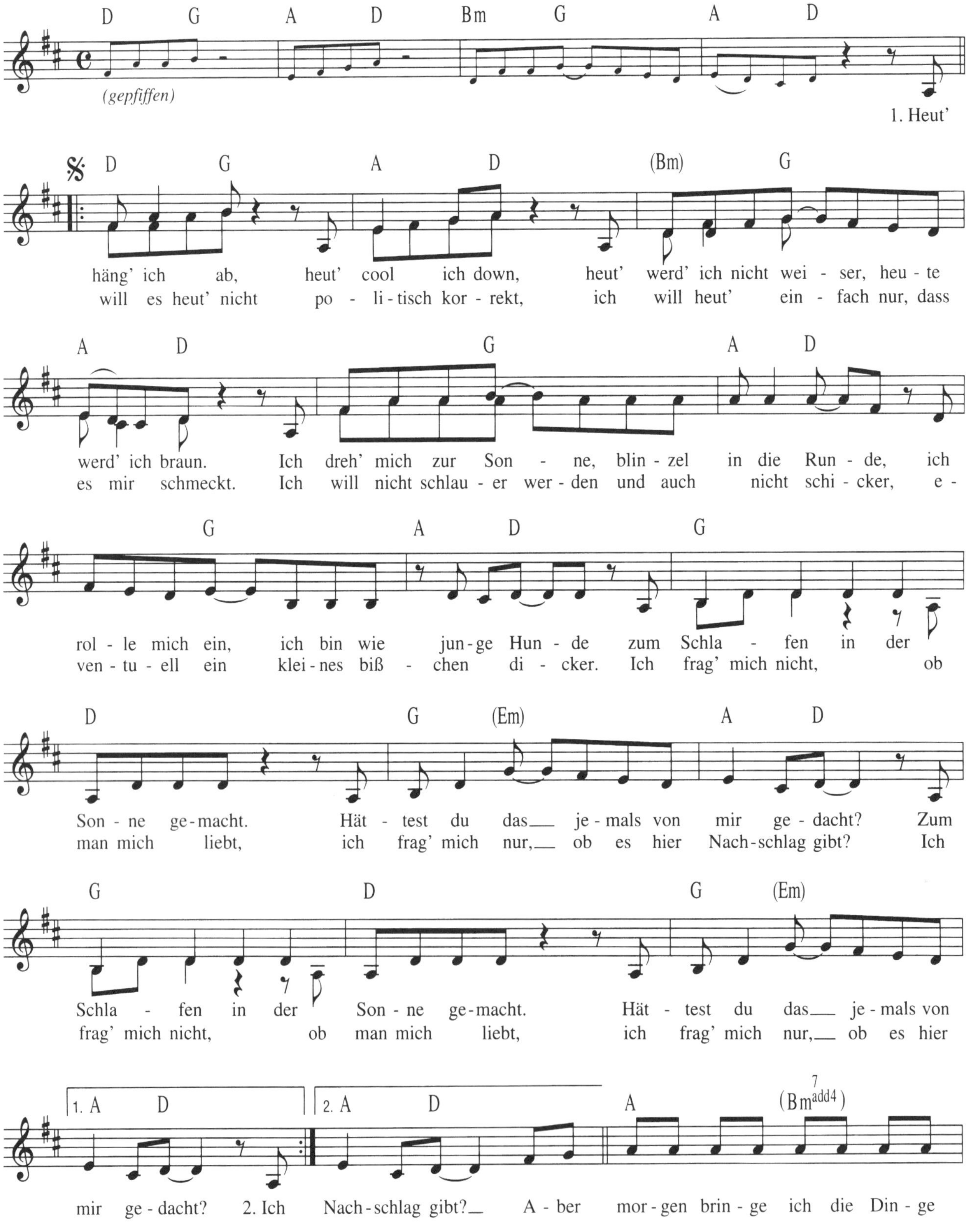

D G A D Bm G A D

(gepfiffen)

1. Heut'

D G A D (Bm) G

häng' ich ab, heut' cool ich down, heut' werd' ich nicht wei - ser, heu - te
will es heut' nicht po - li - tisch kor - rekt, ich will heut' ein - fach nur, dass

A D G A D

werd' ich braun. Ich dreh' mich zur Son - ne, blin - zel in die Run - de, ich
es mir schmeckt. Ich will nicht schlau - er wer - den und auch nicht schi - cker, e -

G A D G

rol - le mich ein, ich bin wie jun - ge Hun - de zum Schla - fen in der
ven - tu - ell ein klei - nes biß - chen di - cker. Ich frag' mich nicht, ob

D G (Em) A D

Son - ne ge - macht. Hät - test du das__ je - mals von mir ge - dacht? Zum
man mich liebt, ich frag' mich nur,__ ob es hier Nach - schlag gibt? Ich

G D G (Em)

Schla - fen in der Son - ne ge - macht. Hät - test du das__ je - mals von
frag' mich nicht, ob man mich liebt, ich frag' mich nur,__ ob es hier

1. A D | 2. A D | A (Bm^{7}_{add4})

mir ge - dacht? 2. Ich Nach - schlag gibt?__ A - ber mor - gen brin - ge ich die Din - ge

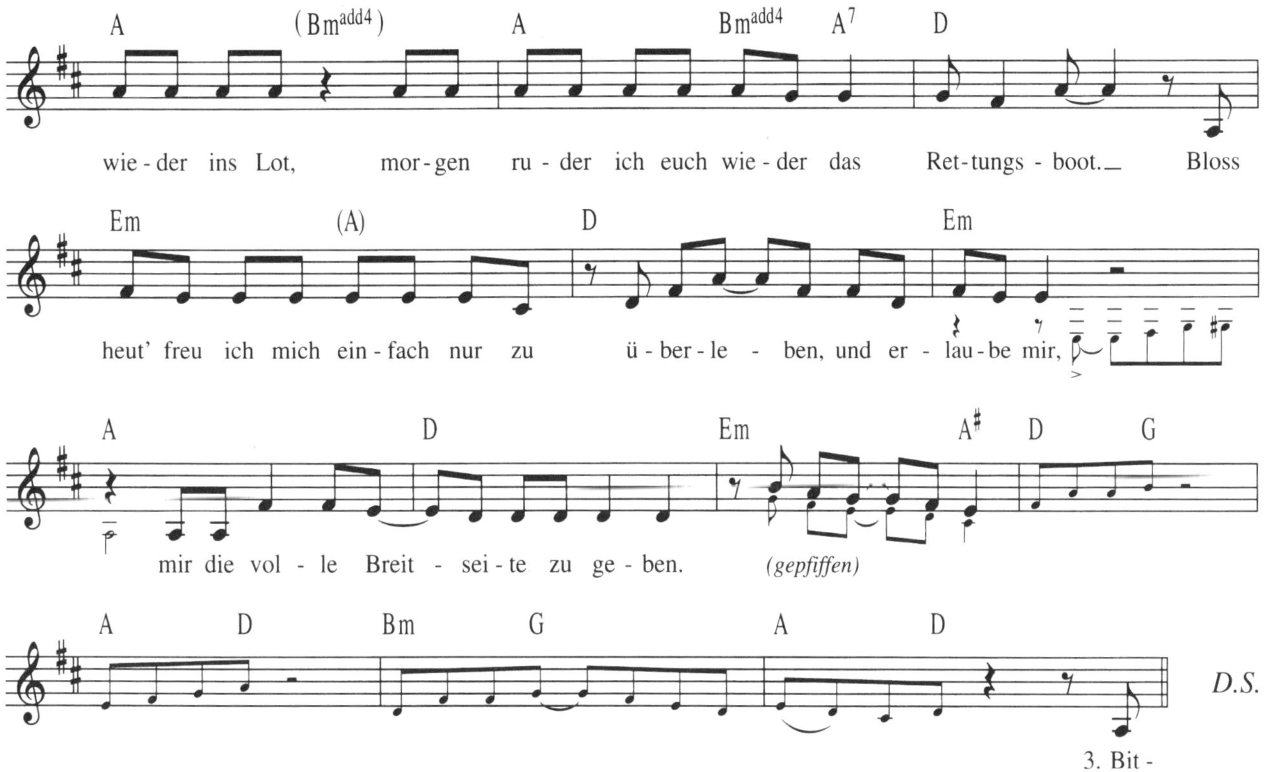
A (Bmadd4) A Bmadd4 A7 D
wie - der ins Lot, mor - gen ru - der ich euch wie - der das Ret - tungs - boot. Bloss
Em (A) D Em
heut' freu ich mich ein - fach nur zu ü - ber - le - ben, und er - lau - be mir,
A D Em A# D G
mir die vol - le Breit - sei - te zu ge - ben.
(gepfiffen)
A D Bm G A D
3. Bit -
D.S.

(Kapodaster I. Bund)

D G A D Bm G A D

D G A D Bm G A D
1. Heute häng' ich ab, heut' cool ich down, heut' werd' ich nicht weiser, heute werd' ich braun.
D G A D G A D
Ich dreh' mich zur Sonne, blinzel in die Runde, ich rolle mich ein, ich bin wie junge Hunde
G D G (Em) A D
zum Schlafen in der Sonne gemacht. Hättest Du das jemals von mir gedacht?
G D G (Em) A D
zum Schlafen in der Sonne gemacht. Hättest Du das jemals von mir gedacht?

D G A D Bm G A D
2. Ich will es heut' nicht politisch korrekt, ich will heut' einfach nur, dass es mir schmeckt.
D G A D G A D
Ich will nicht schlauer werden und auch nicht schicker, eventuell ein kleines bisschen dicker.
G D G (Em) A D
Ich frag' mich nicht, ob man mich liebt, ich frag' mich nur, ob es hier Nachschlag gibt.
G D G (Em) A D
Ich frag' mich nicht, ob man mich liebt, ich frag' mich nur, ob es hier Nachschlag gibt.
A ($Bm^{add4/7}$) D $Bm^{add4/7}$
Aber morgen bringe ich die Dinge wieder ins Lot,
A ($Bm^{add4/7}$) A^7 D
morgen ruder ich euch wieder das Rettungsboot.
Em (A) D
Bloß heut' freu' ich mich einfach nur zu überleben,
Em A D Em A D G A D Bm G A D
und erlaube mir, mir die volle Breitseite zu geben.

D G A D Bm G A D
3. Bitte, mich heut' nicht zu belehr'n, bitte, mich heut' keinesfalls zu beehr'n.
D G A D G A
Kein Vortrag, keine Ansprache, ich bin Banause, völlig anspruchslos, ich mach' heut' eine
D
Anspruchspause.
G D G (Em) A D
Ich will nicht reden und nicht zuhör'n. Bitte, mich nicht in diesem Glückszustand stör'n.
G D G (Em) A D
Ich will nicht reden und nicht zuhör'n. Bitte, mich nicht in diesem Glückszustand stör'n.
A ($Bm^{add4/7}$) D $Bm^{add4/7}$
Aber morgen bringe ich die Dinge wieder ins Lot,
A ($Bm^{add4/7}$) A^7 D
morgen ruder ich euch wieder das Rettungsboot.
Em (A) D
Bloß heut' freu' ich mich einfach nur zu überleben,
Em A D Em A D G A D Bm G A D
und erlaube mir, mir die volle Breitseite zu geben.

D G A D Bm G A D
4. Ich mache nichts, ich atme bloß, die Beine hoch, ich lasse los.

N.C. (Gitarre tacet)
Ich muss nichts nehmen, ich muss nichts rauchen, ich will nichts wollen, und ich brauch' nichts zu brauchen.

G D G (Em)
Na gut, ein Glas Barolo, wenn es denn stimmt, dass es das Zeug ist, das auch Gott in
A D
Frankreich nimmt!
G D G (Em)
Na gut, ein Glas Barolo, wenn es denn stimmt, dass es das Zeug ist, das auch Gott in
A D
Frankreich nimmt!

A ($Bm^{add4/7}$) D $Bm^{add4/7}$
Aber morgen bringe ich die Dinge wieder ins Lot,
A ($Bm^{add4/7}$) A^7 D
morgen ruder ich euch wieder das Rettungsboot.
Em (A) D
Bloß heut' freu' ich mich einfach nur zu überleben,
Em A D Em A D G A D Bm G A D
und erlaube mir, mir die volle Breitseite zu geben.

A ($Bm^{add4/7}$) D $Bm^{add4/7}$
Aber morgen bringe ich die Dinge wieder ins Lot,
A ($Bm^{add4/7}$) A^7 D
morgen ruder ich euch wieder das Rettungsboot.
Em A D
Morgen mach' ich sofort die Welt wieder besser,
Em A D
morgen schwimm' ich wieder jedem Haifisch ins Messer.
A D
Morgen öle ich euch wieder die Maschine,
A D
morgen such' ich wieder jede einzelne Mine.
Em A D
Morgen geh' ich für euch durch freundliches Feuer,
A D
aber heute zünde ich erst noch meine ganze Heuer,
Em A D
heute freu' ich mich einfach nur zu überleben,
Em A D
und erlaube mir, mir die volle Breitseite zu geben.

Neulich in der Dessous-Abteilung

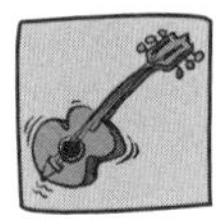

Pickingvorschlag 4

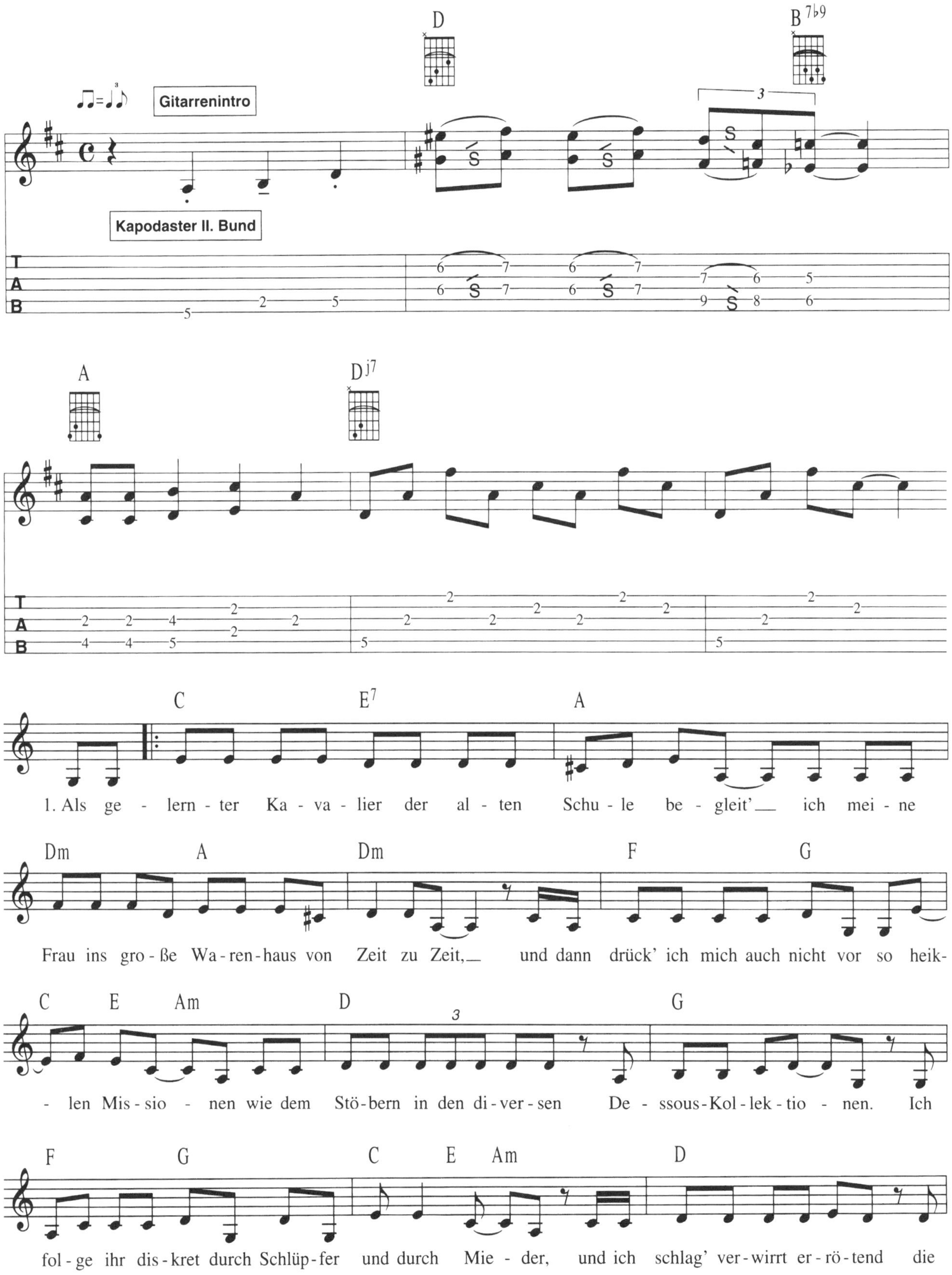

Gitarrenintro

Kapodaster II. Bund

D B7♭9

A Dj7

C E7 A

1. Als ge - lern - ter Ka - va - lier der al - ten Schu - le be - gleit' ich mei - ne

Dm A Dm F G

Frau ins gro - ße Wa - ren - haus von Zeit zu Zeit, und dann drück' ich mich auch nicht vor so heik-

C E Am D G

- len Mis - sio - nen wie dem Stö - bern in den di - ver - sen De - ssous - Kol - lek - tio - nen. Ich

F G C E Am D

fol - ge ihr dis - kret durch Schlüp - fer und durch Mie - der, und ich schlag' ver - wirrt er - rö - tend die

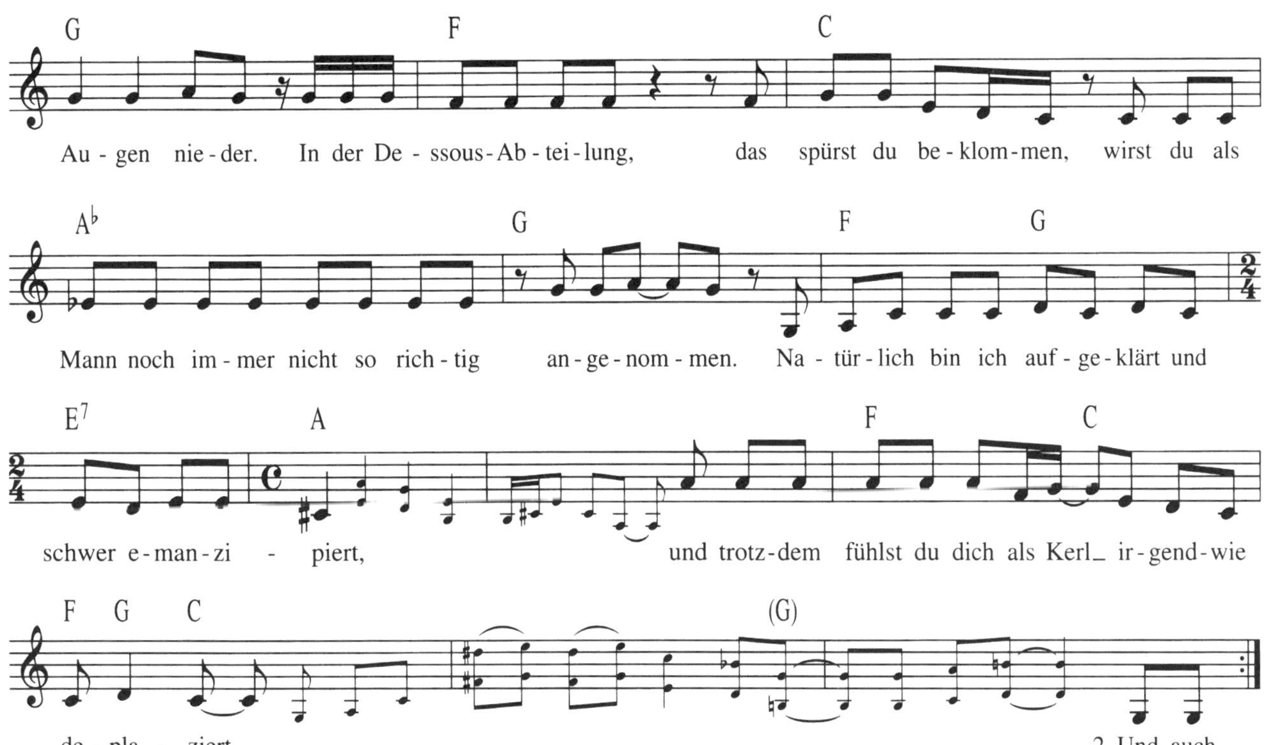
G
F
C
Au - gen nie - der. In der De - ssous - Ab - tei - lung, das spürst du be - klom - men, wirst du als
A♭
G
F
G
Mann noch im - mer nicht so rich - tig an - ge - nom - men. Na - tür - lich bin ich auf - ge - klärt und
E7
A
F
C
schwer e - man - zi - piert, und trotz - dem fühlst du dich als Kerl_ ir - gend - wie
F
G
C
(G)
de - pla - ziert._ 2. Und auch

Kapodaster im II. Bund (klingend D-Dur)
Die Studiofassung ist in F-Dur (Kapodaster V. Bund)

C E A
Als gelernter Kavalier der alten Schule begleit'
Dm A Dm
ich meine Frau ins große Warenhaus von Zeit zu Zeit,
F G C E Am
und dann drück' ich mich auch nicht vor so heiklen Missionen
D G
wie dem Stöbern in den diversen Dessous-Kollektionen.
F G (C) E Am
Ich folge ihr diskret durch Schlüpfer und durch Mieder,
D G
und ich schlag' verwirrt errötend die Augen nieder.
F C
In der Dessous-Abteilung, das spürst du beklommen,
A♭ G
wirst du als Mann noch immer nicht so richtig angenommen.
F G (C) A D
Natürlich bin ich aufgeklärt und schwer emanzipiert,
F C (Em) F G C (G)
und trotzdem fühlst du dich als Kerl irgendwie deplaziert.

C E A
2. Und auch diesmal gerät der Damenunterwäschekauf
Dm A Dm
für mich als Mitläufer zum reinsten Spießrutenlauf.
F G (C) E Am
Zwischen Hüfthaltern und Leibchen und Feinstrumpfhosen
D G
auf langen Plexiglasbeinen in merkwürdigen Posen,
F G (C) E Am
zwischen Stützkorsetts auf kopflosen Plastikrümpfen,
D G
Sloggys und French Knickers auf gespreizten Körperstümpfen,
F C
vorbei am Unterleib mit abgetrenntem Schenkel,
A♭ G
der einen Tanga trägt, nein, eigentlich mehr einen Schnürsenkel,
F G (C) A D
bis zum liegenden Torso, der, Glitzerbody-bedeckt,
F C(Em) F G C (G)
dem Betrachter gleich das Himmelreich entgegenstreckt.

C E A
3. Und mich ergreifen Entsetzen und Mitgefühl zugleich:
Dm A Dm
Das muss ja schrecklich kneifen, da ist doch alles zart und weich!
F G (C) E Am
Und erzähl mir nicht, dass diese winzigen sauteuren Strings
D G
nicht ganz gewaltig in der Porille scheuern!
F G E Am
Und die Druckknöpfe und Haken, die an keinem Body fehlen,
E A
graben doch tiefe Kerben in die Familienjuwelen!

F C
Und ich denk' bei mir: Wie locker, luftig, frei und lose
A♭ G
hat's mein Südpol in meiner zeltähnlichen Feinripphose!
F G (C) A D
Und zu welcher Folter ihr euch Frau'n versklaven lasst,
F C (Em) F G C (G)
nur weil es einem triebgestörten Modemacher passt!

C E A
4. Während ich noch über das Los der Frauen meditier',
Dm A Dm
ist meine plötzlich weg, ich steh' allein im Revier.
F G (C) E Am
Jetzt bin ich ganz verlor'n, ich fang' nervös an zu zucken,
D G
mein Blick eilt starr umher, nur wohin soll ich jetzt gucken?
F G E Am
Seh ich zu Boden, zur Decke mit unschuldiger Miene?
E A
Oder aus dem Augenwinkel zur Umkleidekabine?
F C
Guck' ich auf die Busen oder besser auf die Zwickel?
A♭ G
Egal wohin, gleich ha'm sie mich als Spanner am Wickel!
F G (C) A D
Und ich spür', wie sich böse Blicke in meinen Rücken bohr'n:
F C (Em) F G C (G)
„Was hat der alte, geile Sack in den Dessous verlor'n?!"

C E A
5. In Panik bahne ich mir meinen Weg durch die Push-Ups,
Dm A Dm
versteck' mich hinter Nachthemden, verhedder' mich in Straps,
F G (C) E Am
suche Halt in den BHs, die schon leer so ausseh'n wie volle,
D G
ich strauch'le - die Situation gerät ganz außer Kontrolle:
F G E Am
Schon tritt ein spitzer Stöckelabsatz mich hinterlistig,
E A
und ein Schirm saust auf mich nieder: „Ey, du Wichser, verpiss dich!"
F C
Also eh' ich mich hier von den Furien lynchen lasse,
A♭ G
flücht' ich mit erhob'nen Händen zu der Frau hinter der Kasse!
F G E A
Ich erklär' ihr meinen Fall, sie lächelt mütterlich,
F C (Em) F G C (G)
flüstert was ins Telefon, und kurz drauf höre ich:

„Der kleine, grauhaarige Reinhard hat sich in unserer Damen-Unterwäsche-Abteilung angefunden. Er ist etwa 60 Jahre alt und möchte jetzt an der Kasse im Ladies-World aus dem Dessous-Paradies abgeholt werden!"

Frei!

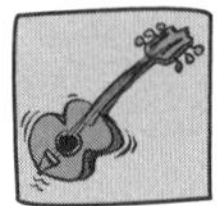

Pickingvorschlag 3

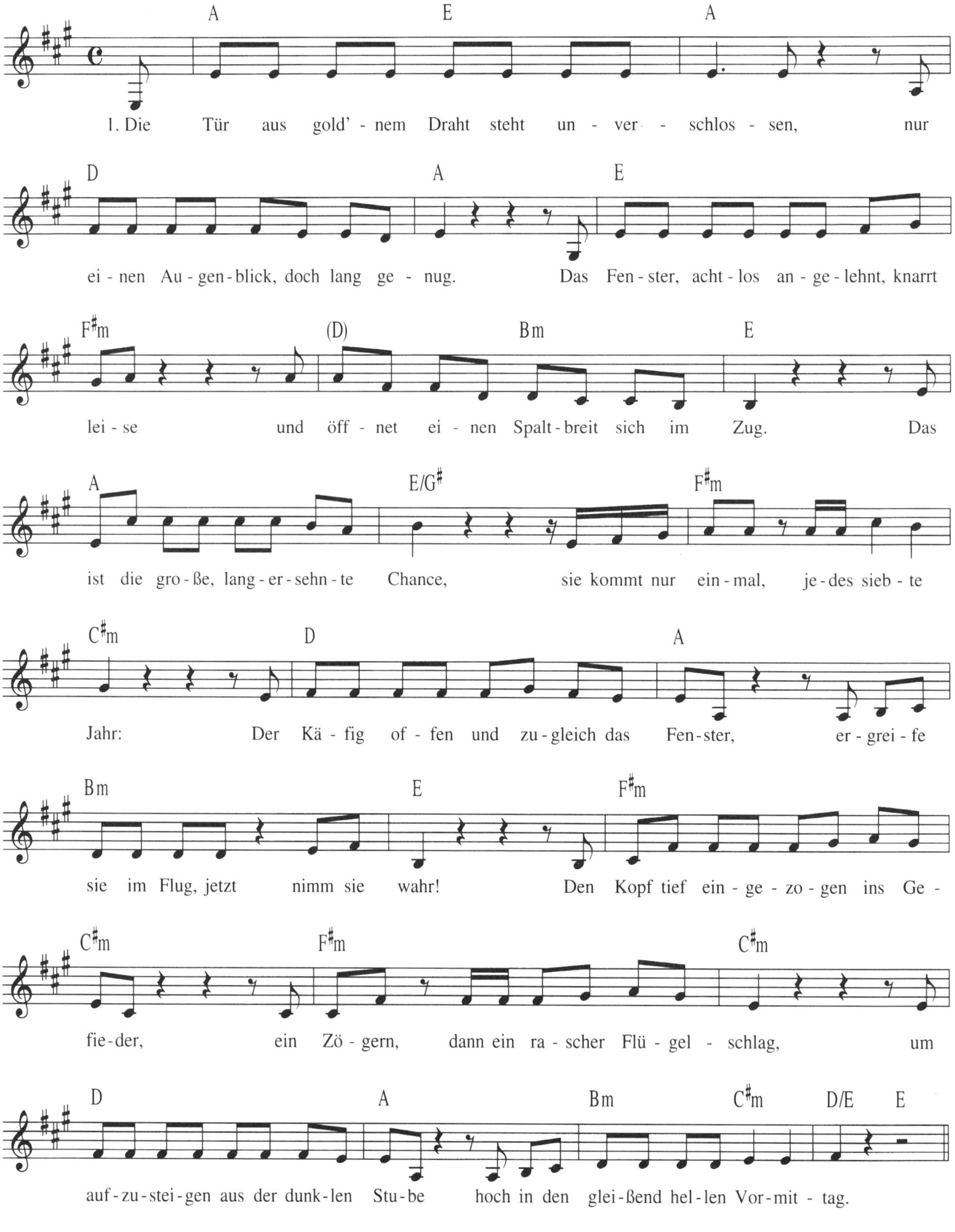

A E A

1. Die Tür aus gold' - nem Draht steht un - ver - schlos - sen, nur

D A E

ei - nen Au - gen - blick, doch lang ge - nug. Das Fen - ster, acht - los an - ge - lehnt, knarrt

F#m (D) Bm E

lei - se und öff - net ei - nen Spalt - breit sich im Zug. Das

A E/G# F#m

ist die gro - ße, lang - er - sehn - te Chance, sie kommt nur ein - mal, je - des sieb - te

C#m D A

Jahr: Der Kä - fig of - fen und zu - gleich das Fen - ster, er - grei - fe

Bm E F#m

sie im Flug, jetzt nimm sie wahr! Den Kopf tief ein - ge - zo - gen ins Ge -

C#m F#m C#m

fie - der, ein Zö - gern, dann ein ra - scher Flü - gel - schlag, um

D A Bm C#m D/E E

auf - zu - stei - gen aus der dunk - len Stu - be hoch in den glei - ßend hel - len Vor - mit - tag.

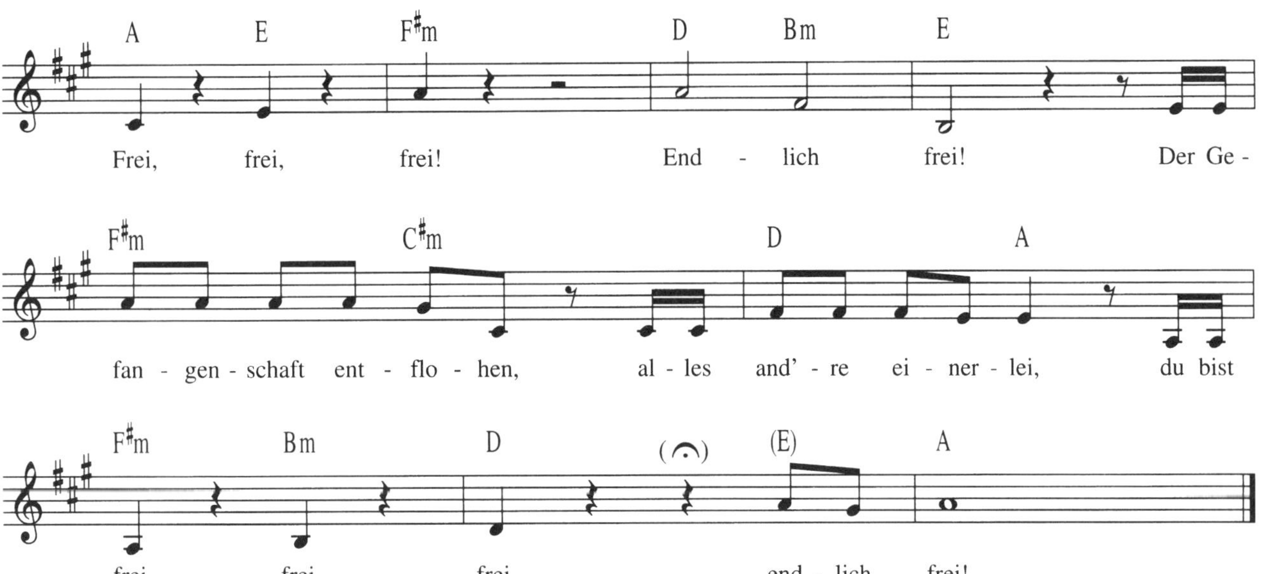
A E F#m D Bm E
Frei, frei, frei! End - lich frei! Der Ge -
F#m C#m D A
fan - gen - schaft ent - flo - hen, al - les and' - re ei - ner - lei, du bist
F#m Bm D (E) A
frei, frei, frei, end - lich frei!

A E A D A
1. Die Tür aus gold'nem Draht steht unverschlossen, nur einen Augenblick, doch lang genug.
E F♯m (D) Bm E
Das Fenster, achtlos angelehnt, knarrt leise und öffnet einen Spaltbreit sich im Zug.
A E F♯m C♯m
Das ist die große, langersehnte Chance, sie kommt nur einmal, jedes siebte Jahr:
D A Bm E
Der Käfig offen und zugleich das Fenster, ergreife sie im Flug, jetzt nimm sie wahr!
F♯m C♯m F♯m C♯m
Den Kopf tief eingezogen ins Gefieder, ein Zögern, dann ein rascher Flügelschlag,
D A Bm C♯m D/E E
um aufzusteigen aus der dunklen Stube hoch in den gleißend hellen Vormittag.
A E F♯m D Bm E F♯m C♯m
Frei, frei, frei! Endlich frei! Der Gefangenschaft entflohen,
D A F♯m Bm D E A
alles and're einerlei, du bist frei, frei, frei, endlich frei!

A E A D E A
2. Du, das Symbol der Freiheit, eingeschlossen, die Welt auf zwei Spannweiten eingeengt,
E F♯m (D) Bm E
das eigne Bild als einzigen Gefährten im Spiegel, der an einem Kettchen hängt.
A E F♯m C♯m
Nur ein Bewegungsablauf immer wieder bis zur Verzweiflung, stumpfsinnig gemacht.
D A Bm E
Ein Tuch, über das Drahtgeflecht geworfen, bestimmt, ob für dich Tag ist oder Nacht.
F♯m C♯m F♯m C♯m
Manchmal flatterten Schatten vor dem Fenster, da war ein Zanken, Zetern und Getos',
D A Bm C♯m D/E E
Das Rascheln und das Singen ihrer Schwingen - wie beneidetest du sie um ihr Los!
A E F♯m D Bm E F♯m C♯m
Frei, frei, frei! Endlich frei! Der Gefangenschaft entflohen,
D A F♯m Bm D E A
alles and're einerlei, du bist frei, frei, frei, endlich frei!

A E A D E A
3. Du ziehst am klaren Himmel deine Kreise, den Wind unter den Flügeln wie im Rausch,
E F♯m D Bm E
Ein eis'ger Hauch statt der vertrauten Wärme, verlor'n, verirrt und doch ein guter Tausch!
A E F♯m C♯m
Du wirst dein Valparaiso nicht finden, nur Neid und Zank um deine Federpracht,
D A Bm E
um ein paar Krumen aus dem Abfall streiten, um eine Mauernische heute nacht.
F♯m C♯m F♯m C♯m
Du wirst nicht lang hier draußen bleiben können, von Hunger und von Kälte ausgezehrt,
D A Bm C♯m D/E E
du wirst dein Valparaiso nicht finden, doch jeder Flügelschlag dahin war's wert!
A F♯m D Bm D Bm E F♯m C♯m
Du bist frei! Endlich frei! Der Gefangenschaft entflohen,
D A F♯m Bm D E A
alles and're einerlei, Du bist frei, frei, frei, endlich frei!

Weißt du noch, Etienne?

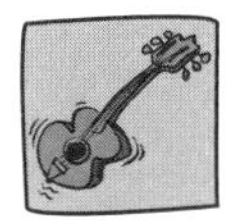

Pickingvorschlag 5

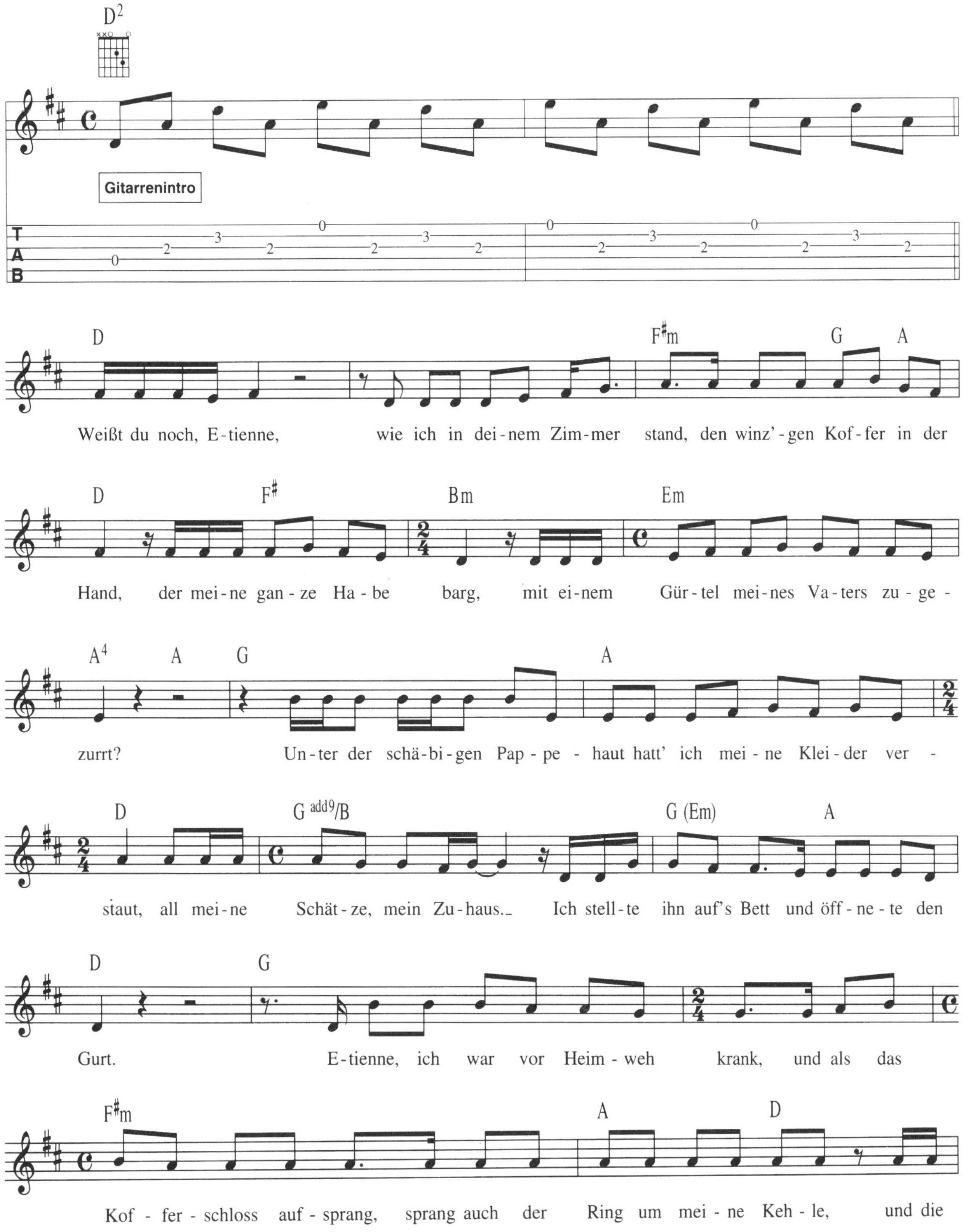

D2

Gitarrenintro

D | F♯m G A

Weißt du noch, E-tienne, wie ich in dei-nem Zim-mer stand, den winz'-gen Kof-fer in der

D F♯ Bm Em

Hand, der mei-ne gan-ze Ha-be barg, mit ei-nem Gür-tel mei-nes Va-ters zu-ge-

A4 A G A

zurrt? Un-ter der schä-bi-gen Pap-pe-haut hatt' ich mei-ne Klei-der ver-

D Gadd9/B G (Em) A

staut, all mei-ne Schät-ze, mein Zu-haus._ Ich stell-te ihn auf's Bett und öff-ne-te den

D G

Gurt. E-tienne, ich war vor Heim-weh krank, und als das

F♯m A D

Kof-fer-schloss auf-sprang, sprang auch der Ring um mei-ne Keh-le, und die

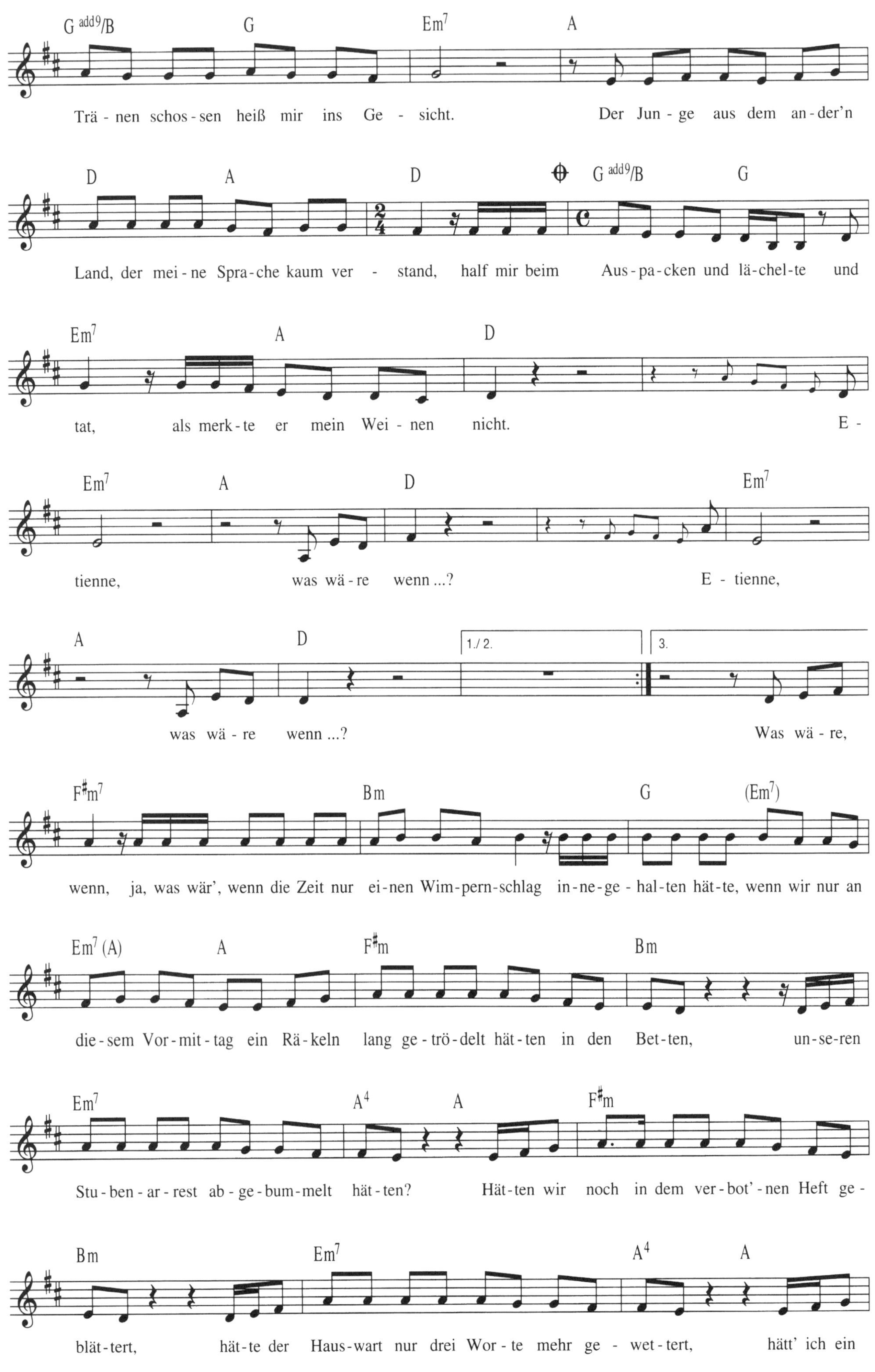
G add9/B G Em7 A
Trä - nen schos - sen heiß mir ins Ge - sicht. Der Jun - ge aus dem an - der'n
D A D G add9/B G
Land, der mei - ne Spra - che kaum ver - stand, half mir beim Aus - pa - cken und lä - chel - te und
Em7 A D
tat, als merk - te er mein Wei - nen nicht. E -
Em7 A D Em7
tienne, was wä - re wenn ...? E - tienne,
A D
1./2.
3.
was wä - re wenn ...? Was wä - re,
F#m7 Bm G (Em7)
wenn, ja, was wär', wenn die Zeit nur ei - nen Wim - pern - schlag in - ne - ge - hal - ten hät - te, wenn wir nur an
Em7 (A) A F#m Bm
die - sem Vor - mit - tag ein Rä - keln lang ge - trö - delt hät - ten in den Bet - ten, un - se - ren
Em7 A4 A F#m
Stu - ben - ar - rest ab - ge - bum - melt hät - ten? Hät - ten wir noch in dem ver - bot' - nen Heft ge -
Bm Em7 A4 A
blät - tert, hät - te der Haus - wart nur drei Wor - te mehr ge - wet - tert, hätt' ich ein

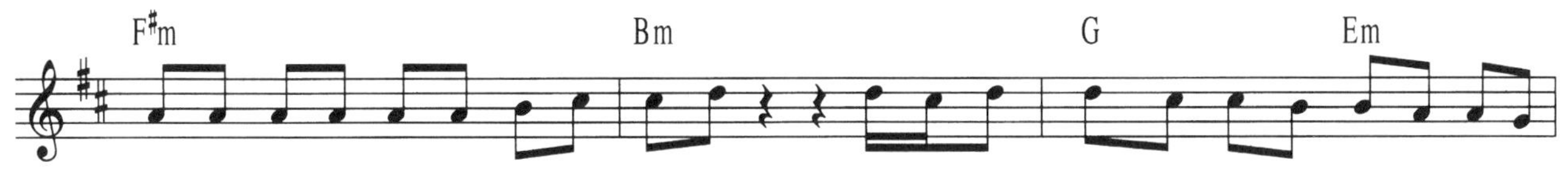
F#m Bm G Em
Fuß-ball-bild am Stra-ßen-rand ge - fun-den, hätt' ich mein Schuh-band nur noch ein-mal zu-ge-

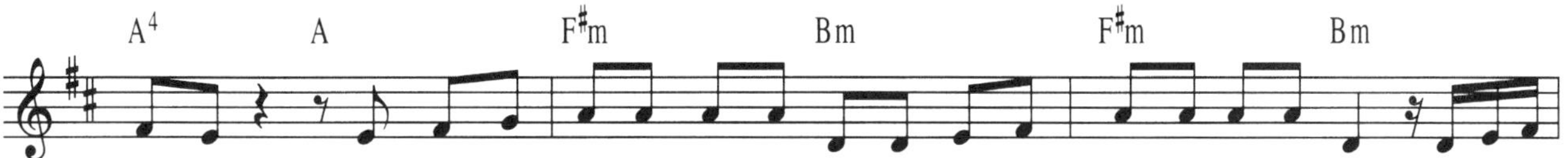
A4 A F#m Bm F#m Bm
bun-den, dann wär's vor - bei - ge-fahr'n an uns, das gott-ver - damm-te Mo-tor-rad, das al-le

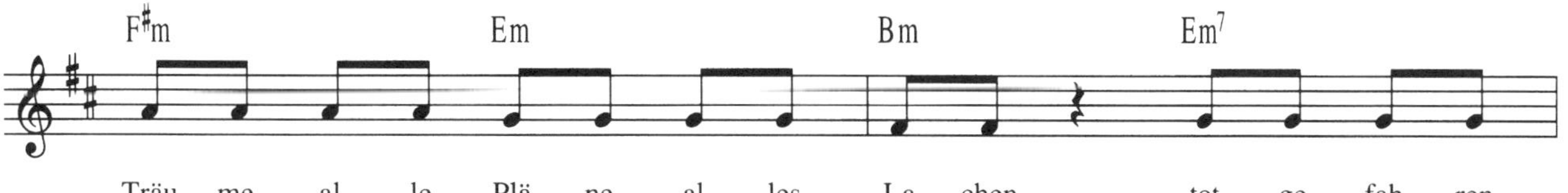
F#m Em Bm Em7
Träu - me, al - le Plä - ne, al - les La - chen tot - ge - fah - ren

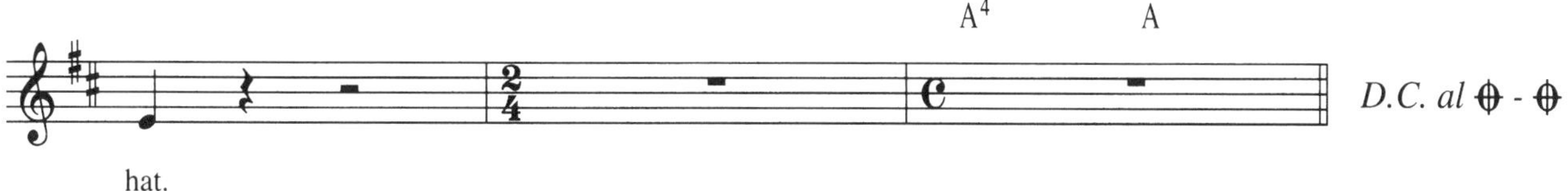
A4 A
D.C. al ⊕ - ⊕
hat.

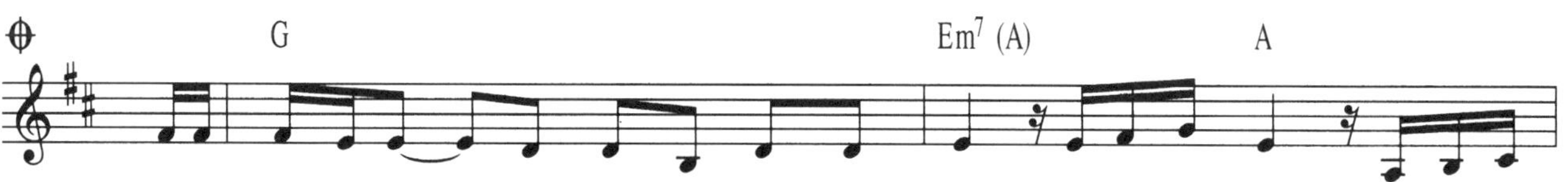
⊕ G Em7 (A) A
A la tienne, E - tienne! Ich denk' an dich! Mach's gut, bis ir-gend-wann! Und a bien-

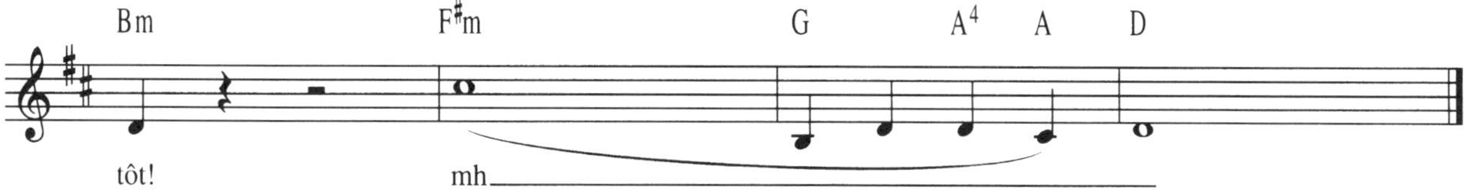
Bm F#m G A4 A D
tôt! mh

D F♯m G A D
Weißt du noch, Etienne, wie ich in deinem Zimmer stand, den winz'gen Koffer in der Hand,
F♯ Bm G Em A^4 A
der meine ganze Habe barg, mit einem Gürtel meines Vaters zugezurrt?
G A D
Unter der schäb'gen Pappehaut hatt' ich meine Kleider verstaut,
G/B G A D
all meine Schätze, mein Zuhaus. Ich stellte ihn auf's Bett und öffnete den Gurt.
G F♯m
Etienne, ich war vor Heimweh krank, und als das Kofferschloss aufsprang,
A D G/B G Em^7
sprang auch der Ring um meine Kehle, und die Tränen schossen heiß mir ins Gesicht.
A D A D
Der Junge aus dem ander'n Land, der meine Sprache kaum verstand,
G/B G Em^7 A D
half mir beim Auspacken und lächelte und tat, als merkte er mein Weinen nicht.
Em A D Em A D
Etienne, was wäre, wenn...? Etienne, was wäre, wenn...?

D F♯m A D
2. Weißt du noch, Etienne, wie streunten wir um euer Dorf, die Nägel schwarz, die Knie voll Schorf,
F♯ Bm G Em A^4 A
ich mehr dein Bruder als ein Gast, für einen Sommer nur in deinem Elternhaus.
G A D
Und alles, was verboten war, alles, was Ärger brachte, klar,
G/B G Em A D
war unser Ding, mit jeder Strafe mehr wuchsen wir erst recht über uns hinaus.
G F♯m
Nein, Strafen kümmerten uns nie, uns kümmerten nur die Zizis,
A D G/B Em^7
die wir verglichen im Gebüsch neben der Schleuse gleich bei dem verfall'nen Haus.
A D A D
Und für drei Kaugummis, ein Bier, zwei Zigaretten ließen wir
G/B G Em^7 A D
schon mal die Dorfjugend zuseh'n und ernteten ungläub'ges Staunen und Applaus.
Em A D Em A D
Etienne, was wäre, wenn...? Etienne, was wäre, wenn...?

D F♯m A D
3. Weißt du noch, Etienne, du konntest mit der bloßen Hand Forellen fangen, und ich stand
F♯ Bm G Em A^4 A
bewundernd neben dir im Bach. Und einmal hab'n wir dort den Bäcker mit der Yvonne
G A D
Ertappt in ihrem Liebesnest und einen Sommer lang erpresst:
G/B G Em A D
Croissants und Schnecken, bitte sehr, und dann erfährt Madame Chapuis auch nichts davon.
G F♯m
Und dann, dann war Maryse da, Maryse, Maryse, wenn ich sie sah,
A D G/B
wie sich mein Herz zusammenzog! Maryse, die Schönste zwischen Privas und Le Puy!
A D A D
Manchmal hofft' ich: Jetzt sieht sie mich, aber ich ahnte: Sie sah dich
G/B G Em^7 A D
mit diesem strahlenden Blick, und du flüstertest: „Im nächsten Sommer küss' ich sie!"
Em A D Em A D
Etienne, was wäre, wenn...? Etienne, was wäre, wenn...?

F♯m Bm
Was wäre, wenn, ja, was wär', wenn die Zeit nur einen Wimpernschlag
G Em^7 A
innegehalten hätte, wenn wir nur an diesem Vormittag
F♯m Bm
ein Räkeln lang getrödelt hätten in den Betten,
Em^7 A^4 A
unseren Stubenarrest abgebummelt hätten?
F♯m Bm
Hätten wir noch in dem verbot'nen Heft geblättert,
Em^7 A^4 A
hätte der Hauswart nur drei Worte mehr gewettert,
F♯m Bm
hätt' ich ein Fußballbild am Straßenrand gefunden,
G Em A^4 A
hätt' ich mein Schuhband nur noch einmal zugebunden,
F♯m Bm F♯m Bm
dann wär's vorbeigefahr'n an uns, das gottverdammte Motorrad,
F♯m Em Bm Em^7 A^4 A
das alle Träume, alle Pläne, alles Lachen totgefahren hat.

D F♯m Em A D
4. Du bist da, Etienne, du bist noch immer dreizehn Jahr', hast noch dein schönes, schwarzes Haar
F♯ Bm G Em A^4 A
Und deine dunklen Augenbraun, und ich bin alt geworden, Etienne, alt und grau.
G A D
Man schließt nur weg, man vergisst nichts, und jeden Zug deines Gesichts
G/B G Em^7 A D
Seh' ich klar wie an jenem Tag, jede Bewegung Bild für Bild nur zu genau.
G F♯m
Heut' nacht bin ich in deinem Land und trink', den Blick zur Sternenwand
A D G/B Em^7
Gelenkt, dies Glas auf dich, und mir gefällt die Vorstellung, dass du dort irgendwo
A D A D
Auf mich herabsiehst aus der Ferne, von irgendwo, jenseits der Sterne!
G Em A Bm F♯m G A^4 A D
A la tienne, Etienne! Ich denk' an dich! Mach's gut, bis irgendwann! Und a bientôt!

Gernegroß

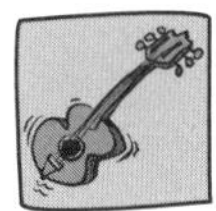

Pickingvorschlag 7/1

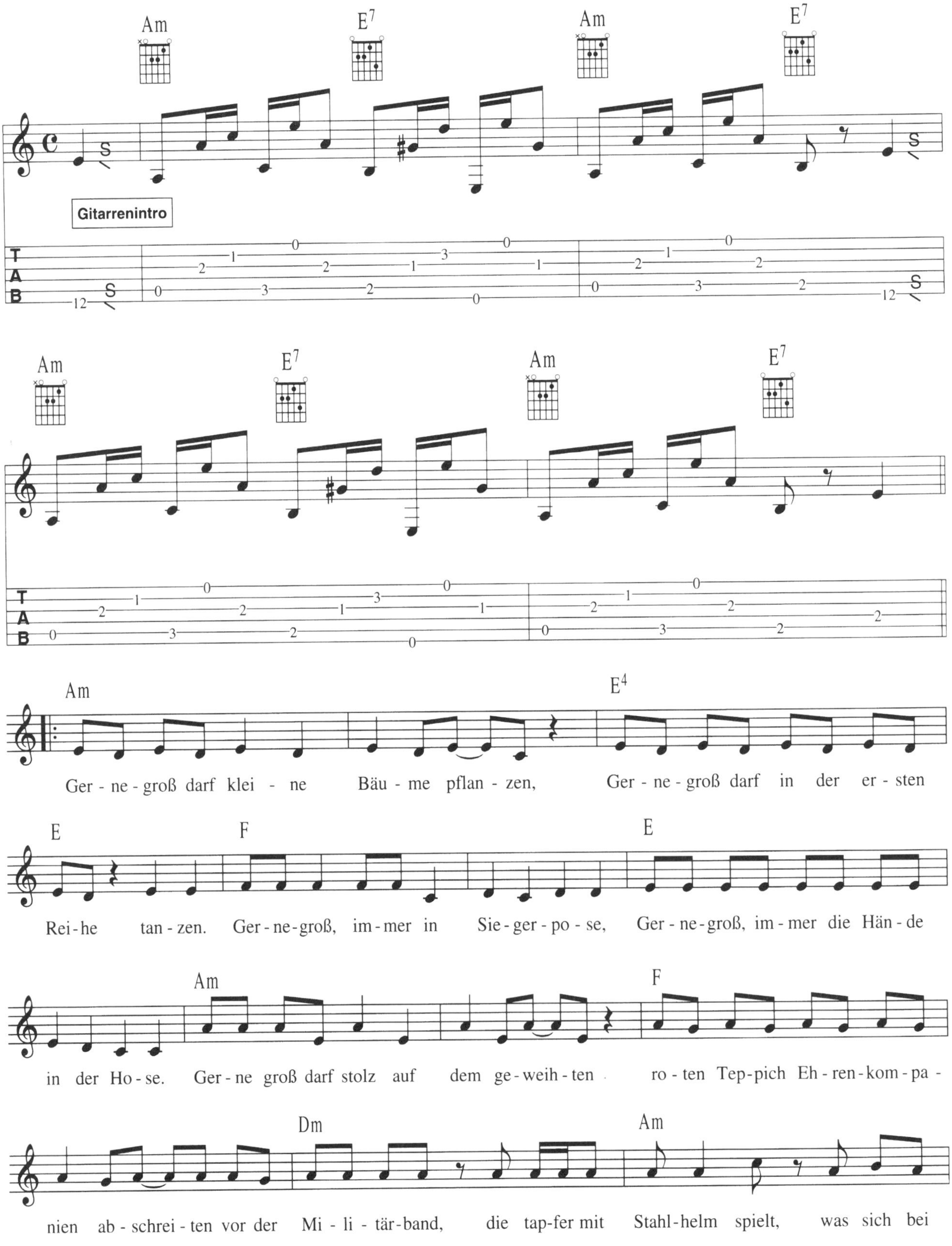

Am E7 Am E7

Gitarrenintro

Am E7 Am E7

Am E4

Ger - ne - groß darf klei - ne Bäu - me pflan - zen, Ger - ne - groß darf in der er - sten

E F E

Rei - he tan - zen. Ger - ne - groß, im - mer in Sie - ger - po - se, Ger - ne - groß, im - mer die Hän - de

Am F

in der Ho - se. Ger - ne groß darf stolz auf dem ge - weih - ten ro - ten Tep - pich Eh - ren - kom - pa -

Dm Am

nien ab - schrei - ten vor der Mi - li - tär - band, die tap - fer mit Stahl - helm spielt, was sich bei

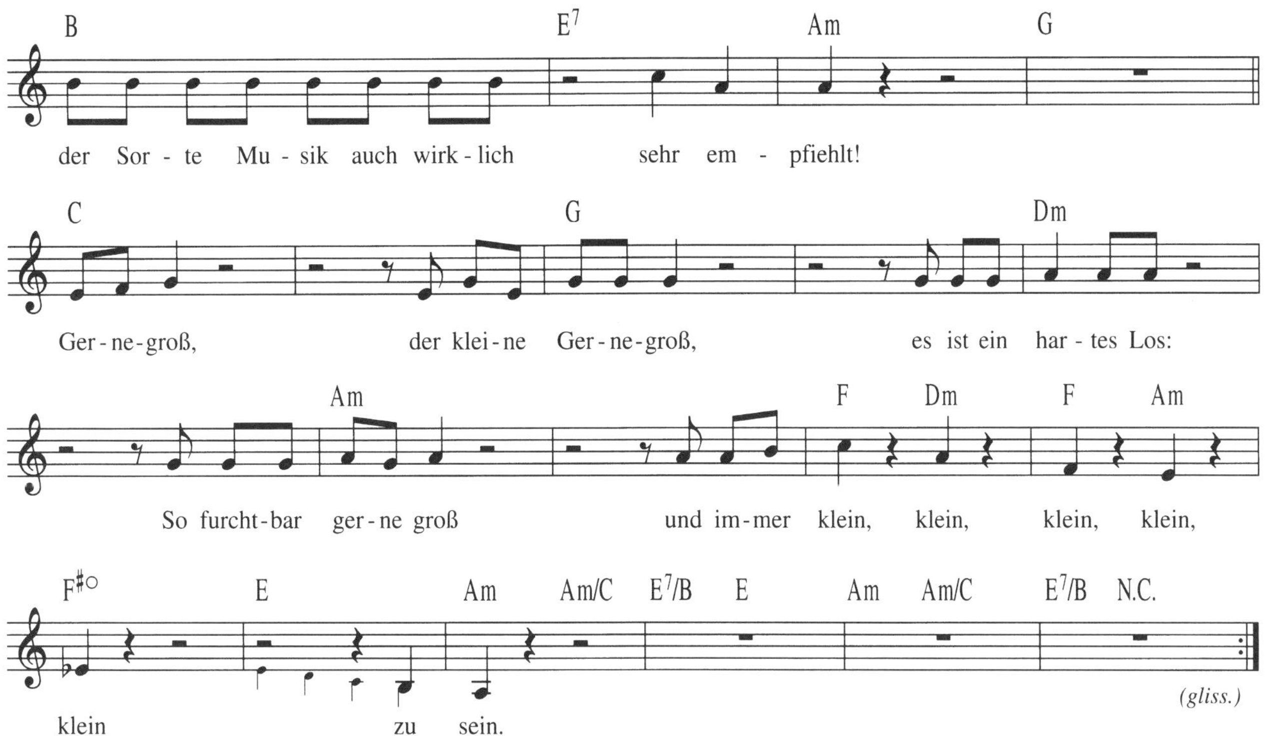
B E7 Am G
der Sor - te Mu - sik auch wirk - lich sehr em - pfiehlt!
C G Dm
Ger - ne - groß, der klei - ne Ger - ne - groß, es ist ein har - tes Los:
Am F Dm F Am
So furcht - bar ger - ne groß und im - mer klein, klein, klein, klein,
F#○ E Am Am/C E7/B E Am Am/C E7/B N.C.
klein zu sein.
(gliss.)

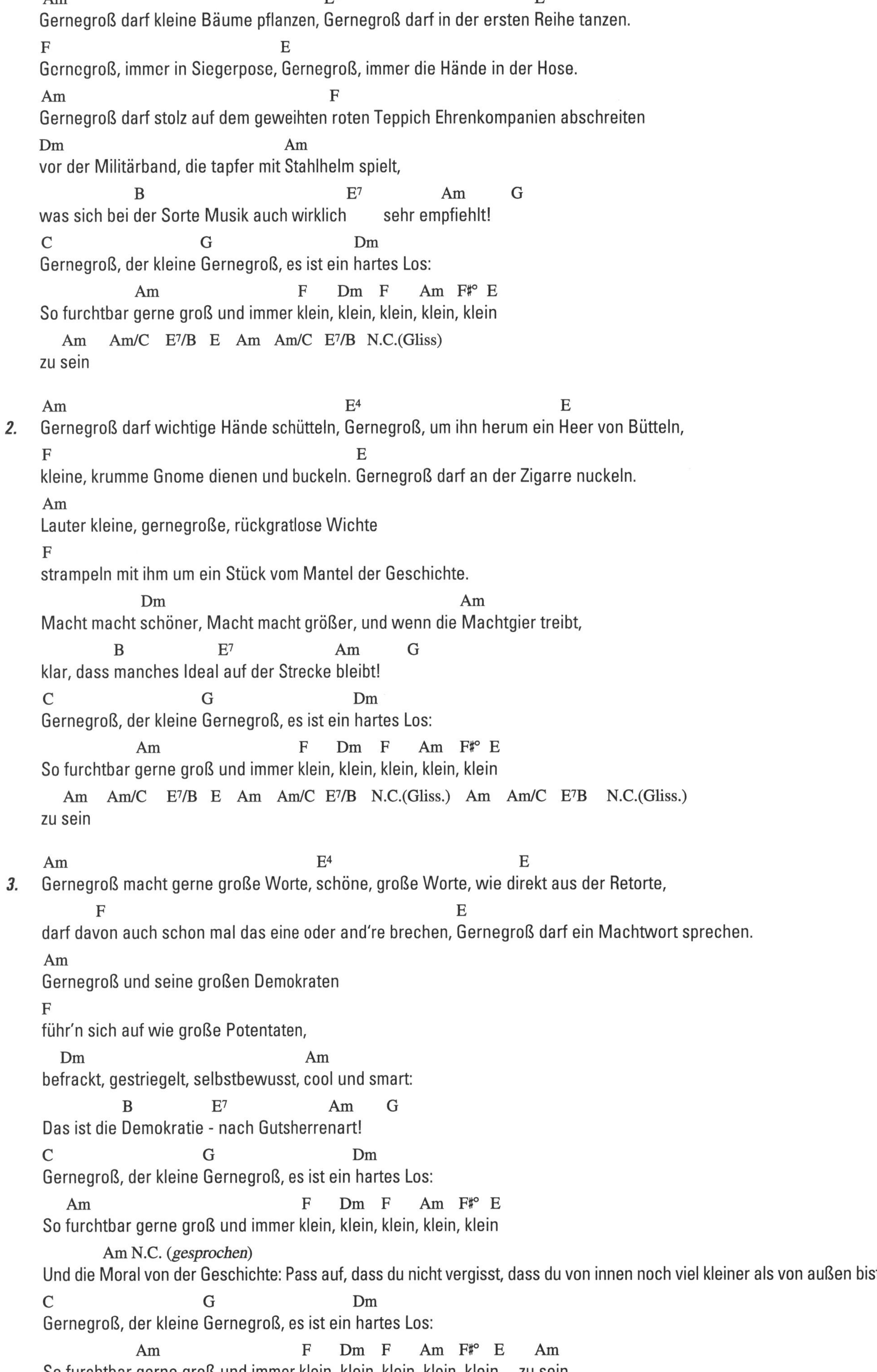

Am E^4 E
Gernegroß darf kleine Bäume pflanzen, Gernegroß darf in der ersten Reihe tanzen.
F E
Gernegroß, immer in Siegerpose, Gernegroß, immer die Hände in der Hose.
Am F
Gernegroß darf stolz auf dem geweihten roten Teppich Ehrenkompanien abschreiten
Dm Am
vor der Militärband, die tapfer mit Stahlhelm spielt,
B E^7 Am G
was sich bei der Sorte Musik auch wirklich sehr empfiehlt!
C G Dm
Gernegroß, der kleine Gernegroß, es ist ein hartes Los:
Am F Dm F Am F#° E
So furchtbar gerne groß und immer klein, klein, klein, klein, klein
Am Am/C E^7/B E Am Am/C E^7/B N.C.(Gliss)
zu sein

Am E^4 E
2. Gernegroß darf wichtige Hände schütteln, Gernegroß, um ihn herum ein Heer von Bütteln,
F E
kleine, krumme Gnome dienen und buckeln. Gernegroß darf an der Zigarre nuckeln.
Am
Lauter kleine, gernegroße, rückgratlose Wichte
F
strampeln mit ihm um ein Stück vom Mantel der Geschichte.
Dm Am
Macht macht schöner, Macht macht größer, und wenn die Machtgier treibt,
B E^7 Am G
klar, dass manches Ideal auf der Strecke bleibt!
C G Dm
Gernegroß, der kleine Gernegroß, es ist ein hartes Los:
Am F Dm F Am F#° E
So furchtbar gerne groß und immer klein, klein, klein, klein, klein
Am Am/C E^7/B E Am Am/C E^7/B N.C.(Gliss.) Am Am/C E^{7}B N.C.(Gliss.)
zu sein

Am E^4 E
3. Gernegroß macht gerne große Worte, schöne, große Worte, wie direkt aus der Retorte,
F E
darf davon auch schon mal das eine oder and're brechen, Gernegroß darf ein Machtwort sprechen.
Am
Gernegroß und seine großen Demokraten
F
führ'n sich auf wie große Potentaten,
Dm Am
befrackt, gestriegelt, selbstbewusst, cool und smart:
B E^7 Am G
Das ist die Demokratie - nach Gutsherrenart!
C G Dm
Gernegroß, der kleine Gernegroß, es ist ein hartes Los:
Am F Dm F Am F#° E
So furchtbar gerne groß und immer klein, klein, klein, klein, klein
Am N.C. (*gesprochen*)
Und die Moral von der Geschichte: Pass auf, dass du nicht vergisst, dass du von innen noch viel kleiner als von außen bist!
C G Dm
Gernegroß, der kleine Gernegroß, es ist ein hartes Los:
Am F Dm F Am F#° E Am
So furchtbar gerne groß und immer klein, klein, klein, klein, klein.... zu sein.

Faust in der Hand

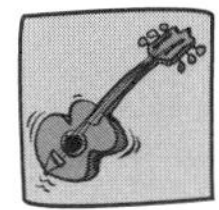

Pickingvorschlag 3

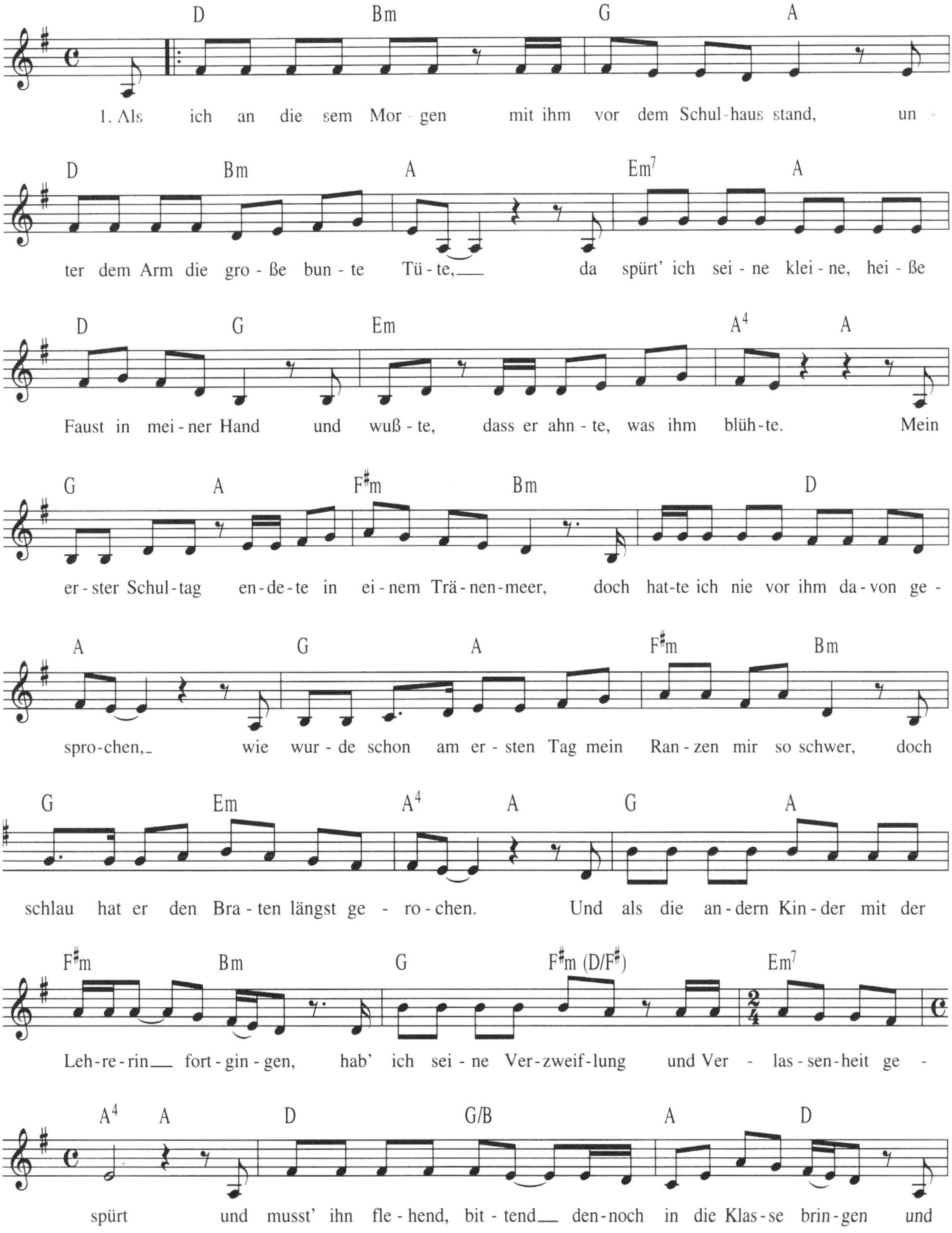

D Bm G A

1. Als ich an die - sem Mor - gen mit ihm vor dem Schul - haus stand, un -

D Bm A Em7 A

ter dem Arm die gro - ße bun - te Tü - te,__ da spürt' ich sei - ne klei - ne, hei - ße

D G Em A4 A

Faust in mei - ner Hand und wuß - te, dass er ahn - te, was ihm blüh - te. Mein

G A F#m Bm D

er - ster Schul - tag en - de - te in ei - nem Trä - nen - meer, doch hat - te ich nie vor ihm da - von ge -

A G A F#m Bm

spro - chen,_ wie wur - de schon am er - sten Tag mein Ran - zen mir so schwer, doch

G Em A4 A G A

schlau hat er den Bra - ten längst ge - ro - chen. Und als die an - dern Kin - der mit der

F#m Bm G F#m (D/F#) Em7

Leh - re - rin__ fort - gin - gen, hab' ich sei - ne Ver - zweif - lung und Ver - las - sen - heit ge -

A4 A D G/B A D

spürt und musst' ihn fle - hend, bit - tend__ den - noch in die Klas - se brin - gen und

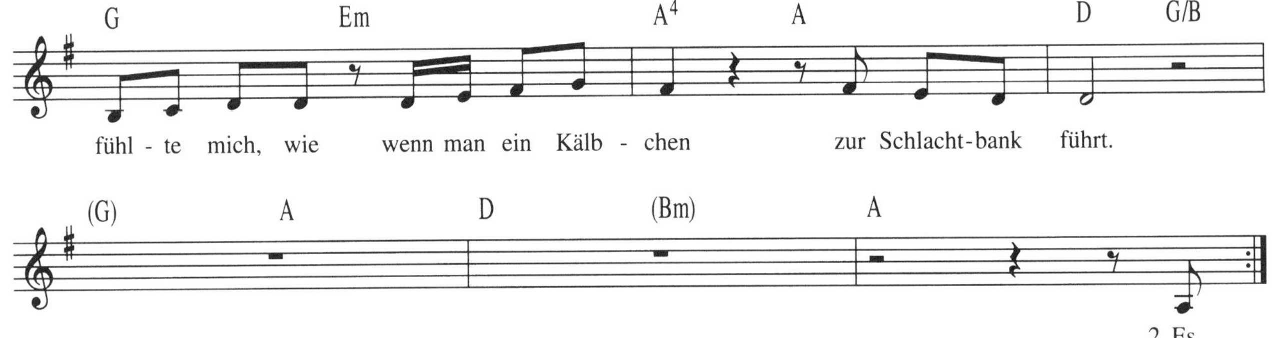

D Bm G A
Als ich an diesem Morgen mit ihm vor dem Schulhaus stand,
D Bm A
Unter dem Arm die große bunte Tüte,
Em7 A D G
Da spürt' ich seine kleine, heiße Faust in meiner Hand
Em A4 A
Und wusste, dass er ahnte, was ihm blühte.
G A F♯m Bm
Mein erster Schultag endete in einem Tränenmeer,
G D A
doch hatte ich nie vor ihm davon gesprochen -
G A F♯m Bm
wie wurde schon am ersten Tag mein Ranzen mir so schwer -
G Em A4 A
doch schlau hatte er den Braten längst gerochen.
G A F♯m Bm
Und als die anderen Kinder mit der Lehrerin fortgingen,
G F♯m Em7 A4 A
hab' ich seine Verzweiflung und Verlassenheit gespürt
D G/B A D
und musst' ihn flehend, bittend dennoch in die Klasse bringen
G Em A4 A D G/B A D A
und fühlte mich, wie wenn man ein Kälbchen zur Schlachtbank führt.

D Bm G A
2. Es gab nur Liebe und Versteh'n, gab nur Freiheit bislang,
D Bm A
und nun droh'n Misserfolge und Versagen.
Em7 A D G
Der Wissensdurst versiegt unter Bevormundung und Zwang,
Em A4 A
die Gängelei erstickt die Lust am Fragen.
G A F♯m Bm
Die Schule macht sich kleine graue Kinder, blass und brav,
G D A
die funktionier'n und nicht infragestellen,
G A F♯m Bm
wer aufmuckt, wer da querdenkt, der ist schnell das schwarze Schaf.
G Em A4 A
Sie wollen Mitläufer, keine Rebellen,
G A F♯m Bm
Ja-Sager wollen sie, die sich stromlinienförmig ducken,
G F♯m Em7 A4 A
die ihren Trott nicht stör'n durch unplanmäss'ge Phantasie,

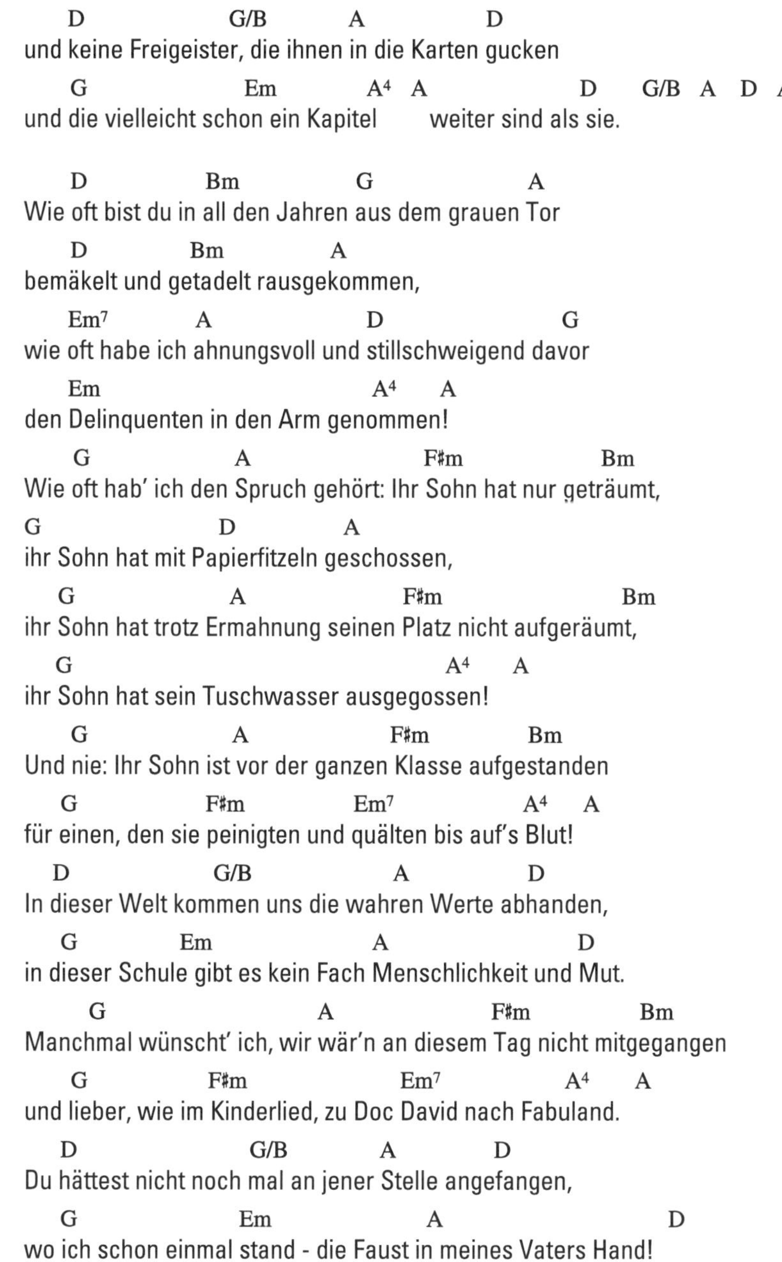

D G/B A D
und keine Freigeister, die ihnen in die Karten gucken
G Em A^4 A D G/B A D A
und die vielleicht schon ein Kapitel weiter sind als sie.

D Bm G A
3. Wie oft bist du in all den Jahren aus dem grauen Tor
D Bm A
bemäkelt und getadelt rausgekommen,
Em^7 A D G
wie oft habe ich ahnungsvoll und stillschweigend davor
Em A^4 A
den Delinquenten in den Arm genommen!
G A F♯m Bm
Wie oft hab' ich den Spruch gehört: Ihr Sohn hat nur geträumt,
G D A
ihr Sohn hat mit Papierfitzeln geschossen,
G A F♯m Bm
ihr Sohn hat trotz Ermahnung seinen Platz nicht aufgeräumt,
G A^4 A
ihr Sohn hat sein Tuschwasser ausgegossen!
G A F♯m Bm
Und nie: Ihr Sohn ist vor der ganzen Klasse aufgestanden
G F♯m Em^7 A^4 A
für einen, den sie peinigten und quälten bis auf's Blut!
D G/B A D
In dieser Welt kommen uns die wahren Werte abhanden,
G Em A D
in dieser Schule gibt es kein Fach Menschlichkeit und Mut.
G A F♯m Bm
Manchmal wünscht' ich, wir wär'n an diesem Tag nicht mitgegangen
G F♯m Em^7 A^4 A
und lieber, wie im Kinderlied, zu Doc David nach Fabuland.
D G/B A D
Du hättest nicht noch mal an jener Stelle angefangen,
G Em A D
wo ich schon einmal stand - die Faust in meines Vaters Hand!

Schwere Wetter

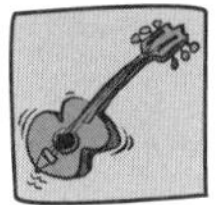

Pickingvorschlag 4

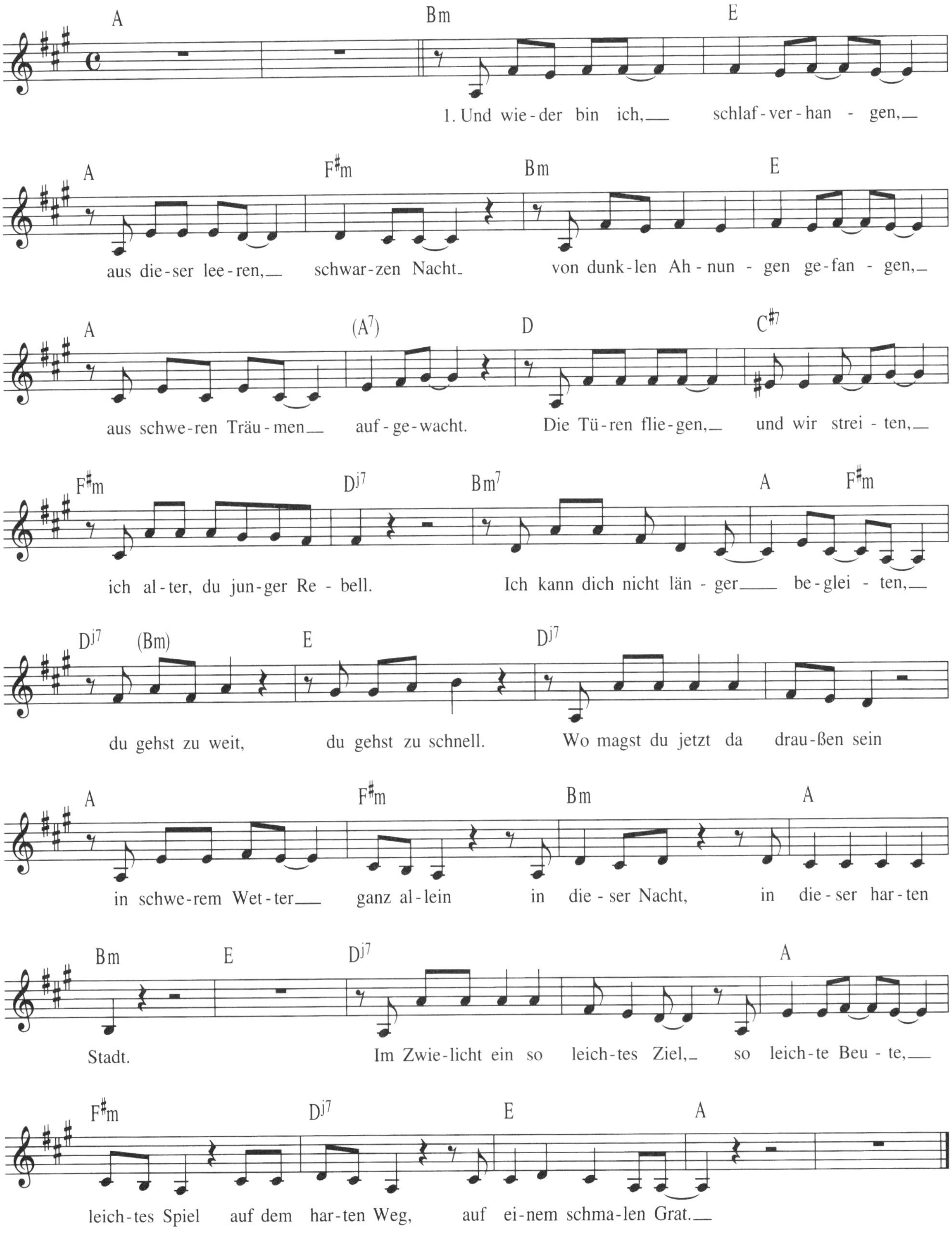

A Bm E

1. Und wie-der bin ich,__ schlaf-ver-han - gen,__

A F#m Bm E

aus die-ser lee-ren,__ schwar-zen Nacht_ von dunk-len Ah - nun - gen ge-fan - gen,__

A (A^7) D $C^{\#7}$

aus schwe-ren Träu-men__ auf-ge-wacht. Die Tü-ren flie-gen,__ und wir strei - ten,__

F#m D^{j7} Bm^7 A F#m

ich al-ter, du jun-ger Re - bell. Ich kann dich nicht län - ger__ be-glei - ten,__

D^{j7} (Bm) E D^{j7}

du gehst zu weit, du gehst zu schnell. Wo magst du jetzt da drau-ßen sein

A F#m Bm A

in schwe-rem Wet-ter__ ganz al-lein in die - ser Nacht, in die-ser har-ten

Bm E D^{j7} A

Stadt. Im Zwie-licht ein so leich-tes Ziel,_ so leich-te Beu - te,__

F#m D^{j7} E A

leich-tes Spiel auf dem har-ten Weg, auf ei-nem schma-len Grat.__

Intro der Studioversion: A F#m A F#m

Bm E A F#m
Und wieder bin ich, schlafverhangen, aus dieser leeren, schwarzen Nacht
Bm E A (A^7)
von dunklen Ahnungen gefangen, aus schweren Träumen aufgewacht.
D $C\#^7$ F#m D^{j7}
Die Türen fliegen, und wir streiten, ich alter, du junger Rebell.
Bm^7 A F#m D^{j7} E
Ich kann dich nicht weiter begleiten, du gehst zu weit, du gehst zu schnell.
D^{j7} A F#m
Wo magst du jetzt da draußen sein in schwerem Wetter ganz allein
Bm A Bm E D^{j7}
in dieser Nacht, in dieser harten Stadt. Im Zwielicht ein so leichtes Ziel,
A F#m D^{j7} E A
so leichte Beute, leichtes Spiel auf dem harten Weg, auf einem schmalen Grat.

Bm E A F#m
2. Ich kenn' die Finten und die Fallen, ich kenne jeden Hinterhalt,
Bm E A (A^7)
die Samtpfoten, die scharfen Krallen, den Dunkelmann, die Lichtgestalt.
D $C\#^7$ F#m D^{j7}
Ich kann dich warnen, dich beschwören, aber du hörst mich schon nicht mehr
Bm^7 A F#m D^{j7} E
wie alle Kinder nicht zuhören, die alten Sprüche, zu lang her!
D^{j7} A F#m
Wo magst du jetzt da draußen sein in schwerem Wetter ganz allein
Bm A Bm E D^{j7}
in dieser Nacht, in dieser harten Stadt. Im Zwielicht ein so leichtes Ziel,
A F#m D^{j7} E A
so leichte Beute, leichtes Spiel auf dem harten Weg, auf einem schmalen Grat.

Bm E A F#m
3. Sind wir uns denn so fremd geworden, dass ich dich nicht mehr wieder find'
Bm E A (A^7)
nach ein paar bitt'ren Missakkorden, mein fernes, mein geliebtes Kind?
D $C\#^7$ F#m D^{j7}
Du bist über Grenzen gegangen, du fährst so weit hinaus, ich kann
Bm^7 A F#m D^{j7} E
nur da sein, um dich aufzufangen, wenn du es willst - irgendwann!
D^{j7} A F#m
Wo magst du jetzt da draußen sein in schwerem Wetter ganz allein
Bm A Bm E D^{j7}
in dieser Nacht, in dieser harten Stadt. Im Zwielicht ein so leichtes Ziel,
A F#m D^{j7} E A
so leichte Beute, leichtes Spiel auf dem harten Weg, auf einem schmalen Grat.
D^{j7} A F#m D^{j7}
Im Zwielicht ein so leichtes Ziel, so leichte Beute, leichtes Spiel auf dem harten Weg,
E A
auf einem schmalen Grat.

Ich singe um mein Leben

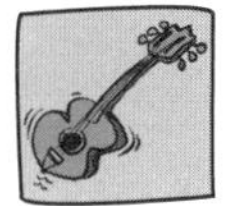

Pickingvorschlag 4

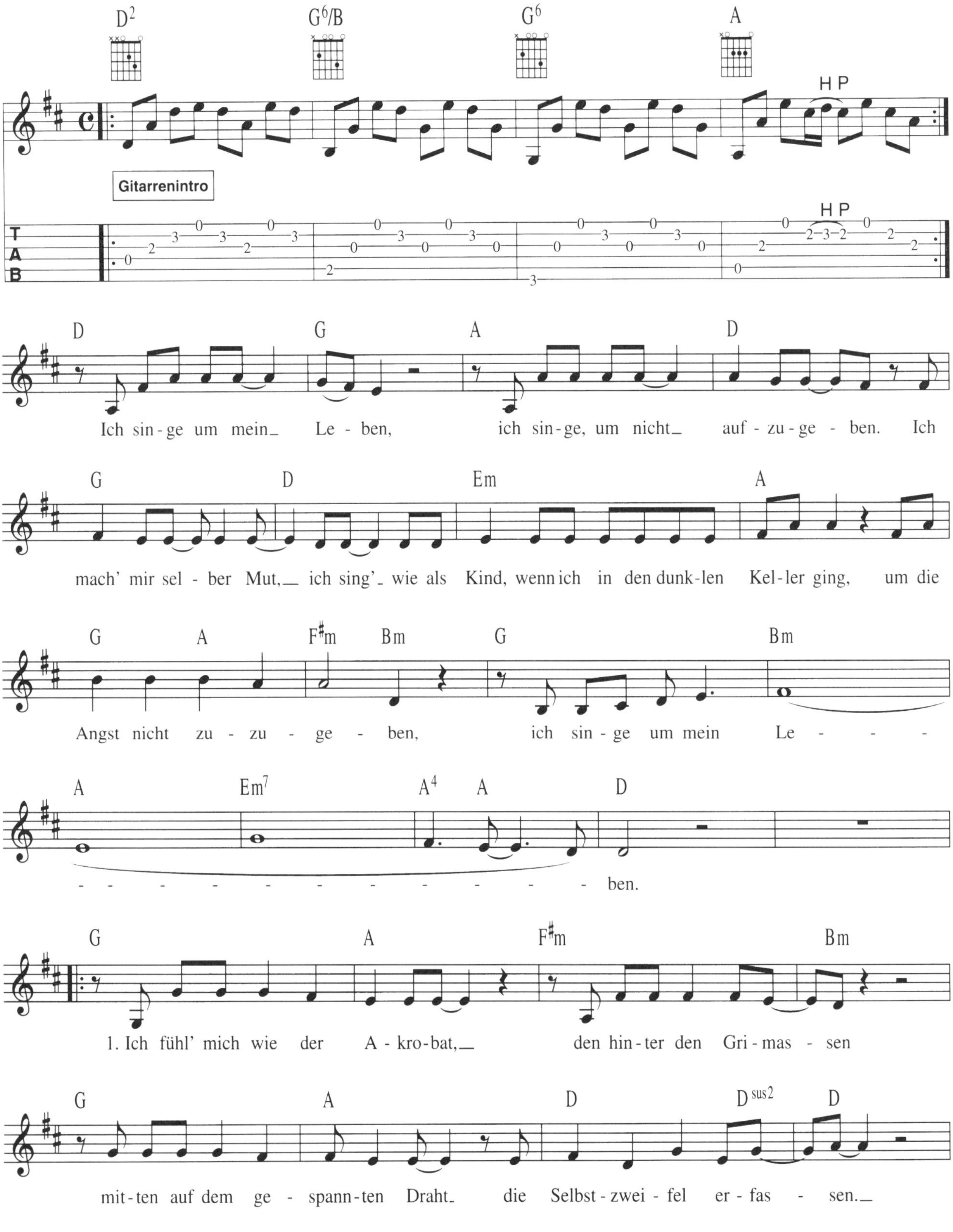

D² G⁶/B G⁶ A

H P

Gitarrenintro

D G A D

Ich sin-ge um mein_ Le - ben, ich sin-ge, um nicht_ auf - zu - ge - ben. Ich

G D Em A

mach' mir sel - ber Mut,_ ich sing'_ wie als Kind, wenn ich in den dunk-len Kel-ler ging, um die

G A F♯m Bm G Bm

Angst nicht zu - zu - ge - ben, ich sin - ge um mein Le - - - -

A Em⁷ A⁴ A D

- - - - - - - - - - - - - ben.

G A F♯m Bm

1. Ich fühl' mich wie der A - kro-bat,_ den hin - ter den Gri - mas - sen

G A D Dsus2 D

mit-ten auf dem ge - spann-ten Draht_ die Selbst - zwei - fel er - fas - sen._

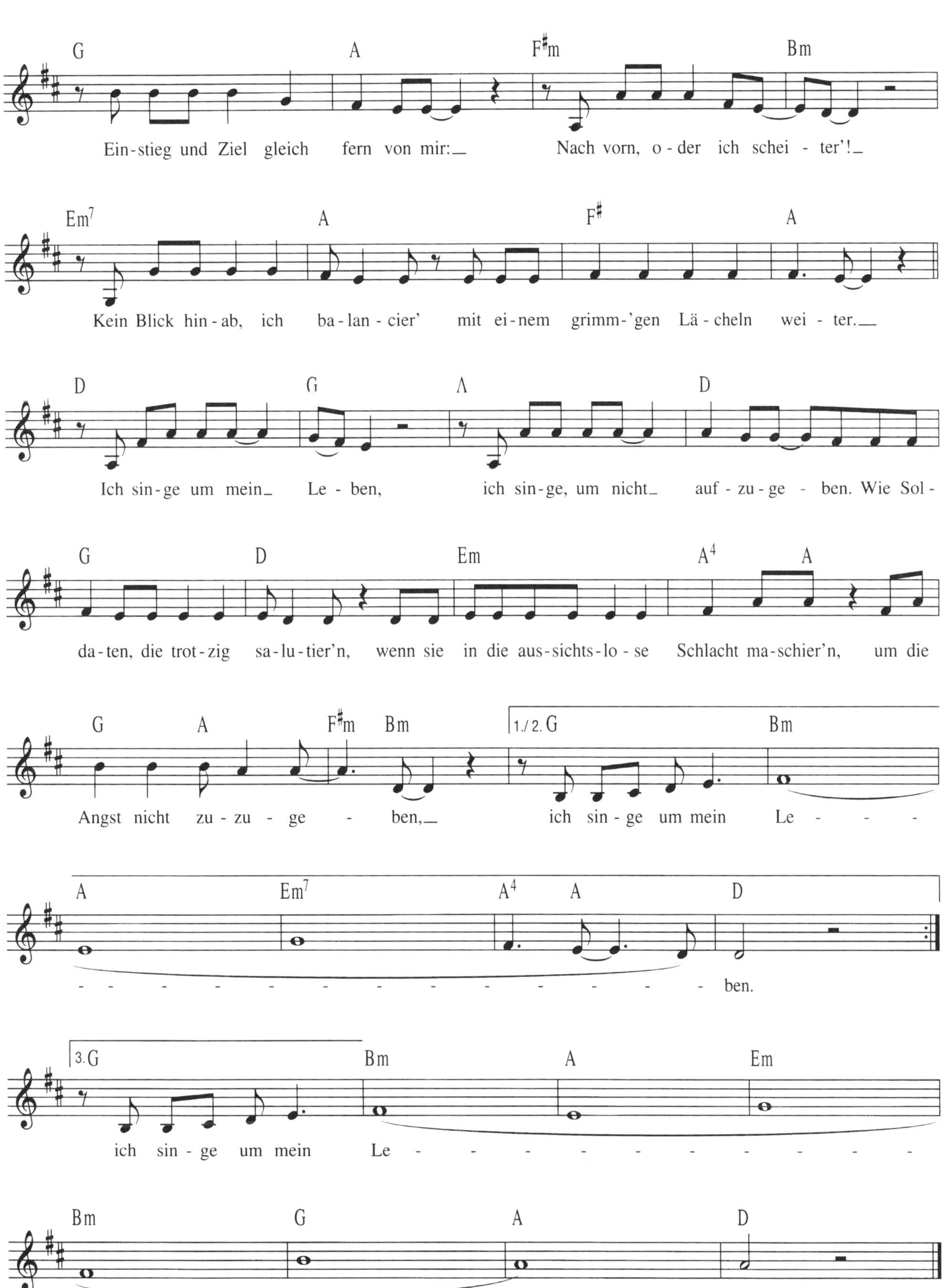
G A F#m Bm
Ein-stieg und Ziel gleich fern von mir: Nach vorn, o-der ich schei - ter'!
Em7 A F# A
Kein Blick hin-ab, ich ba-lan-cier' mit ei-nem grimm-'gen Lä-cheln wei - ter.
D G A D
Ich sin-ge um mein Le - ben, ich sin-ge, um nicht auf - zu - ge - ben. Wie Sol -
G D Em A4 A
da-ten, die trot-zig sa-lu-tier'n, wenn sie in die aus-sichts-lo-se Schlacht ma-schier'n, um die
G A F#m Bm 1./2. G Bm
Angst nicht zu-zu - ge - ben, ich sin-ge um mein Le -
A Em7 A4 A D
ben.
3. G Bm A Em
ich sin-ge um mein Le -
Bm G A D
ben.

D^{add2} G^6/B G^6 A D^{add2} G^6/B G^6 A

D Em A D
Ich singe um mein Leben, ich singe, um nicht aufzugeben.
G D Em A
Ich mach' mir selber Mut, ich sing' wie als Kind, wenn ich in den dunklen Keller ging,
G A F♯m Bm G Bm A Em^7 A^4 A D
um die Angst nicht zuzugeben, ich singe um mein Le-----------------ben.

Em A F♯m Bm
1. Ich fühl' mich wie der Akrobat, den hinter den Grimassen
Em A D
mitten auf dem gespannten Draht die Selbstzweifel erfassen.
G A F♯m Bm
Einstieg und Ziel gleich fern von mir: Nach vorn, oder ich scheiter'!
Em^7 A F♯ A
Kein Blick hinab, ich balancier' mit einem grimm'gen Lächeln weiter.
D Em A D
Ich singe um ein Leben, ich singe, um nicht aufzugeben.
G D Em A^4 A
Wie Soldaten, die trotzig salutier'n, wenn sie in die aussichtslose Schlacht marschier'n
G A F♯m Bm G Bm A Em^7 A^4 A D
um die Angst nicht zuzugeben, ich singe um mein Le-------------------ben.

Em A F♯m Bm
2. Manchmal denk' ich geht alles schief, wenn mir bei allen Mühen
Em A D
mein Schiffchen aus dem Ruder lief, die Leuchtfeuer verglühen.
G A F♯m Bm
Dann möcht' ich mich verkriechen, und dann will ich nichts erklären,
Em^7 A^4 A F♯ A
dann will ich meinen Zottelhund und meinen abgeliebten Bären.
D Em A D
Ich singe um mein Leben, ich singe, um nicht aufzugeben.
G D Em A^4
Wie ich leise vor mich hinsummte, um nicht allein in dem großen, leeren, dunklen Haus
A G A F♯m Bm G Bm A Em^7 A^4 A D
zu sein, um die Angst nicht zuzugeben, ich singe um mein Le-------------------ben.

Em A F♯m Bm
3. Vielleicht ist es Sprachlosigkeit aus tiefem Unbehagen,
Em A D A D
vielleicht hab' ich aus alter Zeit eine Schuld abzutragen.
G A F♯m Bm
Vielleicht, weil sich im Widersinn Freude und Schmerz verbinden,
Em^7 A^4 A F♯ A
muss ich, auch wenn ich glücklich bin, immer Trauer empfinden.
D Em A D
Ich singe um mein Leben, ich singe, um nicht aufzugeben.
G D Em A
Ich mach' mir selber Mut, ich sing' wie als Kind, wenn ich in den dunklen Keller ging,
G A F♯m Bm G Bm A Em Bm G A D
um die Angst nicht zuzugeben, ich singe um mein Le-----------------------ben.

Mein Land

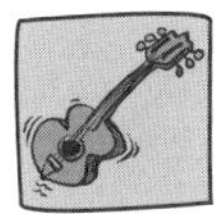

Pickingvorschlag 3

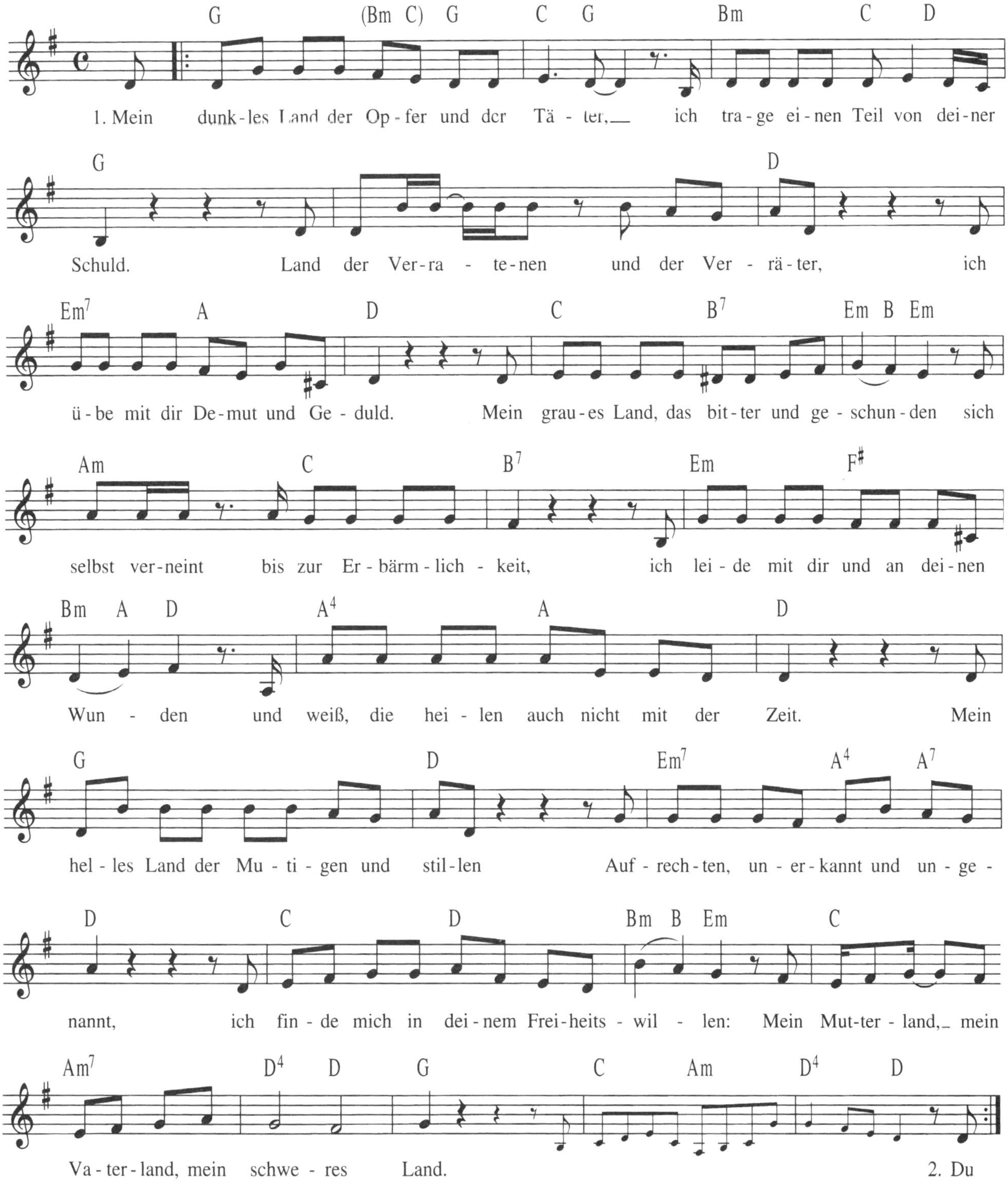

G (Bm C) G C G Bm C D
1. Mein dunk-les Land der Op-fer und der Tä-ter, ich tra-ge ei-nen Teil von dei-ner

G D
Schuld. Land der Ver-ra-te-nen und der Ver-rä-ter, ich

Em7 A D C B7 Em B Em
ü-be mit dir De-mut und Ge-duld. Mein grau-es Land, das bit-ter und ge-schun-den sich

Am C B7 Em F#
selbst ver-neint bis zur Er-bärm-lich-keit, ich lei-de mit dir und an dei-nen

Bm A D A4 A D
Wun-den und weiß, die hei-len auch nicht mit der Zeit. Mein

G D Em7 A4 A7
hel-les Land der Mu-ti-gen und stil-len Auf-rech-ten, un-er-kannt und un-ge-

D C D Bm B Em C
nannt, ich fin-de mich in dei-nem Frei-heits-wil-len: Mein Mut-ter-land, mein

Am7 D4 D G C Am D4 D
Va-ter-land, mein schwe-res Land. 2. Du

G (Bm) G C G Bm C D G
1. Mein dunkles Land der Opfer und der Täter, ich trage einen Teil von deiner Schuld.
G D Em^7 A D
Land der Verratenen und der Verräter, ich übe mit dir Demut und Geduld.
C B^7 Em B Em Am C B^7
Mein graues Land, das bitter und geschunden sich selbst verneint bis zur Erbärmlichkeit,
Em F# Bm A D A^4 A D
Ich leide mit dir und an deinen Wunden und weiß, die heilen auch nicht mit der Zeit.
G D Em^7 $A^{4/7}$ A^7 D
Mein helles Land der Mutigen und stillen Aufrechten, unerkannt und ungenannt,
C D Bm B Em C Am^7
Ich finde mich in deinem Freiheitswil- len: Mein Mutterland, mein Vaterland,
D^4 D G C Am D^4 D
mein schweres Land.

G (Bm C) G C G Bm C D G
2. Du übst das wohlgefällige Betragen, den eifrigen Gehorsam: auf die Knie!
G D Em^7 A D
Das eine denken und das and're sagen und betteln um ein bisschen Sympathie.
C B^7 Em B Em Am C B^7
Und deine Herren dienen wie besessen, damit man ihnen die Zerknirschung glaubt.
Em F# Bm A D A^4 A D
Sie haben schon so lang Kreide gefressen, dass es, wenn sie das Maul aufmachen, staubt.
G D Em^7 $A^{4/7}$ A^7 D
Und die, für die zu reden sie vorgeben, steh'n ungefragt und überseh'n am Rand
C D Bm B Em C Am^7
Und halten dich mit ihrem Mut am Leben, mein Mutterland, mein Vaterland,
D^4 D G C Am D^4 D
mein stummes Land.

G (Bm C) G C G Bm C D G
3. Wie Erdklumpen an meinen Füßen haften mir deine Bilder an, störend und schwer:
G D Em^7 A D
Die lang' versproch'nen blühenden Landschaften gähnen brach vor einem Ruinenmeer.
C B^7 Em B Em Am C B^7
Von Glücksrittern, Piraten, Tagedieben verladen und verschaukelt und versetzt,
Em F# Bm A D A^4 A D
Nur die Bestohl'nen sind zurückgeblieben, die letzten, die beißen die Hunde jetzt.
G D Em^7 $A^{4/7}$ A^7 D
Vergessen und verraten und verfallen, gestrandet und verlor'n am Imbissstand.
C D Bm B Em C Am^7
Und Automaten dudeln aus Spielhallen. Mein Mutterland, mein Vaterland,
D^4 D G C Am D^4 D
mein armes Land.

G (Bm C) G C G Bm C D G
4. Ich bin, wie ich bin, eines deiner Kinder, wir beide haben uns nicht ausgesucht.
G D Em^7 A D
Du hast mich oft bevormundet, nicht minder oft habe ich deine Heuchelei verflucht.
C B^7 Em B Em Am C B^7
Ich kann dich nicht, die Hand auf's Herz, ansingen, den Blick zur Fahne, und ein Wort wie stolz
Em F♯ Bm A D A^4 A D
Kann ich mir auch mit Mühe nicht abringen - Dummheit und Stolz blühn auf demselben Holz!
G D Em^7 A$^{4/7}$ A^7 D
Ich hänge halt an den Menschen, die hier leben, an Orten, an mancher Begebenheit,
C D Bm B Em C D G
Um die meine Erinn'rungen sich weben, an deiner Schwermut, deiner Sprödigkeit.
G D Em^7 A D
Ich häng' an dir und bin in deinen Brüchen, im Guten wie im Schlechten dir verwandt,
C D Bm B Em C Am^7 D^4 D G
ich bin dein Kind in deinen Widersprüchen, mein Mutterland, mein Vaterland, mein mein Land.

Fingerpickingvorschläge und Gitarrengriffe

D = Daumen
Z = Zeigefinger
M = Mittelfinger
R = Ringfinger

1.

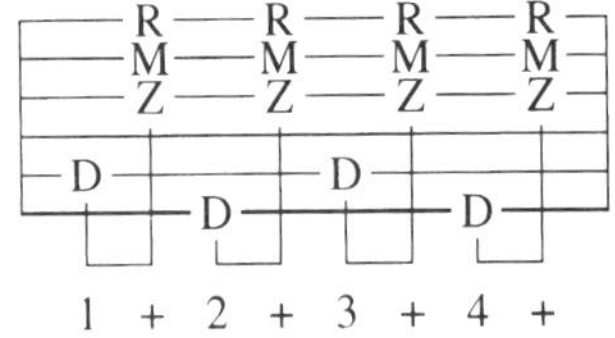

2.

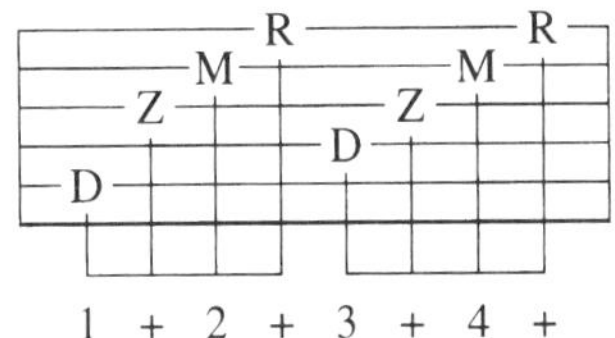

3.

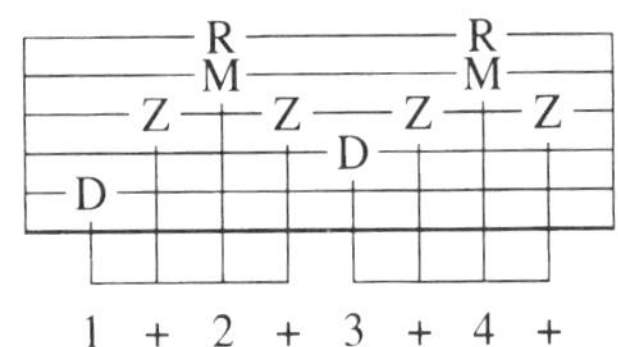

4.

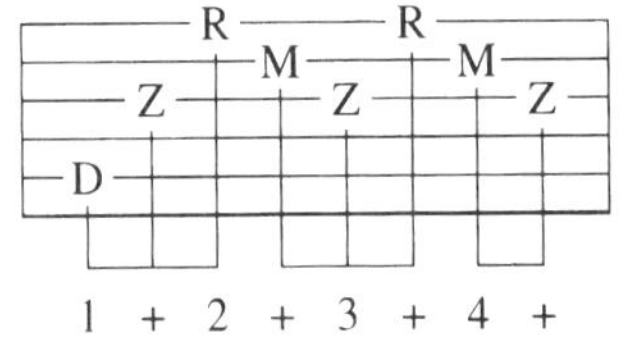

5.

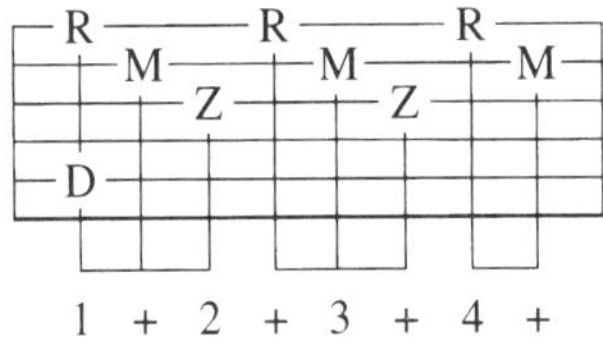

6.

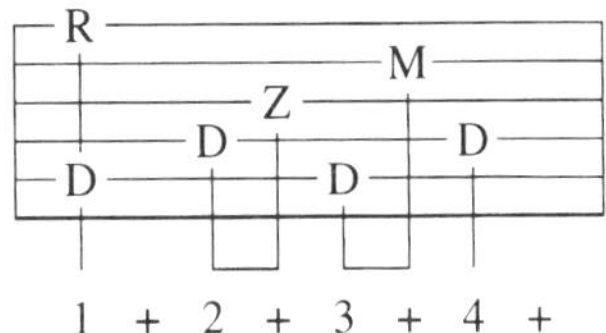

7.

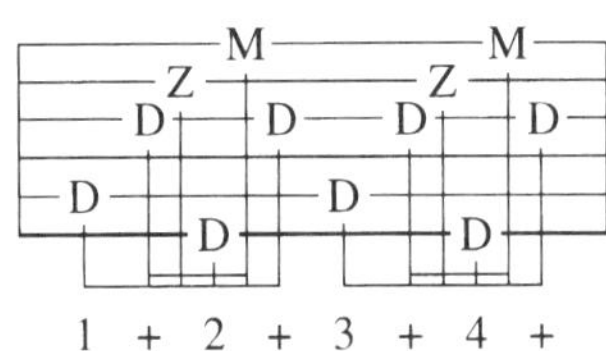

C

D

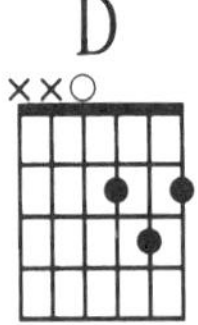

E

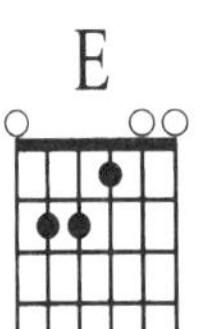

F

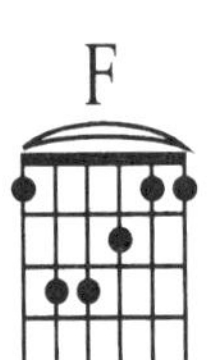

F♯

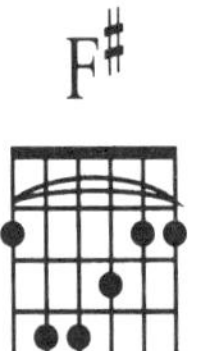

G♯

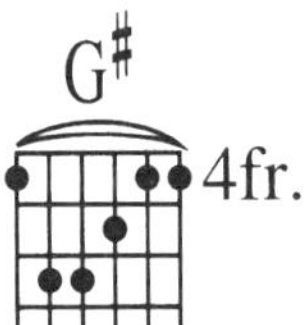

A

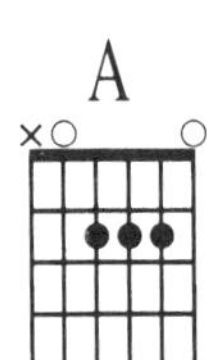

E^7

B^7

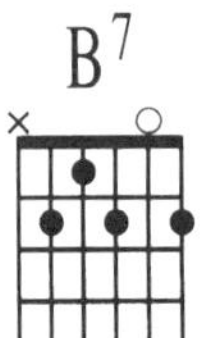

Am^7

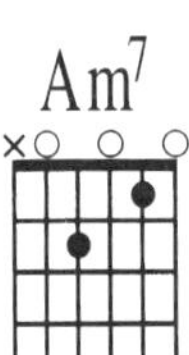

E^4

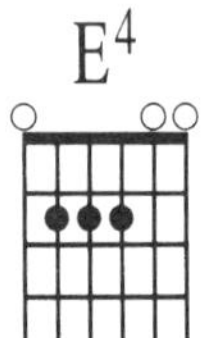

$D^{\sharp\circ 7}$

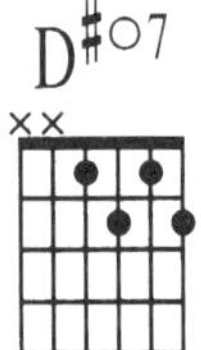

C♯m 4fr.

Dm

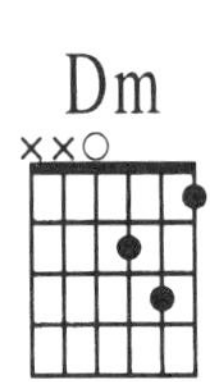

Em

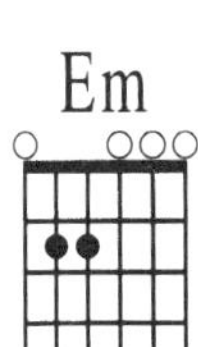

F♯m

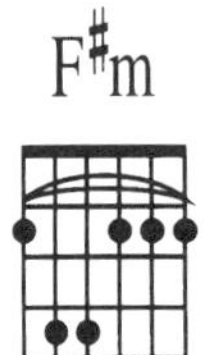

G♯m

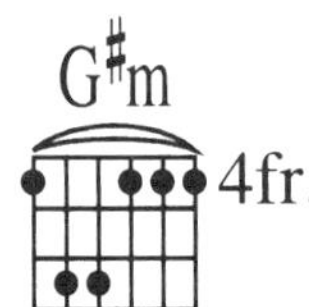

Am

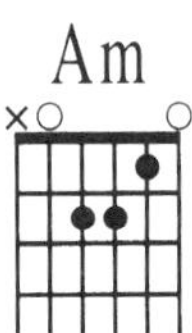

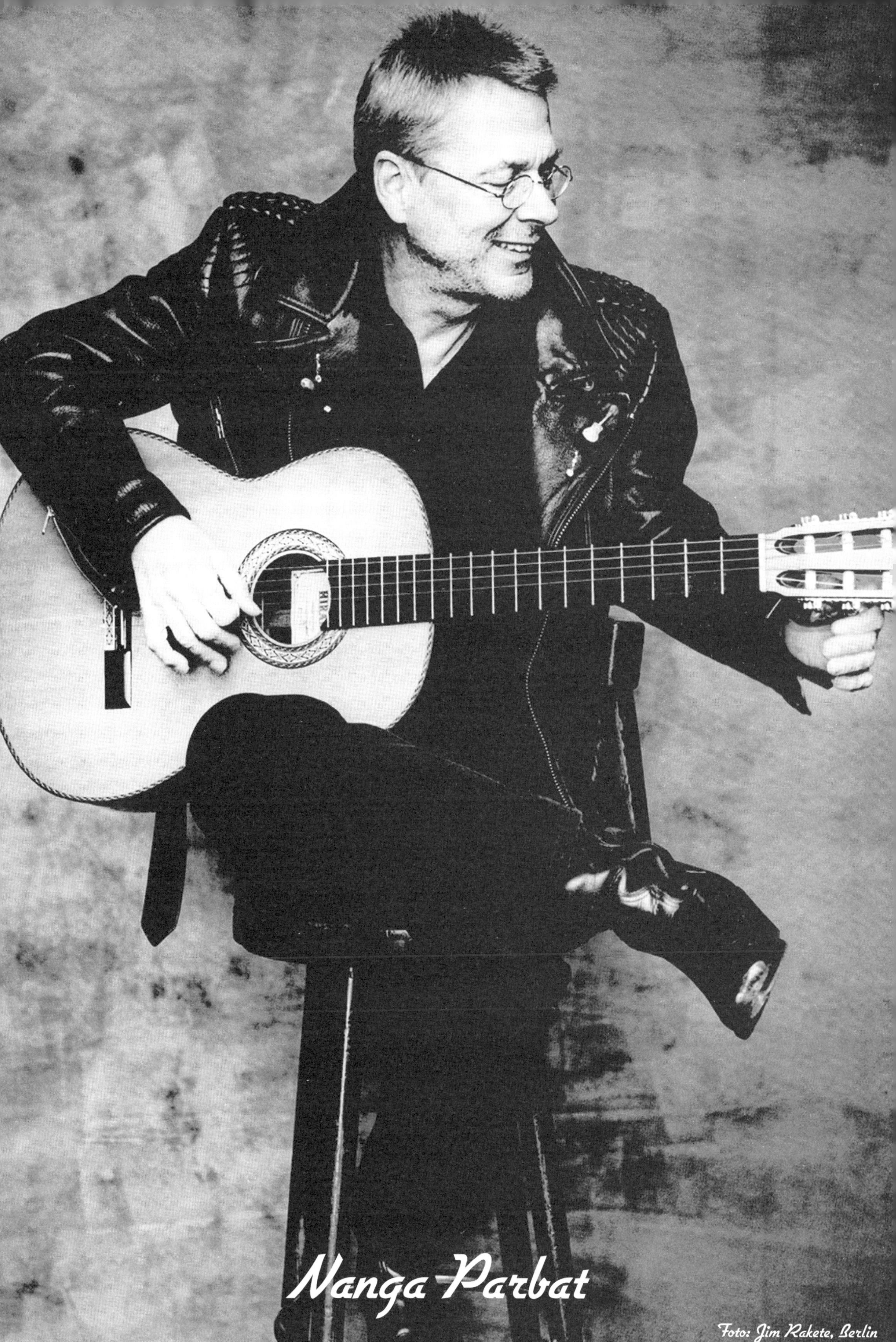

Foto: Jim Rakete, Berlin

Alles O.K. in Guantánamo Bay

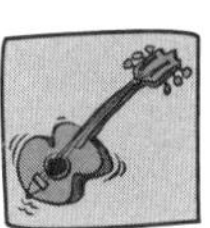

Pickingvorschlag

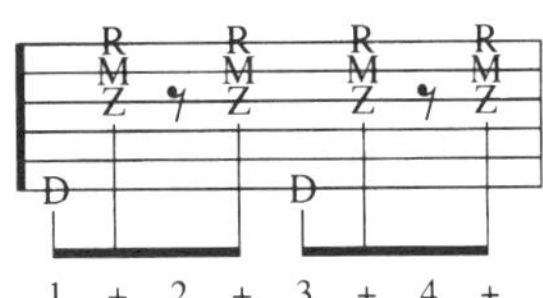

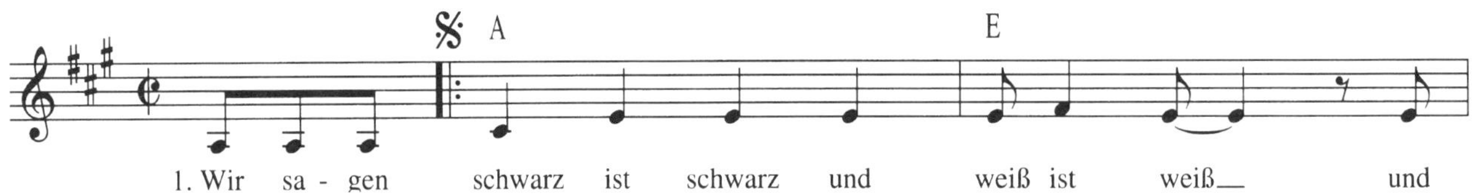

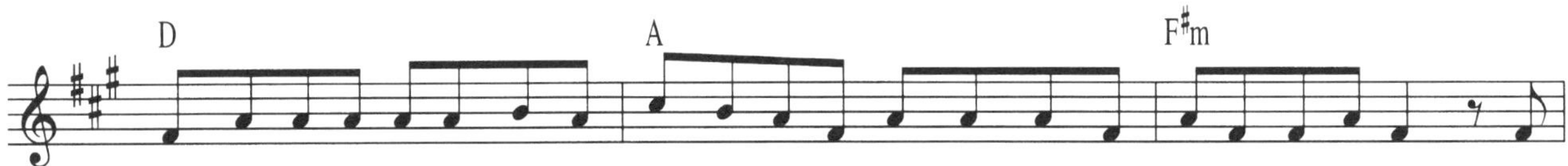

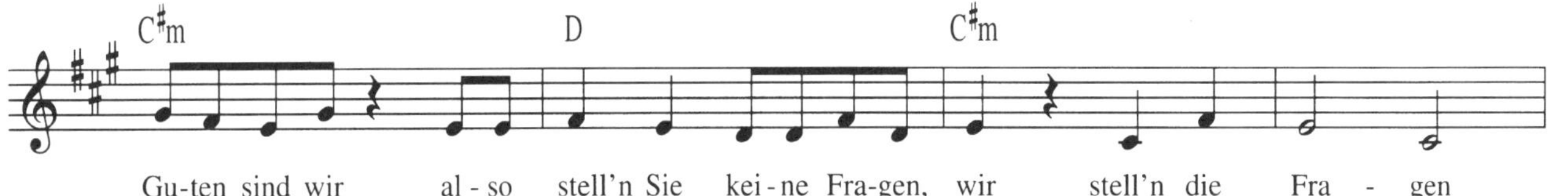

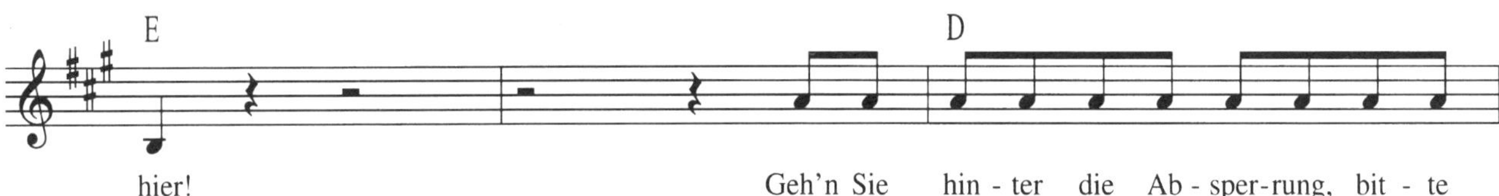

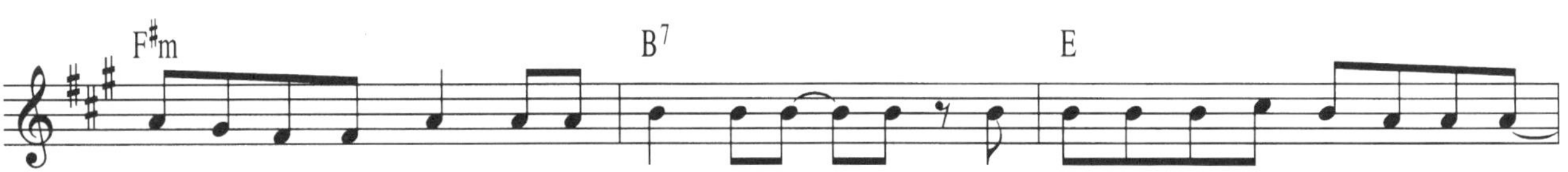

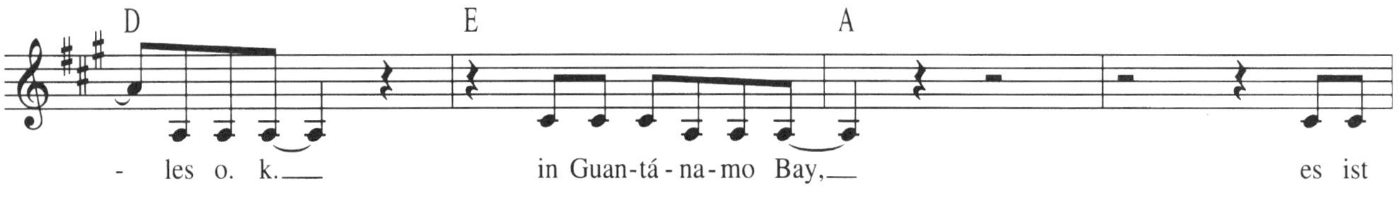

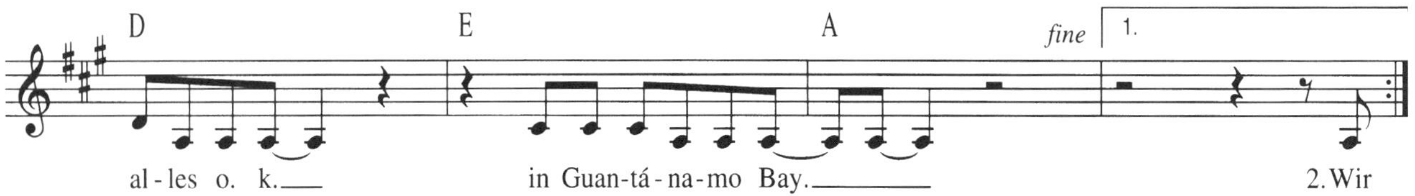

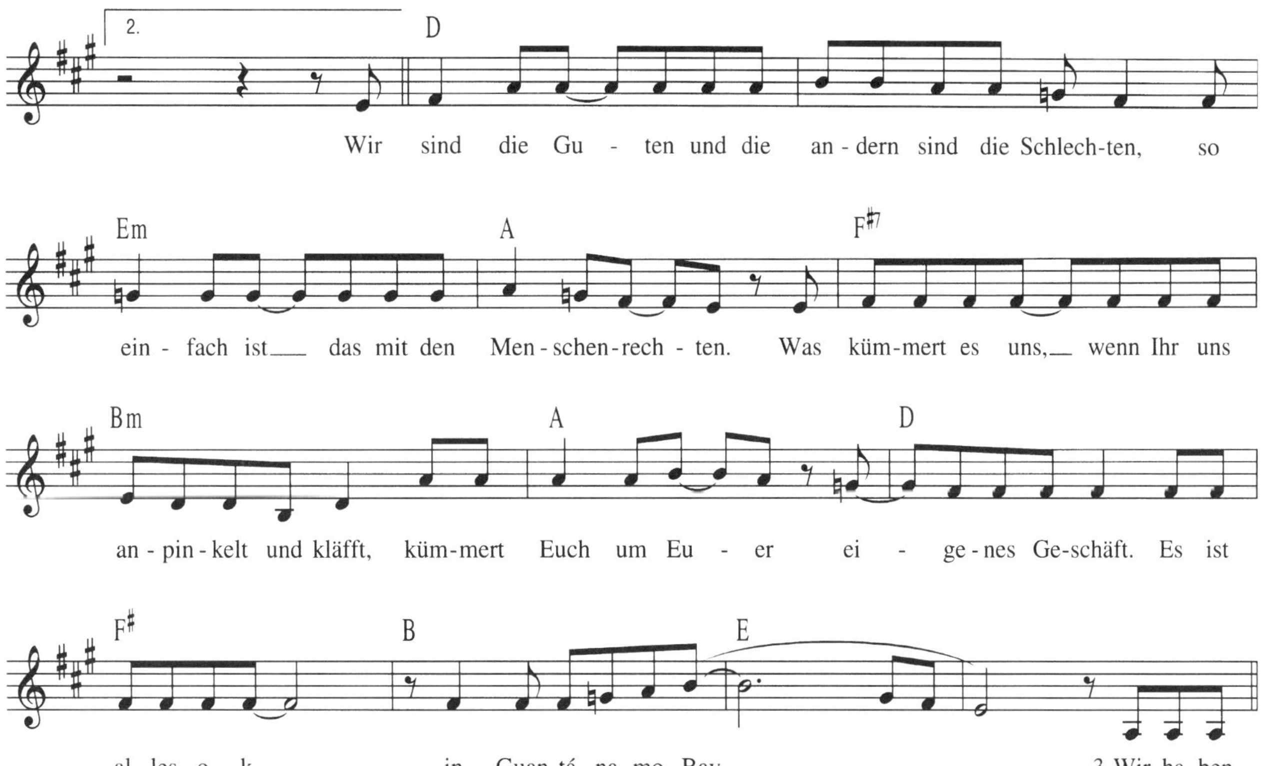
2.
D
Wir sind die Gu - ten und die an - dern sind die Schlech-ten, so
Em
A
F#7
ein - fach ist das mit den Men - schen - rech - ten. Was küm-mert es uns, wenn Ihr uns
Bm
A
D
an - pin - kelt und kläfft, küm-mert Euch um Eu - er ei - ge - nes Ge-schäft. Es ist
F#
B
E
al - les o. k. in Guan-tá - na - mo Bay.
3. Wir ha-ben

A E
1. Wir sagen schwarz ist schwarz und weiß ist weiß
D A
und wenn wir das so sagen, dann genügt das als Beweis.
F♯m C♯m
Man weiß, die Bösen sind böse, die Guten sind wir
D C♯m E
also stell'n Sie keine Fragen, wir stell'n die Fragen hier!
D F♯m
Geh'n Sie hinter die Absperrung, bitte bleiben Sie nicht steh'n,
B^7 E
bitte gehen Sie weiter, hier gibt es nichts zu seh'n,
D E A
es ist alles o.k. in Guantánamo Bay.
D E A
es ist alles o.k. in Guantánamo Bay.

A E
2. Wir haben da ein vorbildliches Lager gemacht
D A
und jeder Vorbildvergleich ist völlig unangebracht.
F♯m C♯m
Ein Lager, in dem es mit rechten Dingen zugeht,
D C♯m E
das Recht ist immer da, wo unsere Fahne weht.
D F♯m
Wir machen hier die Regeln und wir sind das Gesetz,
B^7 E
also erspar'n Sie uns Ihr weinerliches mitleid'ges Geschwätz!
D E A
es ist alles o.k. in Guantánamo Bay.
D E A
es ist alles o.k. in Guantánamo Bay.
D
Wir sind die Guten und die andern sind die Schlechten,
Em A
so einfach ist das mit den Menschenrechten.
F♯^{7} Bm
Was kümmert es uns, wenn Ihr uns anpinkelt und kläfft,
A D
kümmert Euch um Euer eigenes Geschäft.
F♯ B E
Es ist alles o.k. in Guantánamo Bay.

A E
3. Wir haben einen guten Stacheldrahtzaun
D A
sie sollen nicht drüberschau'n, Sie sollen uns nur vertrau'n.
F♯m C♯m
Auch wenn man nicht sieht, was dahinter geschieht,
D C♯m E
mit dem, der da mit verbundenen Augen niederkniet.
D F♯m
Wir haben ihn gefasst, wir sind das Weltgericht,
B^7 E
ob es der Weltöffentlichkeit nun mal passt oder nicht,
||: D E A :||
denn es ist alles o.k. in Guantánamo Bay.

```
       D
Wir sind die Guten und die andern sind die Schlechten,
   Em                   A
so einfach ist das mit den Menschenrechten.
      F#7                                 Bm
Was kümmert es uns, wenn Ihr uns anpinkelt und kläfft,
         A           D
kümmert Euch um Euer eigenes Geschäft.
       F#      B             E
Es ist alles o.k. in Guantánamo Bay.
```

```
              A                 E
4. Im Land der Tapferen und in der Heimat der Frei'n
             D                         A
   warten wir nicht auf Ihren Rat, mischen Sie sich nicht ein!
         F#m            C#m
   Keine Diskussion, keine Genfer Konvention,
         D           C#m   E
   dieses hier ist Gottes eigene Nation:
      D      E                  A
   We do it our way in Guantánamo Bay.
        D       E            A
   Es ist alles o.k. in Guantánamo Bay.
      D      E          A
   Khobé, khobé Guantánamo Bay.
       D        E          A
   Tout est parfait à Guantánamo Bay.
    D       E           A
   Koullu tamam fi Guantánamo Bay.
```

Douce France

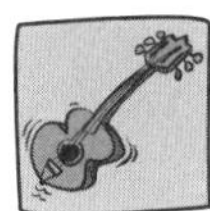

Pickingvorschlag

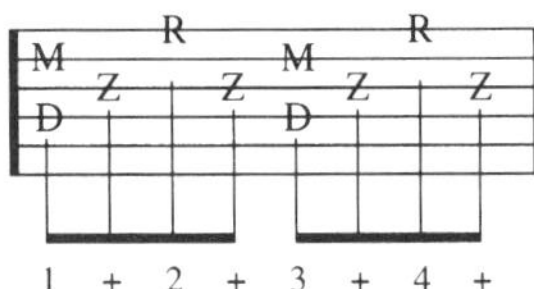

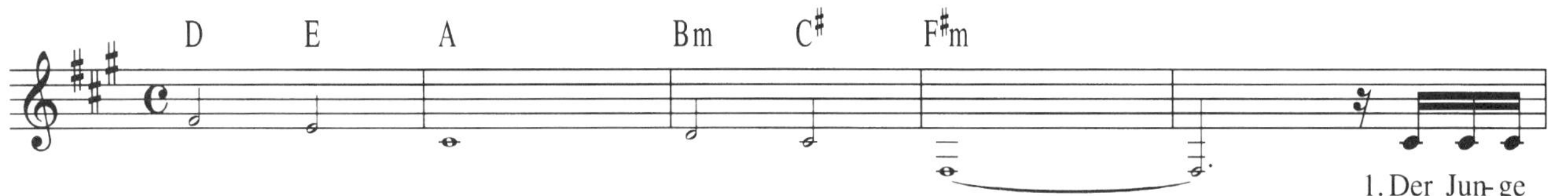

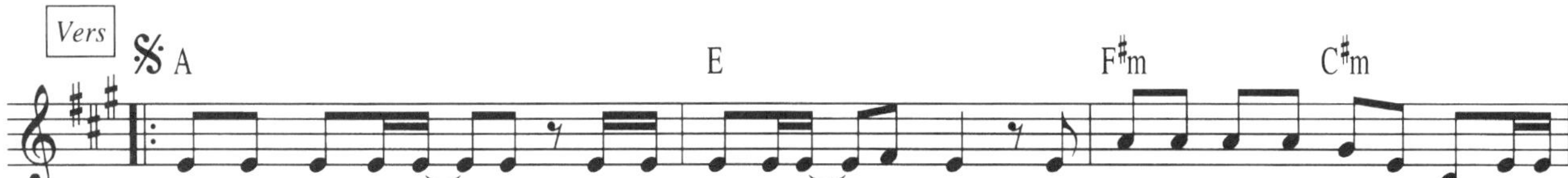

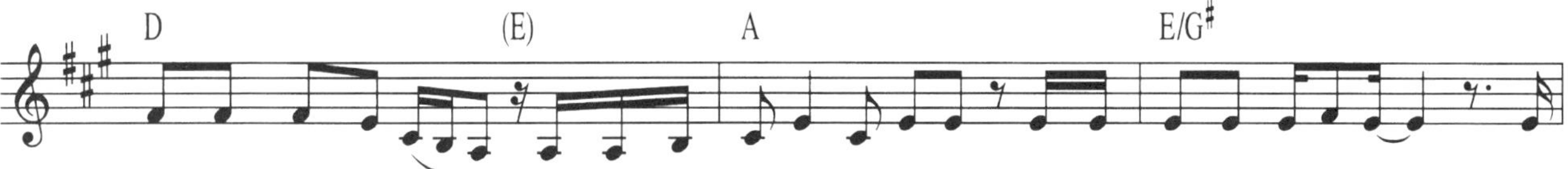

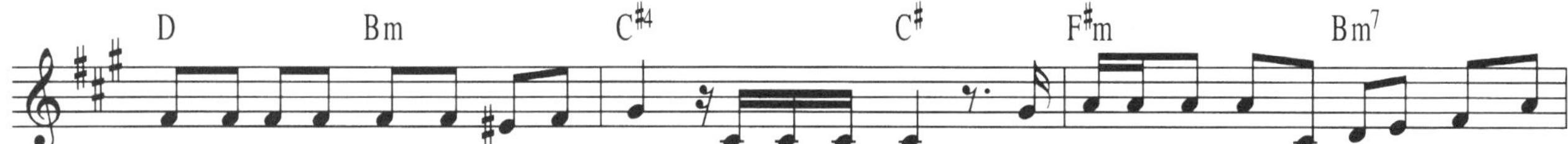

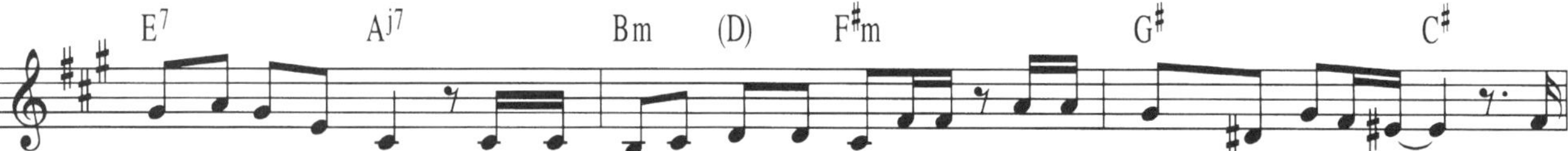

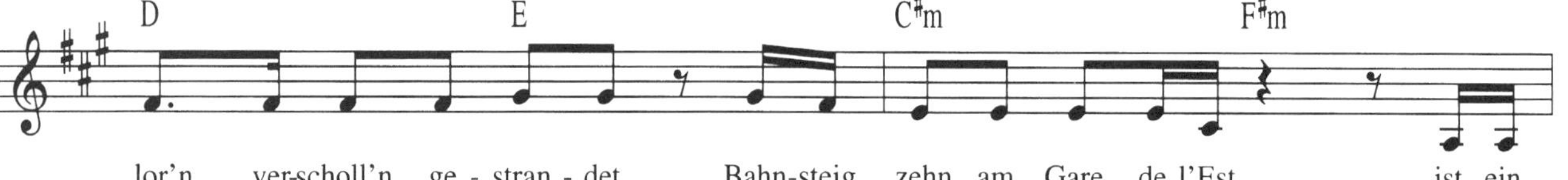

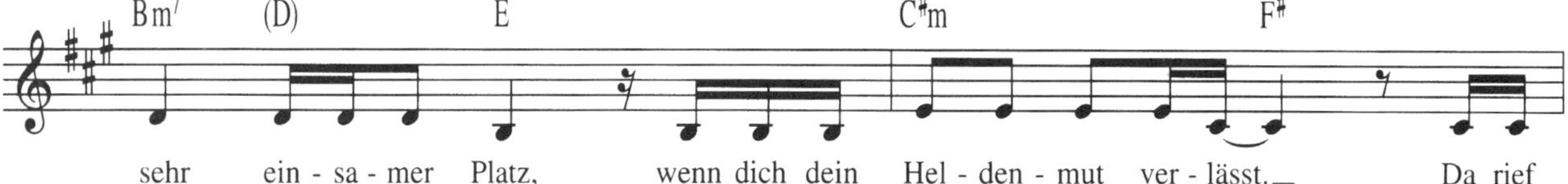

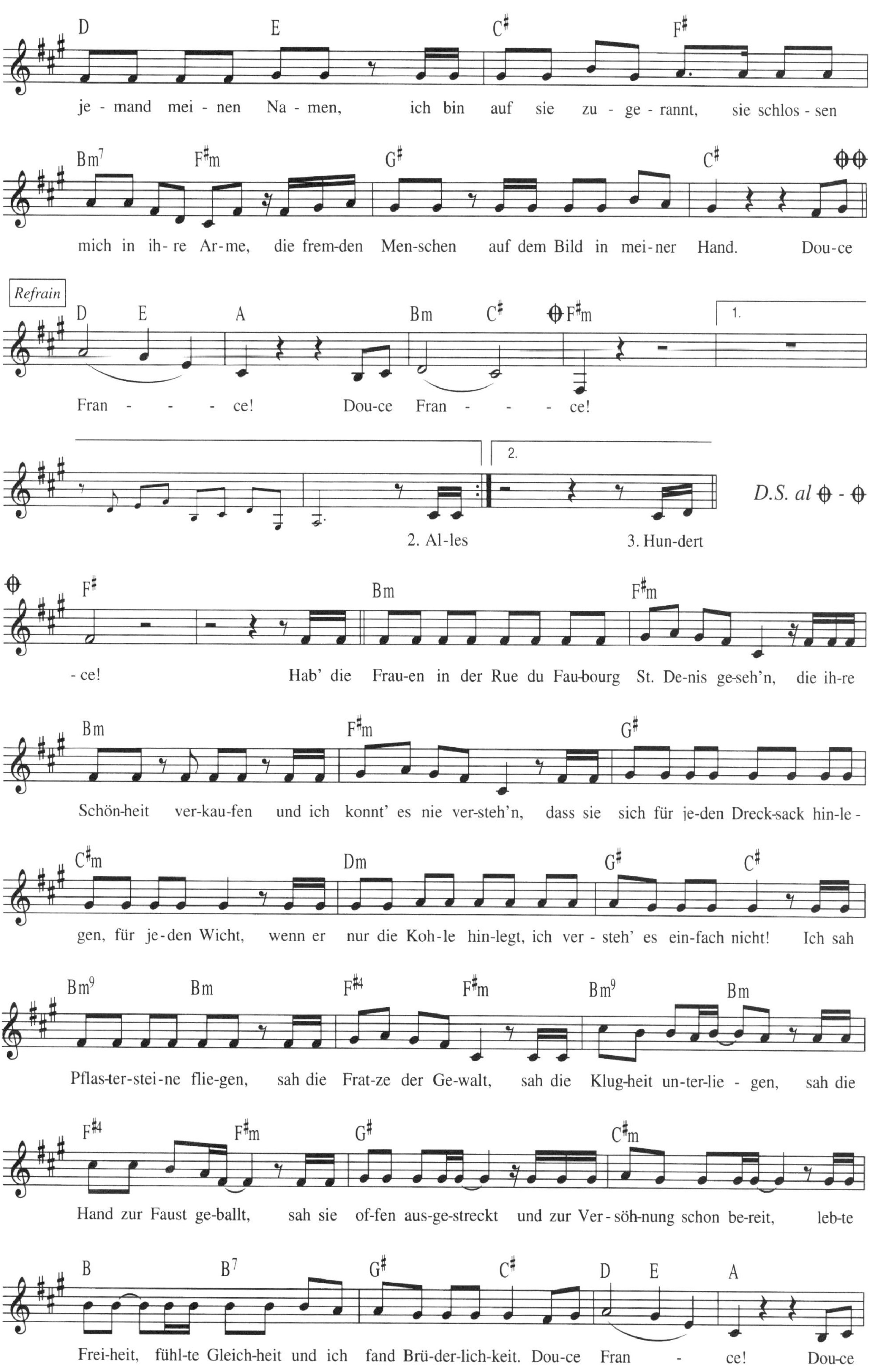
D E C# F#
je - mand mei - nen Na - men, ich bin auf sie zu - ge - rannt, sie schlos - sen
Bm7 F#m G# C#
mich in ih- re Ar-me, die frem-den Men-schen auf dem Bild in mei-ner Hand. Dou-ce
Refrain
D E A Bm C# F#m
1.
Fran - - - ce! Dou-ce Fran - - - ce!
2.
2. Al-les 3. Hun-dert
D.S. al
F# Bm F#m
- ce! Hab' die Frau-en in der Rue du Fau-bourg St. De-nis ge-seh'n, die ih-re
Bm F#m G#
Schön-heit ver-kau-fen und ich konnt' es nie ver-steh'n, dass sie sich für je-den Dreck-sack hin-le -
C#m Dm G# C#
gen, für je-den Wicht, wenn er nur die Koh-le hin-legt, ich ver - steh' es ein-fach nicht! Ich sah
Bm9 Bm F#4 F#m Bm9 Bm
Pflas-ter-stei-ne flie-gen, sah die Frat-ze der Ge-walt, sah die Klug-heit un-ter-lie - gen, sah die
F#4 F#m G# C#m
Hand zur Faust ge-ballt, sah sie of-fen aus-ge-streckt und zur Ver - söh-nung schon be-reit, leb-te
B B7 G# C# D E A
Frei-heit, fühl-te Gleich-heit und ich fand Brü-der-lich-keit. Dou-ce Fran - ce! Dou-ce

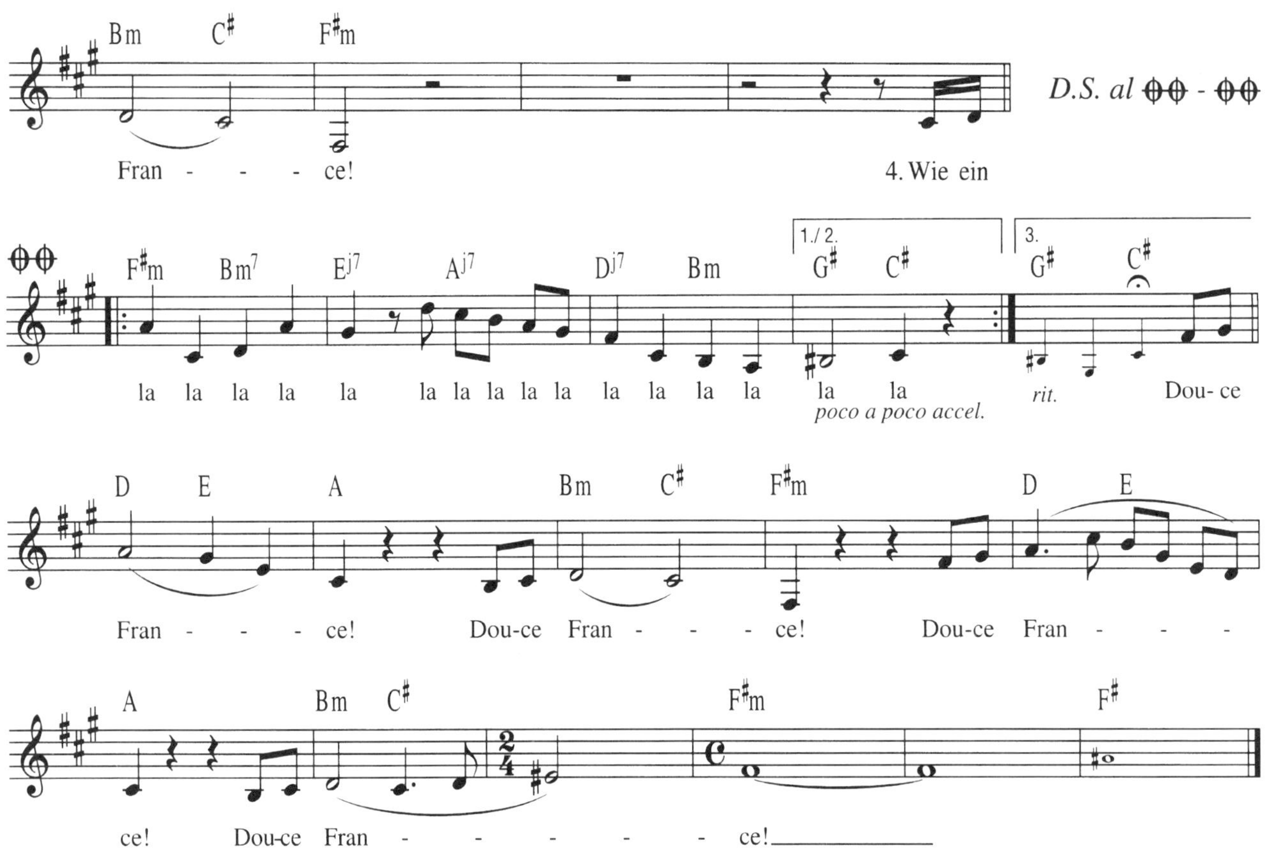
Bm C♯ F♯m
Fran - - - ce!
4. Wie ein
D.S. al ⊕⊕ - ⊕⊕
⊕⊕
F♯m Bm7 Ej7 Aj7 Dj7 Bm
1./2. G♯ C♯
3. G♯ C♯
la la la la la la la la la la la la la la la la
poco a poco accel.
rit.
Dou- ce
D E A Bm C♯ F♯m D E
Fran - - - ce! Dou-ce Fran - - - ce! Dou-ce Fran - - -
A Bm C♯ F♯m F♯
ce! Dou-ce Fran - - - - - ce!

A E
1. Der Junge auf dem fremden Bahnhof, wie ein Hindernis im Treck
F♯m C♯m D
der Hastenden, der Reisenden, hatte leichtes Marschgepäck:
A E
Ich stand wie Vasco da Gama vor dem Tor zur neuen Welt,
D Bm C♯4 C♯
die Fahrkarte am Band um meinen Hals, ich war ein Held!
F♯m Bm7 E7 Aj7
Mit einem unscharfen Foto sucht' ich nach ihnen verstohl'n
Bm F♯m G♯ C♯
und mein Hasenherz, das flüsterte: Keiner kommt, dich abzuhol'n.
D E C♯m F♯m
Verlor'n, verscholl'n, gestrandet, Bahnsteig 10 am Gare de l'Est
Bm7 E C♯m F♯
ist ein sehr einsamer Platz, wenn dich dein Heldenmut verlässt...
D E C♯ F♯m
Da rief jemand meinen Namen, ich bin auf sie zugerannt,
Bm7 F♯m G♯ C♯4 C♯
sie schlossen mich in ihre Arme, die fremden Menschen auf dem Bild in meiner Hand.
D E A Bm C♯ F♯m
Douce France! Douce Fran---ce!

A E
2. Alles ist so fremd, so anders, so verwirrend und so schnell.
F♯m C♯m D
So viel neue Bilder, alles ist so aufregend, so grell.
A E
Die Worte, die ich nachspreche und beginne zu versteh'n,
D Bm C♯
Menschen, die mir hier begegnen und die Dinge, die gescheh'n:
F♯m Bm7 E7 Aj7
Wie sie ihre Autos parken, ohne Skrupel, ohne Zwang,
D Bm F♯ G♯ C♯
küssen sich auf offner Straße und sie essen stundenlang,
D E C♯m F♯m
Menschen, die auf U-Bahnschächten schlafen, hatt' ich nie geseh'n,
D E C♯m F♯
so viel Lebensmüde, die bei rot über die Kreuzung gehen.
D E C♯ F♯m
Und Cafés stell'n Tisch und Stühle auf die Bürgersteige raus
Bm7 F♯m G♯ C♯4 C♯
ich bin so fern von zuhause und ich fühl mich doch schon zuhaus!
D E A Bm C♯ F♯m
Douce France! Douce Fran---ce!

A E
3. 100 Francs für eine Cola, 3 mal 50 für Kultur
F♯m C♯m D E/D
aus der Juke-Box für den großen Georges, Trénet und Aznavour.
A E
Wie haben sie mich entzündet, überwältigt und bewegt,
D Bm C♯
hab' mein ganzes Taschengeld in ihren Liedern angelegt!
F♯m Bm7 E7 Aj7
Und die spielt' ich nach auf den Boulevards als Straßenmusikant

Bm F♯m G♯ C♯
abends vor den Filmpalästen, wo man damals Schlange stand.
D E C♯m F♯m
Ich habe Boris Vian gehört, Grapelli und Béchet –
D E C♯m F♯
sein Sopran drang auf die Straße vorm „Caveau de la Huchette".
D E C♯ F♯m
Andächtig standen wir draußen, zwei Kinder Arm in Arm,
Bm^{7} F♯m G♯ C♯^{4} C♯
der Lebensdurst, die Zärtlichkeit und der Jazz hielten uns warm.
D E A Bm C♯ F♯m
Douce France! Douce Fran---ce!
Bm F♯m
Hab' die Frauen in der Rue du Faubourg St. Denis geseh'n,
Bm F♯m
die ihre Schönheit verkaufen und ich konnt' es nicht versteh'n,
G♯ C♯m
dass sie sich für jeden Drecksack hinlegen, für jeden Wicht,
Dm G♯ C♯
wenn er nur die Kohle hinlegt - ich versteh' es einfach nicht!
Bm^{9} Bm F♯^{4} F♯m
Ich sah Pflastersteine fliegen, sah die Fratze der Gewalt,
Bm^{9} Bm F♯^{4} F♯m
sah die Klugheit unterliegen, sah die Hand zur Faust geballt,
G♯ C♯m
sah sie offen ausgestreckt und zur Versöhnung schon bereit,
B B^{7} G♯ C♯
lebte Freiheit, fühlte Gleichheit und ich fand Brüderlichkeit.
D E A Bm C♯ F♯m
Douce France! Douce Fran---ce!

A E
4. Wie ein Film flimmert mein Leben über die Kinoleinwand,
F♯m C♯m D
einer von den schönen alten mit Ventura und Montand.
A E/G♯
Ich seh': Soviel hat der Junge, der da spielt, bei dir gelernt.
D Bm C♯
Hat dich 100 mal verlassen, hat sich nie von dir entfernt.
F♯m Bm E^{7} A^{j7}
Hat geübt, sein eignes Land mit Liebe besser zu versteh'n
D F♯m G♯ C♯
und Unabdingbares milder und versöhnlicher zu seh'n.
D E C♯m F♯m
Da war nie ein Wort der Feindschaft, nie eine Demütigung,
Bm E C♯m F♯
nur so ein gewisses Lächeln in meiner Erinnerung.
D E C♯ F♯m
Manchmal, wenn ich an mir leide, dann machst du mich wieder heil,
Bm F♯m G♯ C♯
von meiner schweren, dunklen Seele bist du der helle, der federleichte Teil.
||: F♯m Bm^{7} E^{j7} A^{j7} D^{j7} Bm G♯ C♯ :||

||: D E A Bm C♯ F♯m :||
Douce France! Douce Fran---ce!

Ich kann!

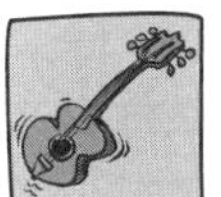

Pickingvorschlag

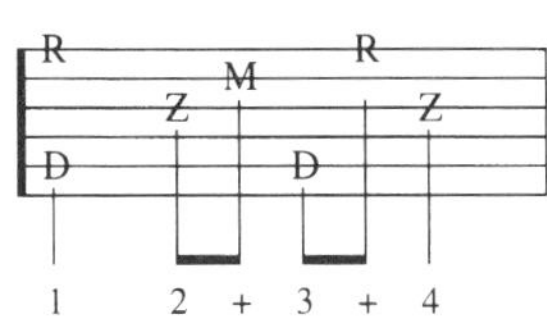

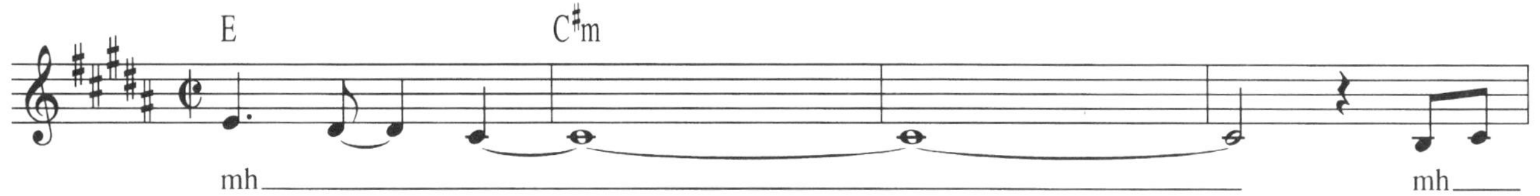

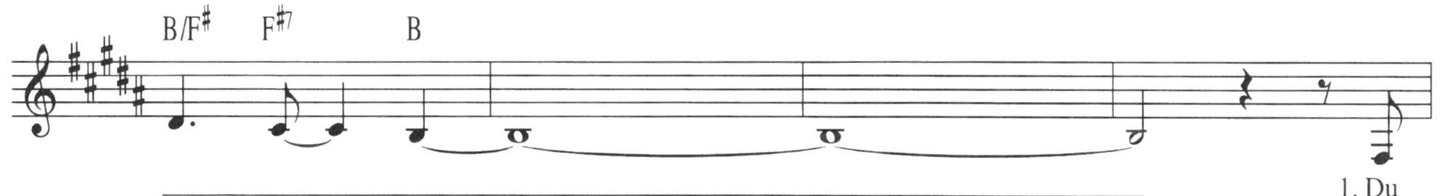

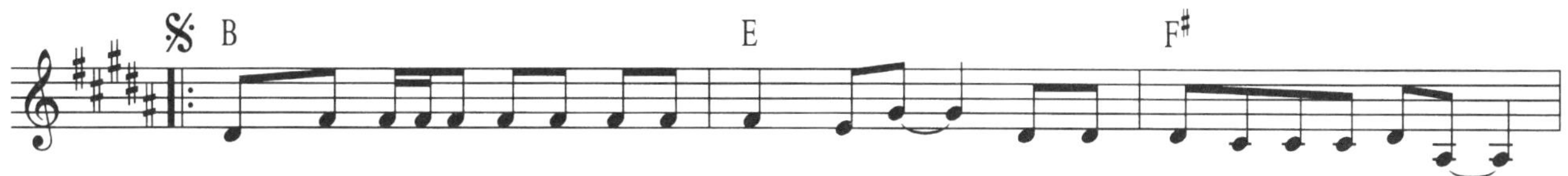

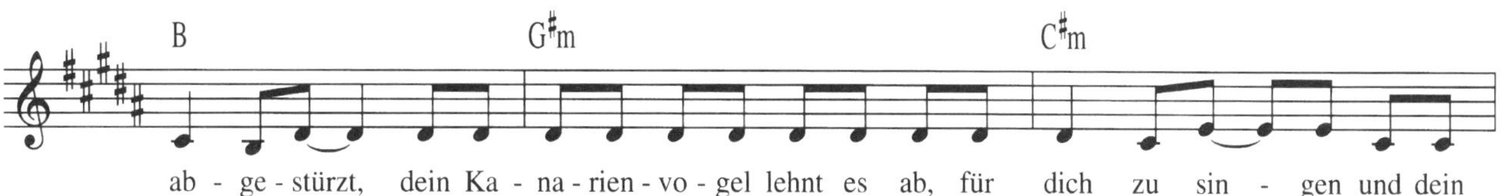

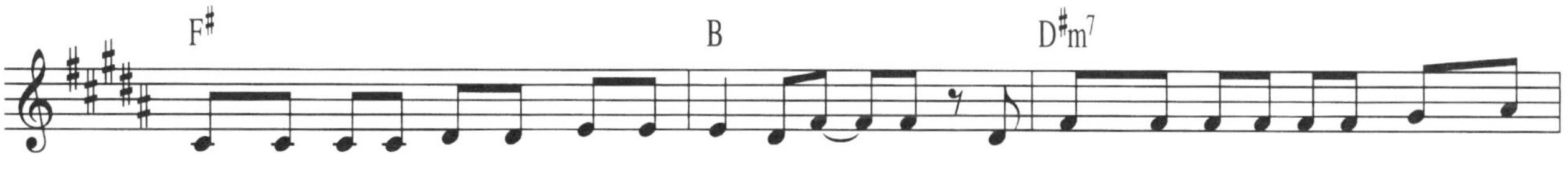

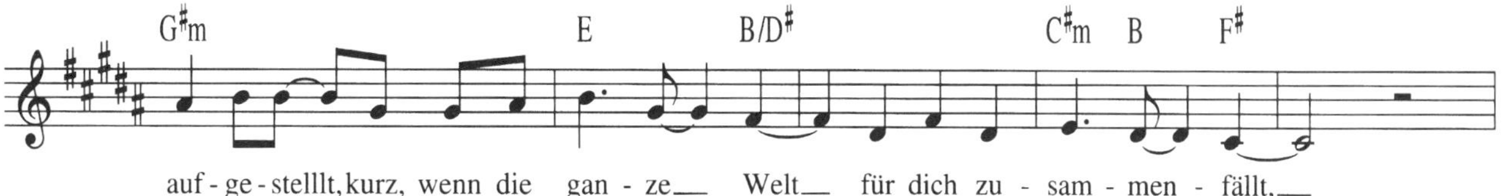

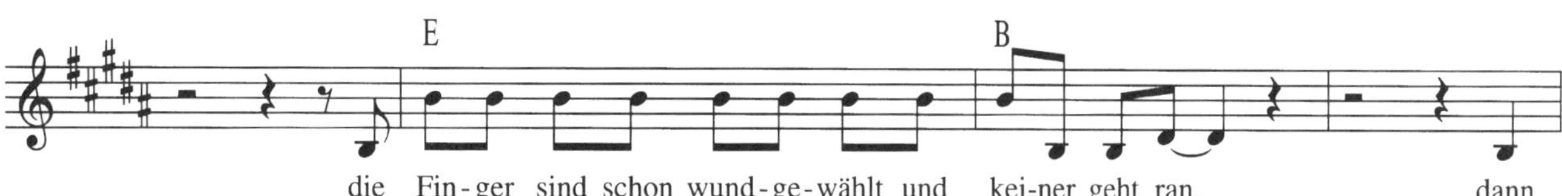

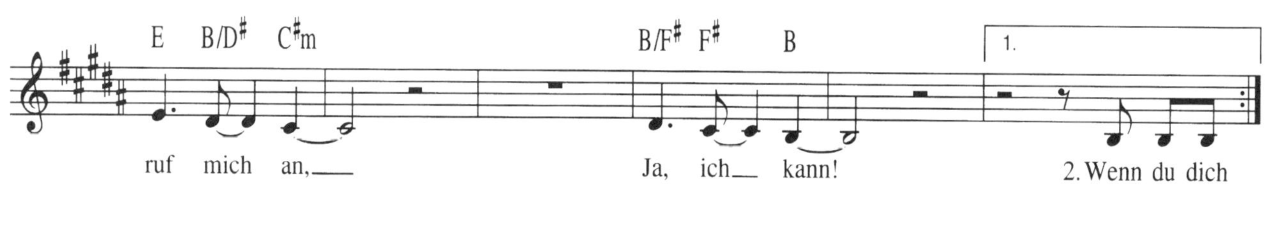
E B/D♯ C♯m B/F♯ F♯ B
1.
ruf mich an,
Ja, ich kann!
2. Wenn du dich

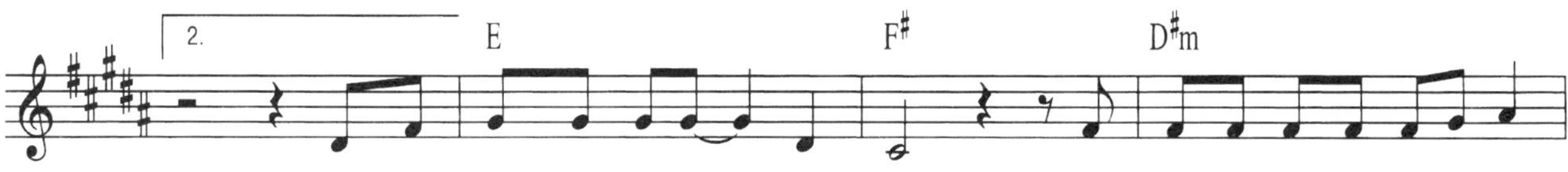
2.
E F♯ D♯m
Wenn dein Schiff-chen zu ken - tern droht, wenn Trüb-sal die Kom-bü-se zu

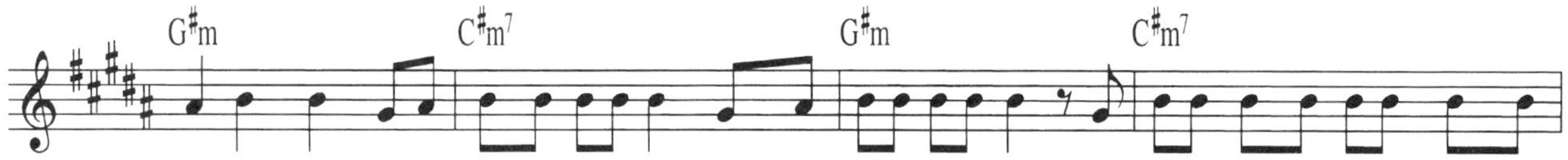
G♯m C♯m7 G♯m C♯m7
en-tern droht, fun-ke mir ein S O S, schick' mir ei-ne S M S: Ich ret-te dich aus je-der See - und

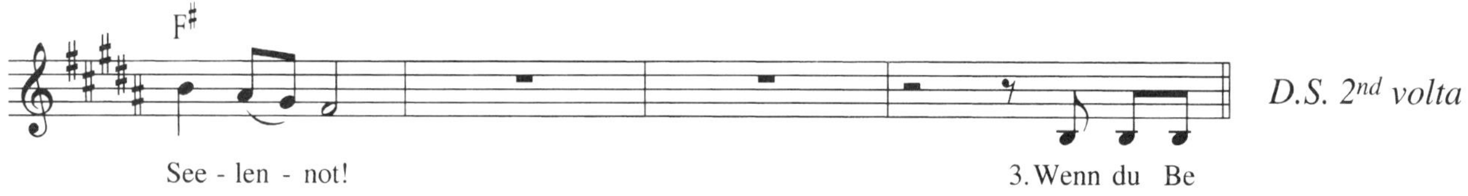
F♯
See - len - not!
3. Wenn du Be
D.S. 2nd volta

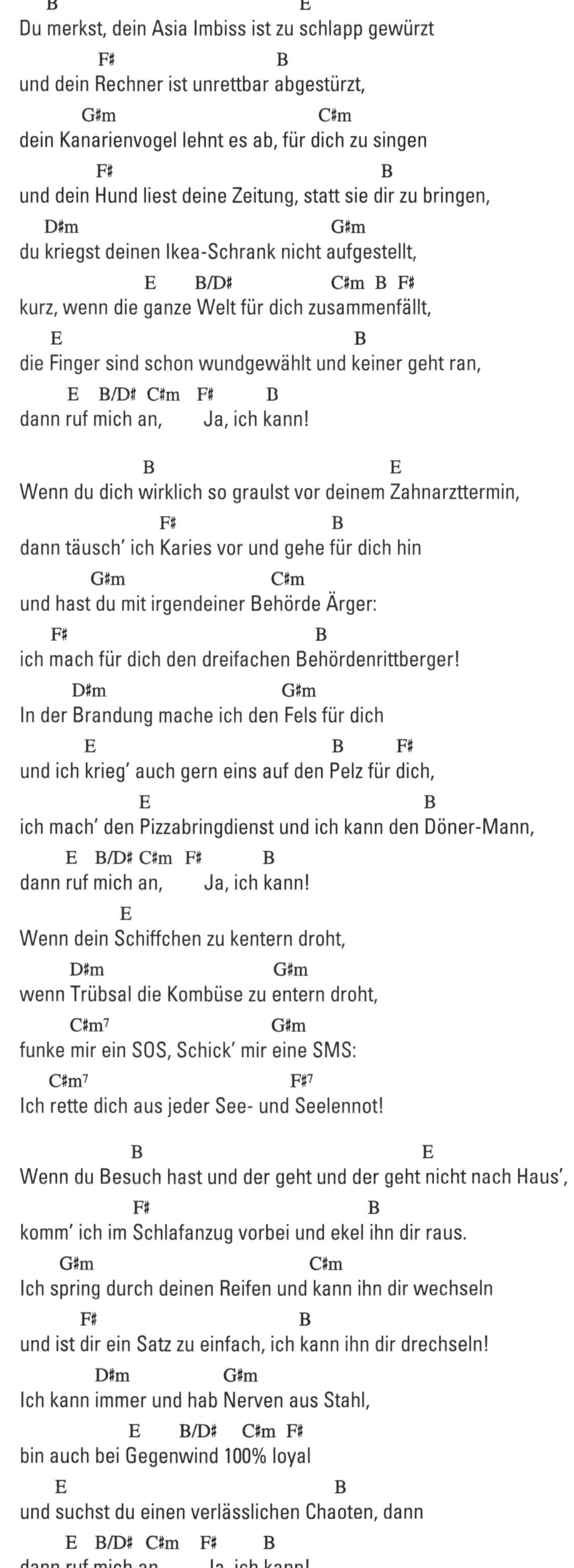

B E
1. Du merkst, dein Asia Imbiss ist zu schlapp gewürzt
F♯ B
und dein Rechner ist unrettbar abgestürzt,
G♯m C♯m
dein Kanarienvogel lehnt es ab, für dich zu singen
F♯ B
und dein Hund liest deine Zeitung, statt sie dir zu bringen,
D♯m G♯m
du kriegst deinen Ikea-Schrank nicht aufgestellt,
E B/D♯ C♯m B F♯
kurz, wenn die ganze Welt für dich zusammenfällt,
E B
die Finger sind schon wundgewählt und keiner geht ran,
E B/D♯ C♯m F♯ B
dann ruf mich an, Ja, ich kann!

B E
2. Wenn du dich wirklich so graulst vor deinem Zahnarzttermin,
F♯ B
dann täusch' ich Karies vor und gehe für dich hin
G♯m C♯m
und hast du mit irgendeiner Behörde Ärger:
F♯ B
ich mach für dich den dreifachen Behördenrittberger!
D♯m G♯m
In der Brandung mache ich den Fels für dich
E B F♯
und ich krieg' auch gern eins auf den Pelz für dich,
E B
ich mach' den Pizzabringdienst und ich kann den Döner-Mann,
E B/D♯ C♯m F♯ B
dann ruf mich an, Ja, ich kann!
E
Wenn dein Schiffchen zu kentern droht,
D♯m G♯m
wenn Trübsal die Kombüse zu entern droht,
C♯m7 G♯m
funke mir ein SOS, Schick' mir eine SMS:
C♯m7 F♯7
Ich rette dich aus jeder See- und Seelennot!

B E
3. Wenn du Besuch hast und der geht und der geht nicht nach Haus',
F♯ B
komm' ich im Schlafanzug vorbei und ekel ihn dir raus.
G♯m C♯m
Ich spring durch deinen Reifen und kann ihn dir wechseln
F♯ B
und ist dir ein Satz zu einfach, ich kann ihn dir drechseln!
D♯m G♯m
Ich kann immer und hab Nerven aus Stahl,
E B/D♯ C♯m F♯
bin auch bei Gegenwind 100% loyal
E B
und suchst du einen verlässlichen Chaoten, dann
E B/D♯ C♯m F♯ B
dann ruf mich an, Ja, ich kann!

E
Wenn dein Schiffchen zu kentern droht,
D♯m G♯m
wenn Trübsal die Kombüse zu entern droht,
C♯m7 G♯m
funke mir ein SOS, Schick' mir eine SMS:
C♯m7 F♯7
Ich rette dich aus jeder See- und Seelennot!

B E
4. Wenn die dünne Zuversichtschicht dich nicht trägt,
F♯ B
wenn du glaubst, das alles über dir zusammenschlägt,
G♯m C♯m
wenn sich alle guten Geister nach und nach verkrümeln
F♯ B
und sogar die besten Freunde eigentümeln,
D♯m G♯m
komm' ich als Lawinenhund und für den Fall des Falls
E B F♯
trage ich für dich ein Fässchen Trost um meinen Hals,
E B
schlabber freudig über dein Gesicht und dann
E B/D♯ C♯m F♯ B
lehn dich an, Ja, ich kann!
E
Wenn dein Schiffchen zu kentern droht,
D♯m G♯m
wenn Trübsal die Kombüse zu entern droht,
C♯m7 G♯m
funke mir ein SOS, Schick' mir eine SMS:
C♯m7 F♯7
Ich rette dich aus jeder See- und Seelennot!
E B
zu jeder Tages- und Nachtzeit, ich geh' immer ran!
E B/D♯ C♯m F♯ B
dann ruf mich an, Ja, ich kann!
E B/D♯ C♯m F♯ B
dann ruf mich an, Ja, ich kann!

Spider Man

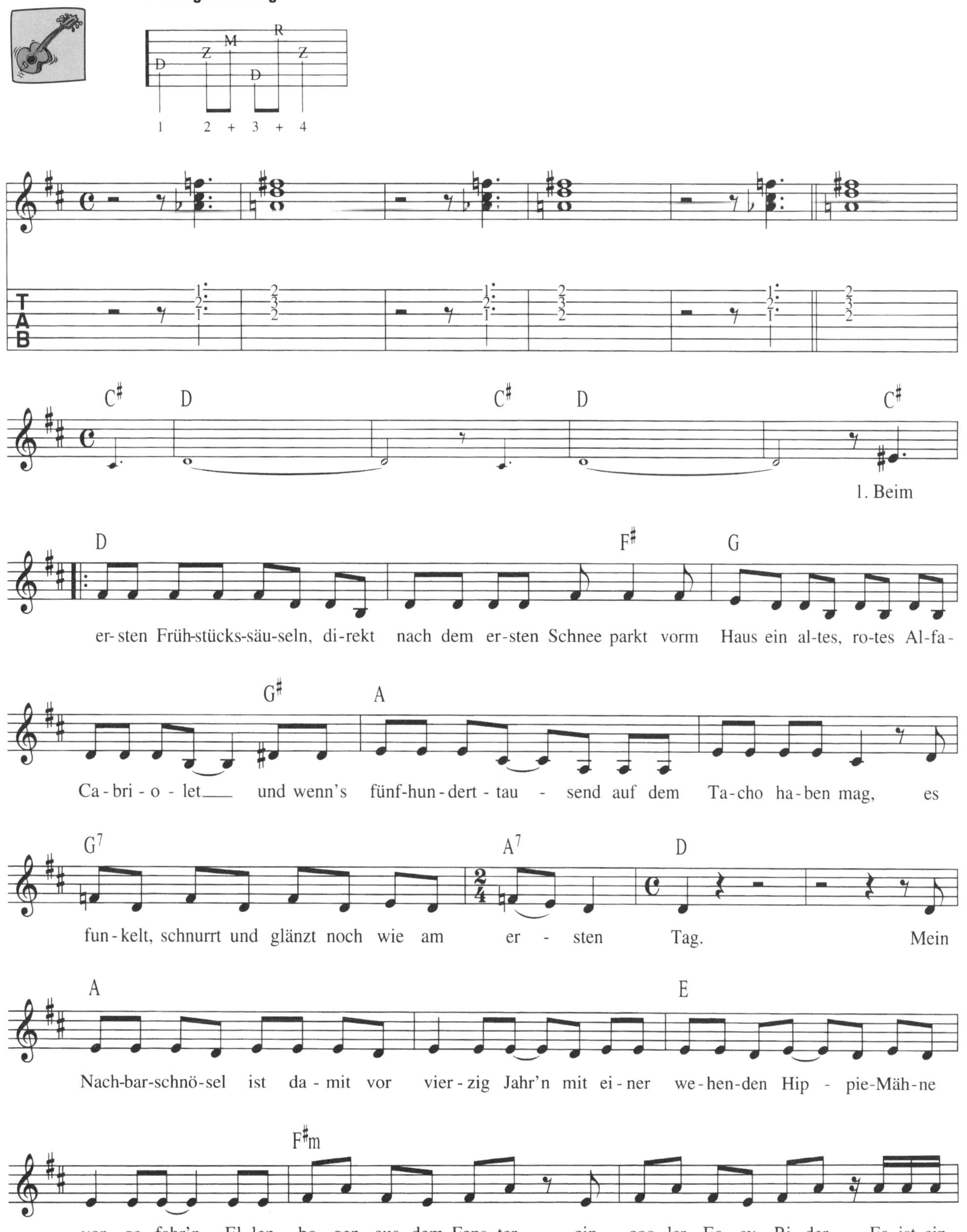

Pickingvorschlag
D Z M D R Z
1 2 + 3 + 4
T A B
C# D C# D C#
1. Beim
D F# G
er-sten Früh-stücks-säu-seln, di-rekt nach dem er-sten Schnee parkt vorm Haus ein al-tes, ro-tes Al-fa-
G# A
Ca-bri-o-let___ und wenn's fünf-hun-dert-tau - send auf dem Ta-cho ha-ben mag, es
G7 A7 D
fun-kelt, schnurrt und glänzt noch wie am er - sten Tag. Mein
A E
Nach-bar-schnö-sel ist da-mit vor vier-zig Jahr'n mit ei-ner we-hen-den Hip - pie-Mäh-ne
F#m
vor-ge-fahr'n, El-len-bo-gen aus dem Fens-ter, ein coo-ler Ea-sy Ri-der. Es ist ein

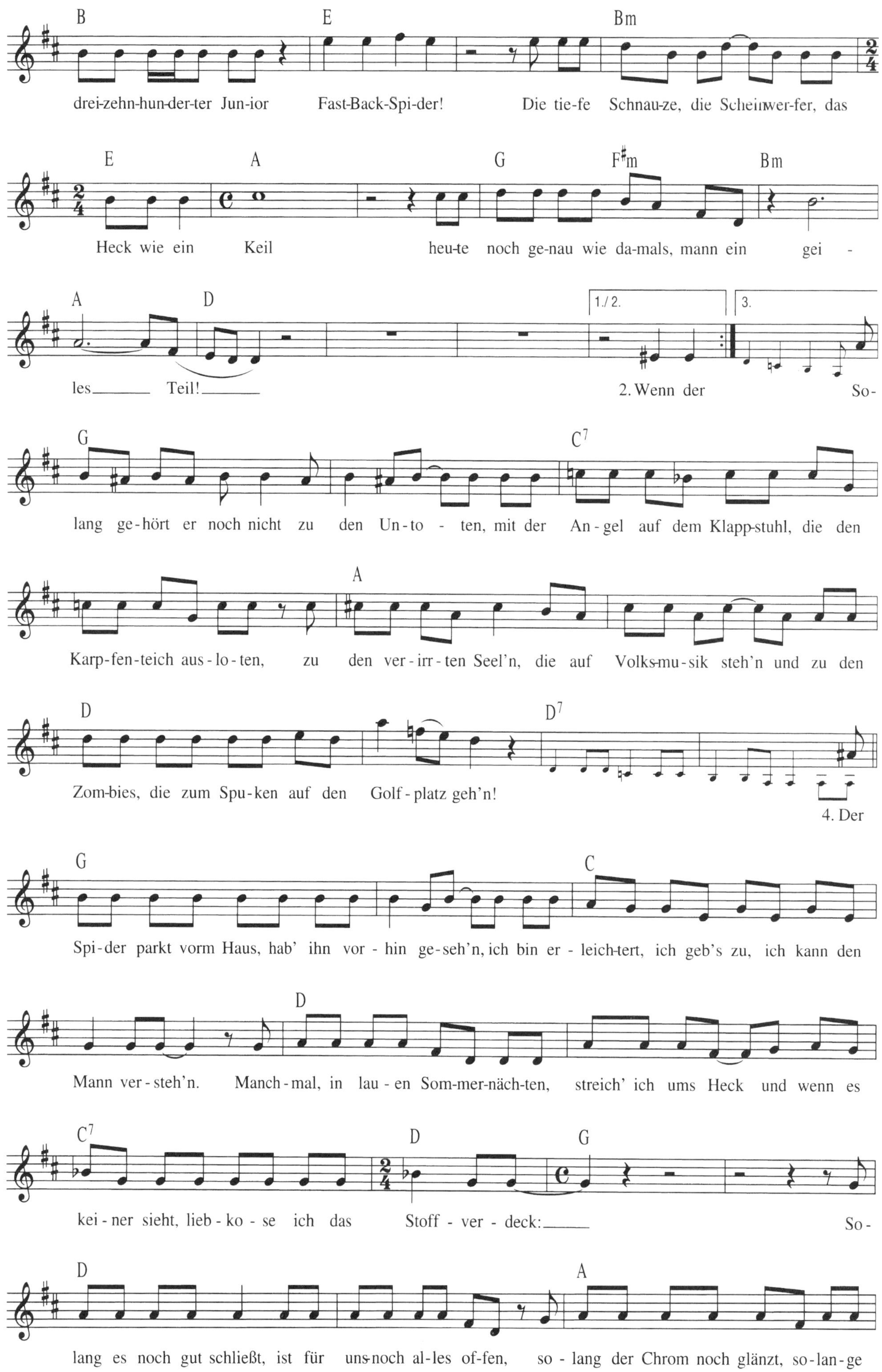
B E Bm
drei-zehn-hun-der-ter Jun-ior Fast-Back-Spi-der! Die tie-fe Schnau-ze, die Scheinwer-fer, das
E A G F#m Bm
Heck wie ein Keil heu-te noch ge-nau wie da-mals, mann ein gei -
A D
1./2.
3.
les Teil! 2. Wenn der So-
G C7
lang ge-hört er noch nicht zu den Un-to - ten, mit der An-gel auf dem Klapp-stuhl, die den
A
Karp-fen-teich aus-lo-ten, zu den ver-irr-ten Seel'n, die auf Volks-mu-sik steh'n und zu den
D D7
Zom-bies, die zum Spu-ken auf den Golf-platz geh'n!
4. Der
G C
Spi-der parkt vorm Haus, hab' ihn vor - hin ge-seh'n, ich bin er - leich-tert, ich geb's zu, ich kann den
D
Mann ver-steh'n. Manch-mal, in lau - en Som-mer-näch-ten, streich' ich ums Heck und wenn es
C7 D G
kei-ner sieht, lieb-ko-se ich das Stoff - ver - deck: So-
D A
lang es noch gut schließt, ist für uns noch al-les of-fen, so - lang der Chrom noch glänzt, so-lan-ge

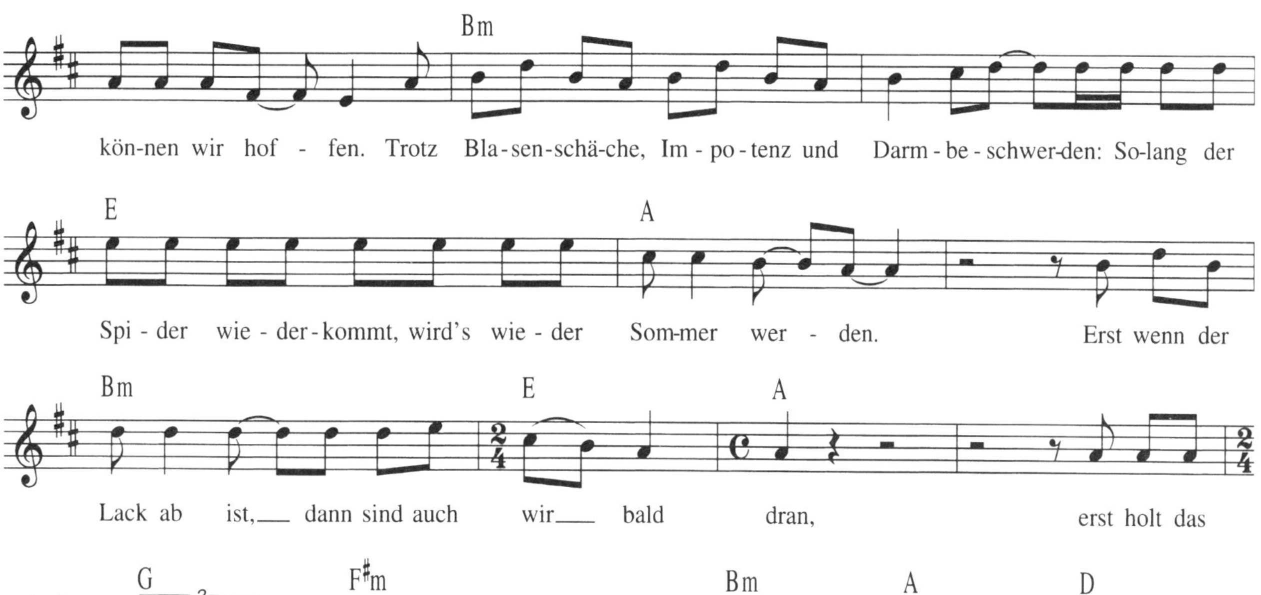
Bm
kön-nen wir hof - fen. Trotz Bla-sen-schä-che, Im - po - tenz und Darm - be - schwer-den: So-lang der
E
A
Spi - der wie - der - kommt, wird's wie - der Som-mer wer - den. Erst wenn der
Bm
E
A
Lack ab ist,__ dann sind auch wir__ bald dran, erst holt das
G
3
F#m
Bm
A
D
Au - to der TÜV, dann uns der Sen - se - - - mann!__

D
Beim ersten Frühlingssäuseln, direkt nach dem ersten Schnee
F♯ G
parkt vorm Haus ein altes, rotes Alfa-Cabriolet
G♯ A
und wenn's 500.000 auf dem Tacho haben mag,
G^7 A^7 D
es funkelt, schnurrt und glänzt noch wie am ersten Tag.
A
Ein Nachbarschnösel ist damit vor 40 Jahren
E
mit einer wehenden Hippie-Mähne vorgefahren,
F♯m
Ellenbogen aus dem Fenster, ein cooler Easy Rider.
B E
Es ist ein 13-hunderter Junior Fast-Back-Spider!
Bm E A
Die tiefe Schnauze, die Scheinwerfer, das Heck wie ein Keil
G F♯m Bm A D
heute noch genau wie damals, Mann, ein geiles Teil!

D
2. Wenn der Herbst kommt, ist er weg, dann steht er aufgebockt
G
in 'ner Halle und mein Nachbar, genannt Spider Man, hockt
A
in stiller Andacht vor dem Lustobjekt und hypnotisiert
G^7 A^7 D
das „H" im Kennzeichen, wienert und konserviert
A
sein heilix Blechle, um den bösen Rostfraß zu mindern
E
und um den Zahn der Zeit am Nagen zu hindern.
F♯m
So gelingt es ihm, den Alterungsprozess aufzuhalten,
B E
nur sein Haar wird dabei schütter, seine Stirn legt sich in Falten,
Bm E A
sein Bauch lappt über die Jeans wie ein luftloser Pneu,
G F♯m Bm A D
doch das alte, rote Cabrio wird jeden Frühling neu.

D
3. Der Ischias klemmt, der Wirbel knackt, er hält fest daran,
G
solang er ohne Zivildienstleistenden einsteigen kann.
A
Die Bandscheibe fällt vor und das Toupet fliegt weg –
G^7 A^7 D
egal, der Lenz ist da, runter mit dem Verdeck!
A
Seine Frau ist mit 'nem Porsche-Schnösel abgefahr'n,
E
sein Hund ist tot: Lungenentzündung vor zwei Jahr'n,
F♯m
seine Kinder, üble Erbschleicher und Halsabschneider,
B E
zocken ihm die Stütze ab - egal, nur nicht den Spider!
Bm E A
Er hält dran fest trotz der brettharten Schraubfederung,
G F♯m Bm A D D^7
solang er das Cabrio hat, solange ist er jung.
G
Solang gehört er noch nicht zu den Untoten,
C^7
mit der Angel auf dem Klappstuhl, die den Karpfenteich ausloten,
A
zu den verirrten Seelen, die auf Volksmusik steh'n
D D^7
und zu den Zombies, die zum Spuken auf den Golfplatz gehen!

G
4. Der Spider parkt vorm Haus, hab' ihn vorhin geseh'n,
C
ich bin erleichtert, ich geb's zu, ich kann den Mann versteh'n.
D
Manchmal, in lauen Sommernächten, streich' ich ums Heck
C^7 D G
und wenn es keiner sieht, liebkose ich das Stoffverdeck:
D
Solang es noch gut schließt, ist für uns alles offen,
A
solang der Chrom noch glänzt, solange können wir hoffen.
Bm
Trotz Blasenschwäche, Impotenz und Darmbeschwerden:
E A
Solang der Spider wiederkommt, wird's wieder Sommer werden.
Bm E A
Erst wenn der Lack ab ist, dann sind auch wir bald dran,
G F♯m Bm A D
erst holt das Auto der TÜV, dann uns der Sensemann!

Friedhof

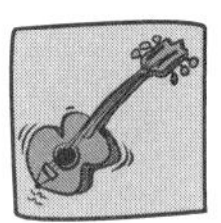

Pickingvorschlag

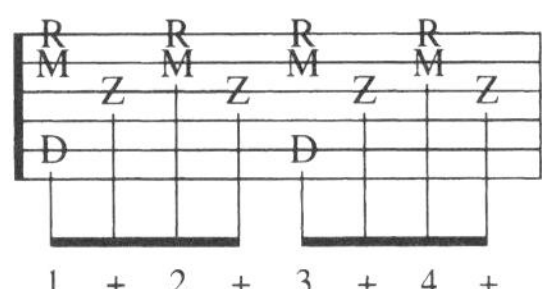

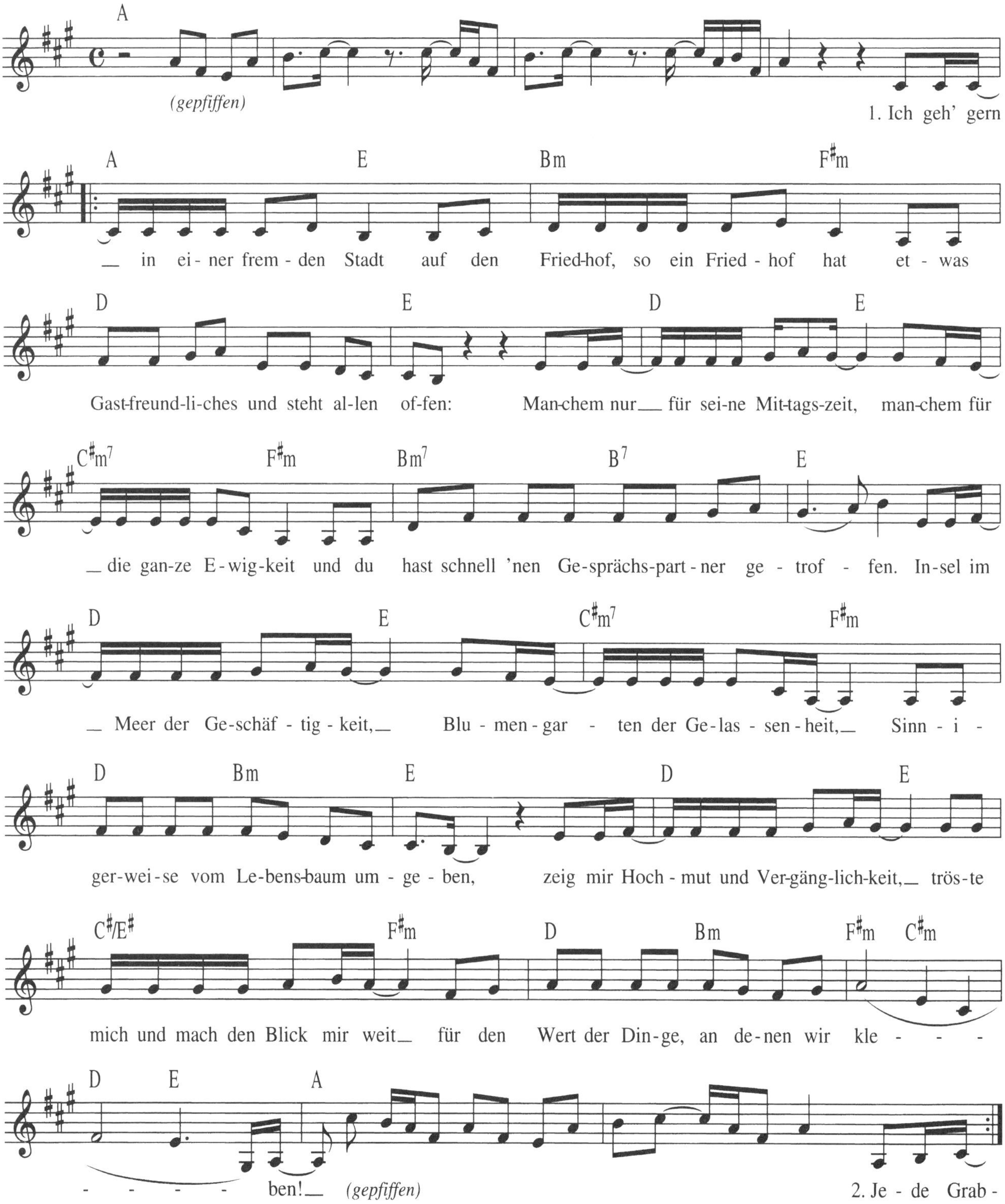

A

(gepfiffen)

1. Ich geh' gern

A E Bm F♯m

_ in ei - ner frem - den Stadt auf den Fried-hof, so ein Fried - hof hat et - was

D E D E

Gast-freund-li-ches und steht al-len of-fen: Man-chem nur_ für sei-ne Mit-tags-zeit, man-chem für

C♯m7 F♯m Bm7 B7 E

_ die gan-ze E-wig-keit und du hast schnell 'nen Ge-sprächs-part-ner ge - trof - fen. In-sel im

D E C♯m7 F♯m

_ Meer der Ge-schäf - tig - keit,_ Blu - men - gar - ten der Ge-las - sen - heit,_ Sinn - i -

D Bm E D E

ger-wei-se vom Le-bens-baum um - ge - ben, zeig mir Hoch - mut und Ver-gäng-lich-keit,_ trös-te

C♯/E♯ F♯m D Bm F♯m C♯m

mich und mach den Blick mir weit_ für den Wert der Din-ge, an de-nen wir kle - - -

D E A

- - - - - ben!_ *(gepfiffen)* 2. Je - de Grab -

           A   E
1. Ich geh' gern in einer fremden Stadt
         Bm   F♯m
auf den Friedhof, so ein Friedhof hat
        D   E
etwas Gastfreundliches und steht allen offen:
            D   E
Manchem nur für seine Mittagszeit,
            C♯m7   F♯m
manchem für die ganze Ewigkeit
         Bm7   B7   E
und du hast schnell 'nen Gesprächspartner getroffen.
        D   E
Insel im Meer der Geschäftigkeit,
         C♯m7   F♯m
Blumengarten der Gelassenheit,
       D   Bm   E
- Sinnigerweise vom Lebensbaum umgeben -
          D   E
zeig mir Hochmut und Vergänglichkeit,
       C♯/E♯   F♯m
tröste mich und mach den Blick mir weit
        D   Bm   F♯m C♯m D E A
für den Wert der Dinge, an denen wir kle----------------ben!

      A   E
2. Jede Grabinschrift und jeder Stein
         Bm   F♯m
erzählen mir in Gräberlatein
         D   A   E
von den Unvergess'nen, die zu früh entschweben.
       D   E
Jede Plasteblume, die da sprießt,
      C♯m7   F♯m
jede Primel, die kein Schwein mehr gießt,
         Bm7   B7   E
kann mir was erzähl'n von denen, die noch leben.
        D   E
Ich seh mir die Jahreszahlen an:
           C♯m7   F♯m
Manchmal kommt er früh, der Sensemann,
          D   Bm   E
manchmal trödelt er herum, der alte Mäher.
         D   E
„Geh nur deiner Wege" sagt er mir,
        C♯/E♯   F♯m
„Einmal enden sie doch alle hier
        D   Bm   F♯m C♯m D E A
und du siehst ja, die Einschläge kommen nä----------------her!"

         A   E
3. Ich sitz' gern auf einer Friedhofsbank,
        Bm   F♯m
seh' die schattigen Alleen entlang
    D   A   E
und denk' nach über den tief'ren Sinn der Reise.

```
            D                          E
Mit dem schicken Laptop auf den Knien
         C♯m7                     F♯m
Blätter' ich von Termin zu Termin
             Bm7                B7              E
und wenn „Wichtig!" davor steht, kicher' ich leise.
         D                             E
Kann ja sein, ich verpass' grad den Tanz
          C♯m7                    F♯m
um das gold'ne Kalb - aus der Distanz
            D                 Bm                E
wird nicht jedes „Dringend" und „Eilt sehr!" beachtet.
       D                              E
Es ist nichts, von dem man immer denkt,
          C♯/E♯                F♯m
dass die ganze Welt davon abhängt,
         D                    Bm             F♯m  C♯m D E  A
wichtig, von einer Friedhofsbank aus betrach-------------tet!

       A                               E
4. Heute macht sich schon manch Junger krumm
         Bm                   F♯m
für 'nen Platz im Altersheim, darum
          D          A               E
geh' ich da nur konsequent einen Schritt weiter:
             D                         E
Mach mich schon mal mit dem Platz vertraut,
         C♯m7                       F♯m
an dem man mich eines Tags verstaut
          Bm7          B7        E
und geh an den Job zurück, gelöst und heiter.
       D                        E
Aufgeräumt und quicklebendig kehr'
     C♯m7                      F♯
ich heim in das Leben ringsumher,
         D                Bm             E
les' im Geh'n die Inschrift auf der Friedhofsmauer.
          D                          E
Die Lektion, die sie mich schweigend lehrt
         C♯/E♯              F♯m
ist die grad geschwänzte Sitzung wert:
         D             Bm                 F♯m  C♯m  D  E  A
„Jedes Ding hat seine Zeit, nichts ist von Dau---------------er!"
        D                       E
Jedes Ding, steht da, hat seine Zeit,
      C♯m7             F♯m
dabei wäre ich durchaus bereit,
              D         Bm           E
gegebenenfalls überhaupt nicht zu sterben,
         D                      E
um den Beisetzungsgeiern und den
 C♯/E♯                  F♯m
peinlichen Grabreden zu entgeh'n,
          D                       Bm              F♯m  E  D  E  C♯
doch ich will's mir mit meinen Erben nicht verder---------------ben.
          D                       Bm              F♯m  C♯m D  E  A
doch ich will's mir mit meinen Erben nicht verder---------------ben.
```

Sven

Pickingvorschlag

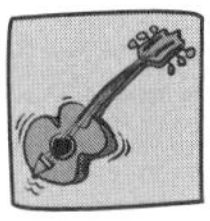

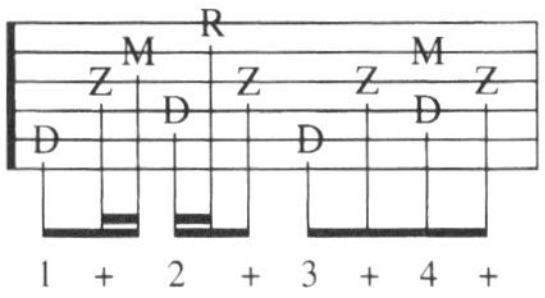

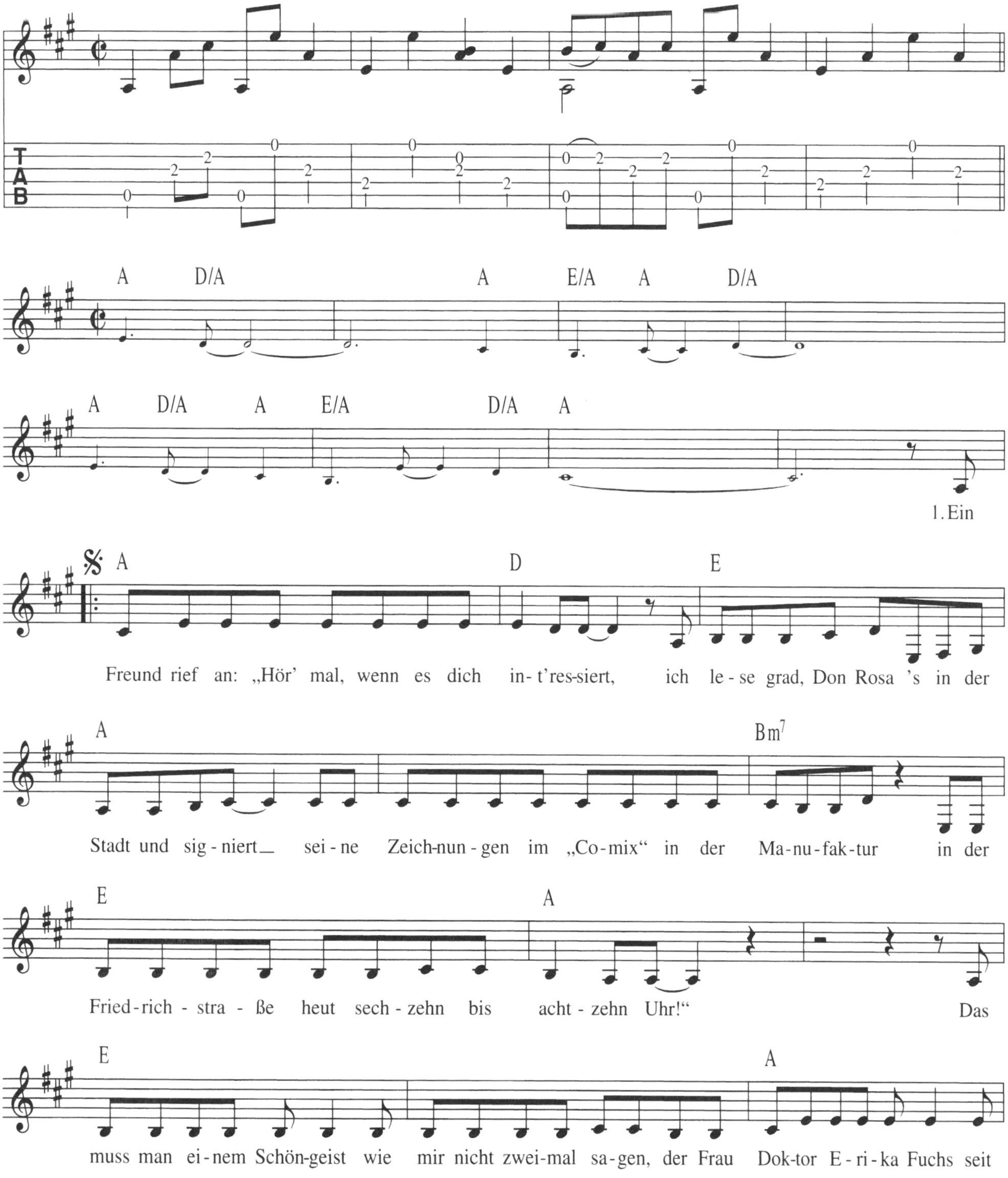

R
Z M D Z Z M D Z
D D D
1 + 2 + 3 + 4 +

TAB

A D/A A E/A A D/A

A D/A A E/A D/A A

1. Ein

A D E
Freund rief an: „Hör' mal, wenn es dich in-t'res-siert, ich le-se grad, Don Rosa 's in der

A Bm7
Stadt und sig-niert_ sei-ne Zeich-nun-gen im „Co-mix" in der Ma-nu-fak-tur in der

E A
Fried-rich-stra-ße heut sech-zehn bis acht-zehn Uhr!" Das

E A
muss man ei-nem Schön-geist wie mir nicht zwei-mal sa-gen, der Frau Dok-tor E-ri-ka Fuchs seit

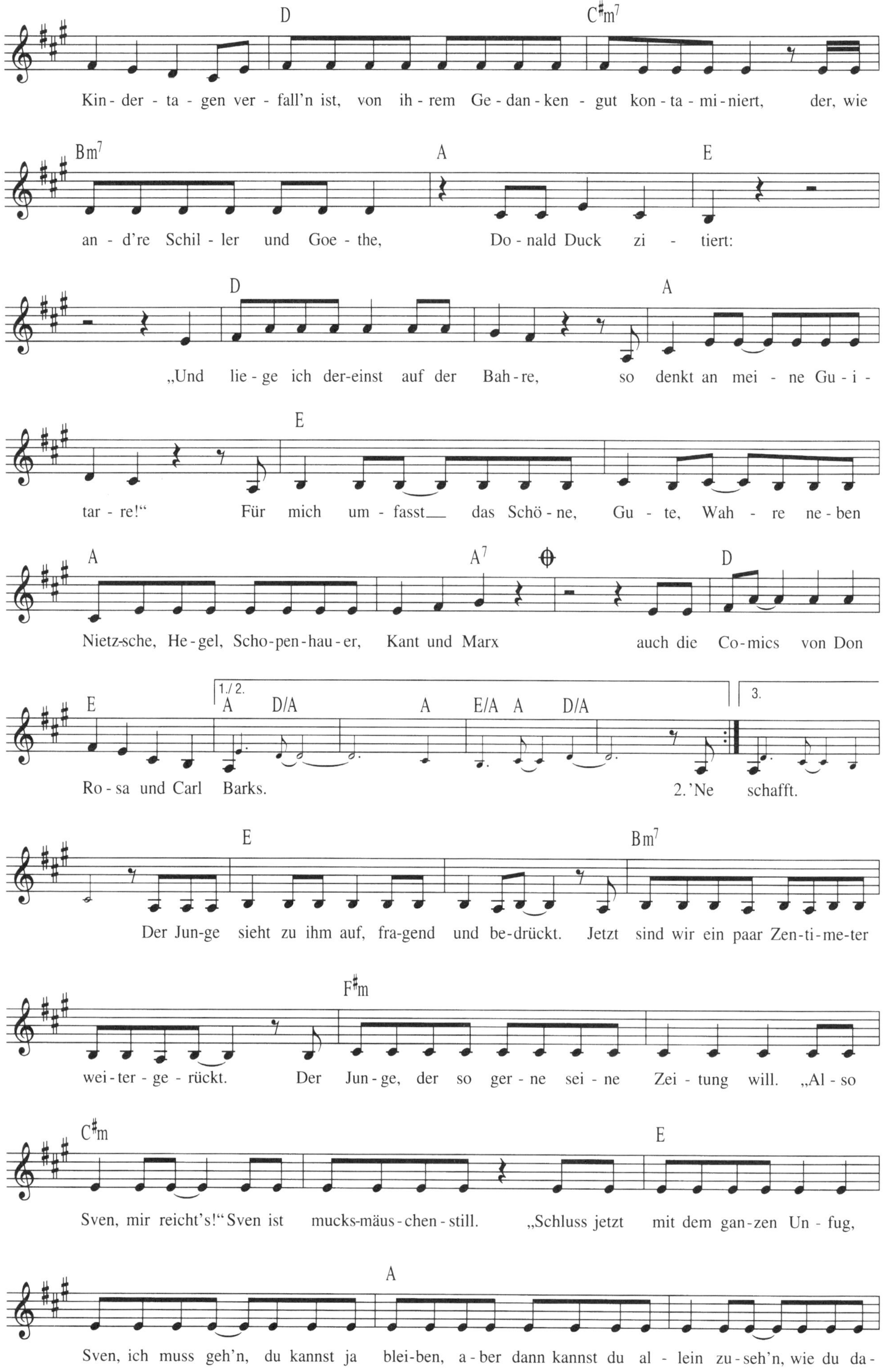
D
C♯m7
Kin - der - ta - gen ver - fall'n ist, von ih - rem Ge - dan - ken - gut kon - ta - mi - niert, der, wie
Bm7
A
E
an - d're Schil - ler und Goe - the, Do - nald Duck zi - tiert:
D
A
„Und lie - ge ich der-einst auf der Bah - re, so denkt an mei - ne Gu - i -
E
tar - re!" Für mich um - fasst das Schö - ne, Gu - te, Wah - re ne - ben
A
A7
D
Nietz-sche, He - gel, Scho - pen - hau - er, Kant und Marx auch die Co - mics von Don
E
1./2.
A D/A A E/A A D/A
3.
Ro - sa und Carl Barks. 2. 'Ne schafft.
E
Bm7
Der Jun - ge sieht zu ihm auf, fra - gend und be - drückt. Jetzt sind wir ein paar Zen - ti - me - ter
F♯m
wei - ter - ge - rückt. Der Jun - ge, der so ger - ne sei - ne Zei - tung will. „Al - so
C♯m
E
Sven, mir reicht's!" Sven ist mucks - mäus - chen - still. „Schluss jetzt mit dem gan - zen Un - fug,
A
Sven, ich muss geh'n, du kannst ja blei - ben, a - ber dann kannst du al - lein zu - seh'n, wie du da -

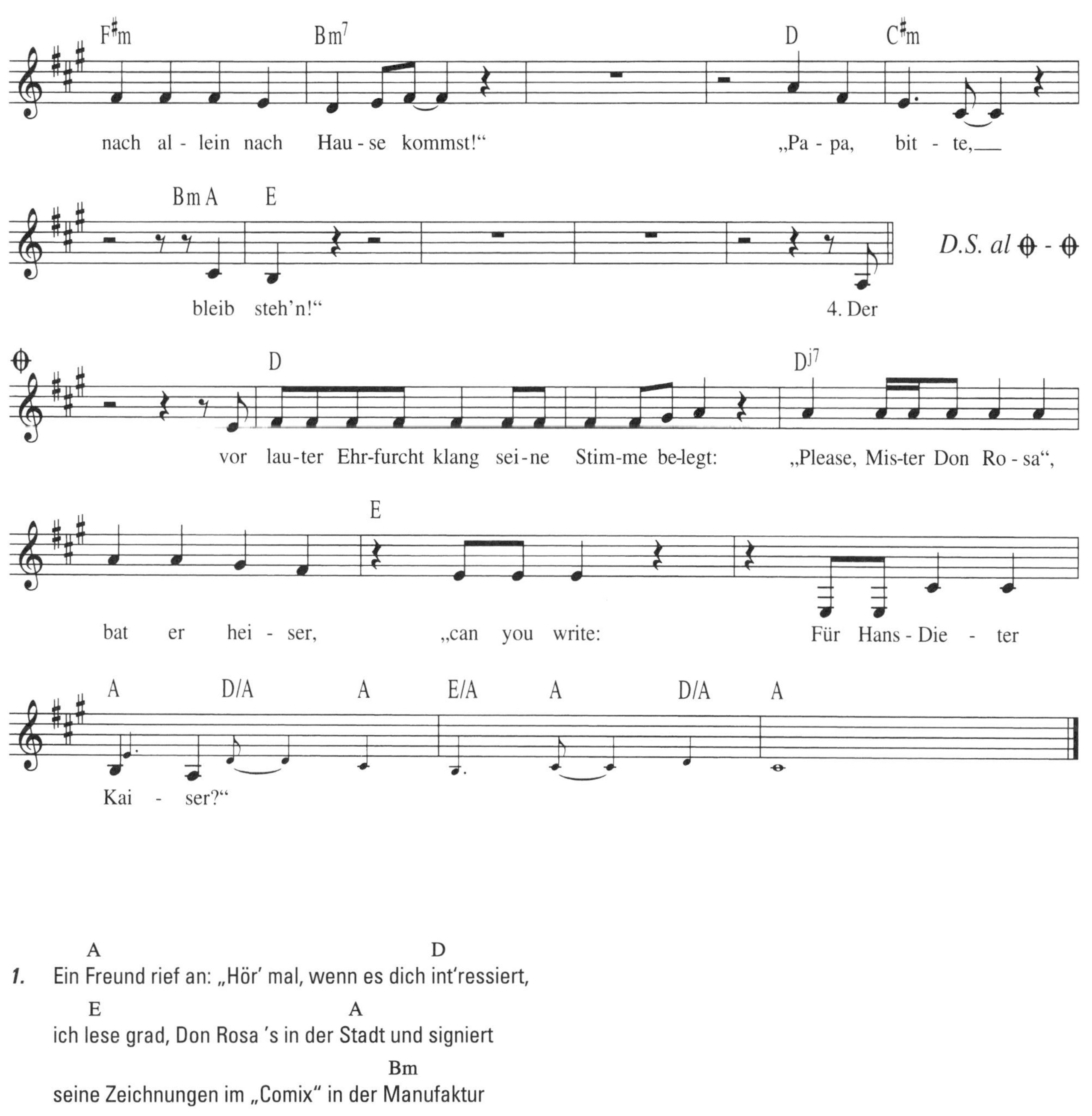

A D
1. Ein Freund rief an: „Hör' mal, wenn es dich int'ressiert,
E A
ich lese grad, Don Rosa 's in der Stadt und signiert
Bm
seine Zeichnungen im „Comix“ in der Manufaktur
E A
in der Friedrichstraße heut 16 bis 18 Uhr!“
E
Das muss man einem Schöngeist wie mir nicht zweimal sagen,
A
der Frau Dr. Erika Fuchs seit Kindertagen
D C♯m7
verfall'n ist, von ihrem Gedankengut kontaminiert,
Bm7 A E
der, wie andre Schiller und Goethe, Donald Duck zitiert:
D A
„Und lieg' ich dereinst auf der Bahre, so denkt an meine Gu-itarre!“
E
Für mich umfasst das Schöne, Gute, Wahre
A A7
neben Nietzsche, Hegel, Schopenhauer, Kant und Marx
D E A
auch die Comics von Don Rosa und Carl Barks.

A D
2. 'Ne knappe Viertelstunde später und ich stand
E A
in der Schlange vorm Geschäft mit meinem Sammelband.
Bm
Der Laden war gerammelt voll und allen war klar,
E A
dass das 'ne Aktion für die nächsten Stunden war.
E
Also standen wir auf dem Bürgersteig in Mäandern,
A
schlurften brav im Zickzack immer einer nach dem andern.
D C♯m^{7}
Vor mir in der Reihe total aufgekratzt stand
Bm^{7} A E
ein kleiner Junge mit 'nem gestreßten Vater an der Hand.
D A
Einem von diesen Zeitgeistvätern, diesen neuen, etwas später'n,
E
dafür etwas aufgeblähter'n Städtern,
A A^{7}
die du am Beifallheischen erkennen kannst:
D E A
„Alle mal herkucken, Leute: Ich hab' mich fortgepflanzt!"

A D
3. Es ging sehr langsam, das heißt, so gut wie gar nicht voran.
E A
Der Junge stand heroisch, nur der Vater begann
Bm
zu murren. Don Rosa nahm sich für jeden Zeit,
E A
schrieb und malte mit Geduld und Liebenswürdigkeit.
E
Ich würde ihn um eine Gundel Gaukelei bitten,
A
oder einen Gustav Gans – die beiden vor mir stritten,
D C♯m^{7}
das heißt, der Junge schwieg, aber über ihm hing
Bm^{7} A E
der Groll des Vaters für jeden Schritt, den es nicht weiterging.
D A
„Sven, das kannst du nicht von mir verlangen, ich wär' schon längst gegangen,
E
Sven, was willst du mit so 'nem Blödsinn anfangen,
A A^{7}
so 'ne Unterschrift, Sven – das ist mir schleierhaft!"
D E A
„Papa, warte, wir haben's doch gleich geschafft!"
E
Der Junge sieht zu ihm auf, fragend und bedrückt.
Bm
Jetzt sind wir ein paar Zentimeter weitergerückt.
F♯m
Der Junge, der so gern seine Zeichnung will.

          C#m7
„Also Sven, mir reicht's!" Sven ist mucksmäuschenstill.
                      E
„Schluss jetzt mit dem ganzen Unfug, Sven, ich muss gehen,
                    A
du kannst ja bleiben, aber dann kannst du allein zusehn,
             F#m   Bm7   D   C#m Bm A   E
wie du danach allein nach Hause kommst!" - „Papa, bitte,   bleib stehn!"

          A   D
4. Der Vater ging, Sven blieb und über sein Gesicht
                    E   A
ging die Grimasse, die man macht, eh man in Tränen ausbricht.
   Bm
Er weinte nicht, kehrte sich in sich, tränenlos,
      E   A
die Ungleichheit des Kräftemessens war zu groß,
      E
das Ausgeliefertsein in diesen Nervenkriegen,
      A
Zerreißproben, wo immer die Erwachsenen siegen!
    D   C#m7
Inzwischen kamen wir in der Zielgeraden zu stehn,
                  Bm7   A   E
konnten dem großen Meister schon über die Schulter sehn.
           D   A
Vor uns nur noch zwei, drei Leute, ganz nah an der ersehnten Beute,
                   E
das war der Augenblick, auf den er sich so freute,
      A   A7
der Meister sah zu ihm auf, Sven war so aufgeregt,
     D
vor lauter Ehrfurcht klang seine Stimme belegt:
    D   E   A
„Please, Mister Don Rosa", bat er heiser, „Can you write: Für Hans-Dieter Kaiser?"

Sommerende

Pickingvorschlag

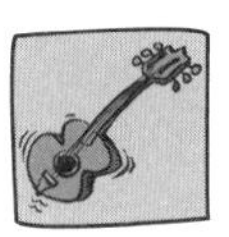

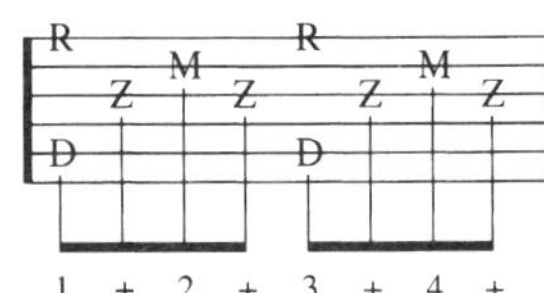

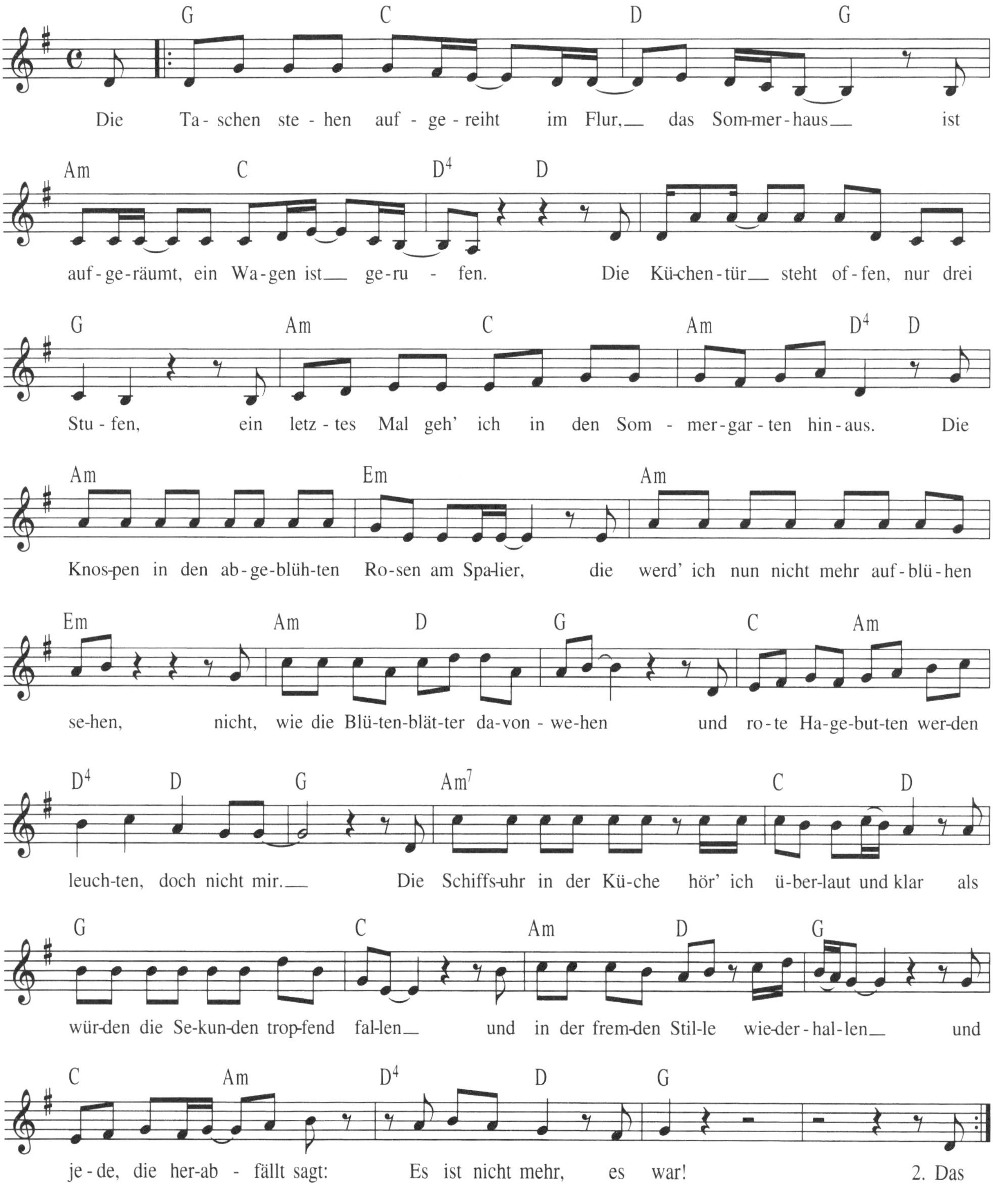

G C D G
Die Ta- schen ste - hen auf - ge - reiht im Flur, das Som-mer-haus ist

Am C D4 D
auf - ge - räumt, ein Wa-gen ist ge-ru - fen. Die Kü-chen-tür steht of-fen, nur drei

G Am C Am D4 D
Stu - fen, ein letz - tes Mal geh' ich in den Som - mer-gar - ten hin-aus. Die

Am Em Am
Knos-pen in den ab-ge-blüh-ten Ro-sen am Spa-lier, die werd' ich nun nicht mehr auf-blü-hen

Em Am D G C Am
se-hen, nicht, wie die Blü-ten-blät-ter da-von - we-hen und ro-te Ha-ge-but-ten wer-den

D4 D G Am7 C D
leuch-ten, doch nicht mir. Die Schiffs-uhr in der Kü-che hör' ich ü-ber-laut und klar als

G C Am D G
wür-den die Se-kun-den trop-fend fal-len und in der frem-den Stil-le wie-der-hal-len und

C Am D4 D G
je-de, die her-ab - fällt sagt: Es ist nicht mehr, es war! 2. Das

G C D G
1. Die Taschen stehen aufgereiht im Flur, das Sommerhaus
Am C D^4 D
ist aufgeräumt, ein Wagen ist gerufen.
D G
Die Küchentür steht offen, nur drei Stufen,
Am C Am D^4 D
ein letztes Mal geh' ich in den Sommergarten hinaus.
Am Em
Die Knospen in den abgeblühten Rosen am Spalier,
Am Em
die werd' ich nun nicht mehr aufblühen sehen,
Am D G
nicht, wie die Blütenblätter davonwehen
C Am D^4 D G
und rote Hagebutten werden leuchten, doch nicht mir.
Am^7 C D
Die Schiffsuhr in der Küche hör' ich überlaut und klar
G C
als würden die Sekunden tropfend fallen
Am D G
und in der fremden Stille widerhallen
C Am D^4 D G
und jede, die herabfällt sagt: Es ist nicht mehr – es war!

G C D G
2. Das Dunkelgrün des Gartentischs verwittert und verbleicht,
Am C D^4 D
gebeutelt und gegerbt von allen Wettern
D G
und einmal mehr wird die Farbe abblättern
Am C Am D^4 D
und einmal mehr wird jemand kommen, der ihn neu anstreicht.
Am Em
Und sicher werden andre Hände sich vor Jahresfrist
Am Em
herumstreiten mit Farn und Ackerwinden,
Am D G
vergess'nes Spielzeug in den Büschen finden,
C Am D^4 D G
das dort schon lange keines unsrer Kinder mehr vermisst.
Am^7 C D
Ein Mädchen wird aus Buschwindröschen und aus Akelei'n
G C
Girlanden winden für die Sommerfeste
Am D G
und abends werden frohe Sommergäste
C Am D^4 D G
einkehr'n unter dem Blätterdach von wild rankendem Wein.

G C D G
3. Wie Reichtümer will ich die Bilder in mir aufbewahr'n,
Am C D^{4} D
den Duft und diese Helligkeit einfangen
D G
als Reiseproviant und so den langen
Am C Am D
dunkleren Tagen dankbar und getrost entgegenfahr'n.
Am Em
Die Stürme werden rüttelnd die Fensterläden umweh'n,
Am Em
die Stare werden lärmend südwärts fliegen
Am D G
und hohes Gras wird sich im Herbstwind wiegen
C Am D^{4} D G
und alles wird den guten Gang der Jahreszeiten geh'n.
Am^{7} C D
Das ist es, was mich tröstet, auch wenn ein Schmerz mir bleibt
G C
in diesem Abschied, diesem Sommerende,
Am D G
wir sind, denk' ich, während ich mich abwende,
C Am D^{4} D G
nur Schaum, der auf den Wellen des Gezeitenstromes treibt.

Hundgebet

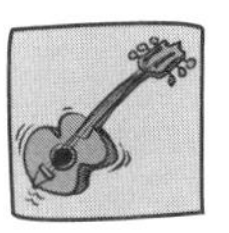

Pickingvorschlag

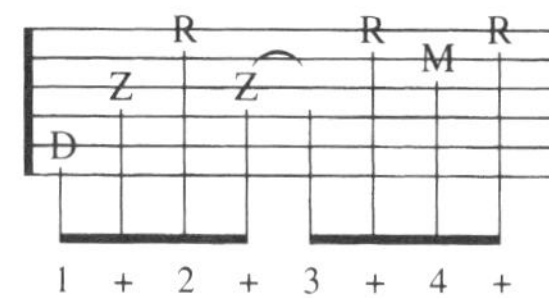

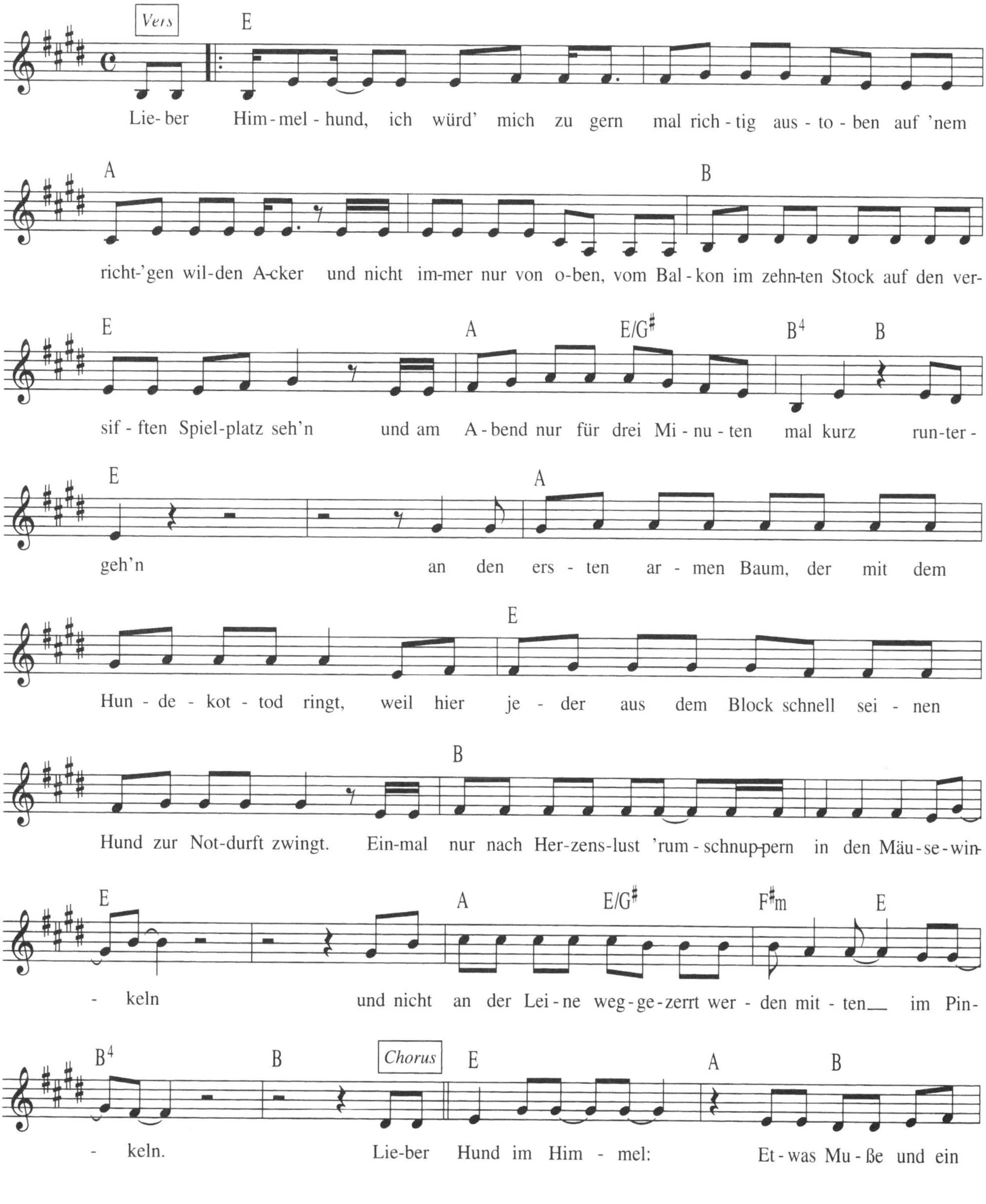

Vers

E
Lie- ber Him - mel - hund, ich würd' mich zu gern mal rich - tig aus - to - ben auf 'nem

A B
richt-'gen wil-den A-cker und nicht im-mer nur von o-ben, vom Bal - kon im zehn-ten Stock auf den ver-

E A E/G♯ B4 B
sif - ften Spiel-platz seh'n und am A - bend nur für drei Mi - nu - ten mal kurz run-ter -

E A
geh'n an den ers - ten ar - men Baum, der mit dem

E
Hun - de - kot - tod ringt, weil hier je - der aus dem Block schnell sei - nen

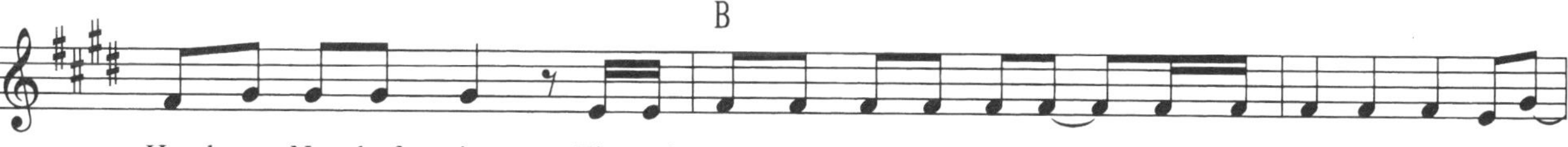

B
Hund zur Not-durft zwingt. Ein-mal nur nach Her-zens-lust 'rum - schnup-pern in den Mäu-se-win-

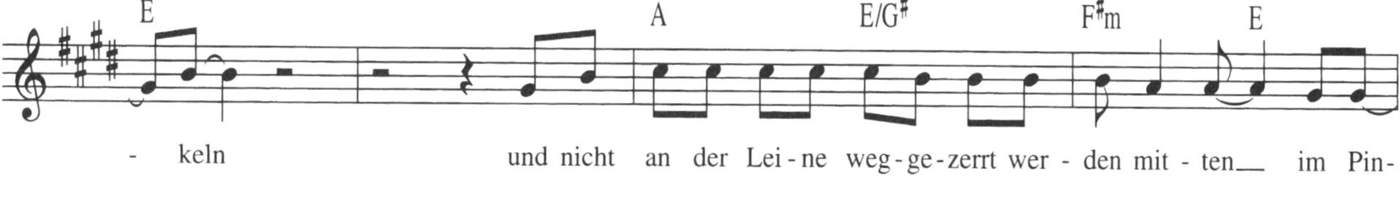

E A E/G♯ F♯m E
- keln und nicht an der Lei - ne weg - ge - zerrt wer - den mit - ten__ im Pin-

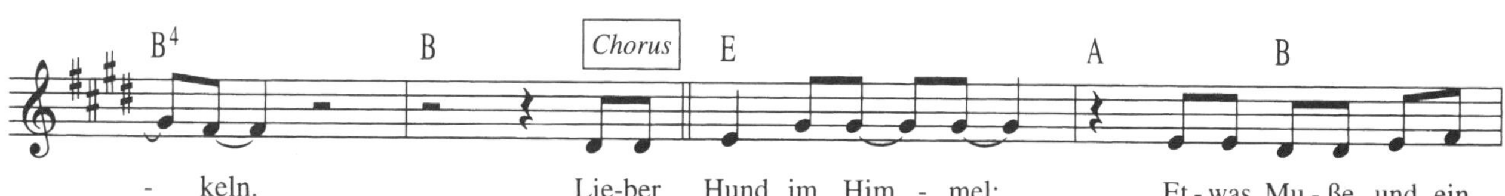

B4 B Chorus E A B
- keln. Lie-ber Hund im Him - mel: Et - was Mu - ße und ein

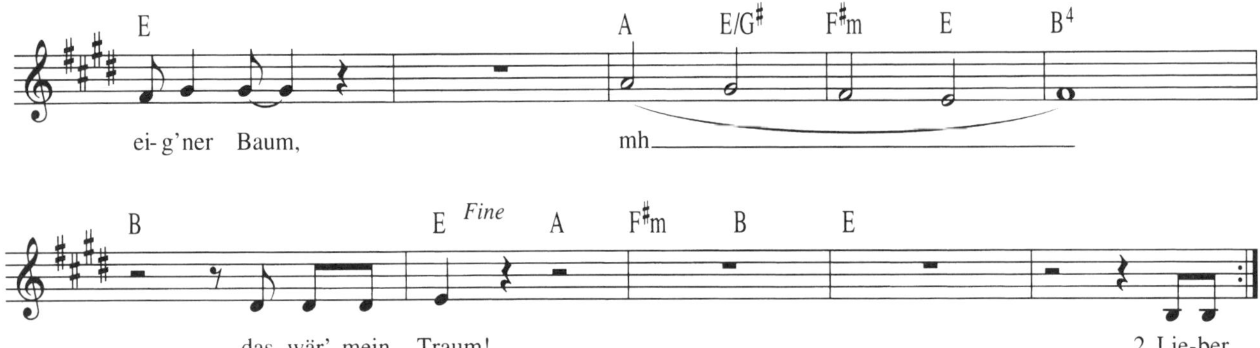

E
1. Lieber Himmelhund, ich würd' mich zu gern mal richtig austoben
A
auf 'nem richt'gen wilden Acker und nicht immer nur von oben
B E
vom Balkon im 10. Stock auf den versifften Spielplatz seh'n
A E/G♯ B^4 B E
und am Abend nur für drei Minuten mal kurz runtergeh'n
A
an den ersten armen Baum, der mit dem Hundekottod ringt,
E
weil hier jeder aus dem Block schnell seinen Hund zur Notdurft zwingt.
B E
Einmal nur nach Herzenslust 'rumschnuppern in den Mäusewinkeln
A E/G♯ F♯m E B^4 B
und nicht an der Leine weggezerrt werden mitten im Pinkeln.
E A B E
Lieber Hund im Himmel: Etwas Muße und ein eigner Baum –
A E/G♯ F♯m E B^4 B E A F♯m B E
Mh-------------------------------------das wär' mein Traum!

E
2. Lieber Himmelhund, ich möcht' gern richtig stink'gen Schweinkram fressen
A
und nicht das Designermenu aus der Fernsehwerbung essen.
B E
Ich möchte nicht, dass mich parfümierte Hände streicheln, nein,
A E/G♯ B^4 B E
meine Nase ist zu fein für Gucci und für Calvin Klein.
A
Ich will kein Mäntelchen tragen, will nicht, dass man mich frisiert,
E
mir die Ohren spitzer schneidet, oder mir den Schwanz kupiert.
B E
Das sollst du mit Herrchen machen und wenn er sich dreht und windet,
A E/G♯ F♯m E B
na dann woll'n wir doch mal seh'n, ob er das noch witzig findet!
E A B E
Lieber Hund im Himmel, stopp diese Barbarei
A E/G♯ F♯m E B E A F♯m B
und auch die idiotische Silvesterknallerei.

E
3. Lieber Himmelhund, ich will nicht mehr im Allradkombi liegen
A
hinterm Gitter und in jeder Kurve aus der Kurve fliegen,
B E
nicht im Restaurant zwischen Tisch- und Menschenbeine gezwängt
A E/G♯ B E
passivrauchen, Tischabfall essen, von Kleinkindern bedrängt.
A
Ich will nicht nur spielen, ich will endlich beißen bei dem Spruch:
E
„Verzeihen Sie, mein Herr, aber Ihr Hund hat Hundgeruch!"
B E
Lass mich lieben, wann und wen ich will, und gib mir keine Pillen,
A E/G♯ F♯m E B
und keine Spritzen gegen meinen ausdrücklichen Paarungswillen.
E A B E
Lieber Hund im Himmel: Für mich und Rex
A E/G♯ F♯m E B E A F♯m B E
oh------------- Freien Sex.

E
4. Lieber Himmelhund, ich will wie rechtschaffene Hunde heißen
A
und nicht Rambo, Müntefering, Dr. Klöbner oder Tyson,
B E
weil der Mensch es für unglaublich originell und witzig hält,
A E/G♯ B E
wenn er uns vermenschlicht und sich zugleich hoch über uns stellt:
A
„Ihr da unten – ich hier oben. Ich werf' und ihr holt den Stock!"
E
Menschen brauchen Katzen, Vögel, immer einen Underdog.
B E
Menschen woll'n immer Gefang'ne, Menschen sind immer die Schließer,
A E/G♯ F♯m E B
die Verhätsch'ler, die Verhöhner, die Streichler, die Krauler und die Blutvergießer.
E A B E
Lieber Hund im Himmel, gib mir meine Würde zurück und 'nen richt'gen
A E/G♯ F♯m E B E
richt'gen Hundenamen, Amen!

Die Waffen nieder!

Pickingvorschlag

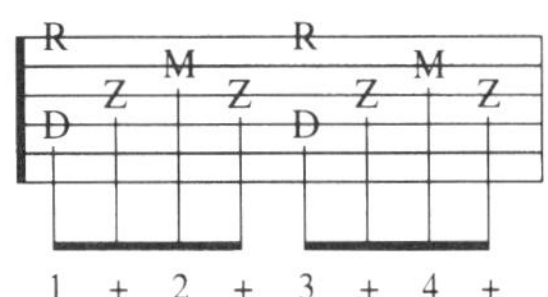

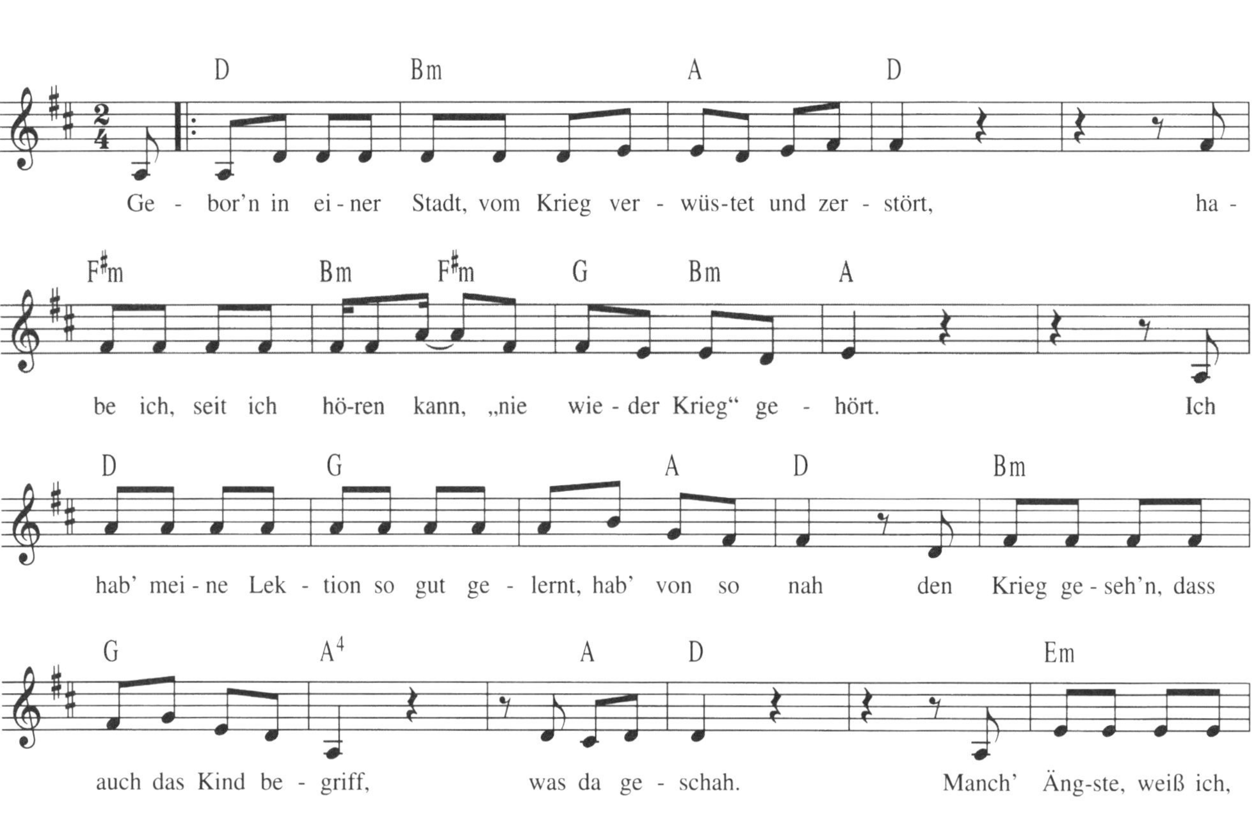

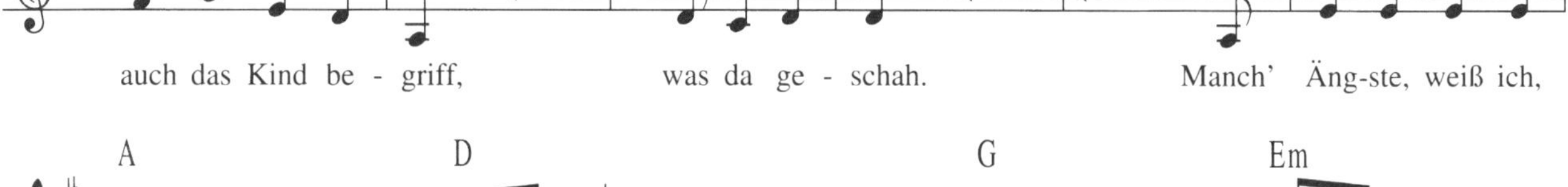
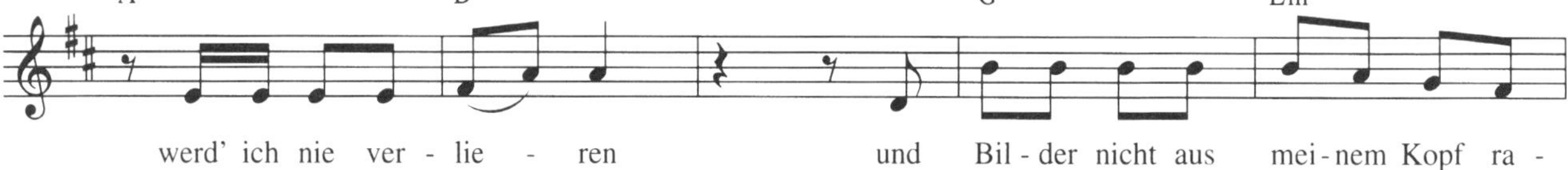

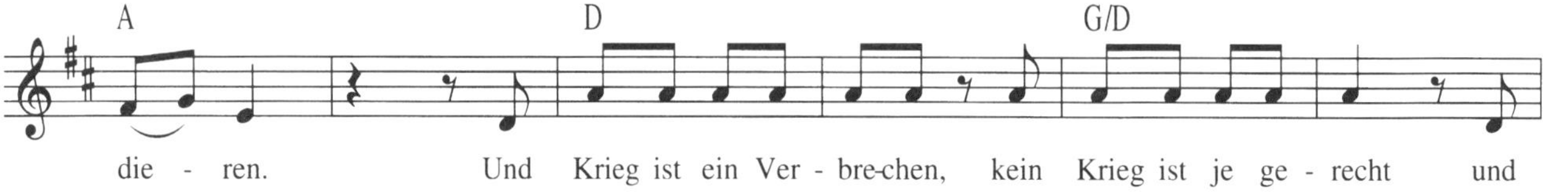

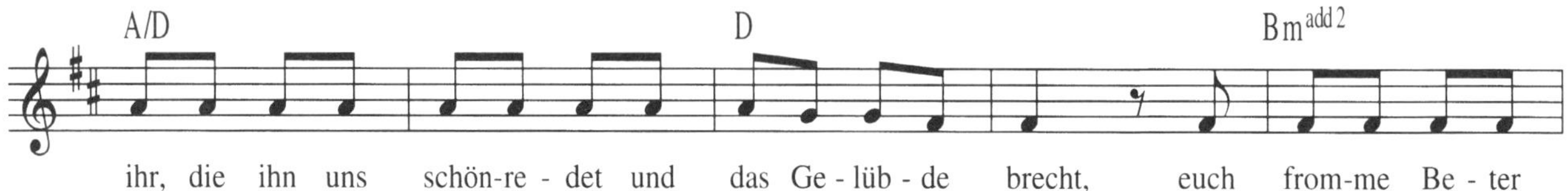

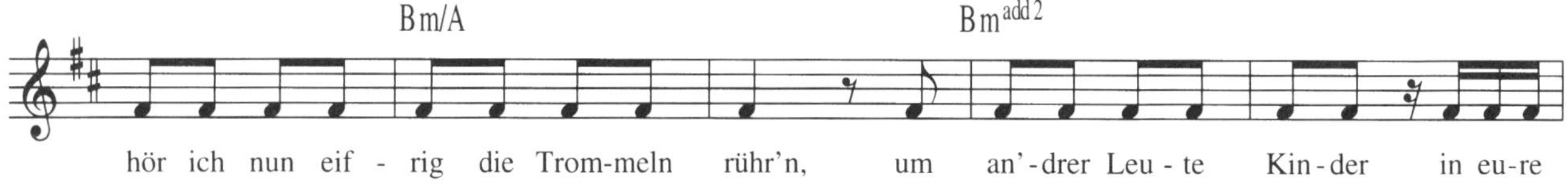

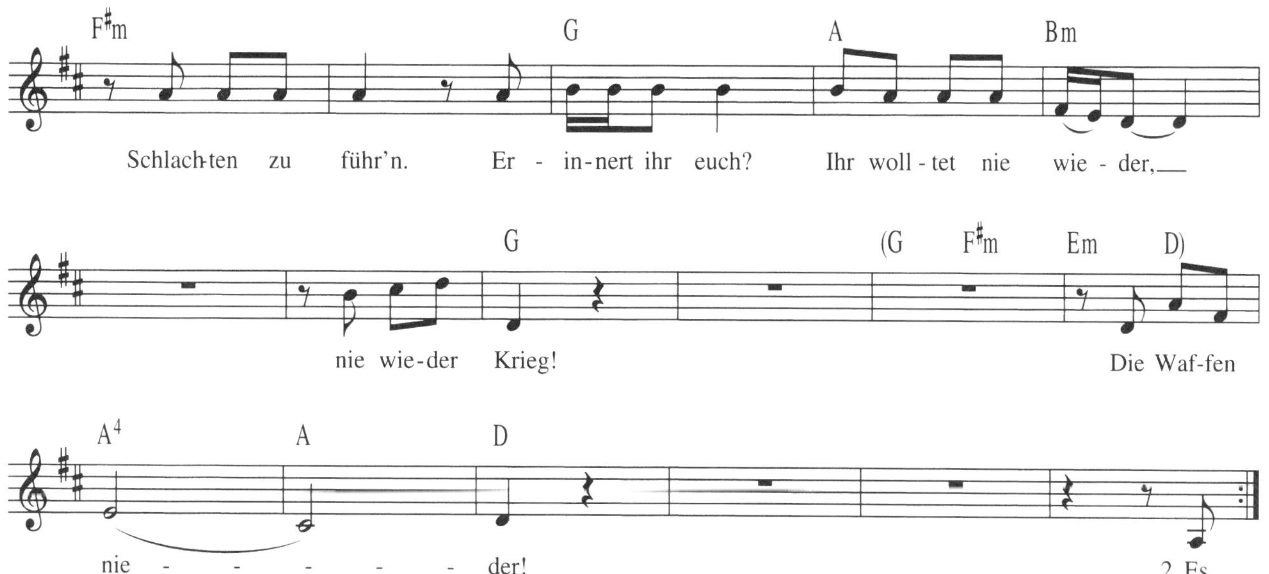
F#m
G
A
Bm
Schlach-ten zu führ'n. Er - in-nert ihr euch? Ihr woll - tet nie wie - der,
G
(G F#m Em D)
nie wie-der Krieg! Die Waf-fen
A4
A
D
nie - - - - - der!
2. Es

D Bm A D
1. Gebor'n in einer Stadt, vom Krieg verwüstet und zerstört,
F♯m Bm F♯m G Bm A
habe ich, seit ich hören kann, „nie wieder Krieg!" gehört.
D G A D
Ich hab' meine Lektion so gut gelernt, hab' von so nah
Bm G A^4 A D
den Krieg gesehn, dass auch das Kind begriff, was da geschah.
Em A D
Manch Ängste, weiß ich, werd ich nie verlieren
G Em A
und Bilder nicht aus meinem Kopf radieren.
D G/D
Und Krieg ist ein Verbrechen, kein Krieg ist je gerecht
A/D D
und ihr, die ihn uns schönredet und das Gelübde brecht,
Bm^{add9} Bm/A
euch fromme Beter hör ich nun eifrig die Trommel rühr'n,
Bm^{add9} F♯m
um andrer Leute Kinder in eure Schlachten zu führ'n.
G A Bm G
Erinnert ihr euch, ihr wolltet nie wieder, nie wieder Krieg –
A^4 A D
Die Waffen nie----der!

D Bm A D
2. Es heißt, sie machen ihren Job, sie tun nur ihre Pflicht.
F♯m Bm F♯m G Bm A
Wie ihr es auch verharmlost, so täuscht ihr uns doch nicht:
D G A D
Der Job heißt Minen legen, die Pflicht heißt bombardier' n,
Bm G A^4 A D
vernichten und verstümmeln, auslöschen und liquidier' n,
Em A D
heißt brandschatzen, Menschen zu Tode hetzen,
G Em A
die eigne Seele für immer verletzen.
D G/D
Manchmal seh ich unter dem großen Helm ein Kindsgesicht,
A/D D
aus dem blankes Entsetzen, die schiere Verzweiflung spricht,
Bm^{add9} Bm/A
wenn es erschüttert sehen muss, für welch schändliche Tat,
Bm^{add9} F♯m
für welch schmutz'ges Verbrechen es sich hergegeben hat
G A Bm G
und ahnt: Die Schuld wirst du nicht los, nie wieder. Nie wieder Krieg,
A^4 A D
Die Waffen nieder!

```
             D               Bm                  A                   D
3. Glaubst du, in deinem gottverlassnen Loch im Wüstensand
      F#m             Bm  F#m          G       Bm        A
   verteidigst du deine Kinder, dein Dorf oder dein Land?
             D                  G                  A                      D
   Glaubst du, wenn du mit deinen großen High-Tech-Stiefeln kommst,
       Bm                  G                  A4    A        D
   das Land aus hellem Himmel zurück in die Steinzeit bombst,
      Em                A                  D
   du könntest es befrei'n durch Blutvergießen,
      G                Em                  A
   Frieden in die Herzen der Menschen schießen?
          D                                G/D
   Nein, wieder wirst du für eine schlechte Sache missbraucht:
      A/D                                  D
   Für Macht, für Öl, für Stahl, damit der Rüstungsmotor faucht,
      Bmadd9                          Bm/A
   für diese große Kumpanei, die dich, wie's ihr gefällt,
      Bmadd9                          F#m
   am Ende der Welt als lebende Zielscheibe hinstellt.
      G                  A                  Bm                   G
   Verwehr' ihr den Gehorsam, sag: Nie wieder! Nie wieder Krieg,
               A4  A  D
   Die Waffen nieder!
```

Ich glaube nicht

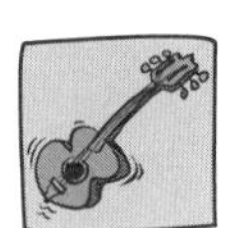

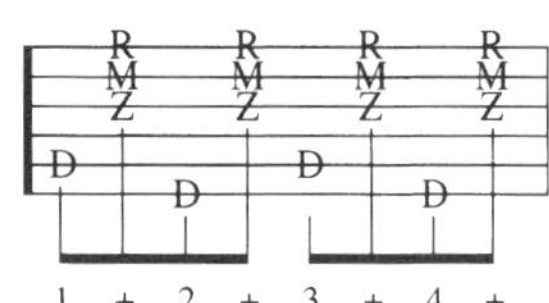

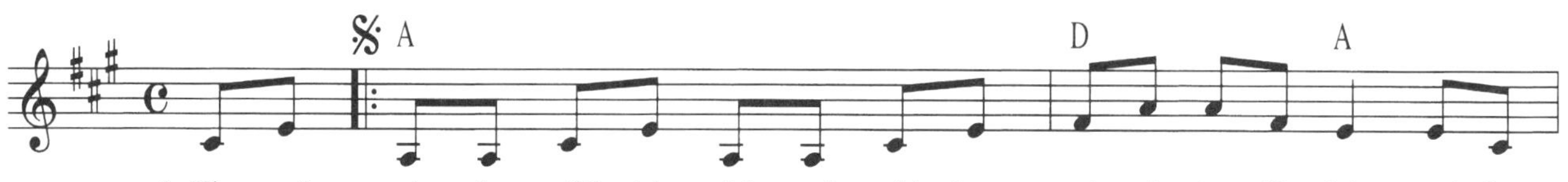

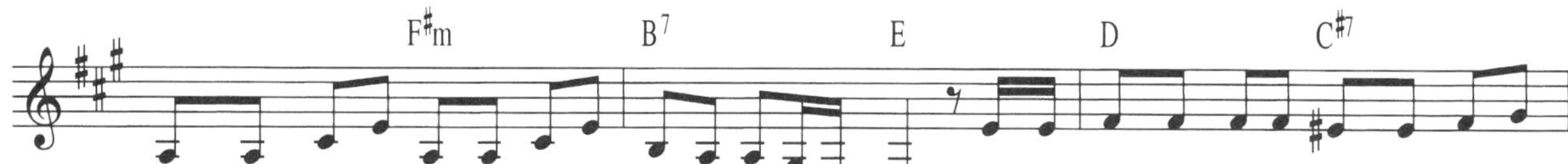

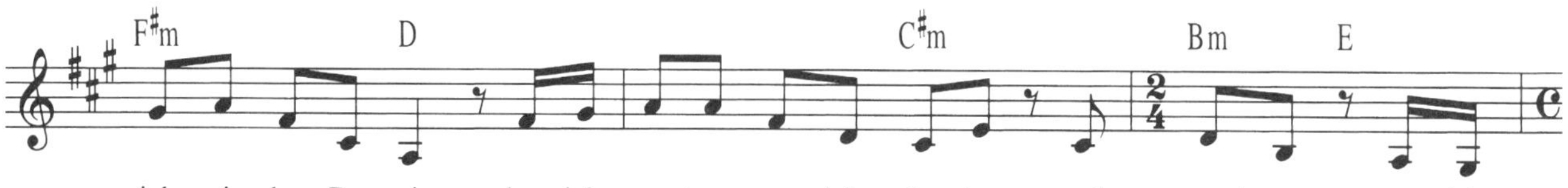

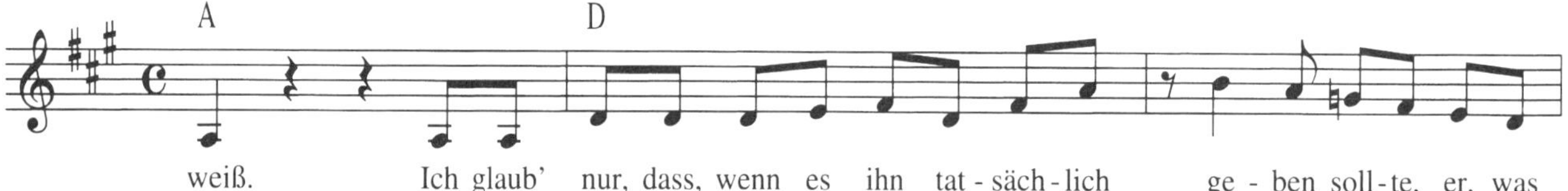

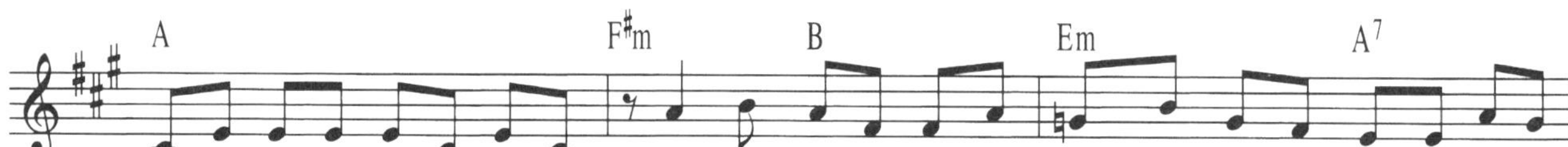

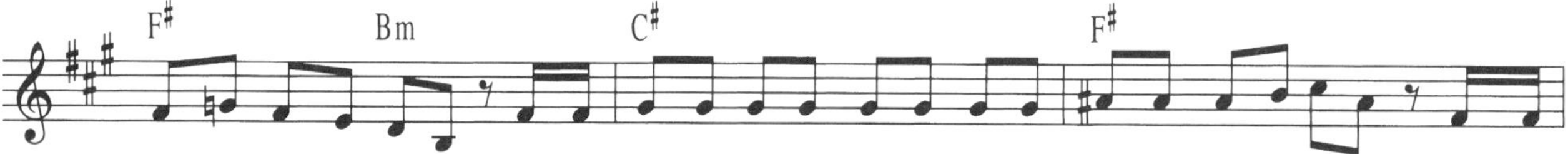

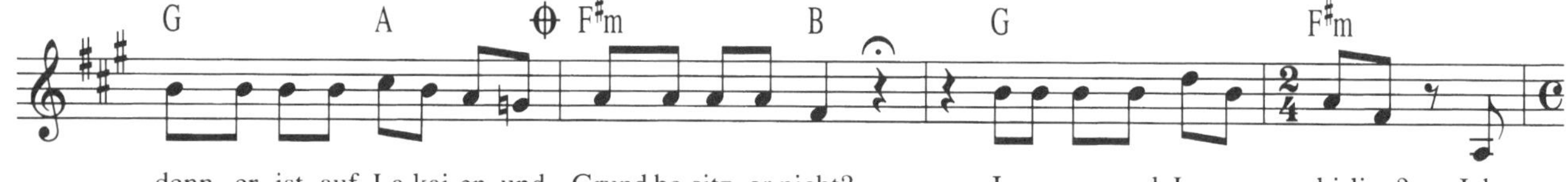

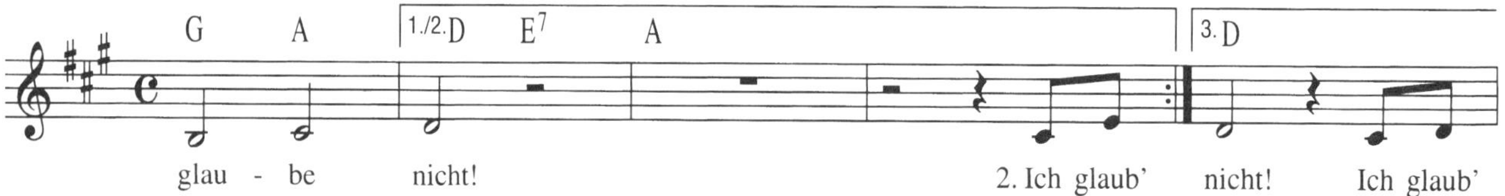

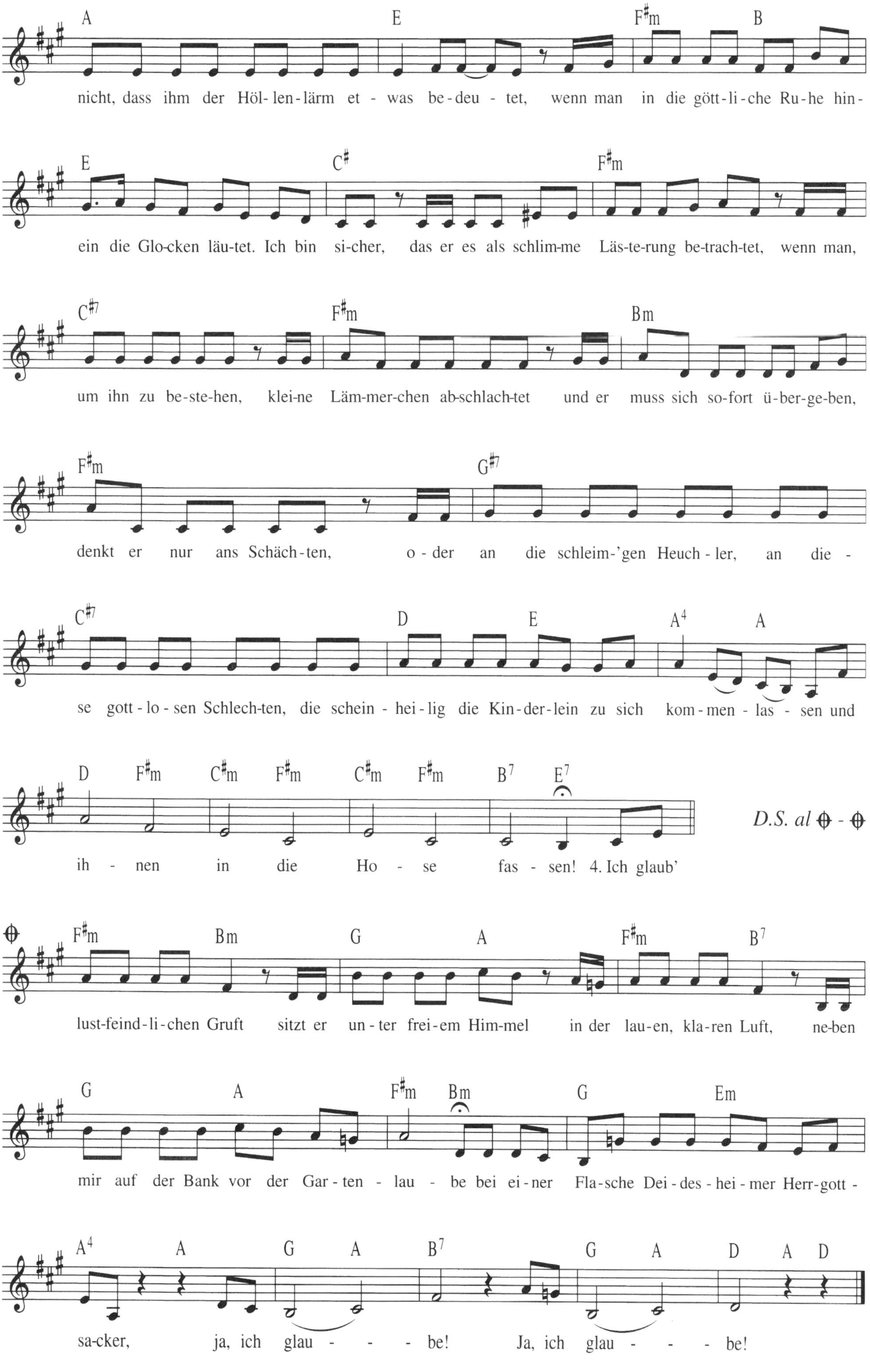

A E F#m B

nicht, dass ihm der Höl-len-lärm et - was be-deu - tet, wenn man in die gött-li-che Ru-he hin-

E C# F#m

ein die Glo-cken läu-tet. Ich bin si-cher, das er es als schlim-me Läs-te-rung be-trach-tet, wenn man,

C#7 F#m Bm

um ihn zu be-ste-hen, klei-ne Läm-mer-chen ab-schlach-tet und er muss sich so-fort ü-ber-ge-ben,

F#m G#7

denkt er nur ans Schäch-ten, o-der an die schleim-'gen Heuch-ler, an die -

C#7 D E A4 A

se gott - lo - sen Schlech-ten, die schein - hei - lig die Kin-der-lein zu sich kom-men - las - sen und

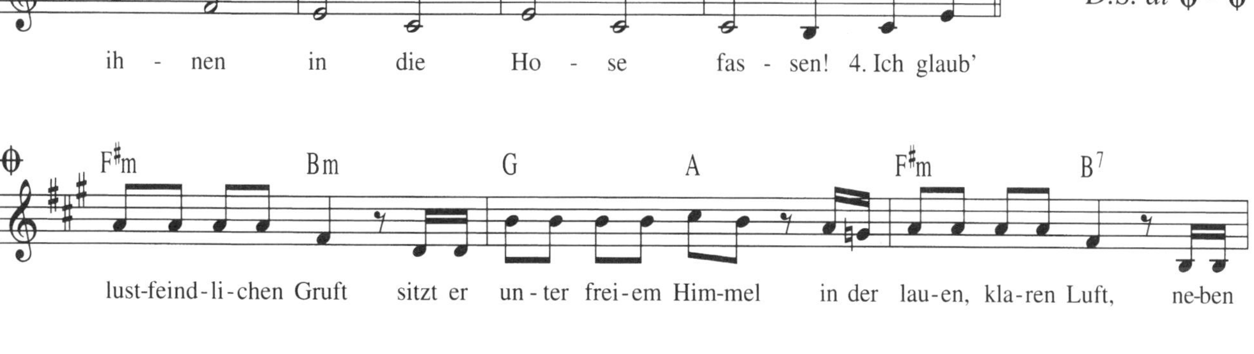

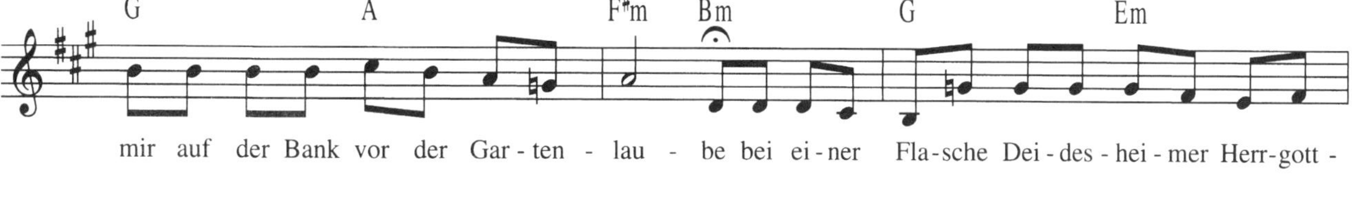

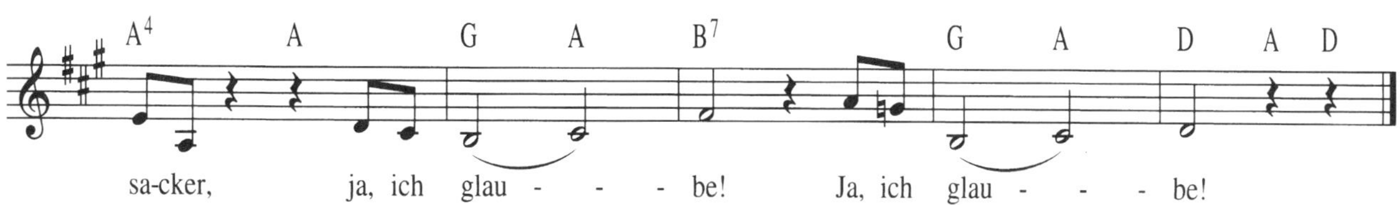

A D A
1. Hin und wieder geißl' ich mich und geh' hart mit mir ins Gericht
F♯m B7 E
und befrag' mich hochnotpeinlich, ob ich glaube oder nicht.
D C♯7 F♯m D
Nur ein bisschen Folter und schon erpress' ich mir den Beweis,
C♯m Bm E A
dass ich erstens gar nichts glaube und zweitens gar nichts weiß.
D
Ich glaub' nur, dass, wenn es ihn tatsächlich geben sollte,
A F♯m B
er, was hier in seinem Namen abgeht, gar nicht wollte!
Em A7 F♯ Bm
Erst mal glaub' ich, dass die Weihwasserbeckenfrösche ihn stören
C♯ F♯
und die viel zu großen Häuser, die angeblich ihm gehören.
G A F♯m B
Glaubt ihr denn, er ist auf Lakaien und Grundbesitz erpicht?
G F♯m G A D A
Jasager und Immobilien? Ich glaube nicht!

A D A
2. Ich glaub' nicht, wenn es ihn wirklich gibt, dass er's überaus liebt,
F♯m B7 E
dass sich jemand hartnäckig als sein Stellvertreter ausgibt
D C♯7 F♯m D
und sich für unfehlbar hält. Ich glaub' nicht, dass es ihm gefällt,
C♯m Bm E A
dass man ihm krause Ansichten als „sein Wille" unterstellt
D
ich verwette mein Gesäß: Brimborium und Geplänkel,
A F♯m B
Mummenschanz und Rumgeprotze gehn ihm auf den Senkel,
Em A7 F♯ Bm
dieses Ringeküssen, diese selbsgefäll'gen Frömmigkeiten,
C♯ F♯
dies in seinem Namen Eselei'n und Torheiten verbreiten.
G A F♯m B
Glaubt ihr, dass er will, dass irgendwer an seiner Stelle spricht?
G F♯m G A D A
Irgend so ein kleines Licht? Ich glaube nicht!

A D A
3. Ich glaub' nicht, dass er in seiner Weisheit, seinem ew'gen Rat
F♯m B7 E
so was Abartiges ausgeheckt hat wie den Zölibat,
D C♯7 F♯m D
denn sonst hätt' er sich zum Arterhalt was andres ausgedacht
C♯m Bm E A
und uns nicht so fabelhafte Vorrichtungen angebracht.
D
Welch ein Frevel, daran rumzupfuschen, zu beschneiden,
A F♯m B
zu verstümmeln! Statt sich dran zu erfreu'n, dran zu leiden!
Em A7 F♯m Bm
Und wenn Pillermann und Muschi nicht in den Masterplan passen,

          C♯   F♯
glaubt ihr nicht, er hätt' sie schlicht und einfach weggelassen?
          G   A   F♯m   B
Glaubst du Mensch, armsel'ger Stümper, du überheblicher Wicht,
     G   F♯m   G A D
dass du daran rumschnippeln darfst? Ich glaube nicht!
          A   E
Ich glaub' nicht, dass ihm der Höllenlärm etwas bedeutet,
          F♯m   B   E
wenn man in die göttliche Ruhe hinein die Glocken läutet.
       C♯   F♯m
Ich bin sicher, dass er es als schlimme Lästerung betrachtet,
          C♯^{7} F♯m
wenn man, um ihn zu bestechen, kleine Lämmerchen abschlachtet
      Bm^{7} F♯m
und er muss sich sofort übergeben, denkt er nur ans Schächten,
    G♯^{7} C♯^{7}
oder an die schleim'gen Heuchler, an diese gottlosen Schlechten,
   D   E   A^{4} A
die scheinheilig die Kinderlein zu sich kommen lassen
     D F♯m   C♯m F♯m C♯m F♯m B^{7} E^{7}
und ihnen   in   die   Ho---se   fassen!

          A   D   A
4. Ich glaub' nicht, dass er in Euren pompösen Palästen thront,
         F♯m   B^{7} E
ich glaub eher, dass er beim geringsten meiner Brüder wohnt,
     D   C♯^{7} F♯m   D
eher bei den Junkies, bei den Trebern im Park als in Rom,
                      C♯m   Bm   E   A
eher in den Slums, den Schlachthöfen, den Ghettos als im Dom,
      D
im Parterre bei Oma Krause, in der Aldi-Filiale,
     A   F♯m   B
eher auf dem Straßenstrich als in der Kathedrale,
         Em   A^{7} F♯m   Bm
wo Schiefköpfige, Händeknetende Schuldgefühle schüren,
      C♯   F♯
eitel, selbstgerecht, als würden sie IHN an der Leine führen.
    Em   A^{7} F♯m   Bm
Eher als in Eurer düstren, modrig-lustfeindlichen Gruft
       G   A^{7} F♯m   B
Sitzt er unter freiem Himmel in der lauen, klaren Luft,
     G   A   F♯m Bm
neben mir auf der Bank vor der Gartenlaube
         G   Em   A$^{4-3}$ G A B^{7} GA D A D
bei einer Flasche Deidesheimer Herrgottsacker, ja, ich glau--be! Ja, ich glaube

Nanga Parbat

Pickingvorschlag

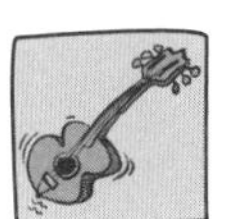

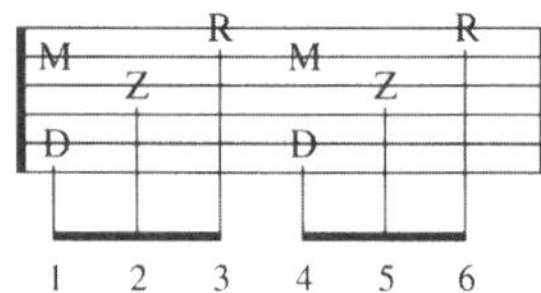

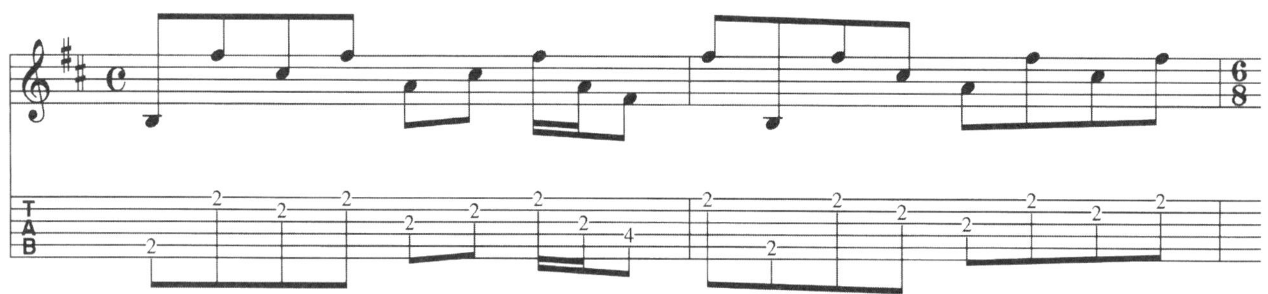

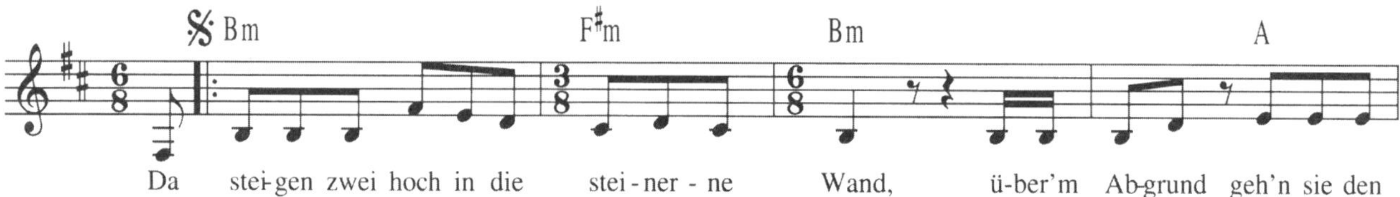

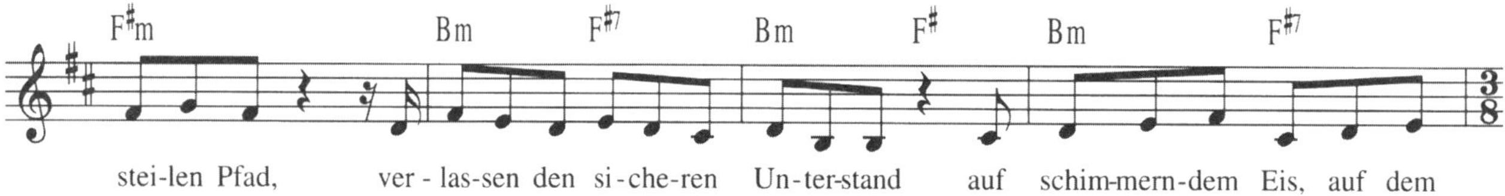

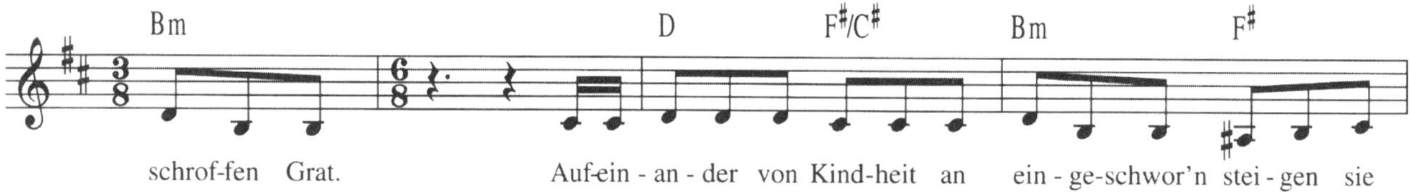

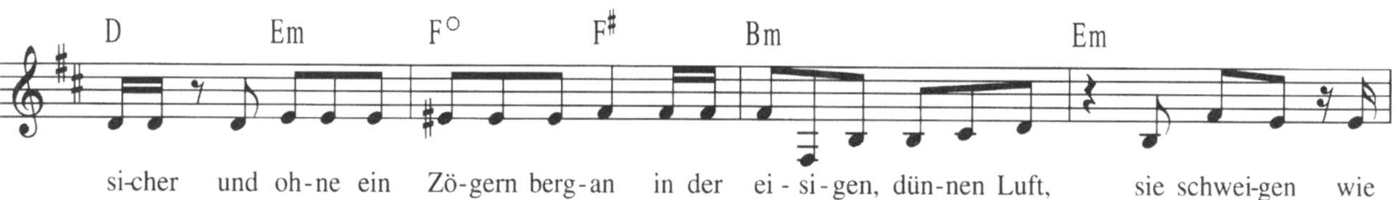

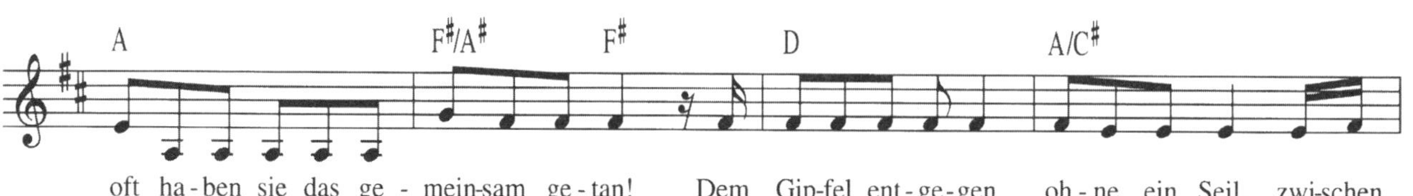

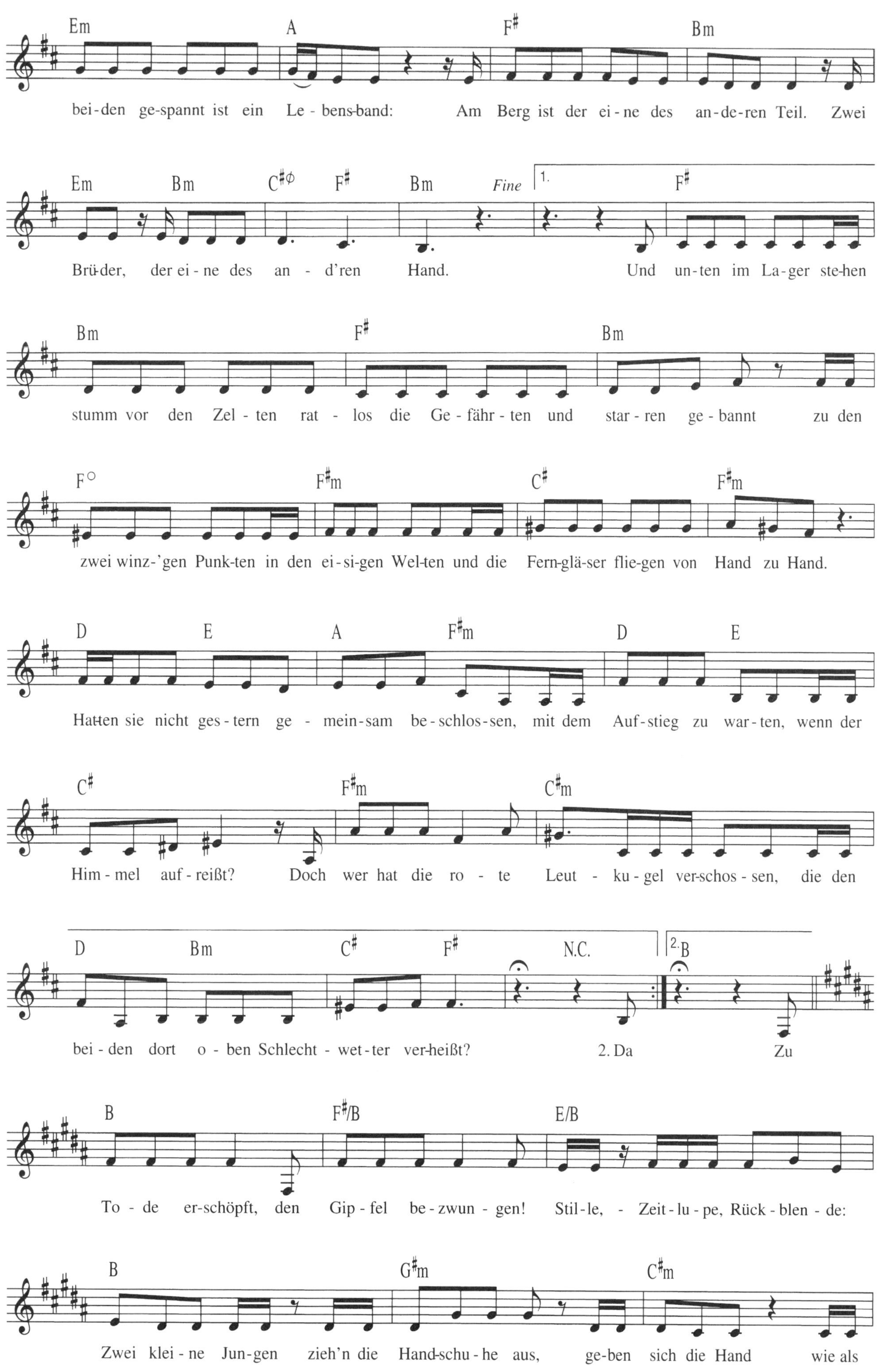

Em A F# Bm
bei-den ge-spannt ist ein Le - bens-band: Am Berg ist der ei-ne des an-de-ren Teil. Zwei
Em Bm C#ø F# Bm Fine 1. F#
Brü-der, der ei - ne des an - d'ren Hand. Und un-ten im La-ger ste-hen
Bm F# Bm
stumm vor den Zel - ten rat - los die Ge - fähr - ten und star - ren ge - bannt zu den
F° F#m C# F#m
zwei winz-'gen Punk-ten in den ei-si-gen Wel-ten und die Fern-glä-ser flie-gen von Hand zu Hand.
D E A F#m D E
Hat-ten sie nicht ges - tern ge - mein-sam be-schlos-sen, mit dem Auf-stieg zu war-ten, wenn der
C# F#m C#m
Him - mel auf - reißt? Doch wer hat die ro - te Leut - ku-gel ver-schos - sen, die den
D Bm C# F# N.C. 2. B
bei - den dort o - ben Schlecht - wet-ter ver-heißt? 2. Da Zu
B F#/B E/B
To - de er-schöpft, den Gip - fel be - zwun - gen! Stil-le, - Zeit-lu-pe, Rück - blen - de:
B G#m C#m
Zwei klei - ne Jun-gen zieh'n die Hand-schu - he aus, ge-ben sich die Hand wie als

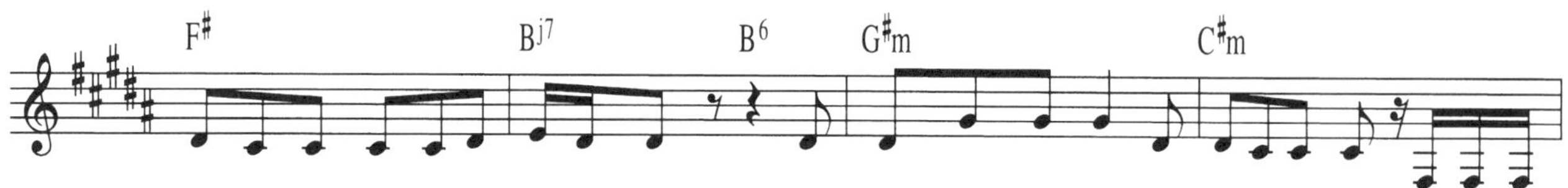

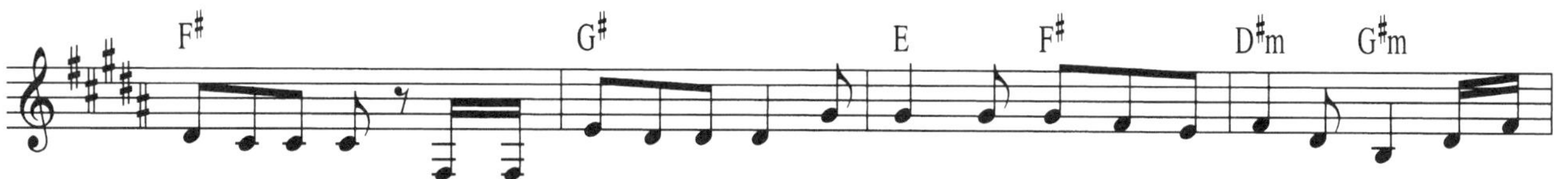

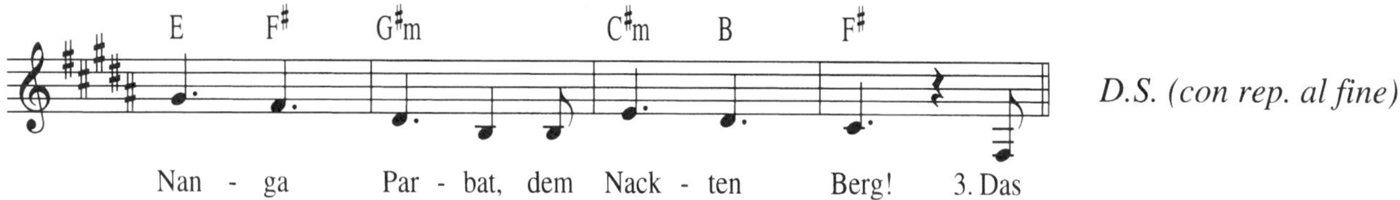

Bm F♯m Bm
Da steigen zwei hoch in die steinerne Wand,
A F♯
überm Abgrund gehen sie den steilen Pfad,
Bm F♯7 Bm F♯
verlassen den sicheren Unterstand
Bm F♯ Bm
auf schimmerndem Eis, auf dem schroffen Grat.
D F♯/C♯ Bm F♯
Aufeinander von Kindheit an eingeschwor'n steigen
D Em F° F♯
sie sicher und ohne ein Zögern bergan
Bm Em
in der eisigen, dünnen Luft, sie schweigen –
A F♯/A♯ F♯
wie oft haben sie das gemeinsam getan!
D A/C♯
Dem Gipfel entgegen ohne ein Seil,
Em A
zwischen beiden gespannt ist ein Lebensband:
F♯ Bm
Am Berg ist der eine des anderen Teil.
Em Bm C♯m5♭ F♯ Bm
Zwei Brüder, der eine des and'ren Hand.
F♯ Bm
Und unten im Lager steh'n stumm vor den Zelten
F♯ Bm
ratlos die Gefährten und starren gebannt
F° F♯m
zu den zwei winz'gen Punkten in den eisigen Welten
C♯ F♯m
und die Ferngläser fliegen von Hand zu Hand.
D E A F♯m
Hatten sie nicht gestern gemeinsam beschlossen,

          D   E   C♯
mit dem Aufstieg zu warten, wenn der Himmel aufreißt?

      F♯m   C♯m
Doch wer hat die rote Leuchtkugel verschossen,

         D   Bm   C♯   F♯
die den beiden dort oben Schlechtwetter verheißt?

   Bm   F♯m   Bm
2. Da war das verabredete Lichtsignal,

                  A   F♯
das ankündigt, dass das Wetter umschlägt!

    Bm   F♯7   Bm   F♯
Gleißend, feuerrot schießt es auf aus dem Tal -

      Bm   F♯   Bm
alles Für alles Wider ist längst abgewägt.

    D   F♯/C♯   Bm   F♯
Also müssen sie heut noch den Gipfel erreichen

        D   Em   F°   F♯
durch beißende Kälte, durch bitterste Qual.

     Bm   Em
Jetzt warten, das hieße die Fahne streichen,

    A   F♯/A♯   F♯
absteigen und scheitern, bleibt da eine Wahl?

   D   A/C♯
Mit keuchendem Atem, die Glieder wie Blei,

       Em   A
höhenkrank, wie im Wahn: Nur noch ein Gletscherfeld,

       F♯   Bm
noch ein Eisüberhang, ein letzter Grat und die zwei

           Em   Bm   C♯m5♭ F♯   Bm   B
fall'n sich stumm in den Arm auf dem Dach der Welt!

   B   F♯/B
Zu Tode erschöpft, den Gipfel bezwungen!

E/B   B
Stille, Zeitlupe, Rückblende: Zwei kleine Jungen

           G♯m   C♯m
zieh'n die Handschuhe aus, geben sich die Hand

         F♯   Bj7   B6
wie als Kinder, wie nach ihrer ersten Wand.

   G♯m   C♯m
Ein Handschuh fällt auf das ewige Eis,

            F♯   G♯
sie türmen Steine darauf: Der bleibt hier als Beweis!

   E   F♯   D♯m   G♯m
So krönt ein Steinmann ihr Lebenswerk

          E   F♯ G♯m   C♯m B   F♯
auf dem Nanga Parbat, dem Nackten Berg!

      Bm   F♯m   Bm
3. Das Abendrot am Firmament verrät

                     A   F♯
eine sternklare Nacht, schnell bricht sie herein.

       Bm   F♯7   Bm   F♯
Es ist spät für den Abstieg – ist es zu spät?

      Bm   F♯   Bm
Eh es dunkel wird müssen sie weit tiefer sein!

D F♯/C♯ Bm F♯
Auf dem Aufstiegsweg zurück? Kein Gedanke!
D Em F° F♯
Zu schwer für die Erschöpften, unbegehbar bei Nacht.
Bm Em
Es bleibt nur die Flucht durch die Diamirflanke
A F♯/A♯ F♯
und die Hoffnung, dass sie nach Westen abflacht.
D A/C♯
Die Angst kommt und lähmende Lethargie,
Em A
das Verhängnis wird ihnen Schritt für Schritt klar.
F♯ Bm
Ausgehungert und ausgedörrt irren sie
Em Bm C♯m5♭ F♯ Bm
in die Ungewissheit, in die sich're Gefahr.
F♯ Bm
Jetzt gilt nur, sich irgendwie abwärts zu tasten,
F♯ Bm
der einzige Ausweg ist der Weg voraus.
F° F♯m
In der feindlichen Höhe nicht ausruh'n, nicht rasten,
C♯ F♯m
nur noch irgendwie aus der Todeszone heraus!
D E A F♯m
Oder einfach nur in die Dunkelheit fallen
D E C♯
und liegen bleiben, sich einfach nicht rühr'n.
F♯m C♯m
Der Atem sinkt nieder in Eiskristallen,
D Bm C♯ F♯
in Wimpern und Brau'n, nur die Kälte nicht spür'n!

Bm F♯m Bm
4. Da steigen zwei auf in die steinerne Wand.
A F♯
Und einer kehrt heim, hat die Füße erfror'n,
Bm F♯7 Bm F♯
vom Schnee blind die Augen, das Gesicht ist verbrannt,
Bm F♯ Bm
hat in der Lawine den Bruder verlor'n.
D F♯/C♯ Bm F♯
Zwei haben den Gipfel der Gipfel erklommen,
D Em F° F♯
den höchsten Triumph und die höchste Qual.
Bm Em
Nur einer alleine ist wiedergekommen,
A F♯/A♯ F♯
verzweifelt, gebrochen im tiefsten Tal.
D A/C♯
Da kommt einer heim aus der steinernen Wand,
Em A
ein Schatten nur von jenem anderen Teil,
F♯ Bm
der im Dunkel im ewigen Eis verschwand
Em Bm C♯m5♭ F♯ Bm
und wird er je gesund, wird er doch nie mehr heil.

Ich liege bei dir

Pickingvorschlag

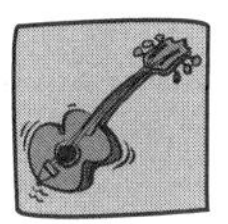

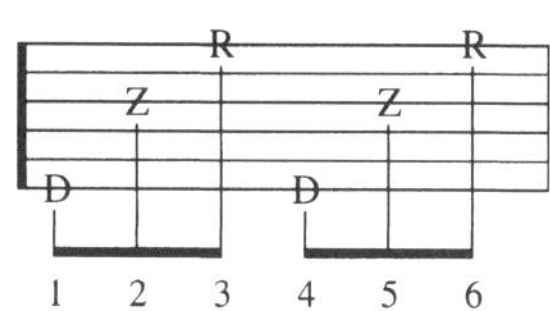

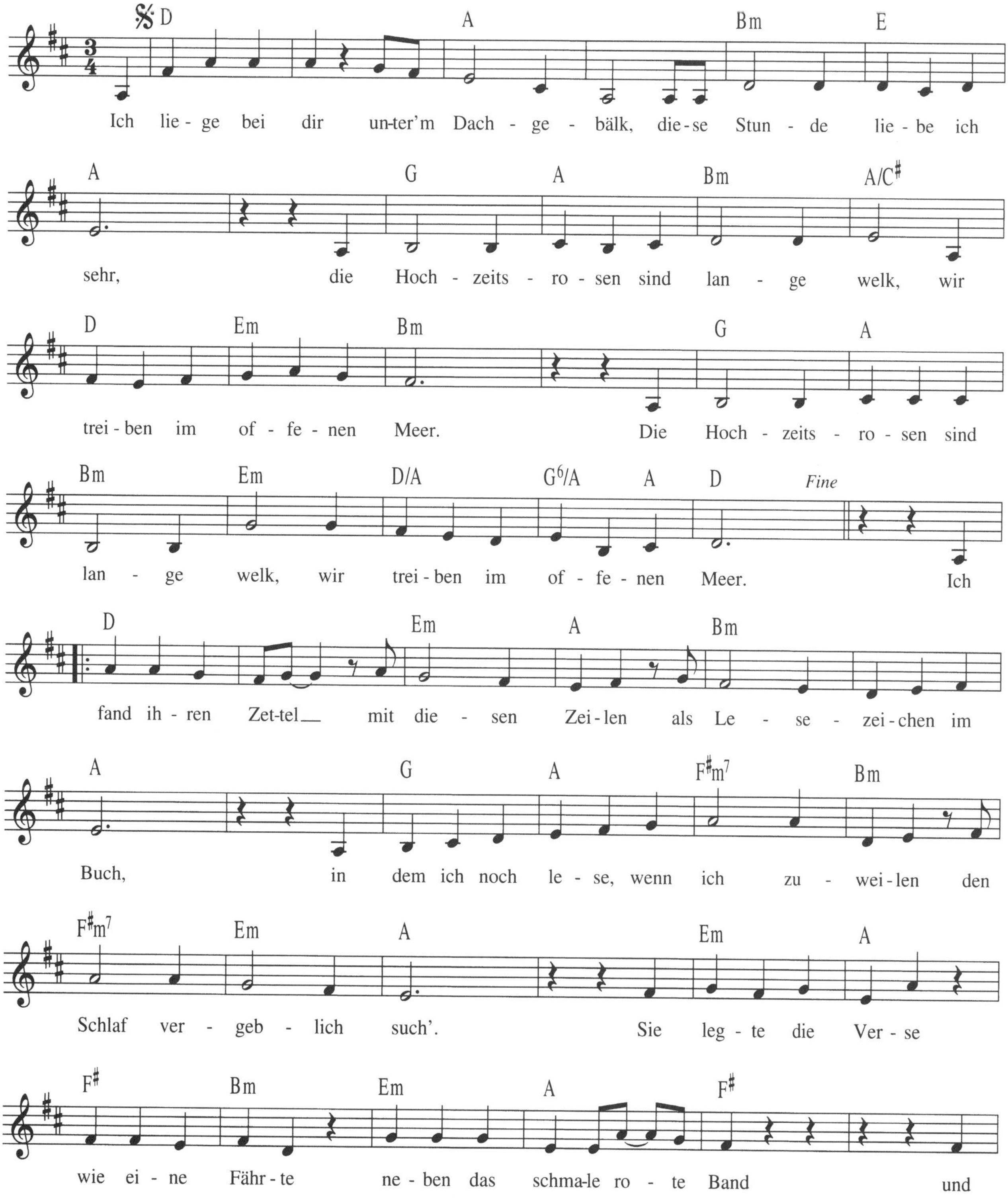

D A Bm E
Ich lie - ge bei dir un-ter'm Dach - ge - bälk, die-se Stun - de lie - be ich

A G A Bm A/C#
sehr, die Hoch - zeits - ro - sen sind lan - ge welk, wir

D Em Bm G A
trei - ben im of - fe - nen Meer. Die Hoch - zeits - ro - sen sind

Bm Em D/A G6/A A D *Fine*
lan - ge welk, wir trei - ben im of - fe - nen Meer. Ich

D Em A Bm
fand ih - ren Zet-tel__ mit die - sen Zei - len als Le - se - zei - chen im

A G A F#m7 Bm
Buch, in dem ich noch le - se, wenn ich zu - wei - len den

F#m7 Em A Em A
Schlaf ver - geb - lich such'. Sie leg - te die Ver - se

F# Bm Em A F#
wie ei - ne Fähr - te ne - ben das schma-le ro - te Band und

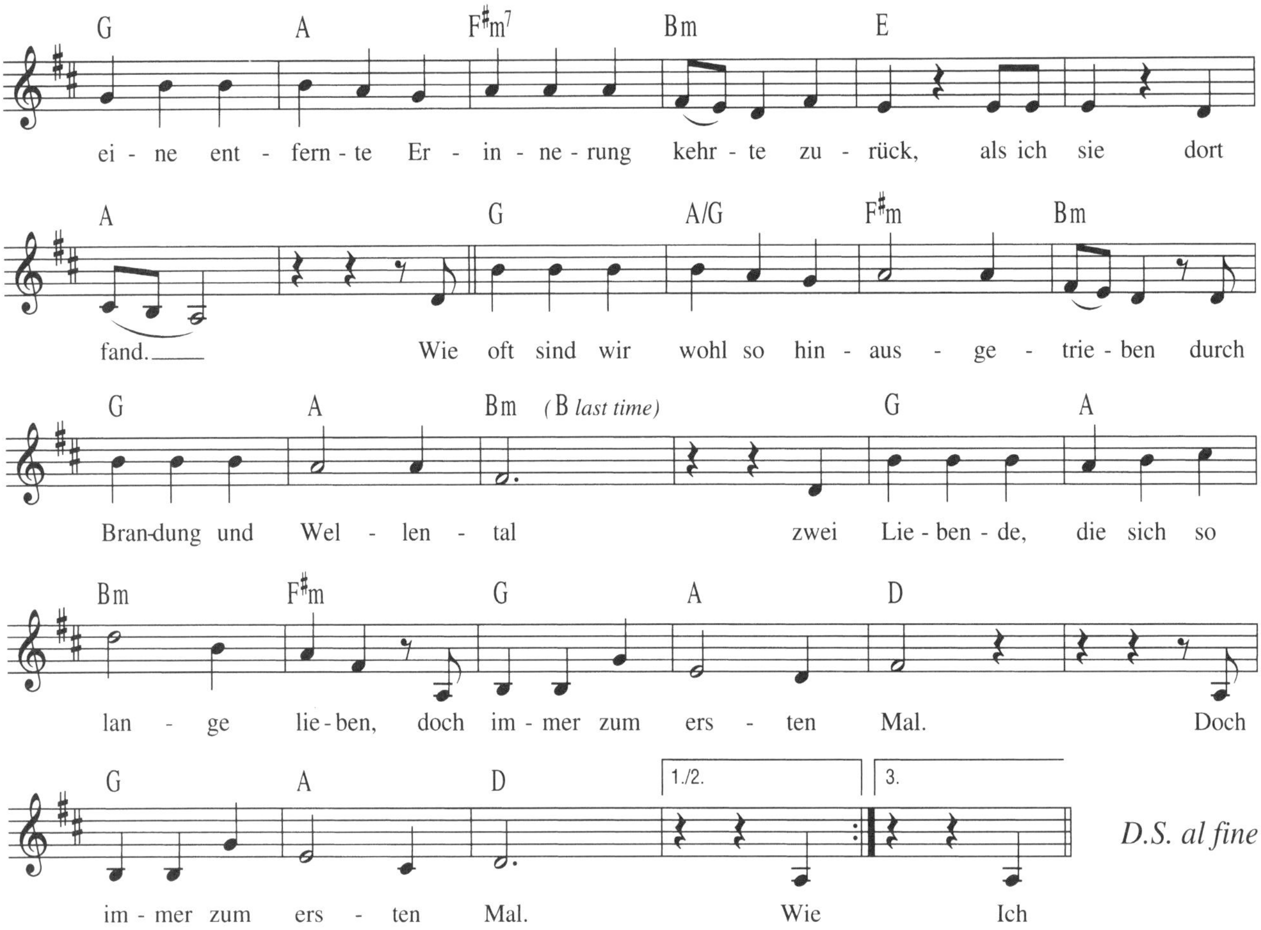

G A F#m7 Bm E

ei - ne ent - fern - te Er - in - ne - rung kehr - te zu - rück, als ich sie dort

A G A/G F#m Bm

fand.___ Wie oft sind wir wohl so hin - aus - ge - trie - ben durch

G A Bm (B *last time*) G A

Bran-dung und Wel - len - tal zwei Lie - ben - de, die sich so

Bm F#m G A D

lan - ge lie - ben, doch im - mer zum ers - ten Mal. Doch

G A D 1./2. 3.

im - mer zum ers - ten Mal. Wie Ich

D.S. al fine

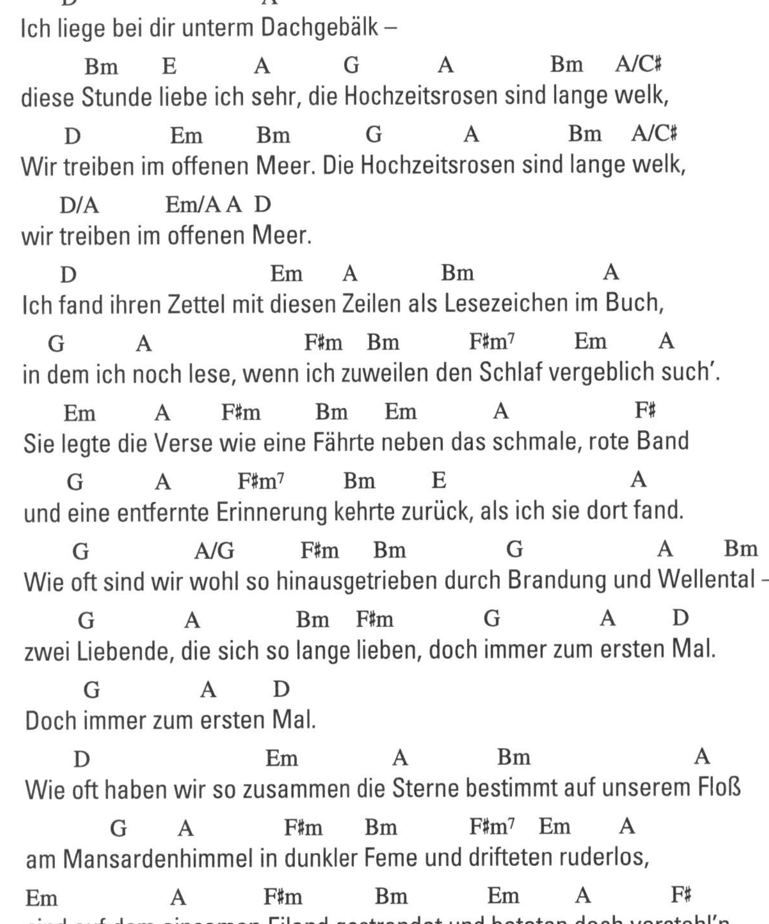

D A
Ich liege bei dir unterm Dachgebälk –
Bm E A G A Bm A/C#
diese Stunde liebe ich sehr, die Hochzeitsrosen sind lange welk,
D Em Bm G A Bm A/C#
Wir treiben im offenen Meer. Die Hochzeitsrosen sind lange welk,
D/A Em/A A D
wir treiben im offenen Meer.
D Em A Bm A
Ich fand ihren Zettel mit diesen Zeilen als Lesezeichen im Buch,
G A F#m Bm F#m7 Em A
in dem ich noch lese, wenn ich zuweilen den Schlaf vergeblich such'.
Em A F#m Bm Em A F#
Sie legte die Verse wie eine Fährte neben das schmale, rote Band
G A F#m7 Bm E A
und eine entfernte Erinnerung kehrte zurück, als ich sie dort fand.
G A/G F#m Bm G A Bm
Wie oft sind wir wohl so hinausgetrieben durch Brandung und Wellental –
G A Bm F#m G A D
zwei Liebende, die sich so lange lieben, doch immer zum ersten Mal.
G A D
Doch immer zum ersten Mal.
D Em A Bm A
Wie oft haben wir so zusammen die Sterne bestimmt auf unserem Floß
G A F#m Bm F#m7 Em A
am Mansardenhimmel in dunkler Ferne und drifteten ruderlos,
Em A F#m Bm Em A F#
sind auf dem einsamen Eiland gestrandet und beteten doch verstohl'n

G A F♯m7 Bm E A
dass niemals ein Rettungsboot bei uns landet, um uns zurückzuhol'n.

G A/G F♯m Bm G A Bm
Wir wussten ja beide, das Glück ist zerbrechlich, eng aneinandergepresst

G A Bm F♯m G A D
Hielten wir uns als wär' das Glück bestechlich und wir hielten es damit fest,

G A D
und wir hielten es damit fest.

D Em A Bm A
Und hielt es nicht allen banalen Stürmen, den trägen Gewohnheiten stand?

G A F♯m Bm F♯m7 Em A
Den Sorgen, die sich zu Gebirgen auftürmen zwischen Windeln und Anbauwand.

Em A F♯m Bm Em A F♯
Haben wir nicht die gemächlichen Wogen aufgewühlt und aufgebracht?

G A F♯m7 Bm E A
Dem Alltag ein Festtagskleid angezogen die Feuer neu angefacht?

G A/G F♯m Bm G A B
Schlaflos skandier' ich die Zeilen wie immer, horch' auf ein Knarr'n im Scharnier

G A Bm F♯m G A D
auf die Hand an der Tür zum Mansardenzimmer – ich wünschte, sie wäre bei mir,

G A D
ich wünschte, sie wäre bei mir.

D A
Ich liege bei dir unterm Dachgebälk –

Bm E A G A Bm A/C♯
diese Stunde liebe ich sehr, die Hochzeitsrosen sind lange welk,

D Em Bm G A Bm A/C♯
Wir treiben im offenen Meer. Die Hochzeitsrosen sind lange welk,

D/A Em/A A D
wir treiben im offenen Meer.

Kennst du die kleinen, nicht wirklich nützlichen Gegenstände?

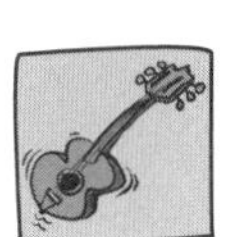

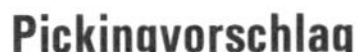

Pickingvorschlag

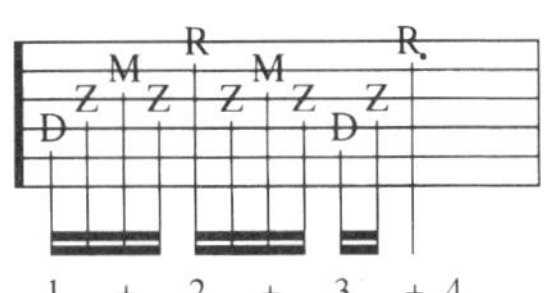

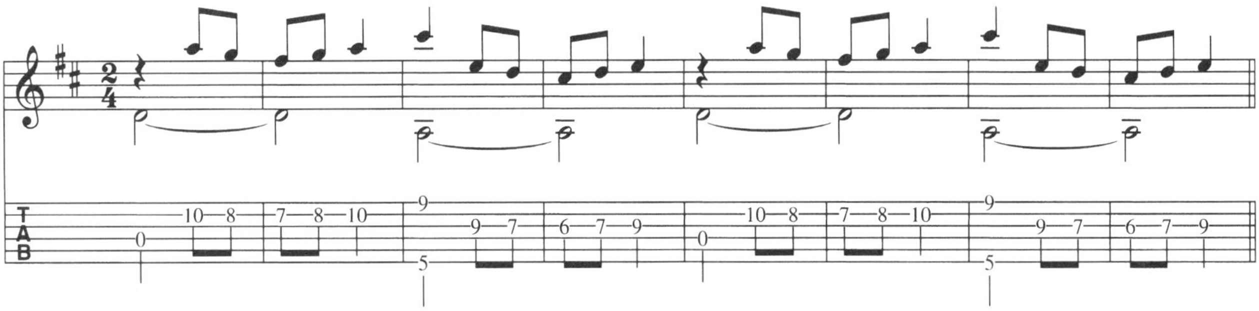

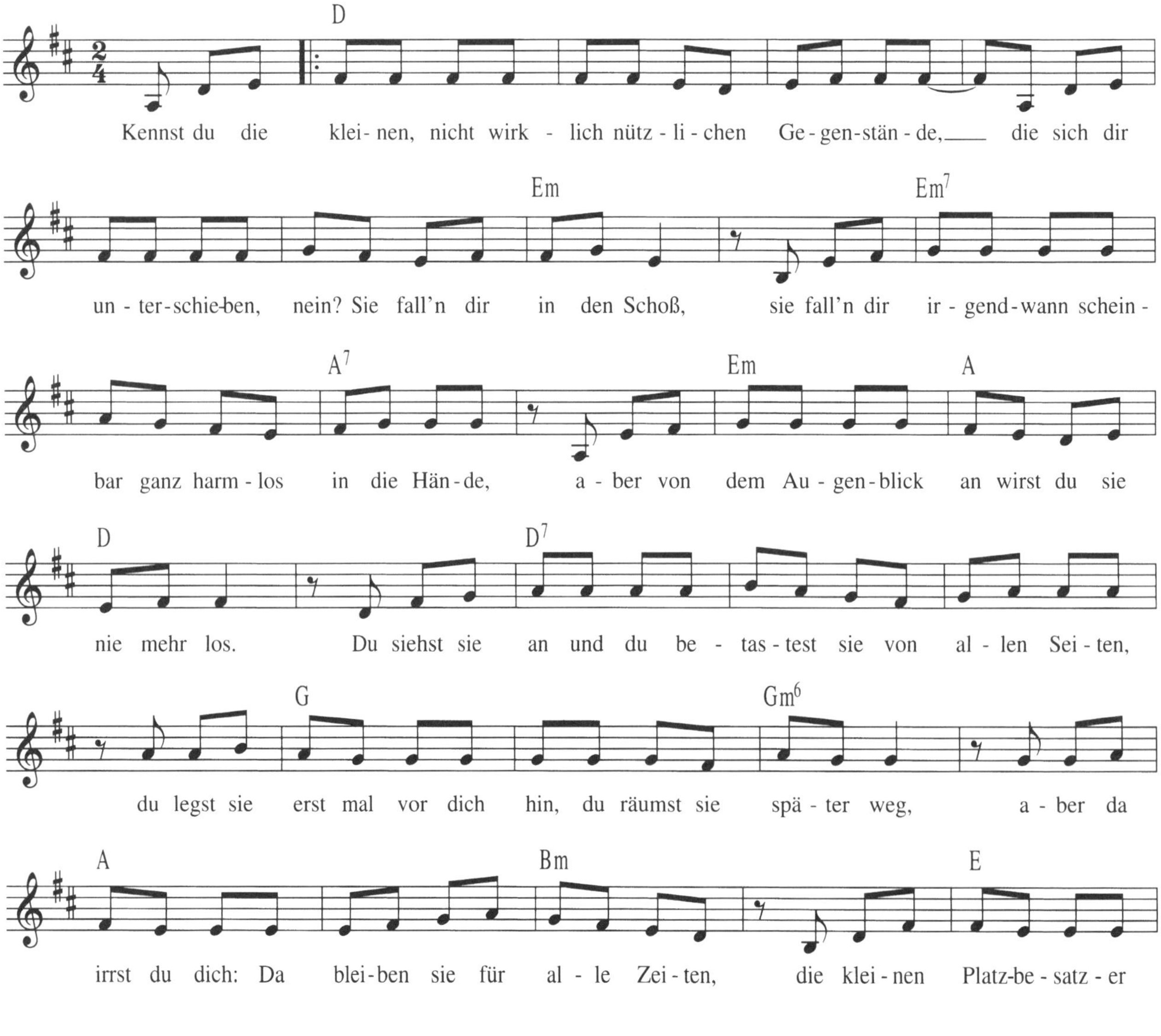

Kennst du die
D
klei-nen, nicht wirk - lich nütz - li - chen Ge - gen-stän - de, die sich dir

un - ter-schie-ben, nein? Sie fall'n dir
Em
in den Schoß, sie fall'n dir
Em7
ir - gend-wann schein -

bar ganz harm - los
A7
in die Hän-de, a - ber von
Em
dem Au - gen-blick
A
an wirst du sie

D
nie mehr los. Du siehst sie
D7
an und du be - tas - test sie von al - len Sei - ten,

du legst sie
G
erst mal vor dich hin, du räumst sie
Gm6
spä - ter weg, a - ber da

A
irrst du dich: Da blei-ben sie für
Bm
al - le Zei - ten, die klei - nen
E
Platz-be - satz - er

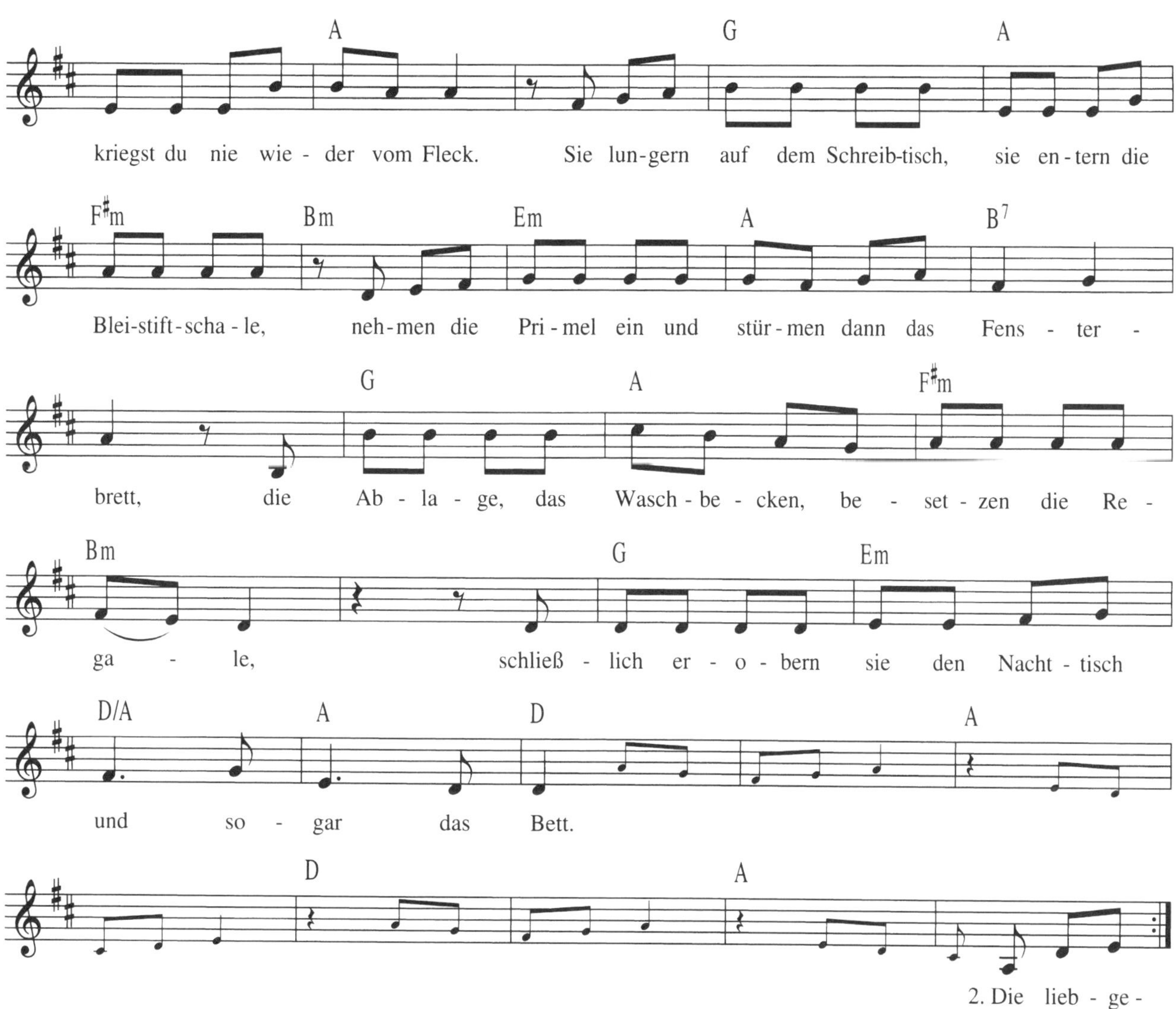
A G A
kriegst du nie wie - der vom Fleck. Sie lun-gern auf dem Schreib-tisch, sie en-tern die
F♯m Bm Em A B7
Blei-stift-scha - le, neh-men die Pri - mel ein und stür - men dann das Fens - ter -
G A F♯m
brett, die Ab - la - ge, das Wasch - be - cken, be - set - zen die Re -
Bm G Em
ga - le, schließ - lich er - o - bern sie den Nacht - tisch
D/A A D A
und so - gar das Bett.
D A
2. Die lieb - ge -

D
1. Kennst du die kleinen, nicht wirklich nützlichen Gegenstände,
Em
die sich dir unterschieben, nein? Sie fall'n dir in den Schoß,
Em7 A
sie fall'n dir irgendwann scheinbar ganz harmlos in die Hände,
Em A D
aber von dem Augenblick an wirst du sie nie mehr los.
D7
Du siehst sie an und du betastest sie von allen Seiten,
G Gm6
du legst sie erst mal vor dich hin, du räumst sie später weg -
A Bm
aber da irrst du dich: Da bleiben sie für alle Zeiten,
E A
die kleinen Platzbesatzer kriegst du nie wieder vom Fleck.
G A F♯m Bm
Sie lungern auf dem Schreibtisch, sie entern die Bleistiftschale,
Em A B7
nehmen die Primel ein und stürmen dann das Fensterbrett,
G A F♯m Bm
die Ablage, das Waschbecken, besetzen die Regale,
G Em D/A A D A D A
schließlich erobern sie den Nachttisch und sogar das Bett.

D
2. Die liebgeword'nen Inhalte der Überraschungseier,
Em
das Klingelglöckchen, das der Schokoladenhase trug,
Em7
die Plastikmaus, der Glibberwurm und der Hartgummigeier,
A D
das „Nicht hinauslehnen"-Schild aus dem alten S-Bahn-Zug.
D7
das Schokoherz, der Schlüsselanhänger mit Mona Lisa,
G Gm6
das Kinderzähnchen, das im rosa Wattekästchen ruht,
A Bm
der Thermometer-versehene schiefe Turm von Pisa
E A
und das Kastanienmännchen mit dem kecken Muschelhut.
G A F♯m Bm
Und sie verbrüdern sich mit Staubmäusen und Kerzenstummeln,
Em A B7
bilden mit Pizzaresten eine unsel'ge Allianz,
G A F♯m Bm
sympatisier'n mit Gummibärchen und mit Ratzefummeln
G Em D/A A D A D A
und paaren sich mit manch unappetitlicher Substanz.

D
3. Und sie vermehr'n sich wieselflink, die kleinen Hausdämonen
Em
nach jeder Reise, jeder Heimkehr, mit jedem Besuch:
Em^7 A
Ein Petersdom als Sparschwein, ein Salzstreuer als Zitrone,
Em A D
ein Engelchen, ein Eselchen, ein Tellerchen - ein Fluch!
D^7
Sie lästern feixend über dich, sie schneiden dir Grimassen,
G Gm^6
sowie du ihnen einen Augenblick den Rücken drehst,
A Bm
die Nofretete, das Eifeltürmchen, die Sammeltassen
E A
sind außer Rand und Band, sobald du aus dem Zimmer gehst.
G A F♯m Bm
Und dann entdeckst du, dass sie dich schon viel zu lange stören,
Em A B^7
einmal da packst du sie und schmeißt den ganzen Krempel raus!
G A F♯m Bm
Denn du ahnst längst, dass sie in Wirklichkeit nicht dir gehören,
G Em D/A A D Dm A Dm A
sondern dass du Trottel ihnen gehörst samt deinem Haus.

D
4. Aber heut' ist der Tag der Abrechnung, heut' fängst du dort an,
Em
wo du das letzte Mal gescheitert bist, heut' kennst du nichts,
Em^7 A
heut' machst du reinen Tisch, heut' geh'n sie alle übern Jordan,
Em A D
heut' ist Recycling-Tag und der Tag des Jüngsten Gerichts.
D^7
Und du entrümpelst und befreist mutig deine Miefecken,
G Gm^6
Weihnachtsmann, Trockenblume, alles geht mülleimerwärts.
A Bm
Halt, nicht das Kneteschwein, und bitte nicht die Fimo-Schnecken
E A
und nicht den „Lurchi", nein, das bringst du doch nicht übers Herz!
G A F♯m Bm
Und schon beginnst du, alles wieder aus dem Müll zu klauben
Em A B^7
„ihr lieben Bleistiftreste" - du wirst leicht sentimental,
G A F♯m Bm
du wolltest eigentlich nichts wegwerfen, nein nur entstauben:
G Em D/A A D
Willkommen zuhaus, ihr Staubfänger, bis zum nächsten Mal!

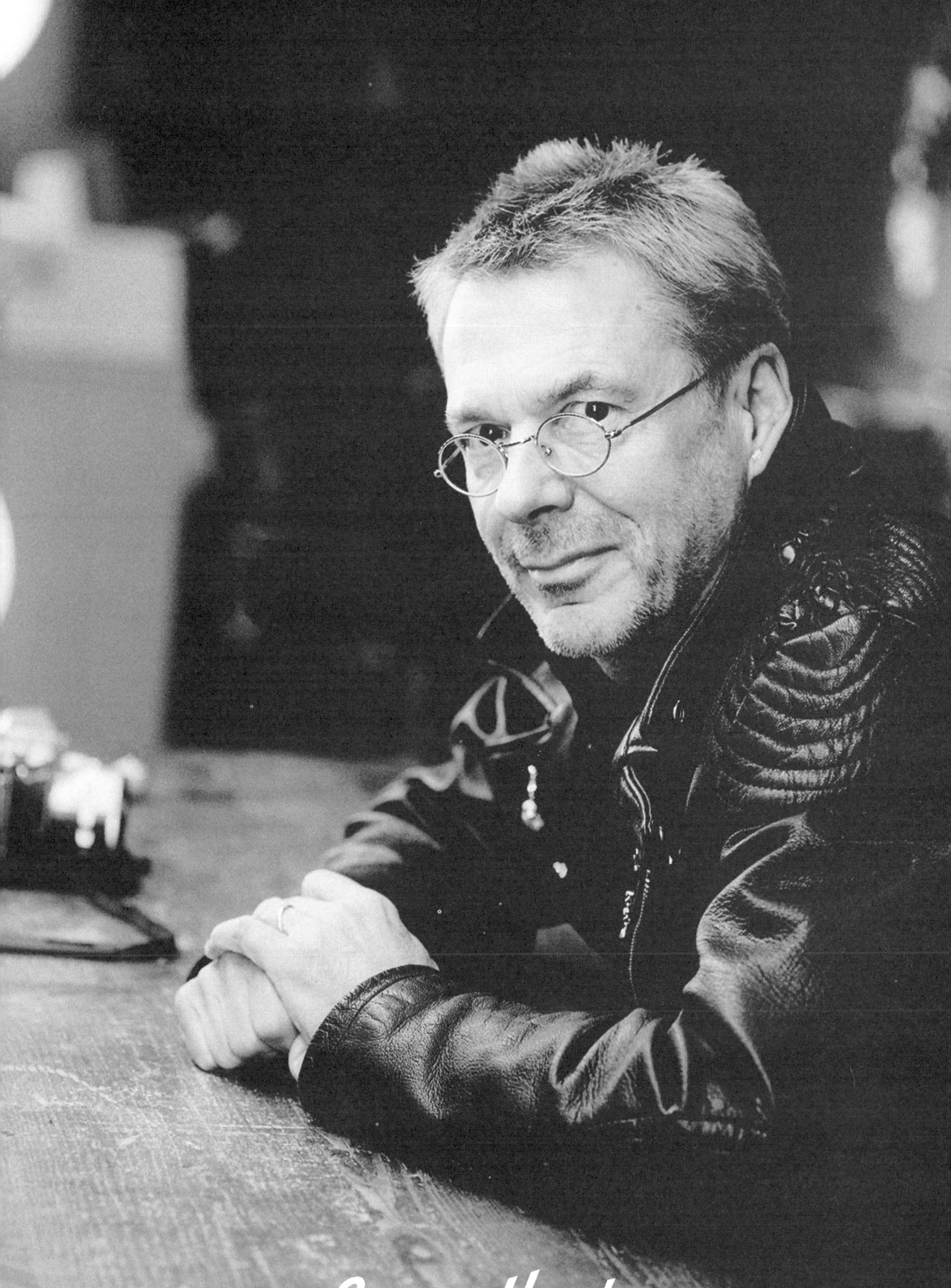

Bunter Hund

Foto: Jim Rakete, Berlin

Sommer '52

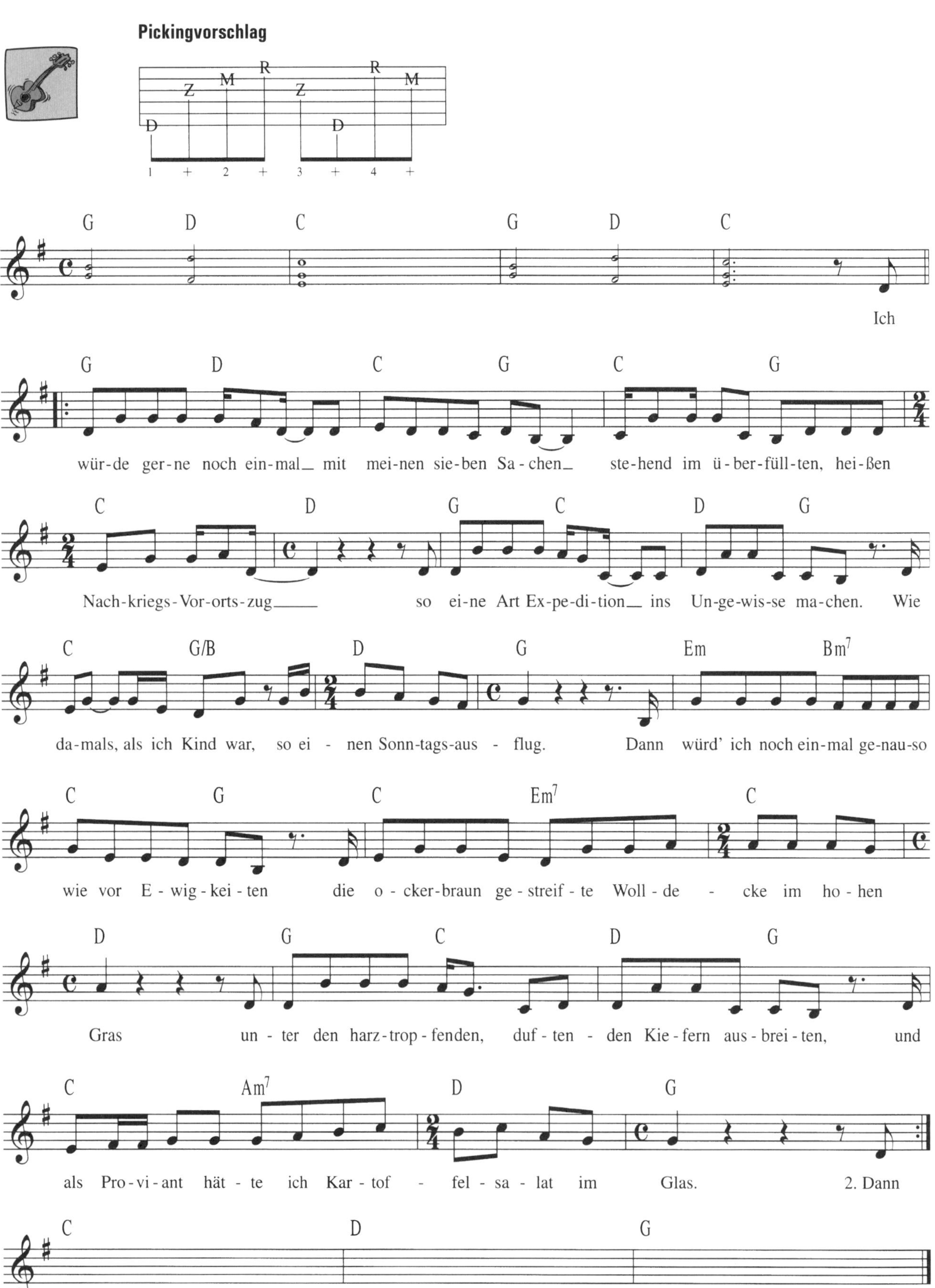

(gesprochen) P.S.: Es ist so schön hier, ich würd' gern noch länger bleiben!

G D C G
1. Ich würde gerne noch einmal mit meinen sieben Sachen
C G C D
stehend im überfüllten, heißen Nachkriegs-Vorortszug
G C D G
so eine Art Expedition ins Ungewisse machen.
C G C D G
Wie damals, als ich Kind war, so einen Sonntagsausflug.
Em Bm C G
Dann würd' ich noch einmal genauso wie vor Ewigkeiten
C Em C D
die ocker-braun gestreifte Wolldecke im hohen Gras
G C D G
unter den harztropfenden, duftenden Kiefern ausbreiten,
C Am7 D G
und als Proviant hätte ich Kartoffelsalat im Glas.

G D C G
2. Dann holt' ich aus dem Rucksack eine Flasche gelbe Brause
C G C D
mit dem klappernden weißen Porzellan-Patentverschluß,
G C D G
ein hartgekochtes Ei und den Salzstreuer von zuhause.
C G D G
Den Schokoladenriegel hebt' ich auf für ganz zum Schluß.
Em Bm C G
Ich würde in dem trüben Tümpel baden ohne Schaudern,
C Em C D
und würd' die beiden blonden, dünnen Mädchen aus Berlin,
G C D G
die zu mir rüberkichern, ansprechen ohne zu zaudern,
C Am7 D G
die selbstgestrickte woll'ne Badehose in den Knien.

G D C G
3. Auf einem Bein hüpfte ich mir das Wasser aus den Ohren
C G C D
und würde trotz strengen Verbots an einem Grashalm kau'n,
G C D G
fröstelnd mit einer Gänsehaut, die Lippen blaugefroren,
C G D G
auf meiner Decke liegend in den Sommerhimmel schau'n.
Em Bm C G
Ich würde in den weißen Wölkchen die vorübertreiben
C Em C D
Gesichter und die dicken Hintern meiner Lehrer sehn.
G C D G
Dann würd' ich meiner Oma eine Ansichtskarte schreiben:
C Am7 D4 G
Mir geht es gut, wie geht es dir, jetzt muss ich aber gehen.
C D G
(gesprochen) P. S. Es ist so schön hier, ich würd' gern noch länger bleiben!

Der Fischer und der Boss

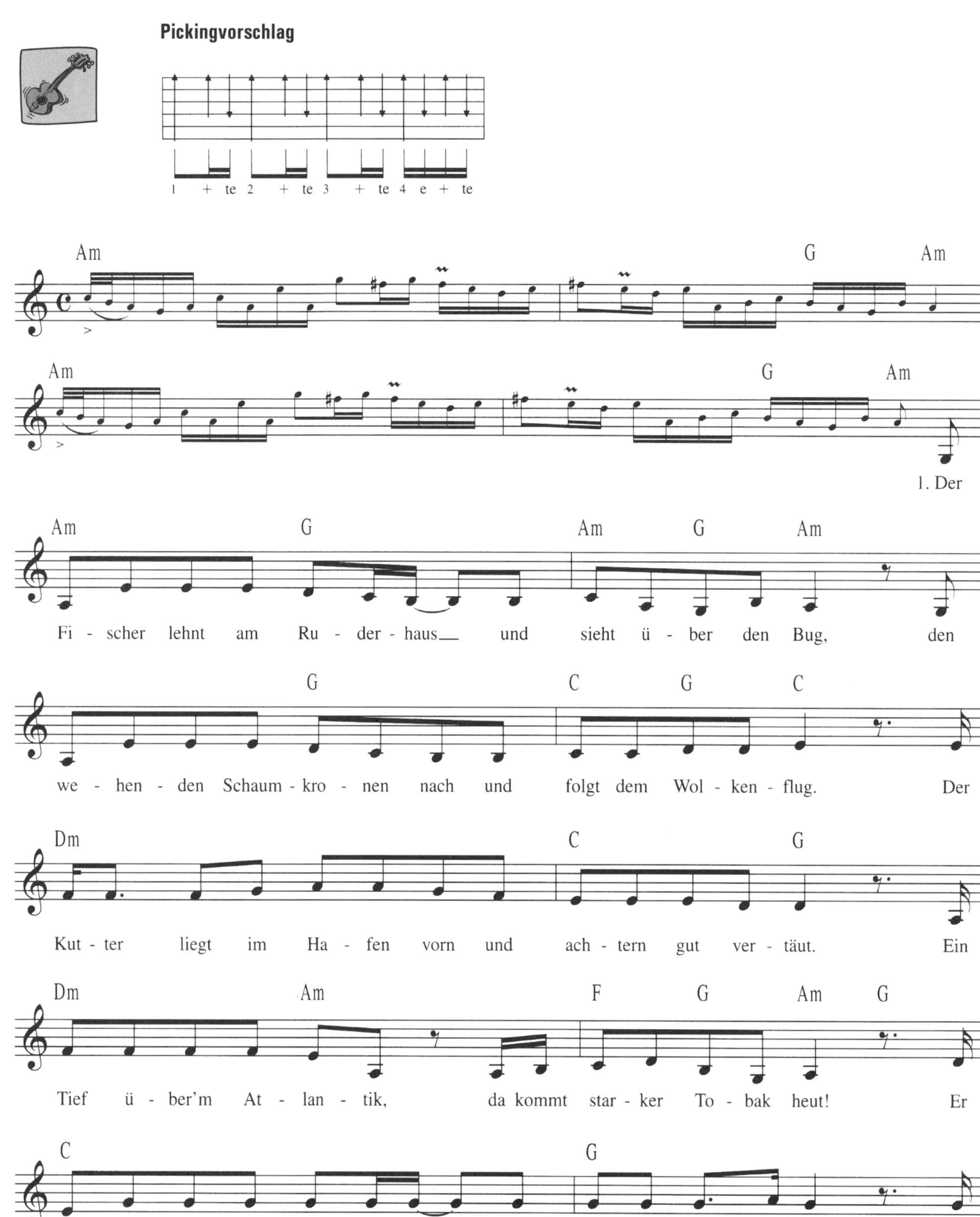

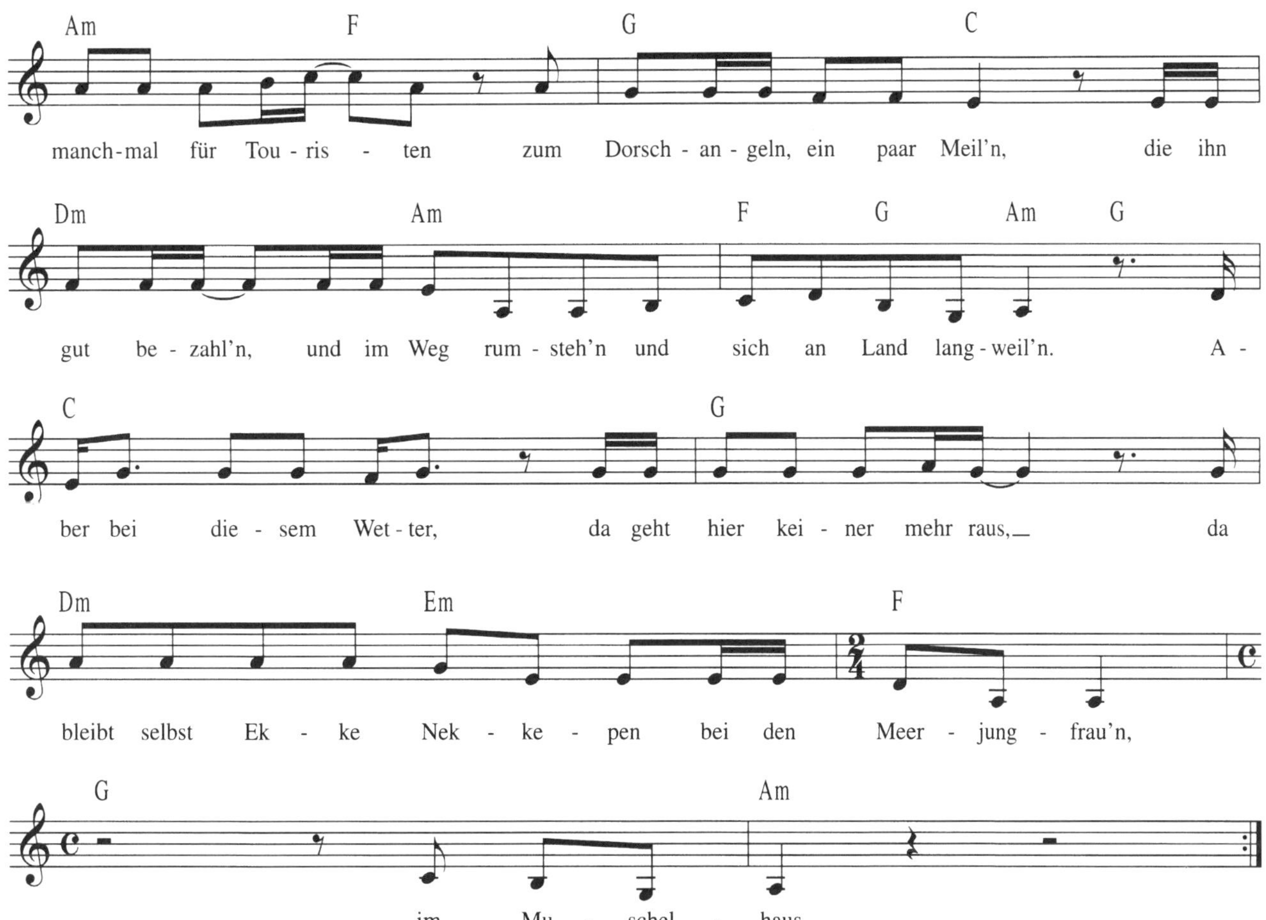
Am F G C
manch-mal für Tou - ris - ten zum Dorsch - an - geln, ein paar Meil'n, die ihn
Dm Am F G Am G
gut be - zahl'n, und im Weg rum - steh'n und sich an Land lang - weil'n. A -
C G
ber bei die - sem Wet - ter, da geht hier kei - ner mehr raus, da
Dm Em F
bleibt selbst Ek - ke Nek - ke - pen bei den Meer - jung - frau'n,
G Am
im Mu - schel - haus.

Am G Am G Am
1. Der Fischer lehnt am Ruderhaus und sieht über den Bug,
Am G C G C
den wehenden Schaumkronen nach und folgt dem Wolkenflug.
Dm C G
Der Kutter liegt im Hafen vorn und achtern gut vertäut.
Dm Am F G Am G
Ein Tief überm Atlantik, da kommt starker Tobak heut!
C G
Er fährt bis zu den Färöern, kennt das Revier genau.
Dm E
Er fährt für Butt und Meeräsche, für Lachs und Kabeljau
Am F G C
und manchmal für Touristen zum Dorschangeln, ein paar Meil'n,
Dm Am F G Am G
die ihn gut bezahl'n, und im Weg rumsteh'n und sich an Land langweil'n.
C G
Aber bei diesem Wetter, da geht hier keiner mehr raus,
Dm Em F G Am
da bleibt selbst Ekke Nekkepen bei den Meerjungfrau'n - im Muschelhaus.

Am G Am G Am
2. Der Boss läßt halten und steigt aus und mit ihm ein ganzer Tross:
Am G C G C
Jeder kann sehn, da kommt nicht irgendwer, da kommt der Boss!
Dm C G
Der will einen Dorsch an den Haken, heut, nicht irgendwann,
Dm Am F G Am G
und er zahlt den dreifachen Preis dafür, darauf kommt es gar nicht an.
C G
Der Fischer lacht: „Vielleicht nicht aufs Geld, aber aufs Wetter schon!"
Dm E
Der Boss kennt keinen Widerspruch, nun gut: Fünffachen Lohn!
Am F G C
„Ich fahr' bei Wind und Wetter, doch was sich da zusammenbraut,
Dm Am F G Am G
dafür, mein Herr, sind wir beide zu klein und mein Boot ist dafür nicht gebaut!"
C G
Der große Boss und ein kleiner Fischer, der sich bockig stellt –
Dm Em F G Am
„Ich kauf' deinen ganzen Jahresfang und ich zahl' dir das - zehnfache Geld!

Am G Am G Am
3. Zehnfaches Geld! Der Fischer sieht, wie der Rostfraß nagt am Boot,
Am G C G C
Öl leckt aus der Maschine, ein neuer Anstrich tut not.
Dm C G
Zuhaus muss neues Reet ins Dach, das wartet zu lange schon,
Dm Am F G Am G
und kaum zwei Wochen, dann hat die Jüngste Konfirmation.
C G
Dann lädt er nach der Kirche in den Dorfkrug, welch ein Fest,
Dm E
wenn er die feinsten Speisen und Weine auftragen läßt -
Am F G C
dabei der größte Steinbutt, den er je gefangen hat.

         Dm   Am   F   G   Am G
Doch vorher fährt er noch mit der jüngsten Tochter in die große Stadt
    C   G
und kauft das schönste Kleid für sie, sie soll die Schönste sein!
     Dm   Em   F   G   Am
Zehnfaches Geld! Der kleine Fischer reicht dem großen Boss die Hand: „Schlag ein!"

    Am   G   Am   G   Am
4. Leinen los, vorn und achtern klar und volle Kraft voraus!
     Am   G   C   G   C
Und kaum in Luv der Mole geht über das Steuerhaus
     Dm   C   G
die erste schwere See, noch schüttelt sich das Boot, da hetzt
     Dm   Am   F   G   Am   G
die nächste schon heran vom Sturm der Wellenkamm zerfetzt,
      C   G
die wirft den stählernen Rumpf hoch empor, der Motor klagt
     Dm   E
und heult auf unter Qualen, wenn die Schraube ins Leere ragt,
      Am   F   G   C
stürzt ihn hinab ins Wellental, und schlägt ihn krachend auf
     Dm   Am   F   G   Am   G
und hebt ihn aus den Abgründen zum nächsten Sturz hinauf.
     C   G
Jetzt tobt die Hölle richtig los! Das Boot rollt, stampft und krängt
           Dm   Em   F   G   Am
und es ist längst nicht mehr das Steuer, das seinen Weg durch die Fluten lenkt.

      Am   G   Am   G   Am
5. Jetzt brechen alle Wetter zugleich über das Boot herein,
     Am   G   C   G   C
ein letzter Schlag zerschmettert ihm das stählerne Gebein.
    Dm   C   G
Ächzend bersten die Planken, dann verschlingt der schwarze Schlund
     Dm   Am   F   G   Am   G
das Ruderhaus und Mann und Maus reißt es mit auf den Grund.
      C   G
Zwei Seenotkreuzer finden Tags drauf einen Rettungsring
     Dm   E
und eine Ölspur im Revier, wo das Boot unterging.
   Am   F   G   C
Im Großformat trauert in allen Zeitungen sein Tross,
    Dm   Am   F   G   Am   G
ein Requiem, und große Reden für den großen Boss.
     C   G
Und Sonntag ist Palmarum und im Fischerhaus am Meer
        Dm   Em   F   G   Am
sind die dunklen Fenster wie erloschene Augen, müdegeweint und leer.

Wotan und Wolf

Pickingvorschlag

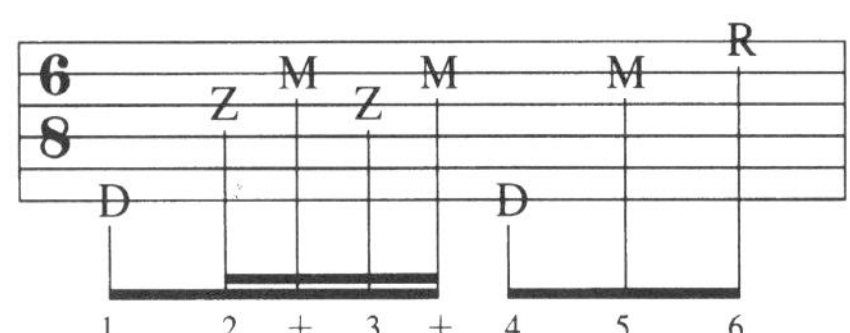

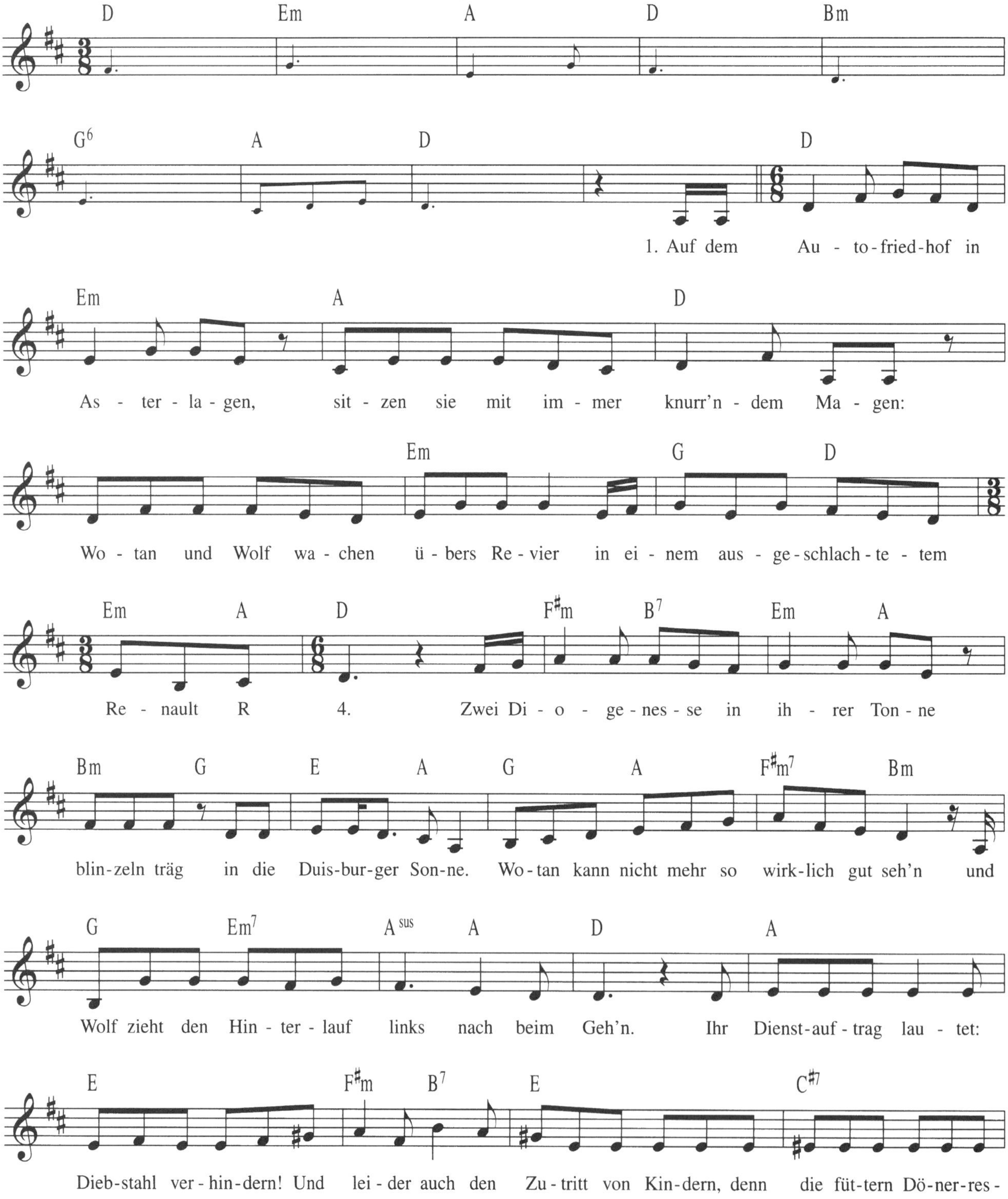

D Em A D Bm

G6 A D D

1. Auf dem Au - to-fried-hof in

Em A D

As - ter - la - gen, sit - zen sie mit im - mer knurr'n - dem Ma - gen:

Em G D

Wo - tan und Wolf wa - chen ü - bers Re - vier in ei - nem aus - ge - schlach - te - tem

Em A D F♯m B7 Em A

Re - nault R 4. Zwei Di - o - ge - nes - se in ih - rer Ton - ne

Bm G E A G A F♯m7 Bm

blin-zeln träg in die Duis-bur-ger Son-ne. Wo-tan kann nicht mehr so wirk-lich gut seh'n und

G Em7 Asus A D A

Wolf zieht den Hin - ter - lauf links nach beim Geh'n. Ihr Dienst-auf - trag lau - tet:

E F♯m B7 E C♯7

Dieb-stahl ver - hin-dern! Und lei - der auch den Zu - tritt von Kin-dern, denn die füt-tern Dö-ner-res -

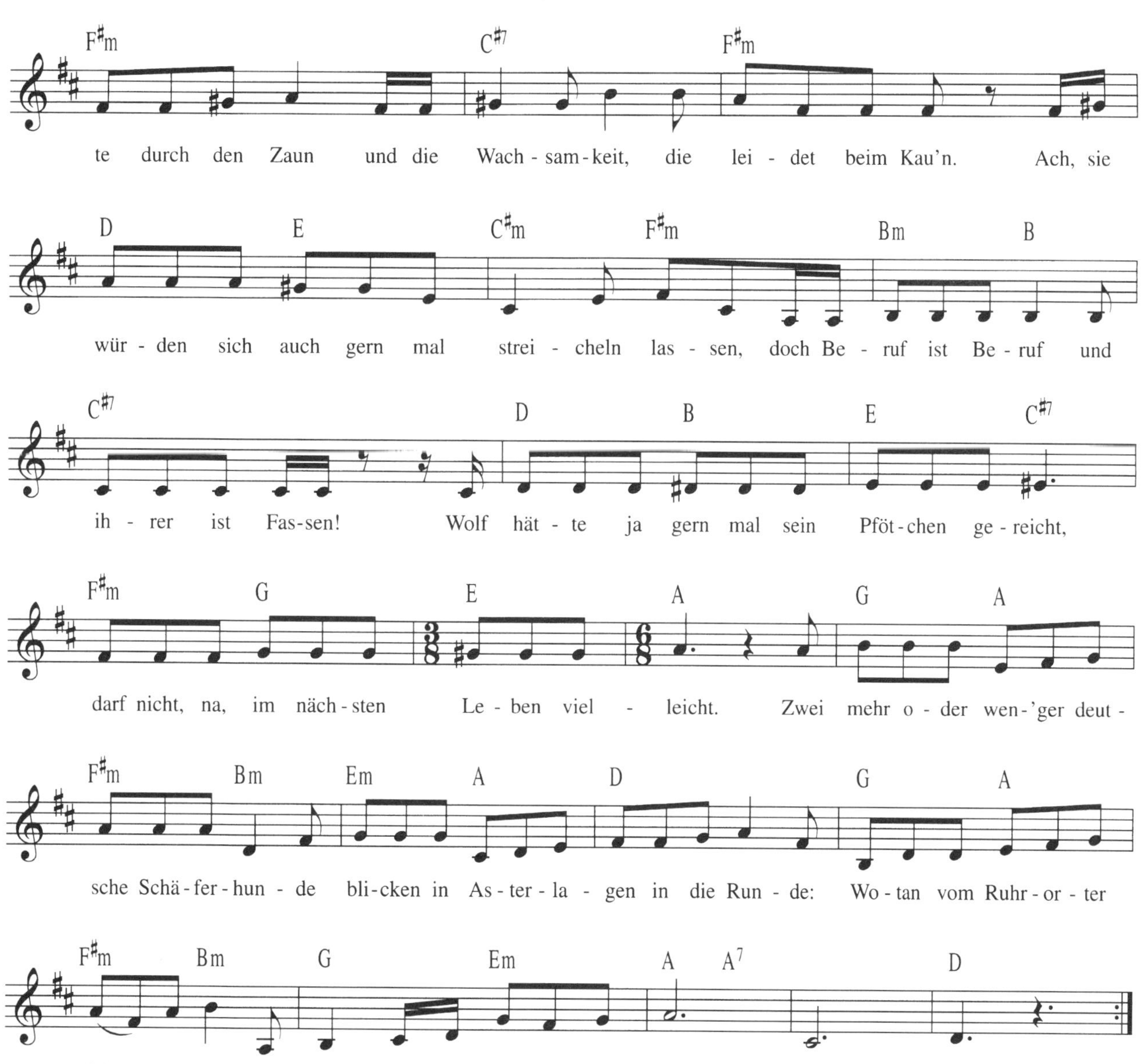
F#m C#7 F#m
te durch den Zaun und die Wach - sam - keit, die lei - det beim Kau'n. Ach, sie
D E C#m F#m Bm B
wür - den sich auch gern mal strei - cheln las - sen, doch Be - ruf ist Be - ruf und
C#7 D B E C#7
ih - rer ist Fas-sen! Wolf hät - te ja gern mal sein Pföt - chen ge - reicht,
F#m G E A G A
darf nicht, na, im näch - sten Le - ben viel - leicht. Zwei mehr o - der wen - 'ger deut -
F#m Bm Em A D G A
sche Schä - fer - hun - de bli - cken in As - ter - la - gen in die Run - de: Wo - tan vom Ruhr - or - ter
F#m Bm G Em A A7 D
Mor - gen - land und Wolf von gleich hin - ter dem Im - biß - stand.

D Em A D
1. Auf dem Autofriedhof in Asterlagen sitzen sie mit immer knurrendem Magen:
D Em G D Em A D
Wotan und Wolf wachen übers Revier in einem ausgeschlachteten Renault R4.
F♯m B7 Em A Bm G E A
Zwei Diogenesse in ihrer Tonne blinzeln träg in die Duisburger Sonne.
G A F♯m Bm
Wotan kann nicht mehr so wirklich gut sehn
G Em Asus A D
und Wolf zieht den Hinterlauf links nach beim Geh'n.
A E F♯m B E
Ihr Dienstauftrag lautet: Diebstahl verhindern! - und leider auch den Zutritt von Kindern,
C♯7 F♯m C♯7 F♯m
denn die füttern Dönerreste durch den Zaun und die Wachsamkeit, die leidet beim Kau'n.
D E C♯m F♯m
Ach, sie würden sich auch gern mal streicheln lassen,
Bm B C♯
doch Beruf ist Beruf und ihrer ist Fassen!
D B E C♯7 F♯m G E A
Wolf hätte ja gern mal sein Pfötchen gereicht, darf nicht, na, im nächsten Leben vielleicht.
G A F♯m Bm Em A D
Zwei mehr oder wen'ger deutsche Schäferhunde blicken in Asterlagen in die Runde:
G A F♯m Bm G Em A A7 D
Wotan vom Ruhrorter Morgenland und Wolf von gleich hinter dem Imbißstand.

D Em A D
2. Wotan, wenn man so will, ist ein alter Hase, mit schrundiger doch noch verdammt guter Nase.
D Em G D Em A D
Kaczmarek hat ihm Wolf zur Seite gestellt, sozusagen als Lehrling, der jetzt mit ihm bellt.
F♯m B7 Em A
Wotan hat kahle Stellen im Fell und Krampfadern
Bm G E A
und Grund genug, mit seinem Schicksal zu hadern:
G A F♯m Bm G Em Asus A D
Null Anerkennung vom Chef und kein Lob, wenn Kaczmarek kommt, ist er immer nur grob.
A E F♯m B E
Wotan träumt: „Wenn doch einmal ein Einbrecher käme, 'nen Rückspiegel oder 'nen Auspuff mitnähme! "
C♯7 F♯m C♯7 F♯m
So ein schöner, gehbehinderter müßte es sein, 'nen jungen kriegt' er ja längst nicht mehr ein –
D E C♯m F♯m Bm B C♯
Dann würde er hinter den Nockenwellen hervorschnellen und den Tunichtgut stellen!
D B E C♯7 F♯m G E A
Und wehmütig spürt er, er hat über zehn Frühlinge schon keine Hündin mehr geseh'n.
G A F♯m Bm Em A D
Ja, ja, auch alte deutsche Schäferhunde träumen noch von einer Schäferstunde!
G A F♯m Bm G Em A A7 D
Wotan vom Ruhrorter Morgenland und Wolf von gleich hinter dem Imbißstand.

D Em A D
3. Wotan und Wolf verlor'n in Gedanken, kommt auch schon mal vor, dass die beiden sich zanken,
D Em G D Em A D
Zoff im R4, dann verkrümelt sich Wolf für ein Weilchen zum Schmoll'n in einen zweier Golf.
F♯m B7 Em A Bm G E A
Er döst ein und aus den Tiefen seiner Gene steigt ein Traum, immer die gleiche Szene:
G A F♯m Bm G Em Asus A D
Von der Herde entfernt sich ein hellblaues Schaf, Wolf knurrt und seine Läufe zucken im Schlaf,

A E
Dann treibt er das Schaf zurück auf die Weide,

F♯m B E
schreckt hoch aus dem Traum und dann bellen sie beide:

C♯^{7} F♯m C♯^{7} F♯m
Wotan bellt auf Verdacht, stocktaub oder fast, hat er Angst, dass er mal einen Anlass verpasst.

D E C♯m F♯m
Dann leckt Wolf ihm das Fell, er macht sich ja Sorgen,

Bm B C♯
Er weiß doch, er ist der Alte von morgen ...

D B E C♯^{7} F♯m G E A^4 A
Einer ist jung und einer ist alt, einer des anderen Stütze und Halt.

G A F♯m Bm Em A D
Einer hilft dem anderen sein Bündel tragen, so geht das in Duisburg-Asterlagen!

G A F♯m Bm G Em A A^7 D
Bei Wotan vom Ruhrorter Morgenland und Wolf von gleich hinter dem Imbißstand.

Bunter Hund

Pickingvorschlag

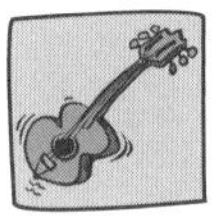

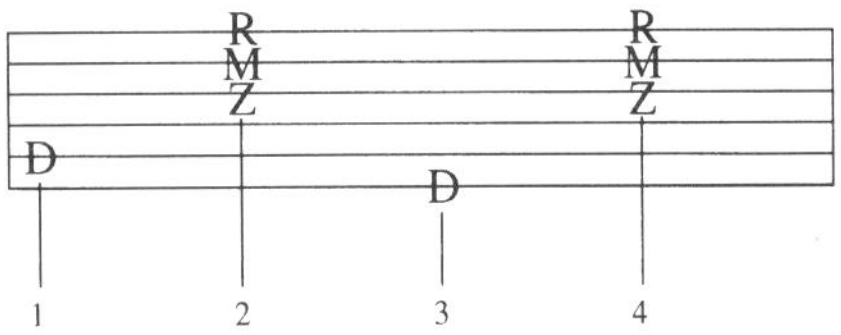

R M Z — R M Z
D — D
1 2 3 4

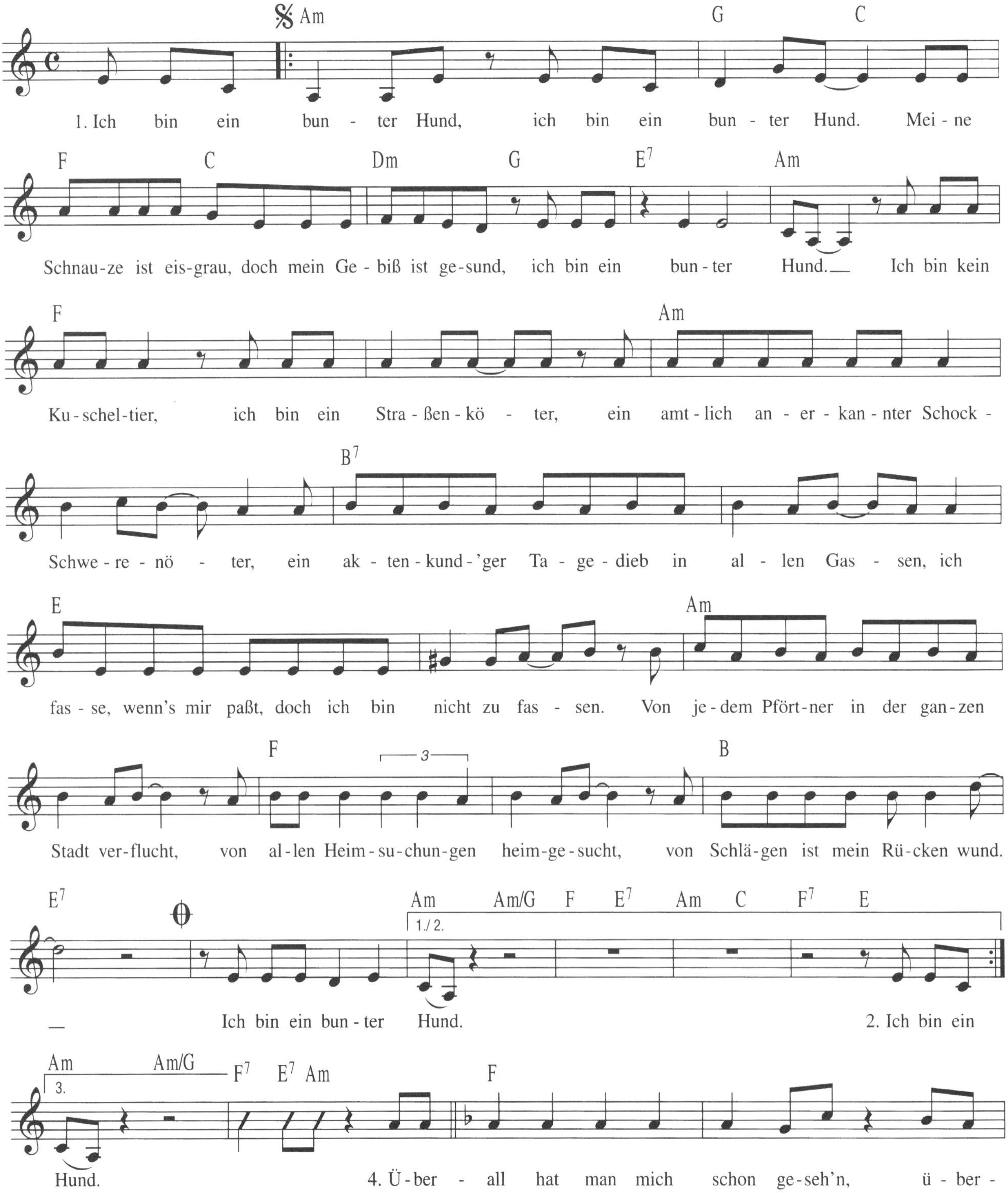

Am G C

1. Ich bin ein bun - ter Hund, ich bin ein bun - ter Hund. Mei - ne

F C Dm G E7 Am

Schnau-ze ist eis-grau, doch mein Ge - biß ist ge-sund, ich bin ein bun - ter Hund. Ich bin kein

F Am

Ku-schel-tier, ich bin ein Stra - ßen - kö - ter, ein amt - lich an - er - kan - nter Schock -

B7

Schwe - re - nö - ter, ein ak - ten - kund - 'ger Ta - ge - dieb in al - len Gas - sen, ich

E Am

fas - se, wenn's mir paßt, doch ich bin nicht zu fas - sen. Von je - dem Pfört - ner in der gan - zen

F B

Stadt ver - flucht, von al - len Heim - su - chun - gen heim - ge - sucht, von Schlä - gen ist mein Rü - cken wund.

E7 Am Am/G F E7 Am C F7 E

1./2.

— Ich bin ein bun - ter Hund. 2. Ich bin ein

Am Am/G F7 E7 Am F

3.

Hund. 4. Ü - ber - all hat man mich schon ge - seh'n, ü - ber -

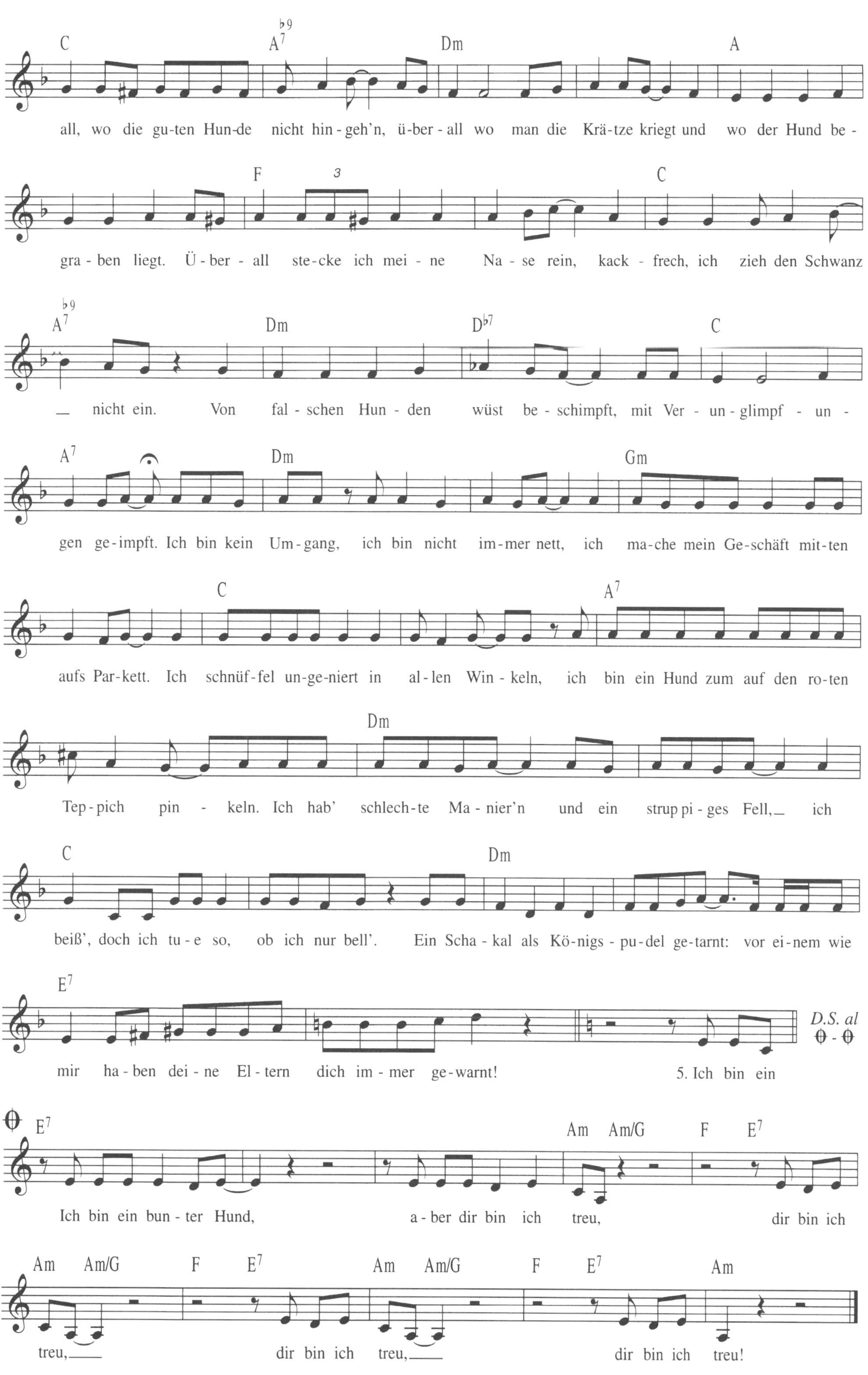
C A7(b9) Dm A
all, wo die gu-ten Hun-de nicht hin-geh'n, ü-ber-all wo man die Krä-tze kriegt und wo der Hund be-
F 3 C
gra-ben liegt. Ü-ber-all ste-cke ich mei-ne Na-se rein, kack-frech, ich zieh den Schwanz
A7(b9) Dm Db7 C
— nicht ein. Von fal-schen Hun-den wüst be-schimpft, mit Ver-un-glimpf-un-
A7 Dm Gm
gen ge-impft. Ich bin kein Um-gang, ich bin nicht im-mer nett, ich ma-che mein Ge-schäft mit-ten
C A7
aufs Par-kett. Ich schnüf-fel un-ge-niert in al-len Win-keln, ich bin ein Hund zum auf den ro-ten
Dm
Tep-pich pin-keln. Ich hab' schlech-te Ma-nier'n und ein strup pi-ges Fell,— ich
C Dm
beiß', doch ich tu-e so, ob ich nur bell'. Ein Scha-kal als Kö-nigs-pu-del ge-tarnt: vor ei-nem wie
E7
mir ha-ben dei-ne El-tern dich im-mer ge-warnt! 5. Ich bin ein
D.S. al Φ - Φ
Φ E7 Am Am/G F E7
Ich bin ein bun-ter Hund, a-ber dir bin ich treu, dir bin ich
Am Am/G F E7 Am Am/G F E7 Am
treu,— dir bin ich treu,— dir bin ich treu!

Am G C
1. Ich bin ein bunter Hund, ich bin ein bunter Hund.
F C Dm G
Meine Schnauze ist eisgrau, doch mein Gebiss ist gesund,
E7 Am
ich bin ein bunter Hund.
F
Ich bin kein Kuscheltier, ich bin ein Straßenköter,
Am
ein amtlich anerkannter Schock-Schwerenöter,
B7
ein aktenkund'ger Tagedieb in allen Gassen,
E
ich fasse, wenn's mir passt, doch ich bin nicht zu fassen.
Am
Von jedem Pförtner in der ganzen Stadt verflucht,
F
von allen Heimsuchungen heimgesucht,
B E7
von Schlägen ist mein Rücken wund.
Am Am/G F E7 Am C F7 E7
Ich bin ein bunter Hund.

Am G C
2. Ich bin ein bunter Hund, ich bin ein bunter Hund.
F C Dm G
Ich habe einen Migrationshintergrund.
E7 Am
Ich bin ein bunter Hund.
F
Ich komm aus einem Wurf von Krokodilen,
Am
ich tu was, keine Angst, ich will nicht nur spielen!
B7
Ich bin nicht gaaanz lieb, ich knurre und streite
E
und wer mich sieht, wechselt besser die Straßenseite.
Am
Ich bin der Streuner, der aus jeder Pfütze trinkt,
F
der den Knochen ausgräbt, der zum Himmel stinkt.
B E7
Ich apportier' euch meinen Fund.
Am Am/G F E7 Am C F7 E7
Ich bin ein bunter Hund.

Am G C
3. Ich bin ein bunter Hund, ich bin ein bunter Hund.
F C Dm G
Mein Sternbild ist Spür- mein Aszendent Himmelhund.
E7 Am
Ich bin ein Vagabund.
F
Ich komme nicht, wenn ich gerufen werde,
Am
ich lauf nicht mit und ich hüte nicht die Herde.

B^7
Kein Halsband, keine Hundemarke, keine Leine,
E
Keinen Maulkorb, das ist die Freiheit, die ich meine!
Am
Ich bin verfemt, weil ich nach meinen Regeln leb',
F
nicht Männchen mache und nicht Pfötchen geb'.
B E^7
Ich rede keinem nach dem Mund.
Am Am/G F E^7 Am
Ich bin ein bunter Hund.

F
4. Überall hat man mich schon geseh'n,
C $A^{7/\flat 9}$
überall, wo die guten Hunde nicht hingeh'n,
Dm
Überall, wo man die Krätze kriegt
A
Und wo der Hund begraben liegt.
F
Überall steck ich meine Nase rein,
C $A^{7/\flat 9}$
kackfrech, ich zieh den Schwanz nicht ein.
Dm $D\flat^7$
Von falschen Hunden wüst beschimpft,
Gm^6 A^7
mit Verunglimpfungen geimpft.
Dm
Ich bin kein Umgang, ich bin nicht immer nett,
Gm
ich mache mein Geschäft mitten aufs Parkett.
C
Ich schnüffel' ungeniert in allen Winkeln,
A^7
ich bin ein Hund zum auf den roten Teppich pinkeln.
Dm
Ich habe schlechte Manier'n und ein struppiges Fell,
C
ich beiße, doch ich tue so, als ob ich nur bell',
Dm
Ein Schakal als Königspudel getarnt:
E^7
Vor einem wie mir haben deine Eltern dich immer gewarnt!

Am G C
5. Ich bin ein bunter Hund, ich bin ein bunter Hund.
F C Dm G
Du siehst, in meinem Stammbaum geht es rund,
E^7 Am
ich bin ein bunter Hund.
F
Aber solltest du dich trotzdem für mich entscheiden,
Am
dann lass ich mich für dich in Streifen schneiden,

```
      B7
bewach' ich deinen Schlaf, dann zieh ich deinen Schlitten,
        E7
dann führ ich dich im Dunkeln, dann schließ ich dich mitten
          Am
In mein Herz. Ich bin als Rüpel verschrien im ganzen Land,
      F
aber dir, dir, dir, dir fress' ich aus der Hand!
        B7                    E7
Außen bin ich abgewetzt, aber innen wie neu,
             E7                     Am   Am/G F   E7       Am
ich bin ein bunter Hund, ... aber dir bin ich treu!        Dir bin ich treu!
Am/G  F  E7       Am  Am/G   F  E7       Am
        Dir bin ich treu!       Dir bin ich treu!
```

Drei Kisten Kindheit

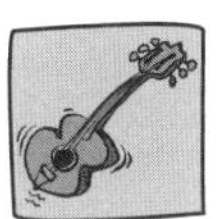

Pickingvorschlag

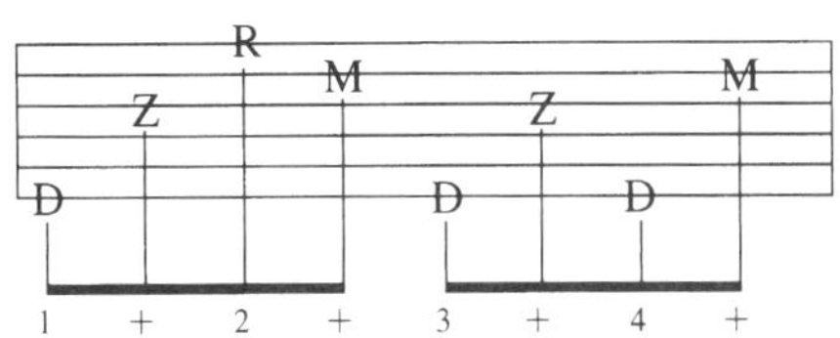

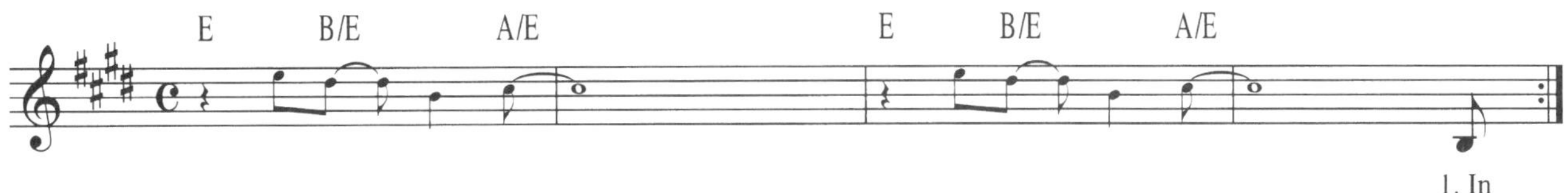

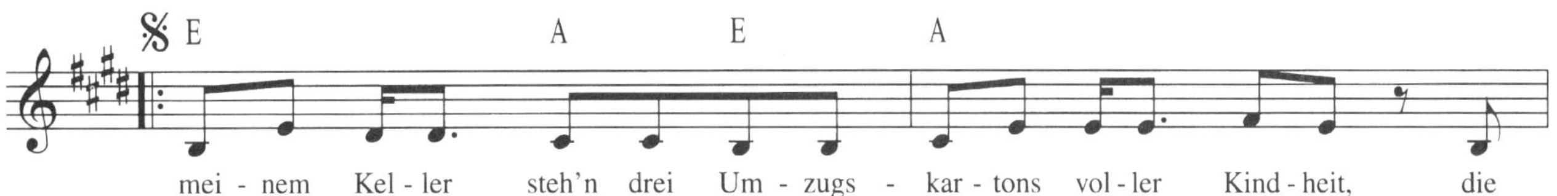

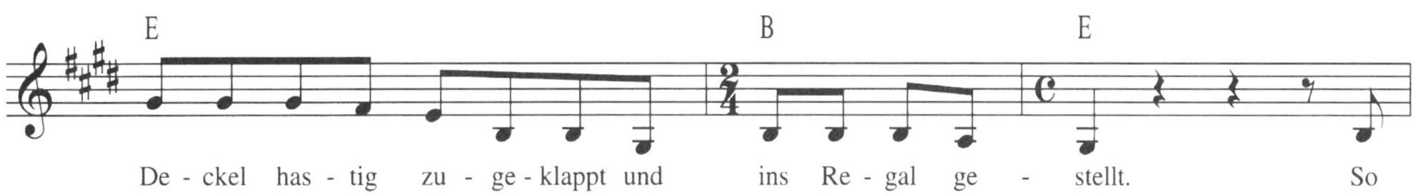

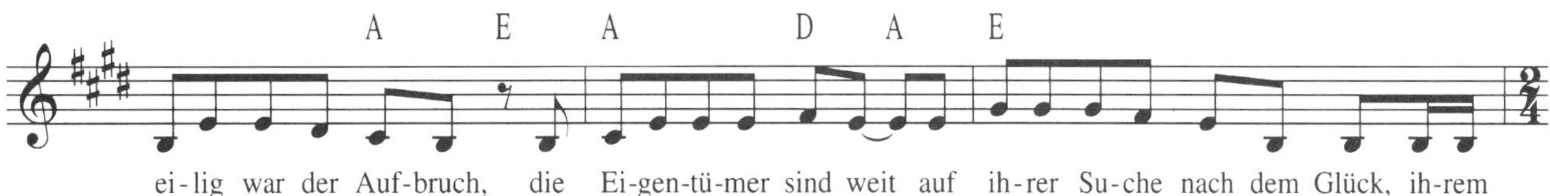

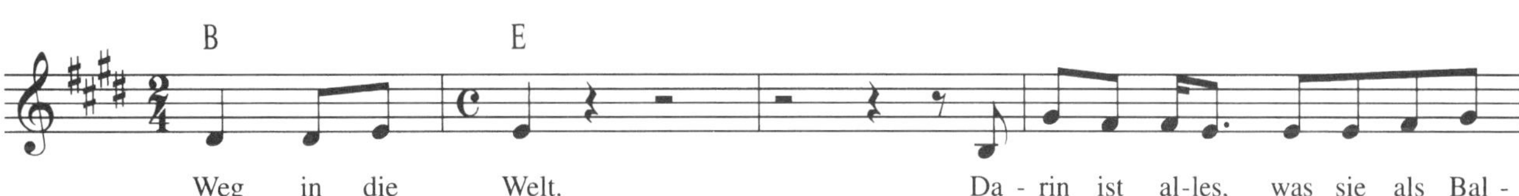

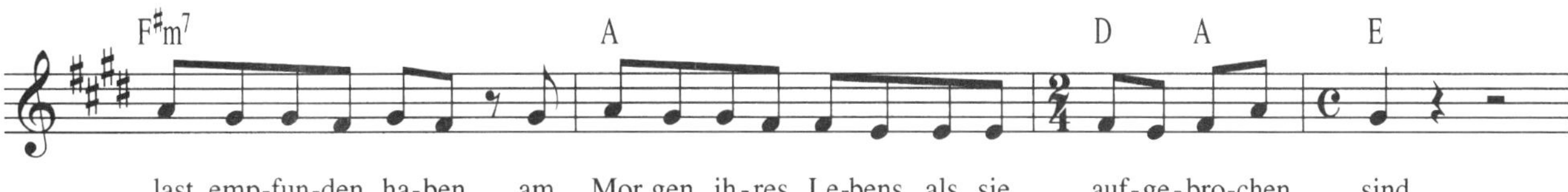

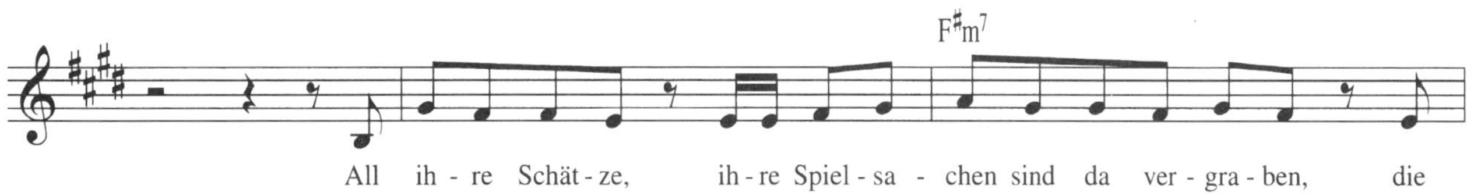

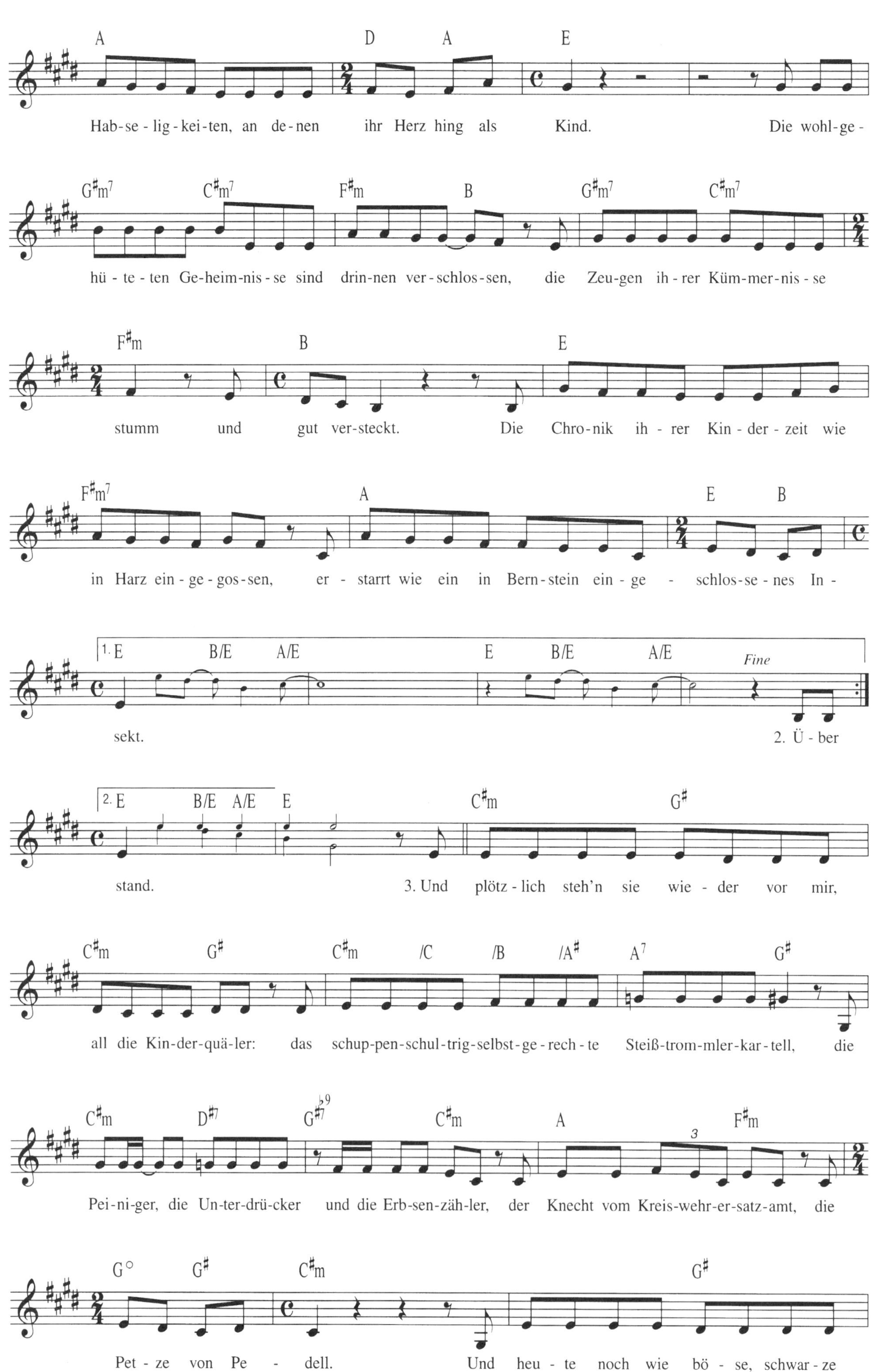
A D A E
Hab-se-lig-kei-ten, an de-nen ihr Herz hing als Kind. Die wohl-ge-
G♯m7 C♯m7 F♯m B G♯m7 C♯m7
hü-te-ten Ge-heim-nis-se sind drin-nen ver-schlos-sen, die Zeu-gen ih-rer Küm-mer-nis-se
F♯m B E
stumm und gut ver-steckt. Die Chro-nik ih-rer Kin-der-zeit wie
F♯m7 A E B
in Harz ein-ge-gos-sen, er-starrt wie ein in Bern-stein ein-ge-schlos-se-nes In-
1. E B/E A/E E B/E A/E
Fine
sekt. 2. Ü-ber
2. E B/E A/E E C♯m G♯
stand. 3. Und plötz-lich steh'n sie wie-der vor mir,
C♯m G♯ C♯m /C /B /A♯ A7 G♯
all die Kin-der-quä-ler: das schup-pen-schul-trig-selbst-ge-rech-te Steiß-trom-mler-kar-tell, die
C♯m D♯7 G♯7♭9 C♯m A F♯m
3
Pei-ni-ger, die Un-ter-drü-cker und die Erb-sen-zäh-ler, der Knecht vom Kreis-wehr-er-satz-amt, die
G° G♯ C♯m G♯
Pet-ze von Pe-dell. Und heu-te noch wie bö-se, schwar-ze

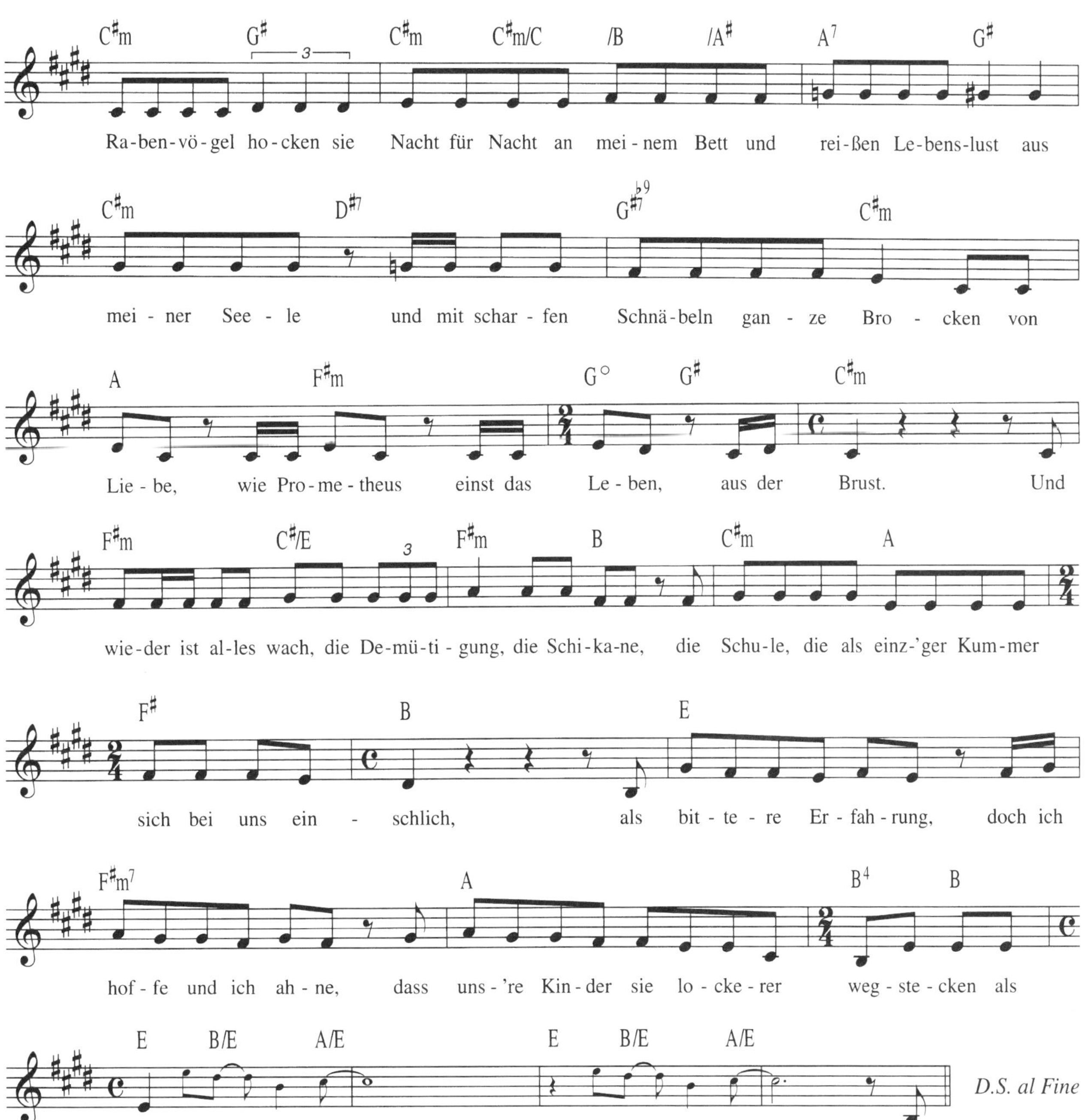
Ra-ben-vö-gel ho-cken sie Nacht für Nacht an mei-nem Bett und rei-ßen Le-bens-lust aus
mei - ner See - le und mit schar - fen Schnä-beln gan - ze Bro - cken von
Lie - be, wie Pro-me-theus einst das Le - ben, aus der Brust. Und
wie-der ist al-les wach, die De-mü-ti - gung, die Schi-ka-ne, die Schu-le, die als einz-'ger Kum-mer
sich bei uns ein - schlich, als bit - te - re Er - fah - rung, doch ich
hof - fe und ich ah - ne, dass uns - 're Kin-der sie lo - cke - rer weg - ste - cken als
ich.
4. Im
D.S. al Fine

E   A   E   A
1. In meinem Keller steh'n drei Umzugskartons voller Kindheit,
E   B   E
die Deckel hastig zugeklappt und ins Regal gestellt.
E   A   E   A   D   A
So eilig war der Aufbruch, die Eigentümer sind weit
E   B   E
auf ihrer Suche nach dem Glück, ihrem Weg in die Welt.
E   F#m7
Darin ist alles, was sie als Ballast empfunden haben
A   D   A   E
am Morgen ihres Lebens, als sie aufgebrochen sind.
E   F#m7
All ihre Schätze, ihre Spielsachen sind da vergraben,
A   D   A   E
die Habseligkeiten, an denen ihr Herz hing als Kind.
G#m7   C#m7   F#m   B
Die wohlgehüteten Geheimnisse sind drin verschlossen,
G#m7   C#m7   F#m   B
die Zeugen ihrer Kümmernisse stumm und gut versteckt.
E   F#m7
Die Chronik ihrer Kinderzeit wie in Harz eingegossen,
A   E   B   E   B/E   A/E   E   B/E   A/E
erstarrt wie ein in Bernstein eingeschlossenes Insekt.

E   A   E   A
2. Über halb offnen Deckeln liegt ein unsichtbarer Riegel,
E   B   E
der mir den Zugang zu ihrem heiligen Gral versagt.
E   A   E   A   D   A
Aus unerschütterlichem kindlichen Vertrau'n ein Siegel,
E   B   E
das selbst die elterliche Neugier nicht zu brechen wagt.
E   F#m7
Ich weiß auch, ich würde es ohnehin gar nicht ertragen,
A   D   A   E
vorm Regenbogenpony und all dem Spielzeug zu steh'n,
E   F#m7
Das einst die Zahnfee brachte und mein Halt würde versagen,
A   D   A   E
Würd' ich die Alf-Cassetten hör'n und Bert und Ernie seh'n.
G#m7   C#m7   F#m   B
Doch obenauf ein Heft, das kenn ich schon an seiner Farbe,
G#m7   C#m7   F#m   B
das Mitteilungsheft, und sein Inhalt ist mir wohl bekannt,
E   F#m7
und mancher Lehrerspruch darin hinterließ manche Narbe
A   E   B   E   B/E   A/E   E
bei einem Kind, das darin immer wie am Pranger stand.

C♯m G♯ C♯m G♯
3. Und plötzlich steh'n sie wieder vor mir, all die Kinderquäler:
C♯m /C /B /A♯ A7 G♯
Das schuppenschultrig-selbstgerechte Steißtrommlerkartell,
C♯m D♯7 G♯7/♭9 C♯m
die Peiniger, die Unterdrücker und die Erbsenzähler,
A F♯m G° G♯ C♯m
der Knecht vom Kreiswehrersatzamt, die Petze von Pedell.
C♯m G♯ C♯m G♯
Und heute noch wie böse, schwarze Rabenvögel hocken
C♯m /C /B /A♯ A7 G♯
sie Nacht für Nacht an meinem Bett und reißen Lebenslust
C♯m D♯7 G♯7/♭9 C♯m
aus meiner Seele und mit scharfen Schnäbeln ganze Brocken
A F♯m G° G♯ C♯m
von Liebe, wie Prometheus einst das Leben, aus der Brust.
F♯m C♯/E F♯m B
wieder ist alles wach, die Demütigung, die Schikane,
C♯m A F♯ B
die Schule, die als einz'ger Kummer sich bei uns einschlich,
E F♯m7
als bittere Erfahrung, doch ich hoffe und ahne,
A B4 B E B/E A/E A B/E A/E
dass unsre Kinder sie lockerer wegstecken als ich.

E A
4. Im Garten sind die Bäume, die wir pflanzten, groß geworden,
E
der Nußbaum und der Ahorn, das Apfelbäumchen ein Baum.
E A D A
Das Lied des Lebens schreibt sich fort in immer neuen Akkorden
E B E
und was davon verklungen ist, bewegt die Kinder kaum.
E F♯m7
Alles ist gut, sie müssen neue, eigne Wege gehen,
A D A E
auf eignen Flügeln fortfliegen und dafür taugt es nicht,
E F♯m7
sich nach uns und nach ihrem alten Spielzeug umzusehen,
A D A E
in drei Umzugskartons im Keller in funzligem Licht.
G♯m7 C♯m7 F♯m B
Drei Kisten Kindheit, die ich für sie hüte und bewahre,
G♯m7 C♯m7 F♯m B
gelassen, froh, ich weiß aus eignem Lebenslauf zum Glück:
E F♯m7
Die Kinder kommen wieder heim, gebt mir nur ein paar Jahre,
A E B E B/E A/E E
Dann hol'n sie sich daraus ihr Kinderparadies zurück.

Drei Jahre und ein Tag

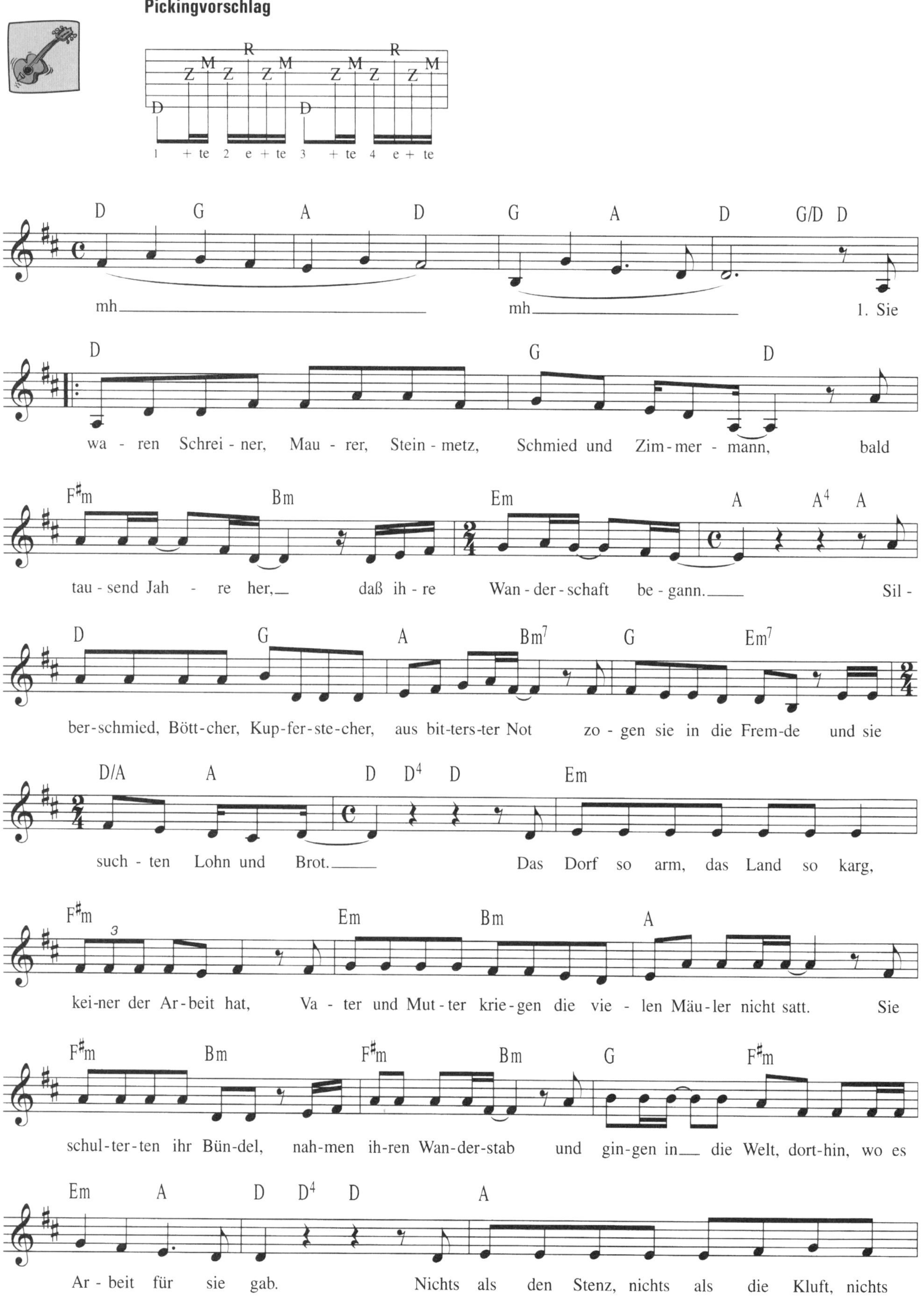

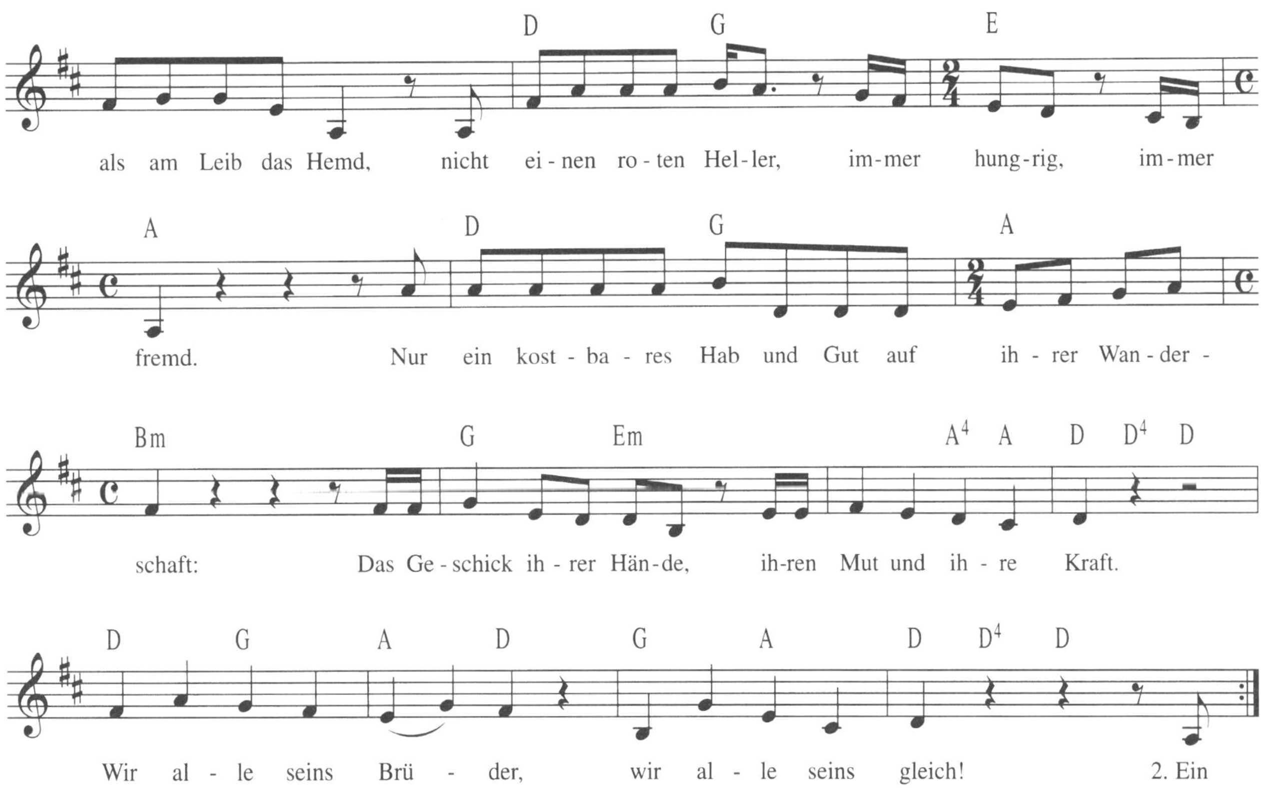

D G D
1. Sie waren Schreiner, Maurer, Steinmetz, Schmied und Zimmermann,
F♯m Bm Em A
bald 1000 Jahre her, dass ihre Wanderschaft begann.
D G A Bm^7
Silberschmied, Böttcher, Kupferstecher, aus bitterster Not
G Em^7 D/A A D D^4 D
zogen sie in die Fremde und sie suchten Lohn und Brot.
Em F♯m
Das Dorf so arm, das Land zu karg, keiner der Arbeit hat,
Em Bm A
Vater und Mutter kriegen die vielen Mäuler nicht satt.
F♯m Bm F♯m Bm
Sie schulterten ihr Bündel, nahmen ihren Wanderstab
G F♯m Em A D D^4 D
und gingen in die Welt, dorthin, wo's Arbeit für sie gab.
A
Nichts als den Stenz, nichts als die Kluft, nichts als am Leib das Hemd,
D G E A
nicht einen roten Heller, immer hungrig, immer fremd.
D G A Bm
Nur ein kostbares Hab und Gut auf ihrer Wanderschaft:
G Em A^4 A D D^4 D
Das Geschick ihrer Hände, ihren Mut und ihre Kraft.
D G A D G A D D^4 D
Wir alle seins Brüder, Wir alle seins gleich!

D G D
2. Ein Leben auf der Straße in Schnee oder Regenflut,
F♯m Bm Em A
in staub'ger Werkstatt oder im Gebälk zur Mittagsglut,
D G A Bm^7
auf schwankendem Gerüst, im steilen Dach, im Glockenturm,
G Em^7 D/A A D D^4 D
und weiterzieh'n in Kälte, in Nässe, Nacht und Sturm.
Em F♯m
Zu lernen, wie man anderswo die Kathedralen baut,
Em Bm A
die Balken zimmert, Schiefer deckt oder den Stein behaut
F♯m Bm F♯m Bm
Glück, wenn es eine Scheune gab als Herberge zur Nacht,
G F♯m Em A D D^4 D
doch oft durchnässt im kühlen Morgentau im Gras erwacht.
A
Und ihre Hände schufen die Burg zu Eisenach,
D G E A
die Celler Fachwerkgiebel, das Innsbrucker Gold'ne Dachl
D G A Bm
und manch Geselle brachte der Welt ein Meisterstück dar:
G Em A^4 A D D^4 D
Dürer sein Nashorn und Riemenschneider seinen Altar.
D G A D G A D D^4 D
Wir alle seins Brüder, Wir alle seins gleich!

D G D
3. Magerer Lohn, karges Quartier, und selten satt vom Schmaus,
F♯m Bm Em A
drei Jahr und einen Tag und niemals näher an zuhaus
D G A Bm^7
als diese dreißig Meilen, aus dem Heimatkreis verbannt,
G Em^7 A D D^4 D
dass einen nicht die Sehnsucht, nicht das Heimweh übermannt!
Em F♯m
Ihr Werkzeug, die Habseligkeiten, was ihr Eigen ist,
Em Bm A
passt in ein Leintuch, das im Quadrat eine Elle mißt.
F♯m Bm F♯m Bm
Und doch hat der entbehrungsreiche Weg sie reich gemacht,
G F♯m Em A D D^4 D
hat Schätze an Erfahrung und Kunstfertigkeit gebracht.
A
Und Reichtümer an Freiheit von drei Jahren auf der Walz.
D G E A
Allein an irdischen Gütern bleibt ihnen bestenfalls
D G A Bm
der goldne Ring im Ohr und der ist nicht da, um zu prahl'n,
G Em A^4 A D D^4 D
nein, um damit wenn's sein muss, ihr Begräbnis zu bezahl'n.
D G A D G A D
Wir alle seins Brüder, Wir alle seins gleich!

D G D
4. Sie sind Schreiner, Maurer, Steinmetz, sie sind Schmied, und Zimmermann,

F♯m Bm Em A
heut wie vor 1000 Jahren treten sie die Reise an:

D G A Bm^7
Der schwarze Hut, der Ring im Ohr, die Kluft aus alter Zeit,

G Em^7 A D D^4 D
am Hemd die schwarze, blaue, graue, rote Ehrbarkeit.

Em F♯m
Ein Weg voller Entsagung, Leben ohne Überfluss,

Em Bm A
in Freiheit, Gleichheit, Brüderlichkeit, ein freier Entschluss.

F♯m Bm F♯m Bm
Und ihre Hände bau'n den Reichstag und das Stelenfeld

G F♯m Em A D D^4 D
das neue World Trade Center, Brücken in die ganze Welt.

A
Ihr seht sie auf der Rüstung, auf dem First und in den Sparr'n

D G E A
und wartend an der Straße, um ein Stück mit Euch zu fahr'n.

D G A Bm
Dann, brave Christen, ehe ihr vorbeifahrt, denkt daran:

Em A^4 A D D^4 D
Der Herr, zu dem ihr betet, war auch ein Zimmermann!

A
Und sagt der nicht: „Was ihr dem Wandrer an der Autobahn,

D G E A
dem geringsten meiner Brüder tut, das habt ihr mir getan!"

D G A Bm
Drum, brave Christen, ehe ihr vorbeifahrt, haltet an:

G Em A^4 A D D^4 D
Der Herr, zu dem ihr betet, war auch ein Zimmermann!

D G A Bm G A D
Wir alle seins Brüder, Wir alle seins gleich!

Die Losung „Wir alle seins Brüder, wir alle seins gleich" der Fremden Freiheitsbrüder hat ihren Ursprung in der Französischen Revolution von 1798, deren Ideale die Handwerksgesellen begeistert aufnahmen und auf ihren Wanderungen durch ganz Deutschland trugen. Die wandernden Handwerksgesellen spielten eine große Rolle bei der Verbreitung revolutionärer Gedanken in Deutschland.

(Martin Reimers einheimischer Freiheitsbruder, Buchgeselle zu Landshut)

Ich bin verliebt in meine Sekretärin

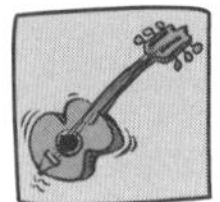

Pickingvorschlag

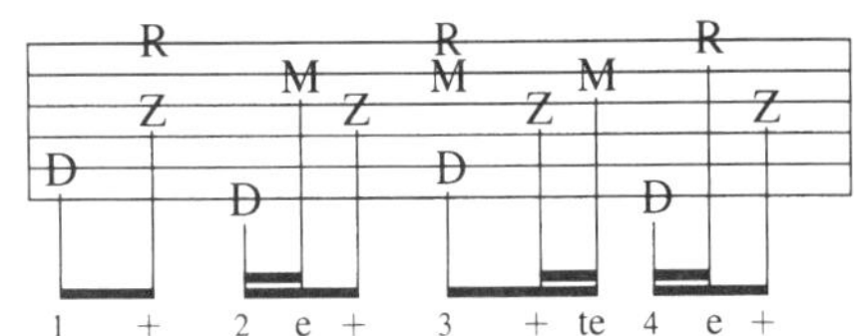

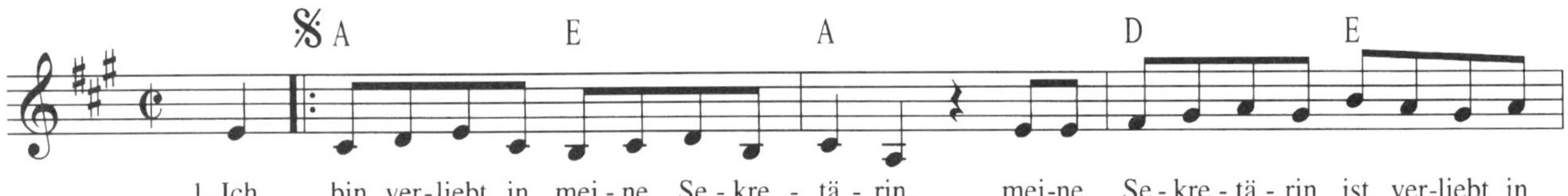

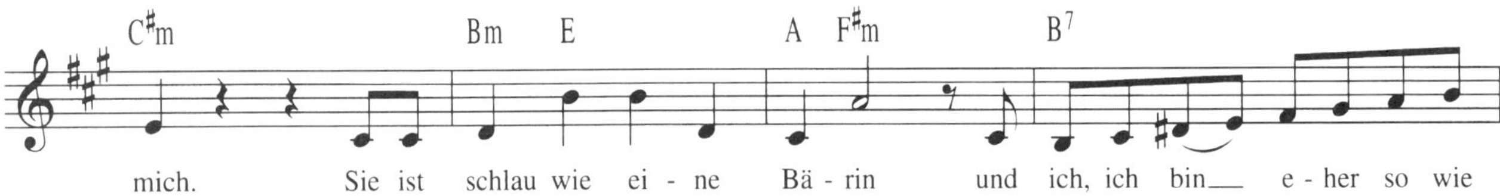

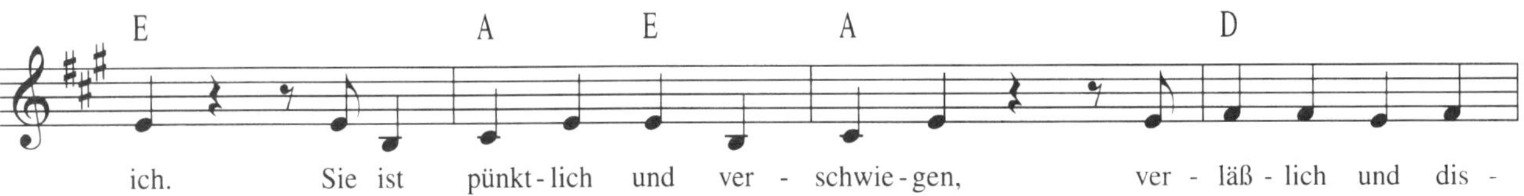

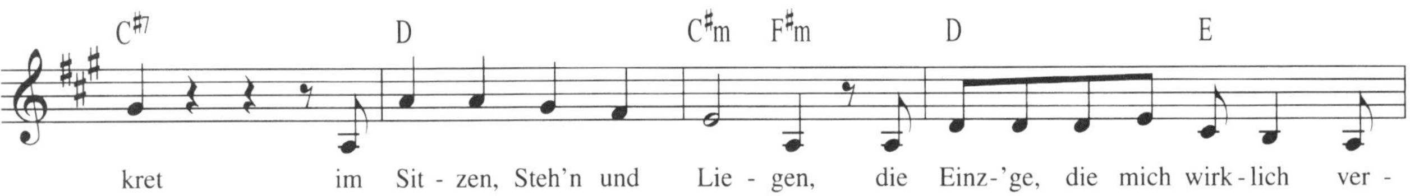

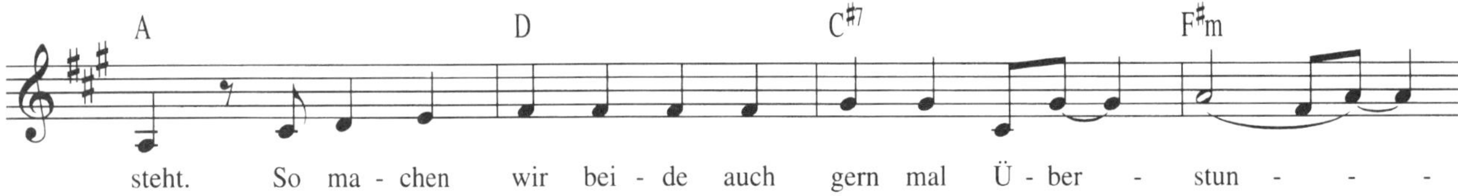

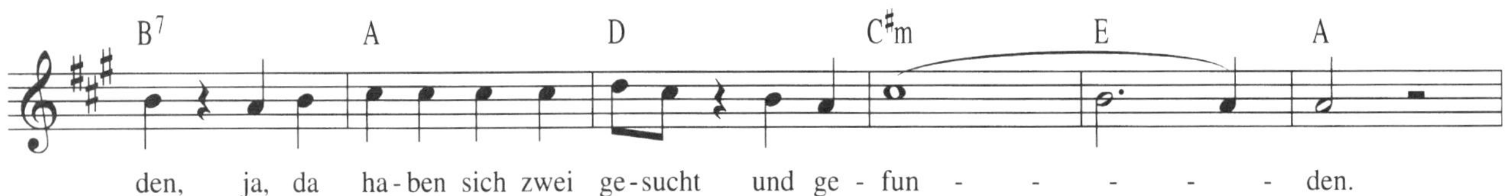

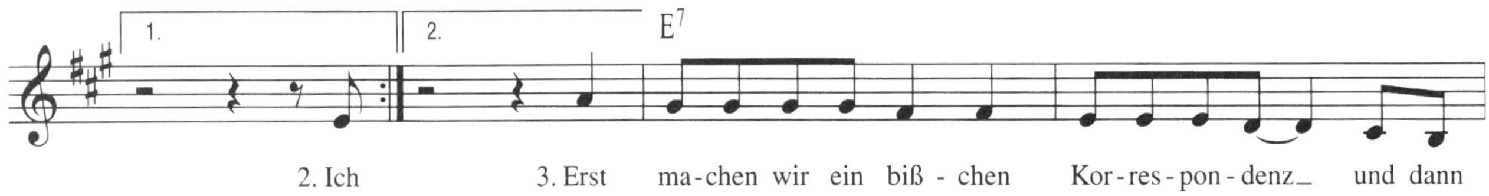

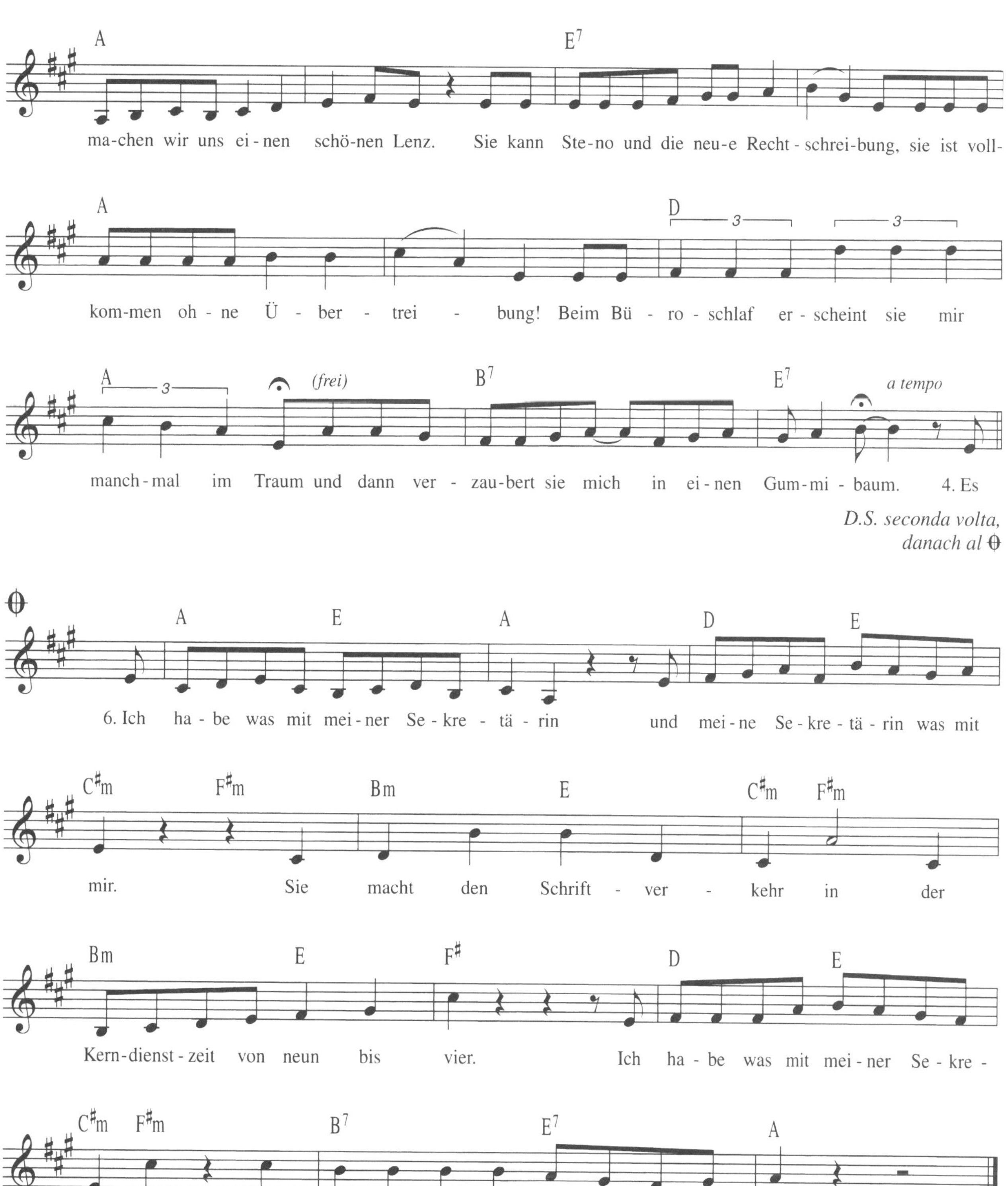
A
E7
ma-chen wir uns ei-nen schö-nen Lenz. Sie kann Ste-no und die neu-e Recht-schrei-bung, sie ist voll-
A
D
3
3
kom-men oh-ne Ü-ber-trei-bung! Beim Bü-ro-schlaf er-scheint sie mir
A
3
(frei)
B7
E7
a tempo
manch-mal im Traum und dann ver-zau-bert sie mich in ei-nen Gum-mi-baum. 4. Es
D.S. seconda volta,
danach al
A
E
A
D
E
6. Ich ha-be was mit mei-ner Se-kre-tä-rin und mei-ne Se-kre-tä-rin was mit
C♯m
F♯m
Bm
E
C♯m
F♯m
mir. Sie macht den Schrift-ver-kehr in der
Bm
E
F♯
D
E
Kern-dienst-zeit von neun bis vier. Ich ha-be was mit mei-ner Se-kre-
C♯m
F♯m
B7
E7
A
tä-rin und mei-ne Se-kre-tä-rin was mit mir.

A E7 A D E C♯m
Ich bin verliebt in meine Sekretärin, meine Sekretärin ist verliebt in mich.
Bm E A F♯m B7 E
Sie ist schlau wie eine Bärin und ich, ich bin eher so wie ich.
A E A D C♯7
Sie ist pünktlich und verschwiegen, verläßlich und diskret
D C♯m F♯m D E A
im Sitzen, Steh'n und Liegen, die Einz'ge, die mich wirklich versteht.
D C♯7 F♯m B7
So machen wir beide auch gern mal Überstunden –
A D C♯m E A
ja, da haben sich zwei gesucht und gefunden!

A E7 A D E C♯m
2. Ich habe was mit meiner Sekretärin und meine Sekretärin was mit mir.
Bm E A F♯m B7 E
Sie macht den Schriftverkehr in der Kerndienstzeit von neun bis vier.
A E A D C♯7
Sie schreibt E-Mails, sie kann faxen, sie ist allzeit gescheit!
D C♯m F♯m D E A
Da muss ja die Leidenschaft wachsen. Und meine Frau, die weiß längst Bescheid:
D C♯7 F♯m B7
Ich komm heut Abend wieder mal später nachhause,
A D C♯m E A
ich mach mit meiner Sekretärin eine Sause!

E7 A
3. Erst machen wir ein bißchen Korrespondenz und dann machen wir uns einen schönen Lenz.
E7 A
Sie kann Steno und die neue Rechtschreibung, sie ist vollkommen, ohne Übertreibung!
D A
Beim Büroschlaf erscheint sie mir manchmal im Traum
B7 E7
und dann verzaubert sie mich in einen Gummibaum!

A E7 A D E C♯m
4. Es stimmt, ich liebe meine Sekretärin und meine Sekretärin weiß das längst
Bm E A F♯m B7 E
und ich, dass ich für sie mehr bin, als nur ihr Chef und Bürohengst.
A E A D C♯7
Sie kennt all' meine Akten, ich bin für sie ein offnes Buch,
D C♯m F♯m D E A
sie kennt die nackten Fakten und gern entspricht meinem Gesuch
D C♯7 F♯m B7
Nach harmoniefördernder Arbeitsplatzgestaltung
A D C♯m E A
zum Behufe dienstlicher Liebesentfaltung.

   E7
5. Ich ruf' sie zum Diktat und nehm' sie auf die Knie
     A
und sage sanft: „Frau Mey, bitte notieren Sie:
        E7
Kein Telefon durchstell'n, nicht unterbrechen!
          A
Ich bin im Meeting und für niemanden zu sprechen!
    D   A
Und flüster' während ich verzückt nach Atemluft schnapp':
 B7   E7
Sagen Sie für heut all' meine Termine ab!

    A   E7   A   D   E   C#m
6. Ich habe was mit meiner Sekretärin und meine Sekretärin was mit mir.
   Bm   E   A   F#m   B7   E   F#
Sie macht den Schriftverkehr in der Kerndienstzeit von neun bis vier.
    D   E   C#m F#m B7   E7   A
Ich habe was mit meiner Sekretärin und meine Sekretärin was mit mir.

Danke liebe gute Fee

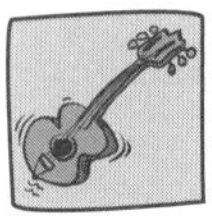

Pickingvorschlag

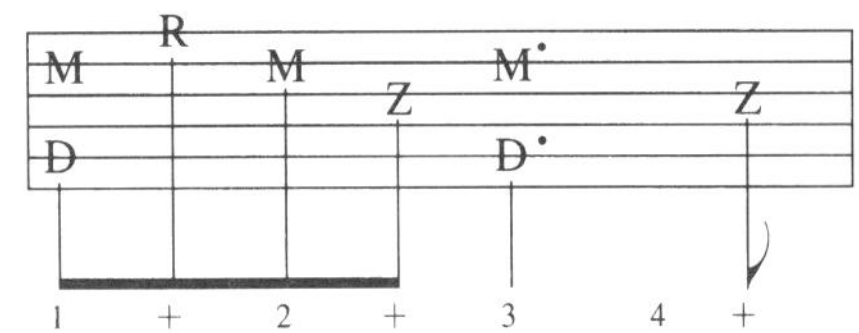

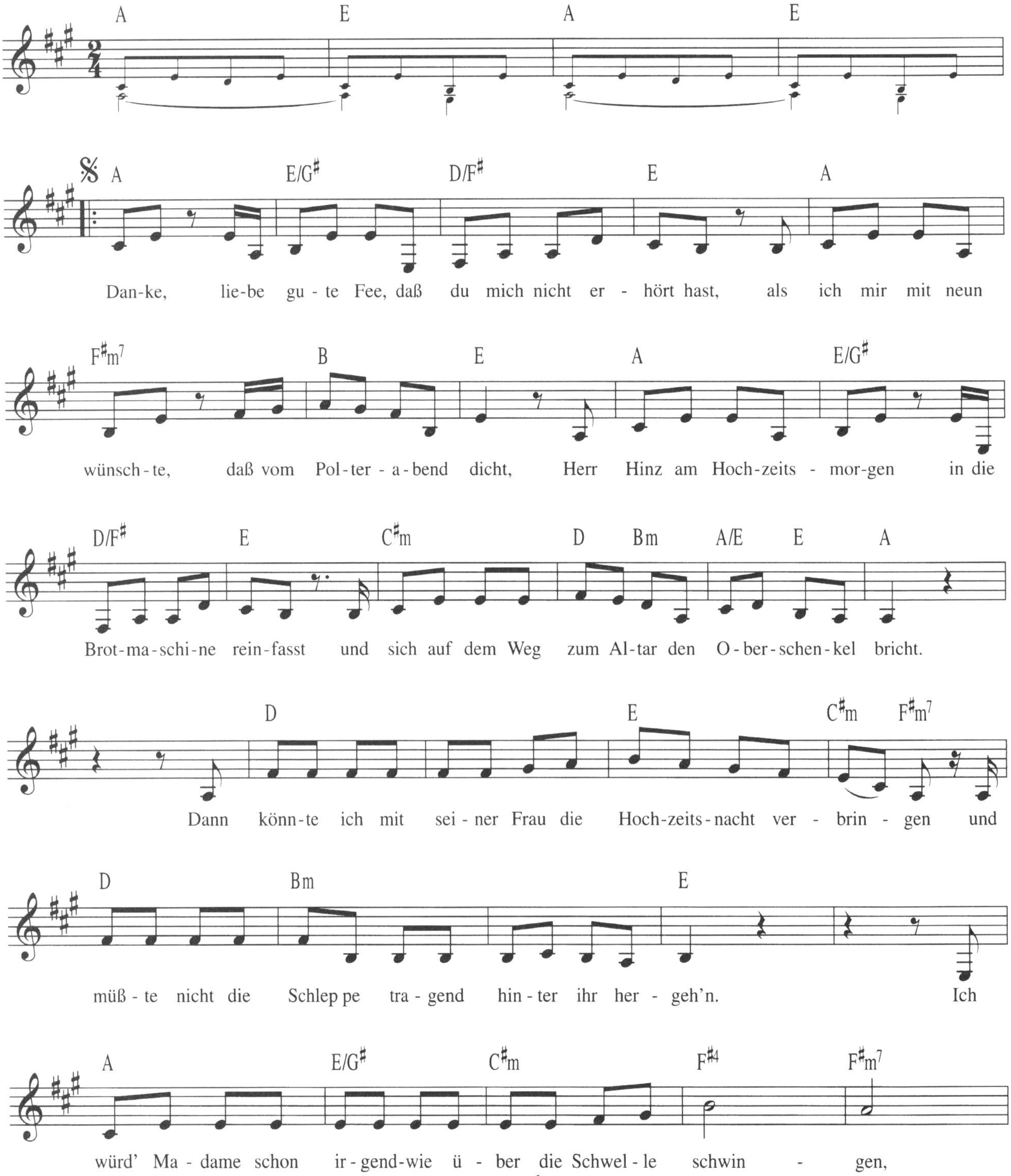

A E A E

A E/G♯ D/F♯ E A

Dan-ke, lie-be gu - te Fee, daß du mich nicht er - hört hast, als ich mir mit neun

F♯m7 B E A E/G♯

wünsch-te, daß vom Pol-ter - a-bend dicht, Herr Hinz am Hoch-zeits - mor-gen in die

D/F♯ E C♯m D Bm A/E E A

Brot-ma-schi-ne rein-fasst und sich auf dem Weg zum Al-tar den O-ber-schen-kel bricht.

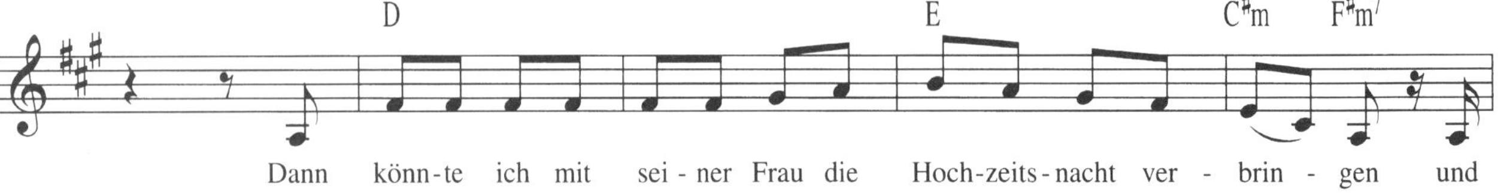

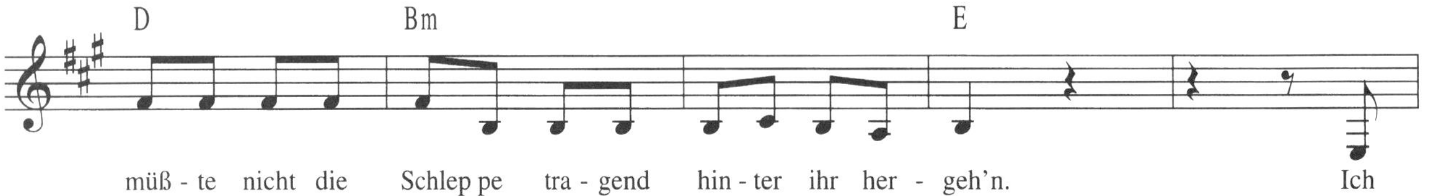

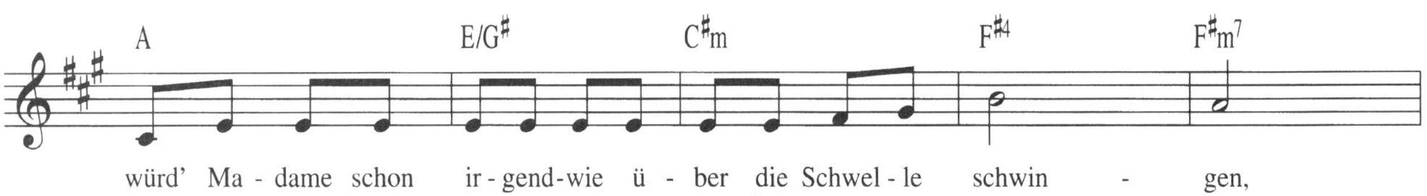

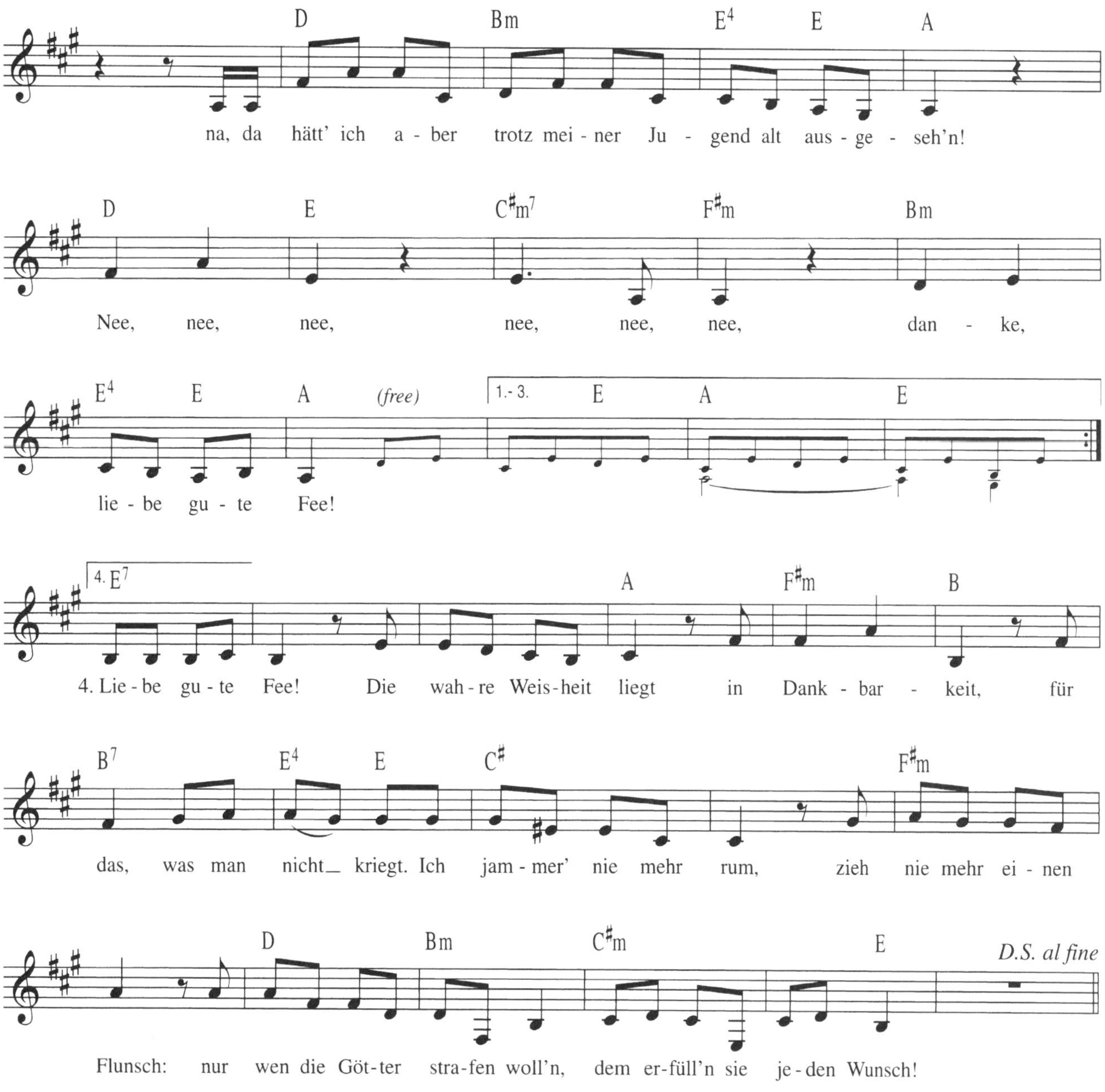

D Bm E4 E A
na, da hätt' ich a - ber trotz mei - ner Ju - gend alt aus - ge - seh'n!

D E C♯m7 F♯m Bm
Nee, nee, nee, nee, nee, nee, dan - ke,

E4 E A *(free)* 1.- 3. E A E
lie - be gu - te Fee!

4. E7 A F♯m B
4. Lie - be gu - te Fee! Die wah - re Weis - heit liegt in Dank - bar - keit, für

B7 E4 E C♯ F♯m
das, was man nicht_ kriegt. Ich jam - mer' nie mehr rum, zieh nie mehr ei - nen

D Bm C♯m E *D.S. al fine*
Flunsch: nur wen die Göt - ter stra - fen woll'n, dem er - füll'n sie je - den Wunsch!

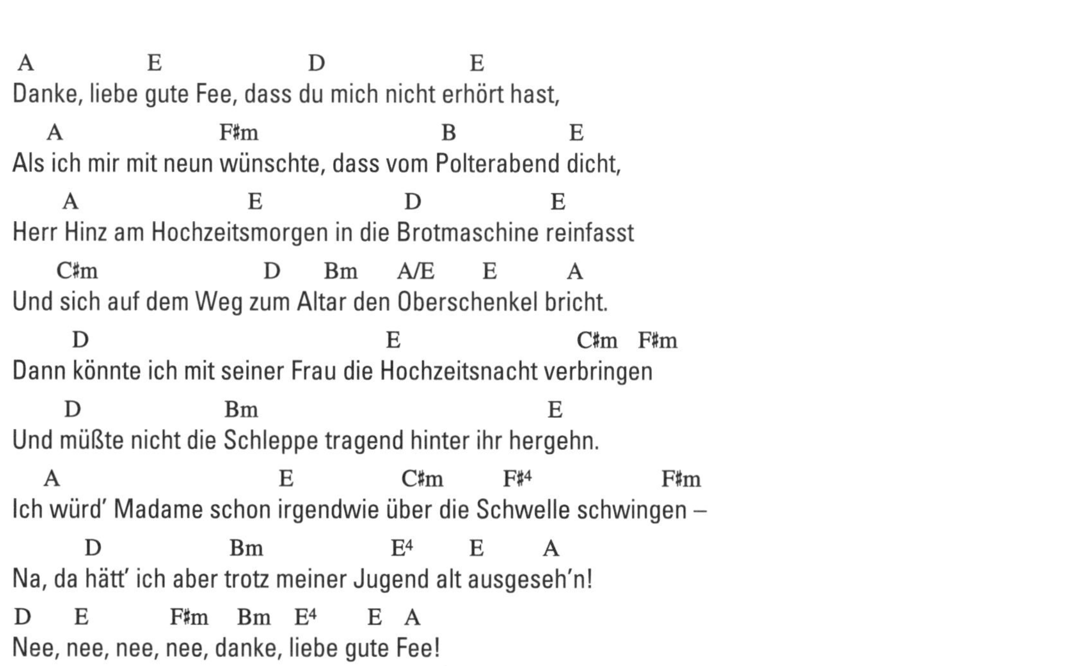

A E D E
1. Danke, liebe gute Fee, dass du mich nicht erhört hast,
A F♯m B E
Als ich mir mit neun wünschte, dass vom Polterabend dicht,
A E D E
Herr Hinz am Hochzeitsmorgen in die Brotmaschine reinfasst
C♯m D Bm A/E E A
Und sich auf dem Weg zum Altar den Oberschenkel bricht.
D E C♯m F♯m
Dann könnte ich mit seiner Frau die Hochzeitsnacht verbringen
D Bm E
Und müßte nicht die Schleppe tragend hinter ihr hergehn.
A E C♯m F♯4 F♯m
Ich würd' Madame schon irgendwie über die Schwelle schwingen –
D Bm E4 E A
Na, da hätt' ich aber trotz meiner Jugend alt ausgeseh'n!
D E F♯m Bm E4 E A
Nee, nee, nee, nee, danke, liebe gute Fee!

A E D E
2. Danke, liebe gute Fee, dass ich sitzen geblieben
A F#m B E
Bin und nicht versetzt wurde, worum ich dich so bat.
A E D E
Sonst wär' ich meinem Kumpel Christian und zwei großen Lieben
C#m D Bm E A
Nicht begegnet, deren gute Fee auch versagt hat.
D E C#m F#m
Sonst wäre ich - Gott behüte - Vorstand in Wolfsburg geworden
D Bm B E
Und wär' bei allen Nutten in allen Whirlpools bekannt,
A E C#m F#4 F#m
Als der umständliche Freier mit den Spesenrekorden
D Bm E4 E A
Und dann hätte man auch noch 'ne Scheißreform nach mir benannt.
D E F#m Bm E4 E A
Nee, nee, nee, nee, danke, liebe gute Fee!

A E D E
3. Danke liebe gute Fee, dass du mich nicht erhört hast,
A F#m B E
Als ich ein Mädchen sein wollte, weil die besser ausseh'n
A E D E
Und an dem Kerl vorbeikommen, der vor der Disco aufpasst.
C#m D Bm E A
Sonst müsst ich heute Bunte lesen und auf Stöckeln gehen.
D E C#m F#m
Dann würd' ich für die gleiche Arbeit das halbe Geld kriegen.
D Bm B E
Ich fände Hausputz toll und hätte Frauenkleider an,
A E C#m F#4 F#m
Ich müsste sabbernd vor George Clooney auf den Knien liegen
D Bm E4 E A
Und heiraten, igitt, müsst' ich wohl auch noch einen Mann!
D E F#m Bm E4 E A
Nee, nee, nee, nee, danke, liebe gute Fee!

E7 A
4. Liebe gute Fee! Die wahre Weisheit liegt
F#m B B7 E4 E
In Dankbarkeit, für das, was man nicht kriegt.
C#m F#m
Ich jammer' nie mehr rum, zieh nie mehr einen Flunsch:
D Bm C#m E
Nur wen die Götter strafen wollen, dem erfüll'n sie jeden Wunsch!

A E D E
5. Danke liebe gute Fee, dass mein Chemiebaukasten
A F♯m B E
Nicht die Substanz enthielt, um die ich dich gebeten hab,
A E D E
Danke, dass meine Murmeln nicht in mein Nasenloch passten
C♯m D Bm E A
Und dass Charly mir nicht seinen Mopedschlüssel gab.
D E C♯m F♯m
Dank dir, liebe Fee, hab ich nie im Lotto gewonnen.
D Bm B E
Ich hätt' das Geld doch nur mit Halunken durchgebracht,
A E C♯m F♯4 F♯m
Oder 'ne Geschäftsbeziehung mit dem Papst begonnen
D Bm E4 E A
Und in Wuppertal eine Herrenboutique aufgemacht!
D E F♯m Bm E4 E A
Nee, nee, nee, nee, danke, liebe gute Fee!

D E C♯m F♯m
6. Du darfst mir auch in Zukunft nicht immer genau zuhören,
D Bm E
Denn hätte dich, als ich zwölf war, mein Herzenswunsch erweicht,
A E C♯m C♯ F♯m
Dann hätt' ich heute nämlich, und das würde doch sehr stören,
D Bm E4 E A
Tatsächlich einen Pillermann, der bis zum Boden reicht!
D E F♯m Bm E4 E A
Nee, nee, nee, nee, danke, liebe gute Fee!
D E F♯m Bm E4 E A
Nee, nee, nee, nee, danke, liebe gute Fee!

**Mit der liebenswürdigen Erlaubnis von Loriot*

Ich brauche einen Sommelier

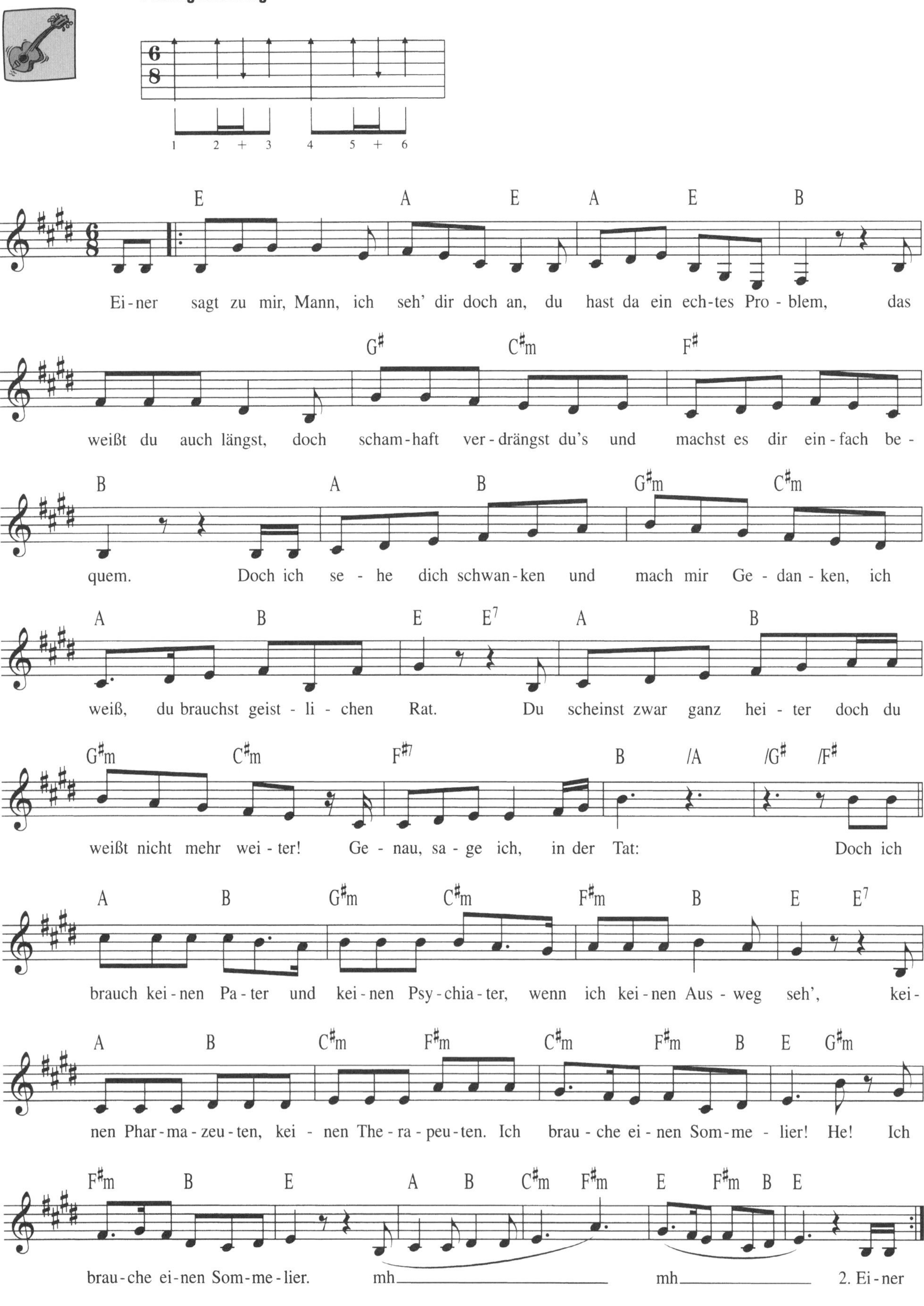

```
          E                    A          E
1.  Einer sagt zu mir, Mann, ich seh' dir doch an,
      A         E         B                                        G#            C#m
    du hast da ein echtes Problem, das weißt du auch längst, doch schamhaft verdrängst
           F#                         B            A          B
    du's und machst es dir einfach bequem. Doch ich sehe dich schwanken
       G#m          C#m        A                B          E   E7
    und mach mir Gedanken, Ich weiß, du brauchst geistlichen Rat.
      A                B            G#m            C#m
    Du scheinst zwar ganz heiter doch du weißt nicht mehr weiter!
      F#7              B
    Genau, sage ich, in der Tat:
          A               B          G#m         C#m
    Doch ich brauch keinen Pater und keinen Psychiater,
        F#m        B       E  E7   A          B
    wenn ich keinen Ausweg seh', keinen Pharmazeuten,
      C#m       F#m        C#m         F#m     B  E  G#m
    keinen Therapeuten, Ich brauche einen Sommelier! He!
      F#m         B         E     A  B  C#m  F#m  E   F#m  B  E
    Ich brauche einen Sommelier!

         E                     A      E
2.  Einer bietet diskret mir sein Aktienpaket an,
      A           E         B                                      G#       C#m
    den Wachturm, einer seine Frau, und ein Jodeldiplom, eine Audienz in Rom
            F#                    B                  A         B
    Und Schlehmil eine fast neue Acht - genau! Einer bietet mir Tugend
       G#m  C#m          A           B            E   E7
    die ewige Jugend, einen Staubsauger an und das Du,
     A       B        G#m           C#m
    eine Geldanlage, 'nen Joint, doch ich sage,
      F#7                     B
    Du hörst einfach nicht richtig zu:
      A              B             G#m      C#m
    Ich brauch kein' Geriater, keinen Drogenberater,
         F#m            B              E  E7       A           B
    keinen Selbstfindungskurs, keinen Schmäh', kein Malen nach Zahlen,
         C#m   F#m       C#m       F#m       B   E  G#m
    keine Ökosandalen, ich brauche einen Sommelier! He!
      F#m         B         E     A  B  C#m  F#m  E   F#m  B  E
    Ich brauche einen Sommelier!

            E                         A         E
3.  Wenn mir Charon zunickt und die Fähre mir schickt,
           A         E          B
    steh'n die Reiseschuh schon frisch besohlt.
            B                               G#     C#m
    Wenn ich wirklich zum Schluss mein Glas abgeben muss,
            F#                          B          A         B
    wenn das schwarze Kaninchen mich holt, mach ich keine Sperenzchen
      G#m        C#m          A           B         E    E7
    ich mache kein Tänzchen im Abgang, ich hätte nur gern
      A              B           G#m          C#m
    Antwort auf meine Frage nach der besten Lage,
         F#7                     B
    was wähl ich im Weinberg des Herrn?
```

```
          A              B                  G#m        C#m
Trink ich Piesporter Treppchen oder das Aldi-Schnäppchen,
       F#m              B              E              E7
Deidesheimer Maushöhle, Ruppertsberger Gaisböhl, ey,
          A          C#        F#m           A             B
gieß ich Bullenheimer Paradies auf Lorchhauser Seligmacher?
       G#m          C#m               F#m       B
Das ist ein echter Kracher! Forster Ungeheuer,
    E             E7             A            B              C#
Mir ist nichts zu teuer! Darum gleich: Zeltinger Himmelreich!
   A              B            G#m        C#m
Ich brauch kein Gezeter und keinen Fürbeter,
      F#m              B         E E7         A          B
wenn ich vor der Himmelstür steh. Nur ein Kenner der Reben
        C#m             F#m          C#m          F#m       B E  G#m
soll mir noch 'nen Rat geben: Ich brauche einen Sommelier, he
    F#m           B         E                G#m       A          B         E
Ich brauche einen Sommelier! Wenn ich geh. Ich brauche einen Sommelier!
```

Friedrichstraße

Pickingvorschlag

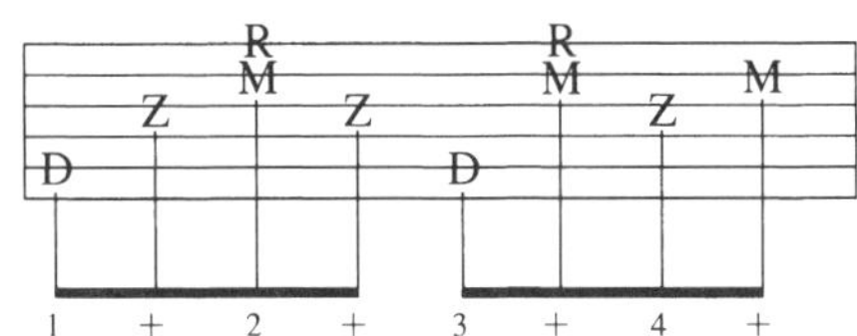

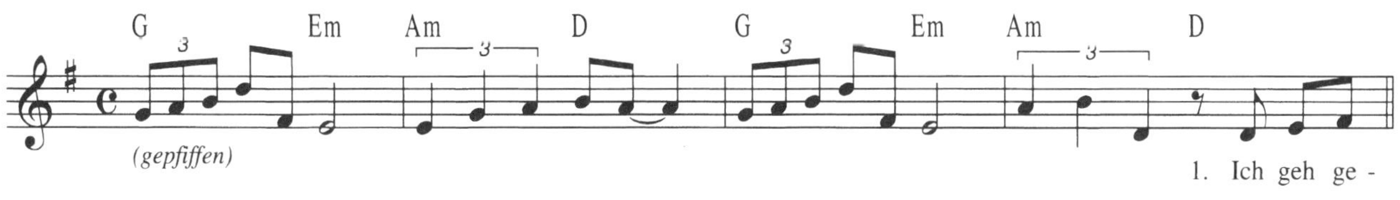

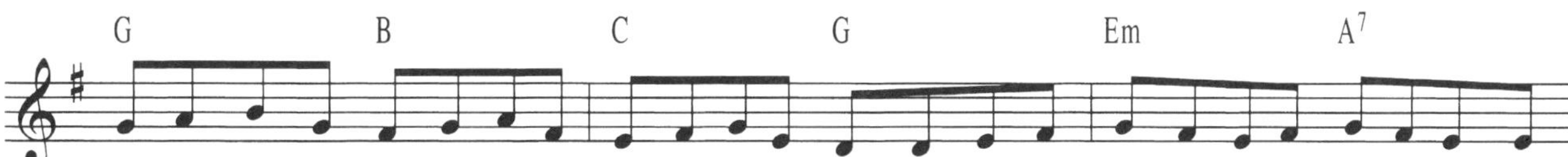

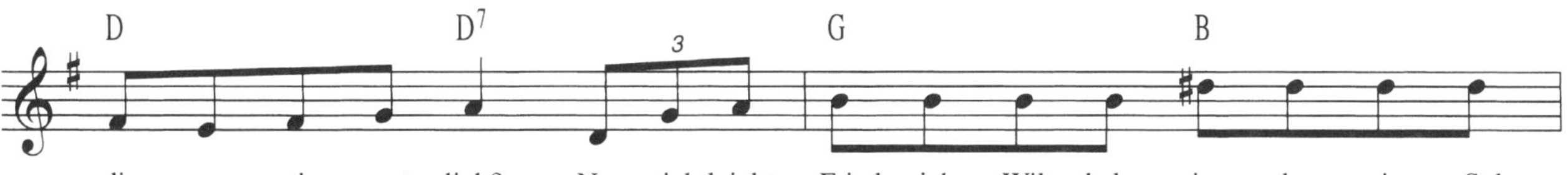

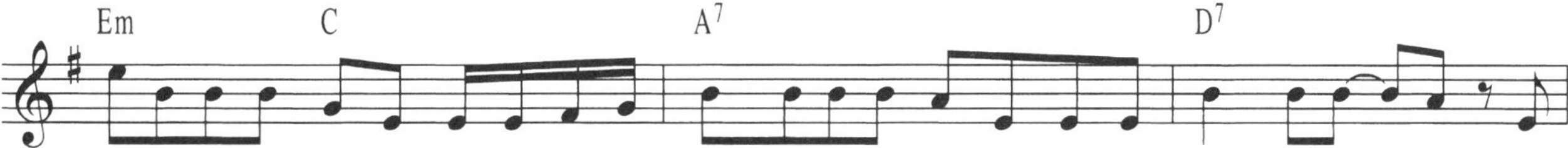

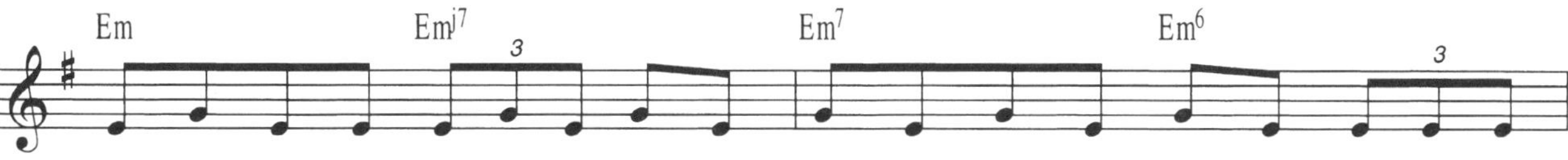

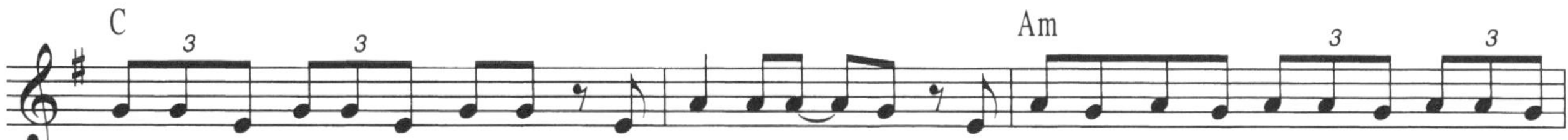

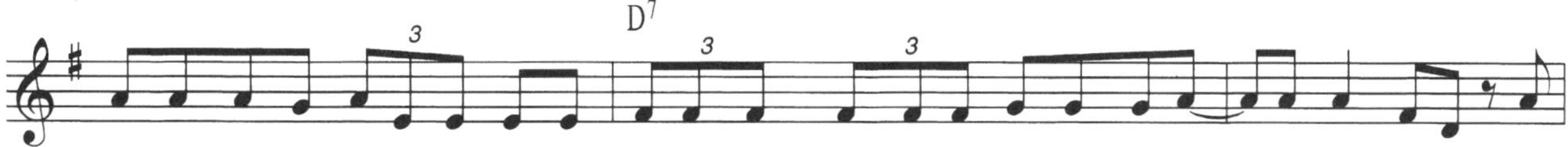

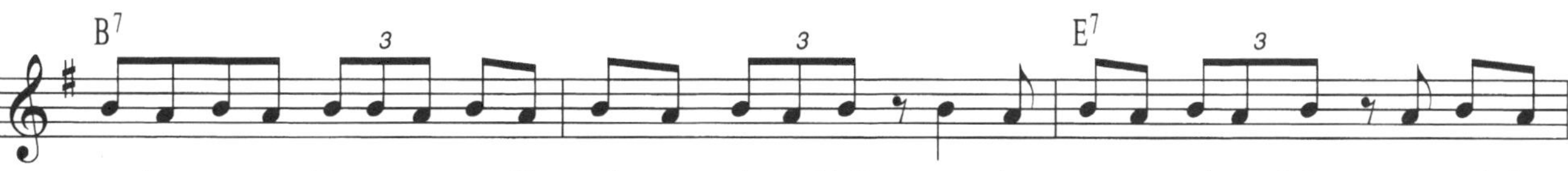

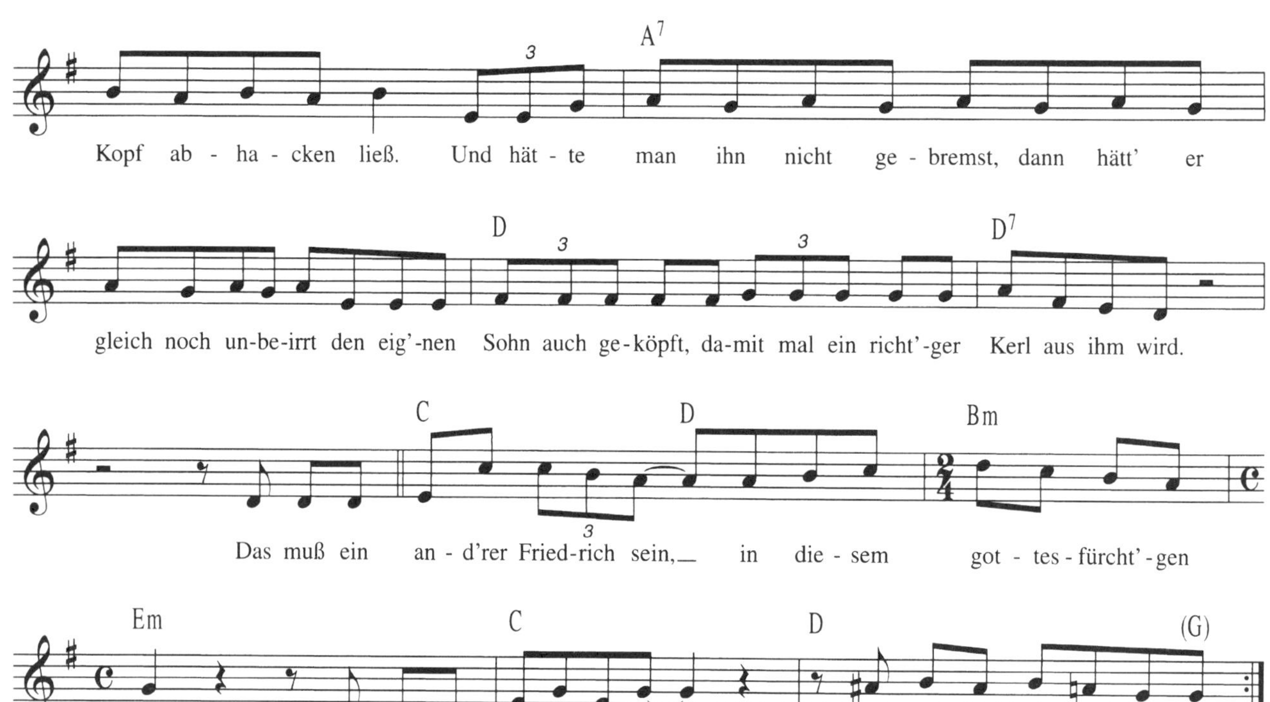

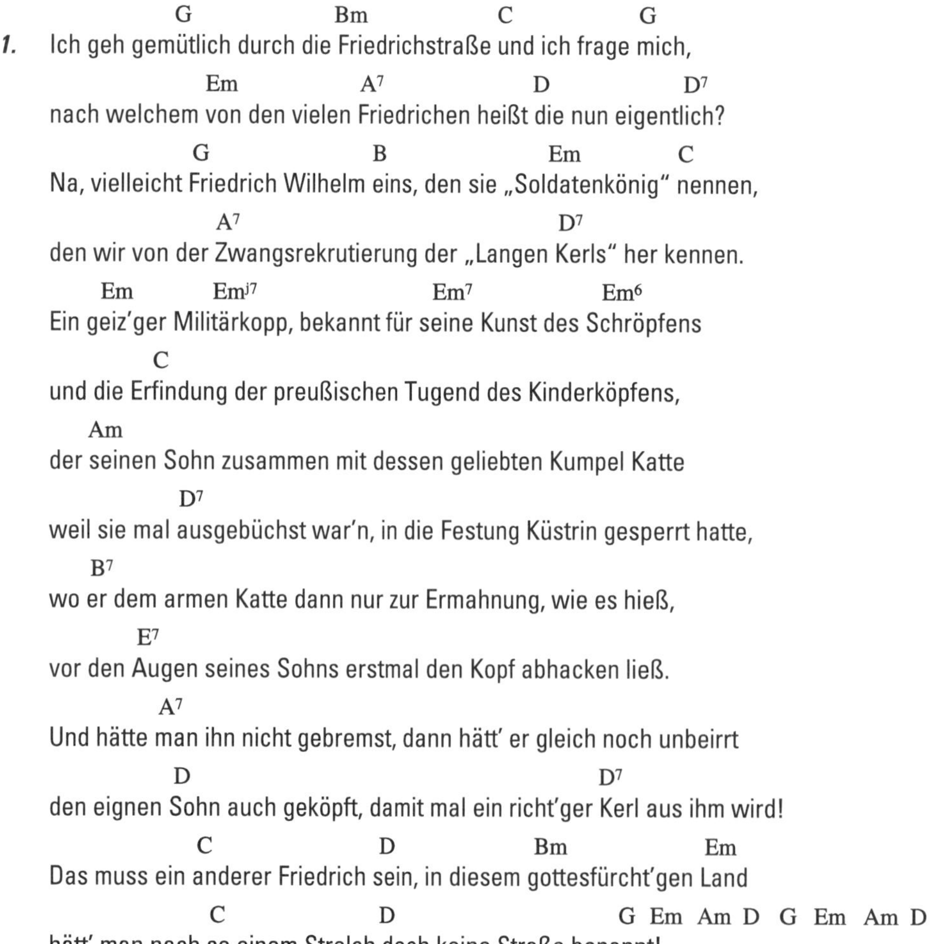

G Bm C G
1. Ich geh gemütlich durch die Friedrichstraße und ich frage mich,
Em A^7 D D^7
nach welchem von den vielen Friedrichen heißt die nun eigentlich?
G B Em C
Na, vielleicht Friedrich Wilhelm eins, den sie „Soldatenkönig" nennen,
A^7 D^7
den wir von der Zwangsrekrutierung der „Langen Kerls" her kennen.
Em Em^{j7} Em^7 Em^6
Ein geiz'ger Militärkopp, bekannt für seine Kunst des Schröpfens
C
und die Erfindung der preußischen Tugend des Kinderköpfens,
Am
der seinen Sohn zusammen mit dessen geliebten Kumpel Katte
D^7
weil sie mal ausgebüchst war'n, in die Festung Küstrin gesperrt hatte,
B^7
wo er dem armen Katte dann nur zur Ermahnung, wie es hieß,
E^7
vor den Augen seines Sohns erstmal den Kopf abhacken ließ.
A^7
Und hätte man ihn nicht gebremst, dann hätt' er gleich noch unbeirrt
D D^7
den eignen Sohn auch geköpft, damit mal ein richt'ger Kerl aus ihm wird!
C D Bm Em
Das muss ein anderer Friedrich sein, in diesem gottesfürcht'gen Land
C D G Em Am D G Em Am D
hätt' man nach so einem Strolch doch keine Straße benannt!

G Bm C G
2. Vielleicht nach Friedrich zwo, der Alte Fritz, hart und autoritär,
Em A^7 D D^7
und nichts im Kopf außer seinen Hunden und seinem Militär
G B Em C
und schon gar nicht die Frau Gemahlin: „Ich werde sie verstoßen,
A^7 D^7
„Sobald ich Herr im Hause bin!" Nennt man ihn drum Friedrich den Großen?
Em Em^{j7} Em^7 Em^6
Na gut, er war's, der die Kartoffel nach Deutschland brachte,
C
aber auch, der unsre Literatur beim Nachbarn madig machte.
Am
In elf Kriegsjahren hat er fünfzehn blutige Schlachten geschlagen
D^7
und den verdammten Militarismus bis in unsre Zeit getragen.
B^7
Bis in unsre Zeit macht er noch Ärger unter der Erde
E^7
mit dem Befehl, dass er bei seinen Hunden begraben werde.
A^7
Erst König Helmut hat pariert, jetzt haben seine Hunde ihn,
D D^7
den alten Knochen. Und wir sein Reiterstandbild mitten in Berlin.
C D Bm Em
Das muss ein anderer Friedrich sein, in diesem gottesfürcht'gen Land
C D G Em Am D G Em Am D
hätt' man nach so einem Strolch doch keine Straße benannt!

G Bm C G
3. Na, dann nach Friedrich Willhelm, also nach Kaiser Wilhelm, dem Oll'n,
Em A^7 D D^7
den mit dem langen Bart, den manche so gern wiederhaben woll'n,
G B Em C
der uns im fernen Afrika so ungemein gerngesehen machte,
A^7 D^7
weil er die nackten Wilden da erstmal auf Vordermann brachte.
Em Em^{j7} Em^7 Em^6
Ein übler Judenhasser, der die Rüstungstrommel rührte
C
und Deutschland mit Hurrah in den ersten Weltkrieg führte,
Am
dessen Prunksucht, dessen Unfähigkeit, dessen Wanken
D^7
unsre Großeltern den Hungerwinter 17/18 verdanken:
B^7
Suppenküchen, Elend, Invaliden, Durchhalteparolen,
E^7
nur Majestät haben sich schon mal nach Holland empfohlen.
A^7
Als er sich sang- und klanglos feige verpisst hatte vor all'n,
D D^7
waren zehn Millionen Menschen auf den Schlachtfeldern gefall'n.
C D Bm Em
Das muss ein anderer Friedrich sein, in diesem gottesfürcht'gen Land
C D G Em Am D G Em Am D
hätt' man nach so einem Strolch doch keine Straße benannt!

G Bm C G
4. Blieb' noch der Struwwelpeter Friederich, der Wüterich sowie
Em A^7 D D^7
die argen Friederiche aus der Stahl- und Rüstungsindustrie.
G B Em C
Aber Vorsicht, denk' ich, und dass ich mich ja am Riemen reiße:
A^7 D^7
Mir fällt ein, dass ich mit zweitem Vornamen selbst Friedrich heiße!
Em Em^{j7} Em^7 Em^6
Gut, ich hab schon mal falsch geparkt und auch schon mal zu viel getrunken,
C
aber bitte reiht mich nicht ein in diese Bande von Halunken!
Am
Ich mach' keine Falschaussagen, ich veruntreu keine Spenden,
D^7
keine Dienstwagenaffäre und kein Schmiergeld an den Händen,
B^7
zahle ächzend meine Steuern, tu keiner Fliege was zuleide,
E^7
mauschle nicht mit Bonusmeilen und schwöre keine Meineide,
A^7
gehe nicht der Praktikantin an die Wäsche im Büro
D D^7
und zeig' Migranten nicht den falschen Weg zum Bahnhofsklo.
C D Bm Em
Kurz, ich versuch' einfach nur so zu leben, dass man nicht zum Schluss,
C D G E^7
wenn ich tot bin, noch 'ne Straße nach mir benennen muss.
A^7 D G E^7
wenn ich tot bin, noch 'ne Straße nach mir benennen musss.
A^7 D^7 G
wenn ich tot bin, noch 'ne Straße nach mir benennen muss.

Große Schwester

Pickingvorschlag

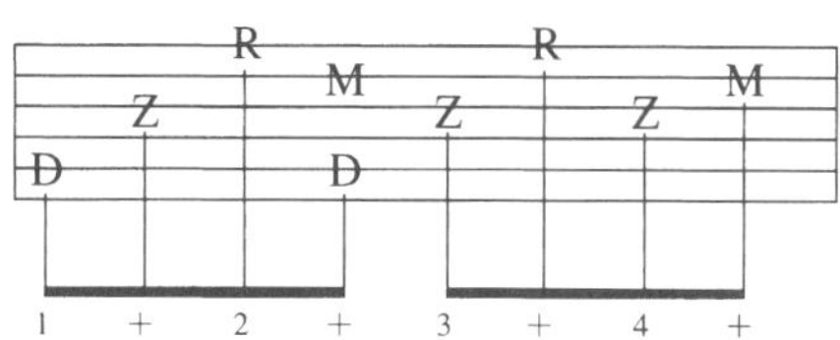

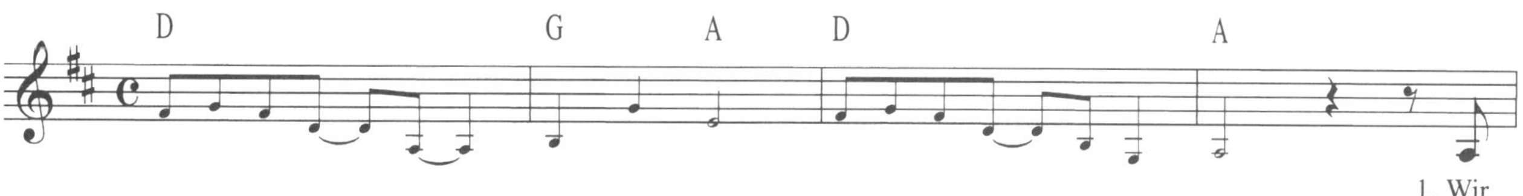

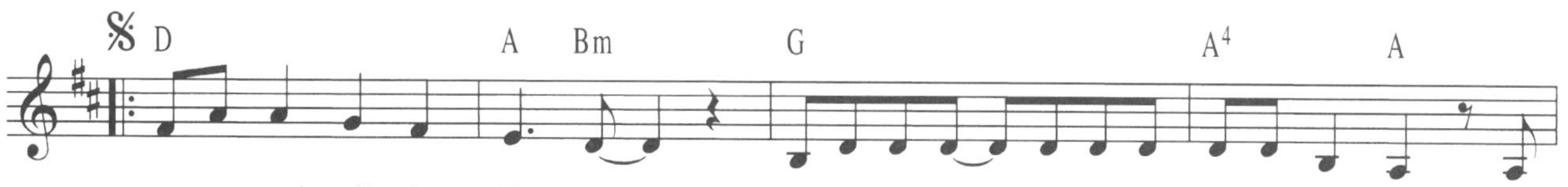

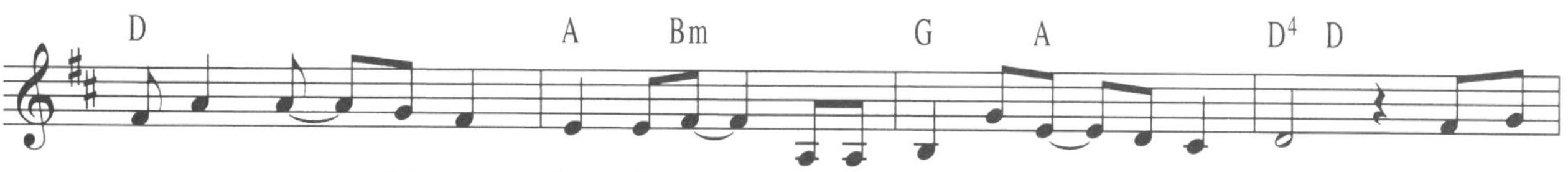

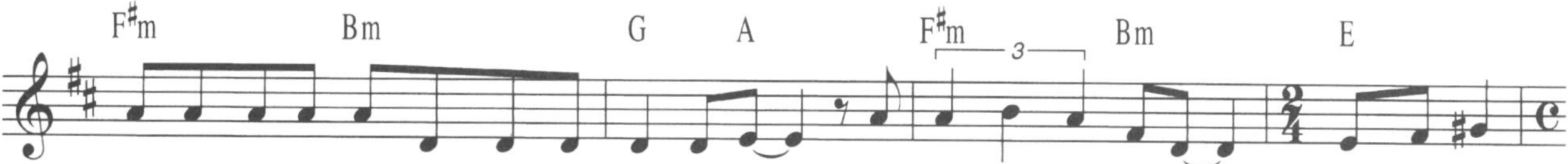

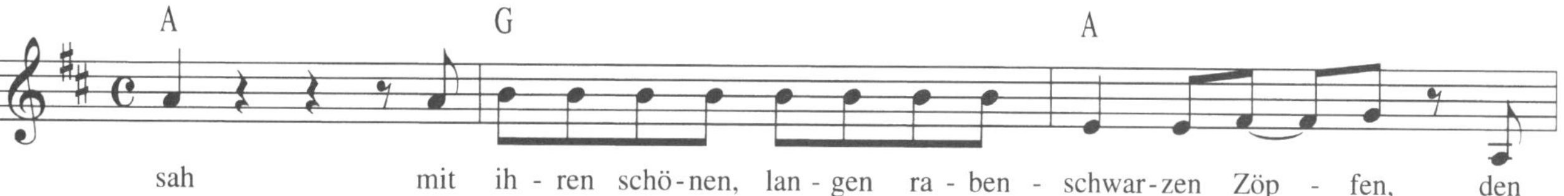

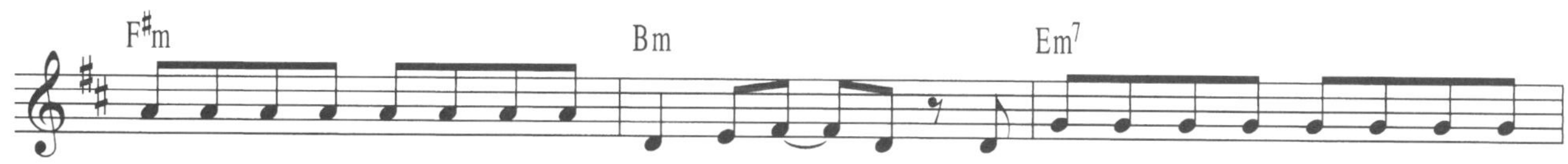

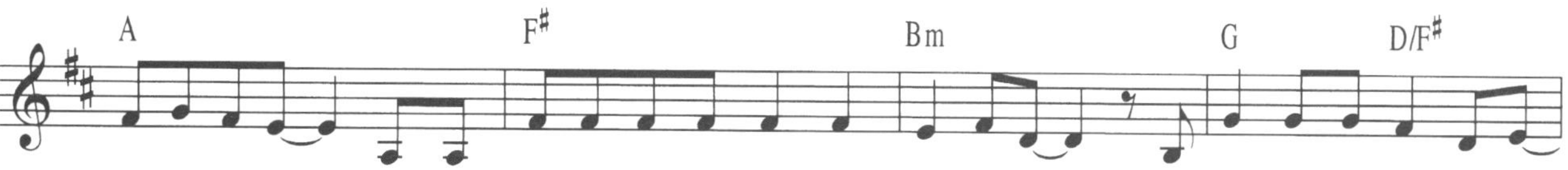

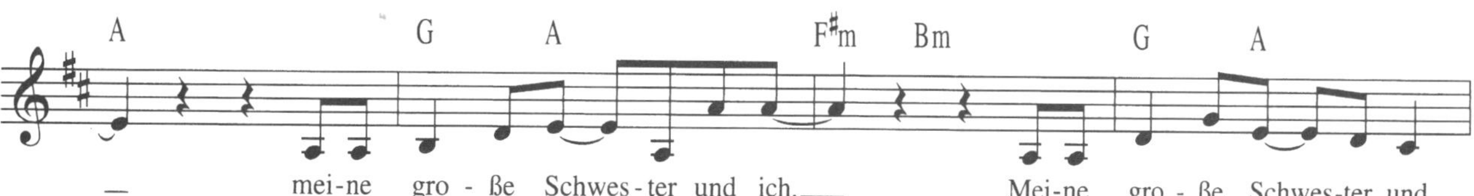

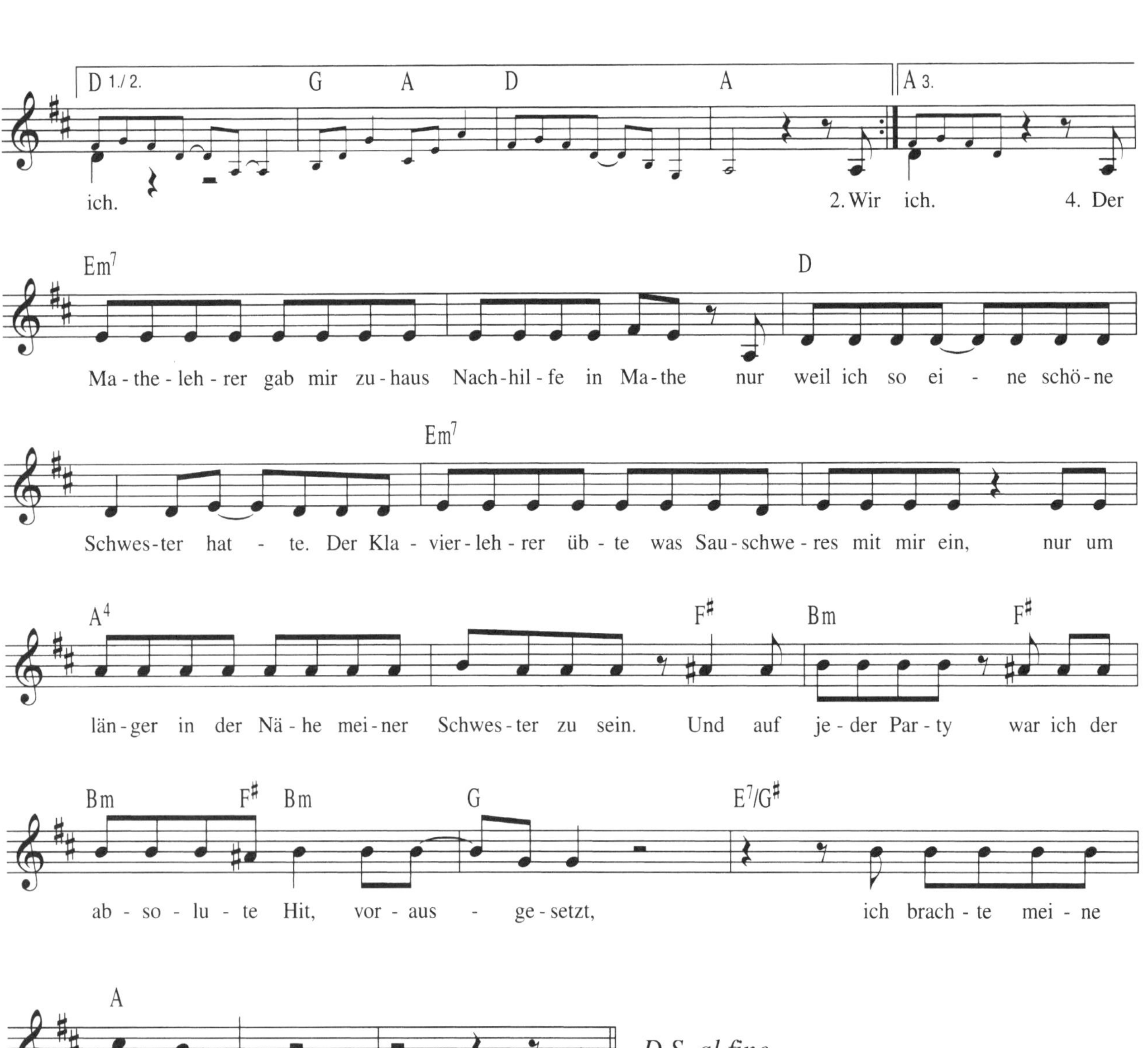
D 1./2. G A D A
A 3.
ich. 2. Wir ich. 4. Der
Em7 D
Ma - the - leh - rer gab mir zu - haus Nach - hil - fe in Ma - the nur weil ich so ei - ne schö - ne
Em7
Schwes - ter hat - te. Der Kla - vier - leh - rer üb - te was Sau - schwe - res mit mir ein, nur um
A4 F♯ Bm F♯
län - ger in der Nä - he mei - ner Schwes - ter zu sein. Und auf je - der Par - ty war ich der
Bm F♯ Bm G E7/G♯
ab - so - lu - te Hit, vor - aus - ge - setzt, ich brach - te mei - ne
A
Schwes - ter mit. 5. Wir
D.S. al fine

D   A Bm G A^4 A
1. Wir waren zwei wilde Kinder, jedes eine Herausforderung für sich,

D   A   Bm   G   A D^4 D
zusammen gar nicht zu bändigen: Meine große Schwester und ich.

F♯m   Bm   G   A
Wenn sie aus der Schule heimkam, stand ich wartend da,

F♯m   Bm   E   A
ich quietschte vor Freude, wenn ich sie sah

G   A
mit ihren schönen, langen rabenschwarzen Zöpfen,

F♯m   Bm
dem umgenähten Mantel mit den blanken Knöpfen.

Em^7 A
Mit offnen Armen kam sie mir entgegengerannt

F♯   Bm
und noch heut seh' ich mich an ihrer Hand

G   D   A
verlegen und anhänglich:

G   A   F♯m Bm   G   A   D G A D G A
Meine Große Schwester und ich.   Meine Große Schwester und ich.

D   A Bm   G A^4 A
2. Wir haben das winzige Zimmer, die Schelte geteilt und das Care-Paket.

D   A Bm   G   A D^4 D
Ich war für sie wie ein Welpe, der zottelnd an der Leine geht.

F♯m   Bm   G   A
Sie war für mich Gebieterin und gute Fee:

F♯m   Bm   E   A
Ihr Wunsch ist Befehl, ihr Wille gescheh'!

G   A
Sie war die Lichtgestalt, ich war der kleine Stinker,

F♯m   Bm
der immer vier Jahre hinter ihr her Hinker.

Em^7 A^4 A
Sie groß und schlau, ich doof und klein

F♯   Bm
und sicher war ich ihr ein Klotz am Bein,

G   D   A
doch geduldig ertrug sie mich!

G   A   F♯m Bm   G   A   D G A D G A
Meine Große Schwester und ich.   Meine Große Schwester und ich.

D   A   Bm   G A^4 A
3. Ich habe mit ihr Schwimmen gelernt und all die Ami-Songs aus'm AFN.

D   A   Bm   G   A D^4 D
Sie war meine Heldin und ich war verliebt in jede ihrer Freundinnen.

F♯m   Bm   G   A
Ich lernte mit ihr Radfahren und Klavier

F♯m   Bm   E   A
alles über Mädchen lernt' ich von ihr.

```
      G                                     A
Sie lehrte mich streiten, mich frech vorzuwagen,
       F♯m                                     Bm
denn wenn es brenzlig wurde, konnt' ich immer sagen:
     Em7                                A4          A
Ich werde gleich mal meine große Schwester hol'n
         F♯                          Bm
und die wird euch allesamt den Arsch versohl'n!
        G        D       A
Die Geschwister Fürchterlich:
        G      A            F♯m  Bm        G     A            D   G  A  D  G  A
Meine Große Schwester und ich.        Meine Große Schwester und ich.
```

```
     Em
4. Der Mathelehrer gab mit zuhaus Nachhilfe in Mathe
     D
   nur weil ich so eine schöne Schwester hatte.
         Em
   Der Klavierlehrer übte was Sauschweres mit mir ein,
         A4
   Nur um länger in der Nähe meiner Schwester zu sein.
   F♯       Bm      F♯           Bm  F♯  Bm
   Und auf jeder Party war ich der absolute Hit,
      G         E/G♯              A
   vorausgesetzt, ich brachte meine Schwester mit!
```

```
     D              A  Bm    G          A4    A
5. Wir sind zwei wilde Kinder, wir sehen uns gelegentlich.
              D                         A          Bm            G        A          D4  D
   Nicht mehr ganz glatt die Haut und das Haar leicht ergraut, meine große Schwester und ich.
         F♯m          Bm           G     A
   Doch so kämpferisch heute, wie sie immer war,
      F♯m      Bm          E      A
   aufmüpfig, gradaus und unbezähmbar,
       G                        A
   noch immer Vorbild, immer noch ein Stück gescheiter
       F♯m                           Bm
   und irgendwie ist sie noch immer vier Jahr' weiter.
        Em7                              A4       A
   Heute seh' ich manchmal meine Mutter wieder in ihr,
        F♯                     Bm
   meinen Vater und sogar ein Stück von mir,
         G          D              A
   Vertrautes, das wir teil'n, geschwisterlich,
        G      A           F♯m  Bm       G     A            F♯m  Bm
   meine große Schwester und ich.    meine große Schwester und ich.
        G      A           G  D
   meine große Schwester und ich.
```

Kai

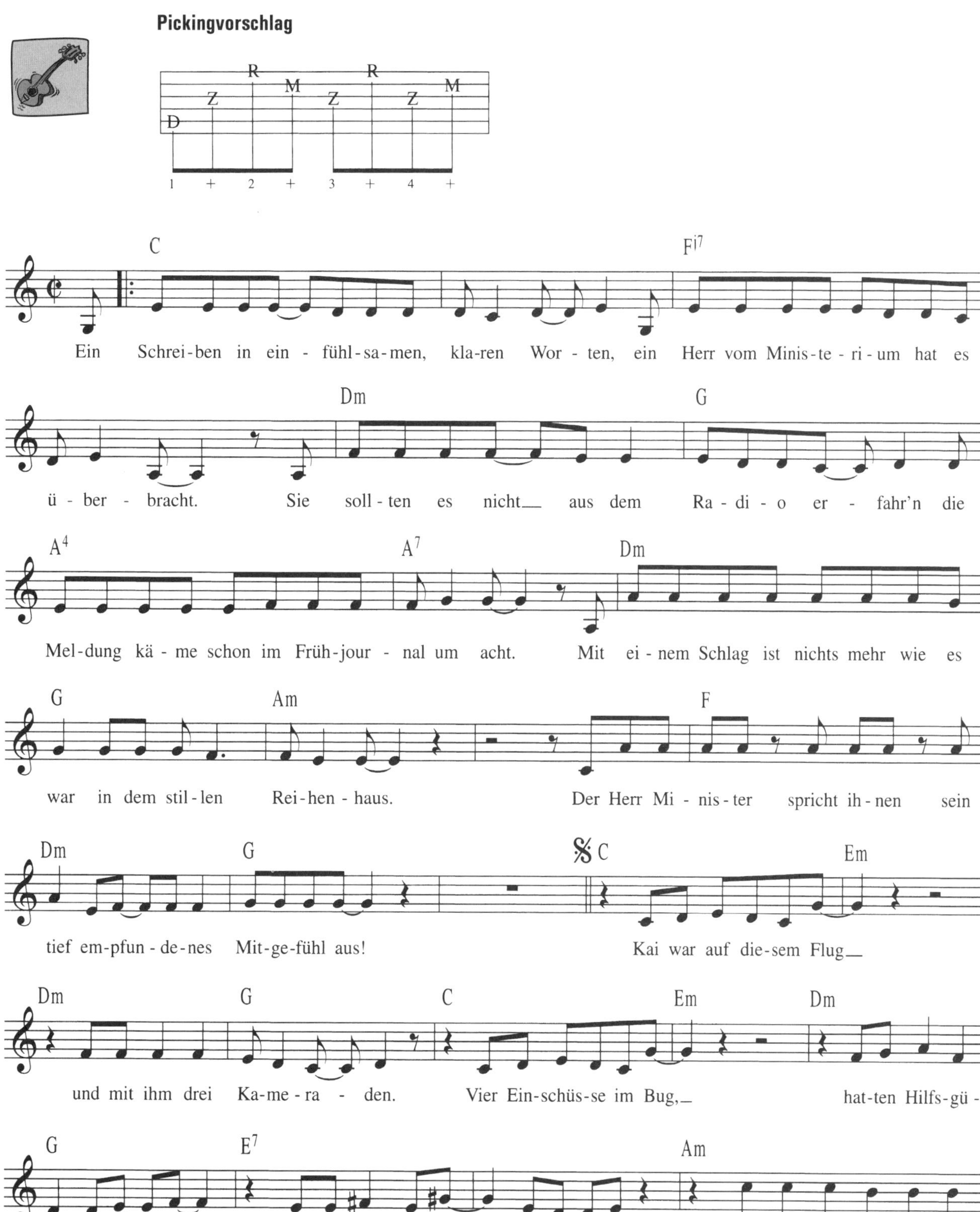
Pickingvorschlag
R M R M
Z Z Z
D
1 + 2 + 3 + 4 +
C F^{j7}
Ein Schrei-ben in ein - fühl-sa-men, kla-ren Wor - ten, ein Herr vom Minis-te - ri - um hat es
Dm G
ü - ber - bracht. Sie soll - ten es nicht__ aus dem Ra - di - o er - fahr'n die
A4 A7 Dm
Mel-dung kä - me schon im Früh-jour - nal um acht. Mit ei - nem Schlag ist nichts mehr wie es
G Am F
war in dem stil-len Rei-hen - haus. Der Herr Mi - nis-ter spricht ih-nen sein
Dm G C Em
tief em-pfun - de-nes Mit-ge-fühl aus! Kai war auf die-sem Flug__
Dm G C Em Dm
und mit ihm drei Ka-me - ra - den. Vier Ein-schüs-se im Bug,__ hat-ten Hilfs-gü -
G E7 Am
ter ge-la - den. Still, in sich ge - kehrt,__ ver-schlos-sen, aus dem strah-lend blau - en
F G Am F
Him-mel ge-schos-sen. Kai war auf die-sem Flug.

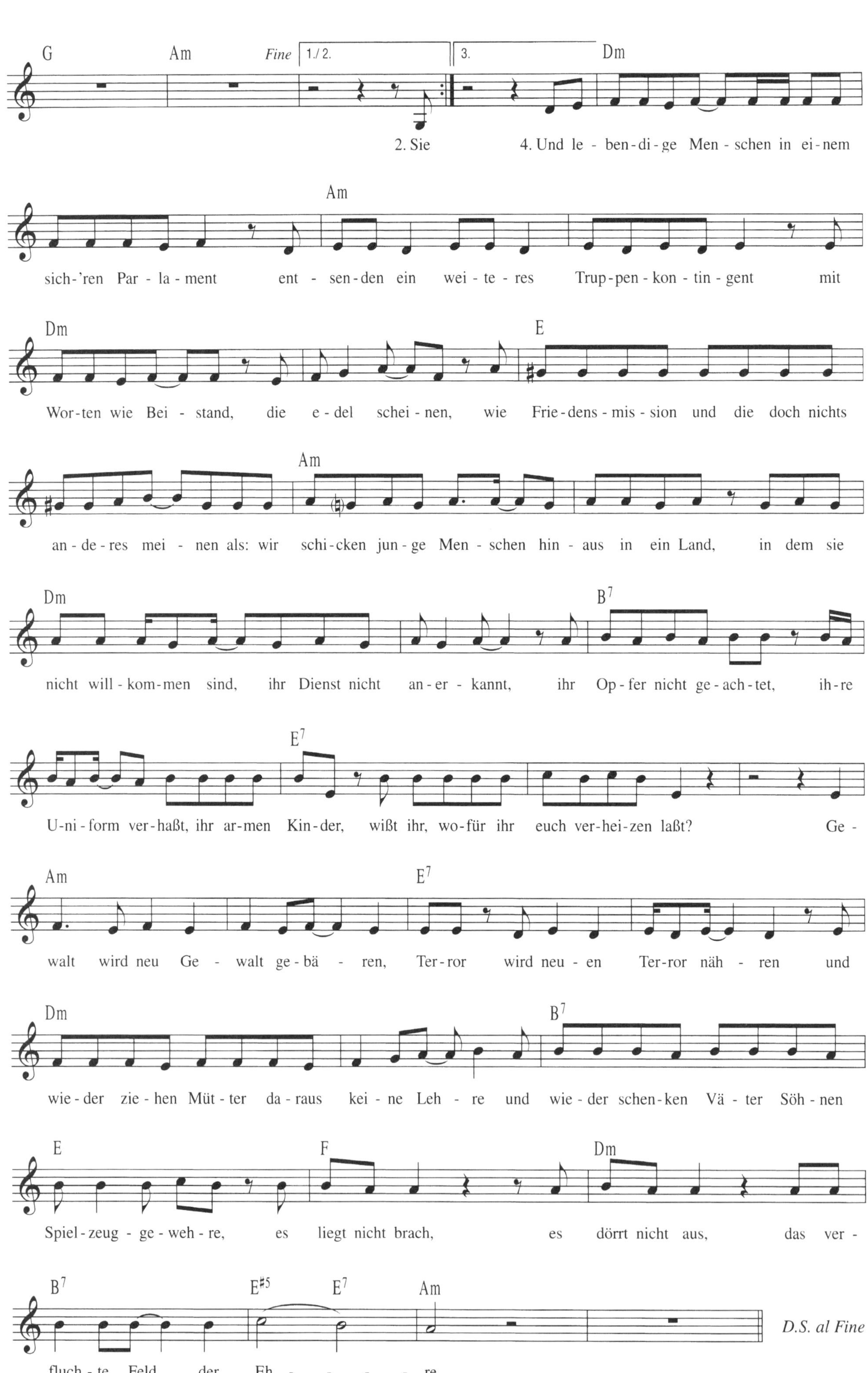
G Am Fine 1./2. 3. Dm
2. Sie 4. Und le - ben-di-ge Men - schen in ei-nem
Am
sich-'ren Par - la - ment ent - sen-den ein wei - te - res Trup-pen - kon - tin - gent mit
Dm E
Wor-ten wie Bei - stand, die e - del schei - nen, wie Frie-dens - mis - sion und die doch nichts
Am
an - de - res mei - nen als: wir schi-cken jun - ge Men - schen hin - aus in ein Land, in dem sie
Dm B7
nicht will-kom-men sind, ihr Dienst nicht an - er - kannt, ihr Op - fer nicht ge - ach - tet, ih - re
E7
U-ni-form ver-haßt, ihr ar-men Kin-der, wißt ihr, wo-für ihr euch ver-hei-zen laßt? Ge -
Am E7
walt wird neu Ge - walt ge - bä - ren, Ter - ror wird neu - en Ter - ror näh - ren und
Dm B7
wie - der zie - hen Müt - ter da - raus kei - ne Leh - re und wie - der schen-ken Vä - ter Söh - nen
E F Dm
Spiel-zeug - ge - weh - re, es liegt nicht brach, es dörrt nicht aus, das ver -
B7 E#5 E7 Am
fluch - te Feld_ der Eh - - - - re.
D.S. al Fine

C
1. Ein Schreiben in einfühlsamen, klaren Worten,
F^{j7}
ein Herr vom Ministerium hat es überbracht.
Dm G
Sie sollten es nicht aus dem Radio erfahren,
A^4 A^7
die Meldung käme schon im Frühjournal um acht.
Dm G Am
Mit einem Schlag ist nichts mehr wie es war in dem stillen Reihenhaus.
F Dm G
Der Herr Minister spricht ihnen sein tief empfundenes Mitgefühl aus!
C Em Dm G
Kai war auf diesem Flug und mit ihm drei Kameraden.
C Em Dm G
Vier Einschüsse im Bug, hatten Hilfsgüter geladen.
E^7 Am
Still, in sich gekehrt, verschlossen, aus dem strahlend blauen Himmel geschossen.
F G Am F G Am
Kai war auf diesem Flug.

C
2. Sie haben die Nachricht in dunkelsten Ängsten
F^{j7}
schon viele Mal' erhalten und immer verdrängt.
Dm G
Doch jetzt, wo sie da ist, erscheint ihr Handeln
A^4 A^7
merkwürdig gefasst, wie von fremder Hand gelenkt.
Dm G Am
Was wird man unter der Fahne heimbringen aus dem fremden Land,
F Dm G
mehr als eine Erkennungsmarke aus einem Aufschlagbrand?
C Em Dm G
Kai war auf diesem Flug und mit ihm drei Kameraden.
C Em Dm G
Vier Einschüsse im Bug, hatten Hilfsgüter geladen.
E^7 Am
Unbewaffnet in freundlichem Feuer als Erster Offizier am Steuer.
F G Am F G Am
Kai war auf diesem Flug.

C
3. Im Haus überall Fotos in Bilderrahmen,
F^{j7}
mit der Schultüte am Tag der Einschulung,
Dm G
auf Klassenfahrt, beim Drachensteigenlassen
A^4 A^7
und in der Uniform bei der Vereidigung.
Dm G Am
Hätte sie ihm da doch nur den Hintern versohlt und ihn einfach eingesperrt im Bad
F Dm G
genau wie damals, als er bei Woolworth die Buntstifte geklaut hat!

C   Em Dm   G
Kai war auf diesem Flug   und mit ihm drei Kameraden.
C   Em Dm   G
Vier Einschüsse im Bug, hatten Hilfsgüter geladen.
E^7 Am
Plötzlich vom Radar verschwunden. Was war da in diesen Sekunden?
F   G   Am   F G   Am
Kai war auf diesem Flug.

     Dm
4. Und lebendige Menschen in einem sich'ren Parlament
    Am
entsenden ein weiteres Truppenkontingent
    Dm
mit Worten wie Beistand, die edel scheinen,
    E^7
wie Friedensmission und die doch nichts andres meinen
        Am
als: Wir schicken junge Menschen hinaus in ein Land,
          Dm
in dem sie nicht willkommen sind, ihr Dienst nicht anerkannt,
   B^7
ihr Opfer nicht geachtet, ihre Uniform verhasst -
          E^7
Ihr armen Kinder, wisst ihr, wofür ihr euch verheizen laßt?
  Am
Gewalt wird neue Gewalt gebären,
E^7
Terror wird neuen Terror nähren.
    Dm
Und wieder ziehen Mütter daraus keine Lehre
    B^7 E
und wieder schenken Väter Söhnen Spielzeuggewehre -
   F   Dm   B^7 E$^{\sharp 5}$ E^7 Am
es liegt nicht brach, es dörrt nicht aus, das verfluchte Feld der Ehre!
C   Em Dm   G
Kai war auf diesem Flug   und mit ihm drei Kameraden.
C   Em Dm   G
Vier Einschüsse im Bug,   hatten Hilfsgüter geladen.
E^7 Am   F   G   Am   F   G   Am
Am Ende der Welt in einem Mohnfeld zerschellt.

Schraders Filmpalast

Pickingvorschlag

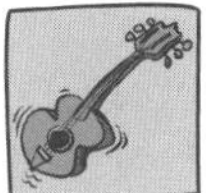

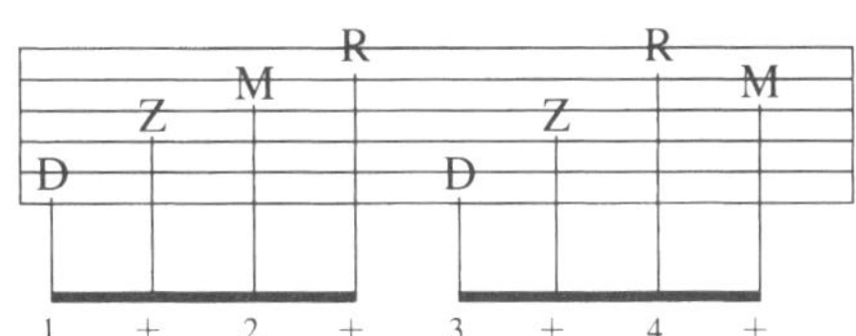

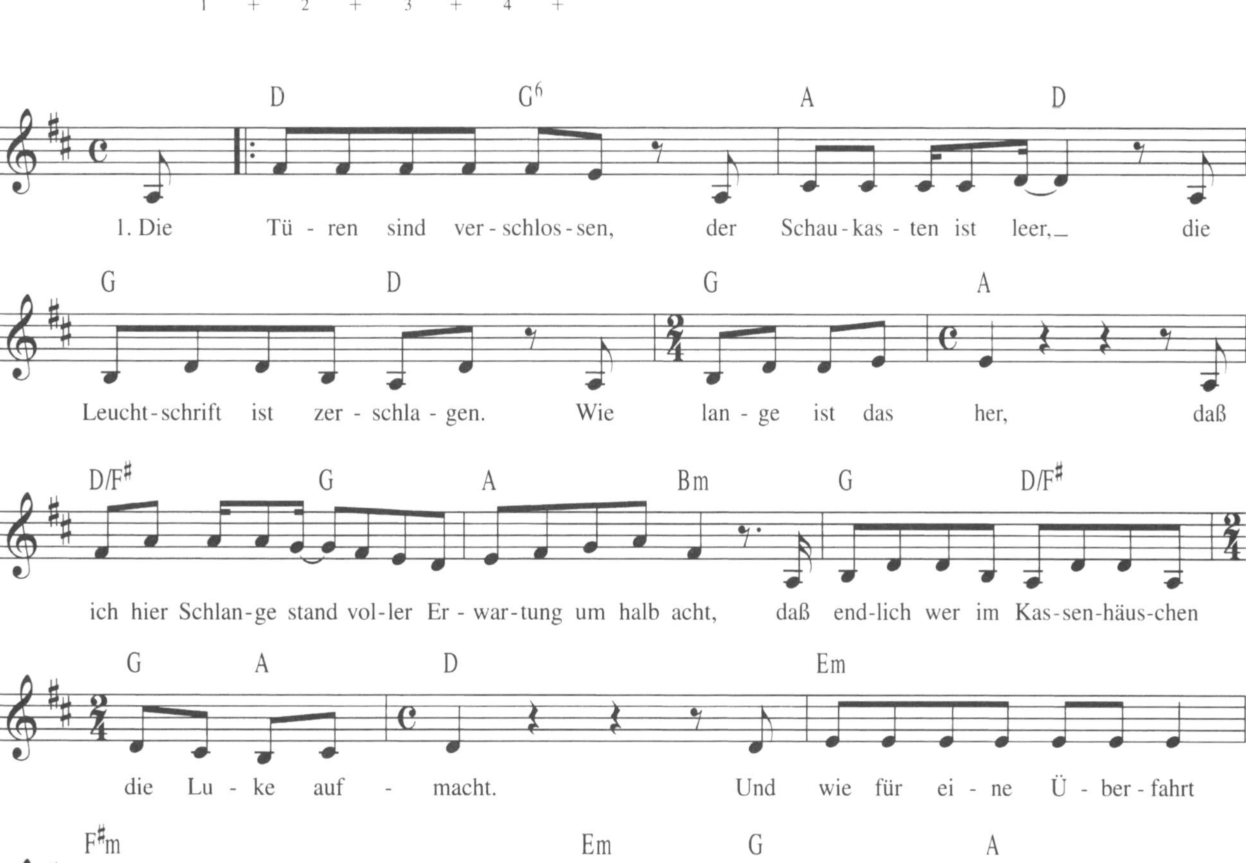

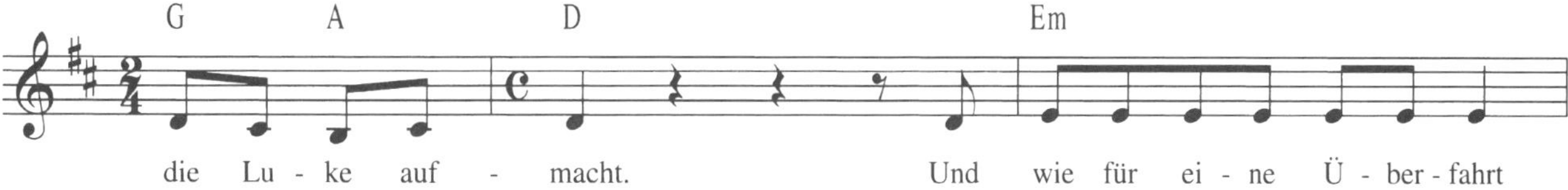

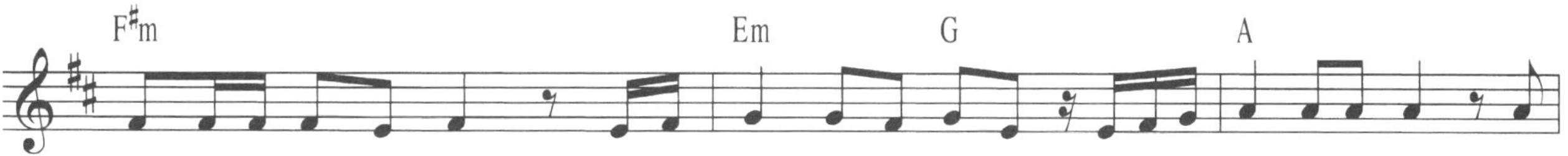

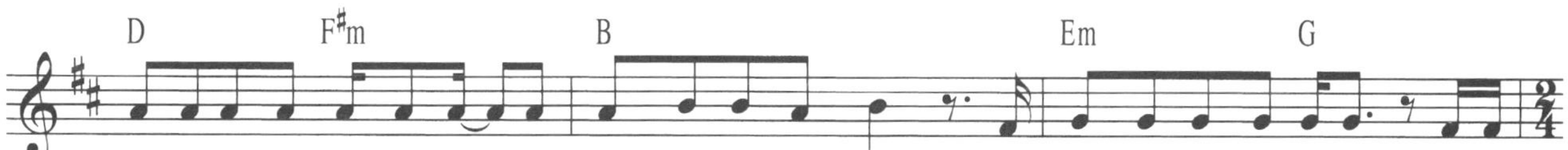

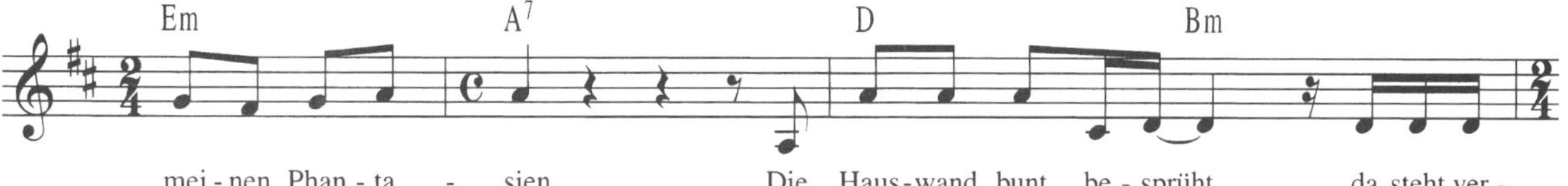

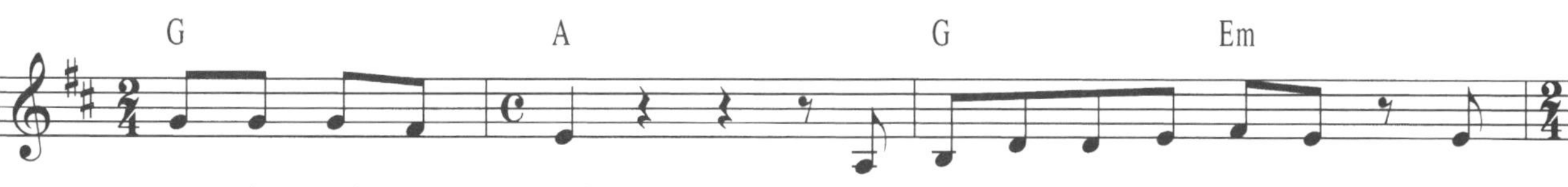

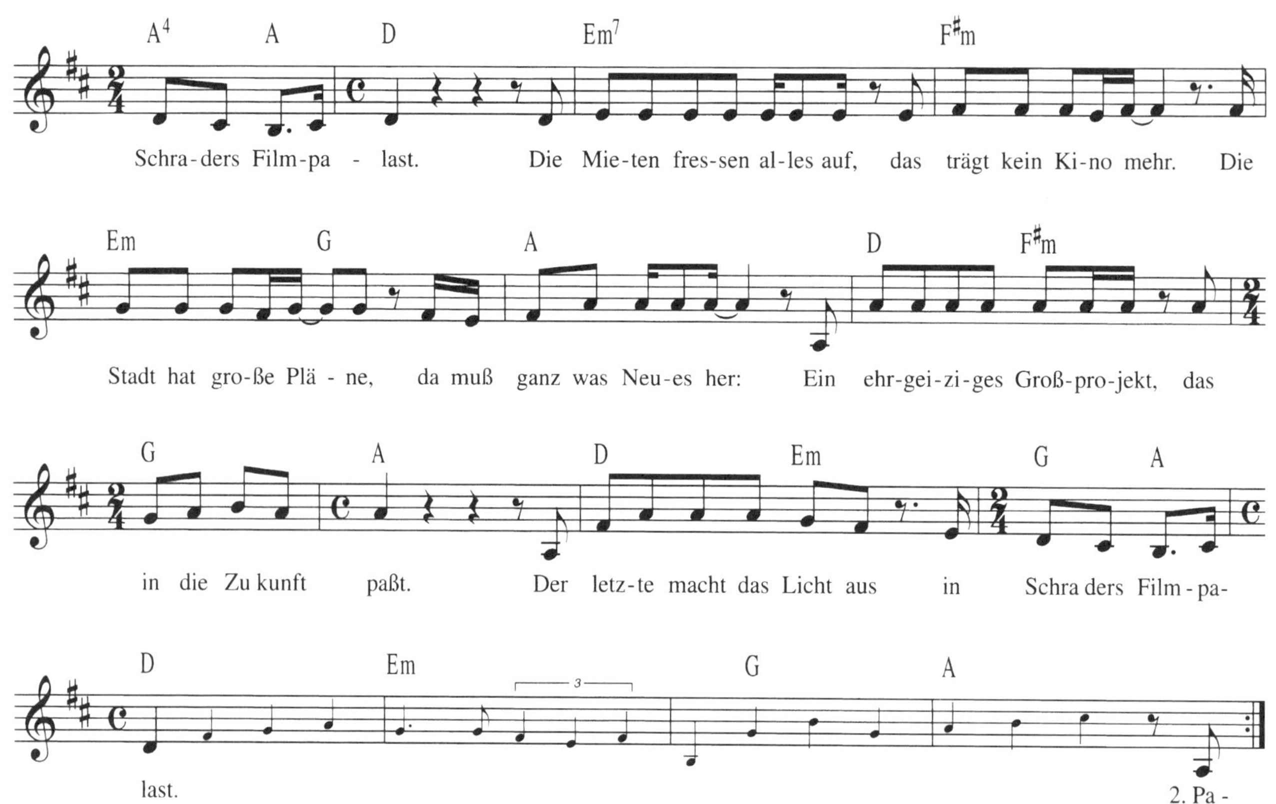
A4 A D Em7 F♯m
Schra-ders Film-pa - last. Die Mie-ten fres-sen al-les auf, das trägt kein Ki-no mehr. Die
Em G A D F♯m
Stadt hat gro-ße Plä - ne, da muß ganz was Neu-es her: Ein ehr-gei-zi-ges Groß-pro-jekt, das
G A D Em G A
in die Zu kunft paßt. Der letz-te macht das Licht aus in Schra ders Film - pa-
D Em G A
last. 2. Pa -

D G6 A D
1. Die Türen sind verschlossen, der Schaukasten ist leer,
G D G A
die Leuchtschrift ist zerschlagen. Wie lange ist das her,
D/F♯ G A Bm
dass ich hier Schlange stand voller Erwartung um halb acht,
G D/F♯ G A D
dass endlich wer im Kassenhäuschen die Luke aufmacht.
Em F♯m
Und wie für eine Überfahrt zählte ich bang mein Geld
Em G A
auf der Gangway zur Fähre in eine andere Welt,
D F♯m B
in der alles vollkommen war, wo nichts unmöglich schien,
Em G Em A7
die Wirklichkeit wirklicher als in meinen Phantasien.
D Bm G A
Die Hauswand bunt besprüht, da steht verwaschen und verblasst:
G Em A4 A D
Der Letzte macht das Licht aus in Schraders Filmpalast.
Em F♯m
Die Mieten fressen alles auf, das trägt kein Kino mehr.
Em G A
Die Stadt hat große Pläne, da muss ganz was Neues her:
D F♯m G A
Ein ehrgeiziges Großprojekt, das in die Zukunft passt.
D Em G A D Em G A
Der Letzte macht das Licht aus in Schraders Filmpalast.

D G6 A D
2. Palast, ein verdammt großer Name für 'nen Schuhkarton
G D G A
mit achtzehn Reihen im Parkett und dreien auf dem Balkon!
D/F♯ Em A Bm
Und doch umschloss der abgewohnte rot samtene Raum
G D/F♯ G A D
das ganze Universum, alle Sehnsucht, jeden Traum.
Em F♯m
Die Diawerbung knistert und die Wochenschau tönt grell,
Em G A
der dritte Gong, die Welt versinkt, jetzt bin ich der Rebell,
D F♯m B
des Teufels General, jetzt ist High Noon, ich bin James Dean,
Em Emj7 Em7 A7
das dünne, sepiafarbene Programmheft auf den Knien.
D Bm G A
Nicht einen Edgar Wallace habe ich damals verpasst!
G Em A4 A D
Der Letzte macht das Licht aus in Schraders Filmpalast.
Em7 F♯m7
Und wenn das Saallicht anging, war auch mein Schicksal die Caine,
Em G A
raucht' ich wie Humphrey Bogart und ich wankte wie John Wayne,
D F♯m G A
den Kragen hochgeschlagen auf die Straße ohne Hast.
D Em G A D Em G A
Der Letzte macht das Licht aus in Schraders Filmpalast.

D G^{6} A D
3. Die Einrichtung verhökert und die Traumfabrik geräumt.
G D G A
Der ratternde Projektor und die Leinwand - ausgeträumt!
D/F♯ Em A Bm
Das Herzklopfen, das Flimmern weg, verloren der Geruch
G D/F♯ G A D
von Bubble-Gum und Prickel-Pit, Vivil und Waffelbruch,
Em^{7} F♯m
die Bilder, die Plakate, die Erinnerungen an
Em G A
das Rosenresli, Doktor Pudlich und den Dritten Mann.
D Bm G A
Im Beißwerkzeug des Sperrmüllwagens zersplittert zum Schluß
Em Em^{j7} Em^{7} A^{7}
die letzte hölzerne Stuhlreihe - die vom ersten Kuss.
D Bm G A
Ihr wißt nicht, welche Reichtümer Ihr euch da stehlen laßt
G Em A^{4} A D
der letzte macht das Licht aus in Schraders Filmpalast.
Em^{7} F♯m
Ihr werdet erst begreifen, wenn die ersten pleite geh'n,
Em G A
wenn die eitlen Boutiquen in der neuen Mall leersteh'n
D F♯m G A
mit zugeklebten Schaufenstern, trostlose Finsternis,
D Em G A D
wie schwarze Zahnlücken in einem schadhaften Gebiss.
Em^{7} F♯m
Du siehst erst deine Schätze, wenn du sie verloren hast.
D Em G A D
Der Letzte macht das Licht aus in Schraders Filmpalast.

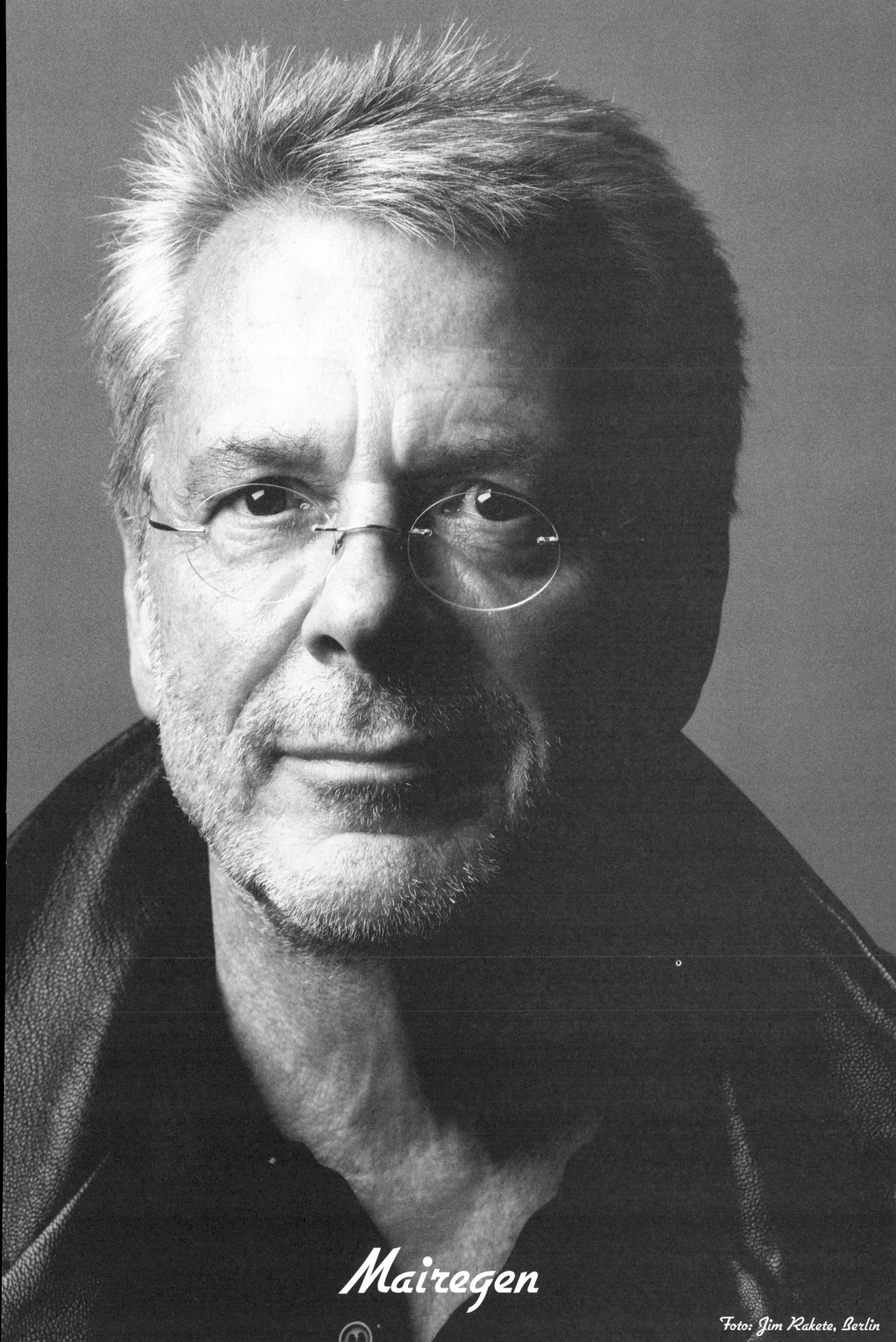
Mairegen
Foto: Jim Rakete, Berlin

Antje

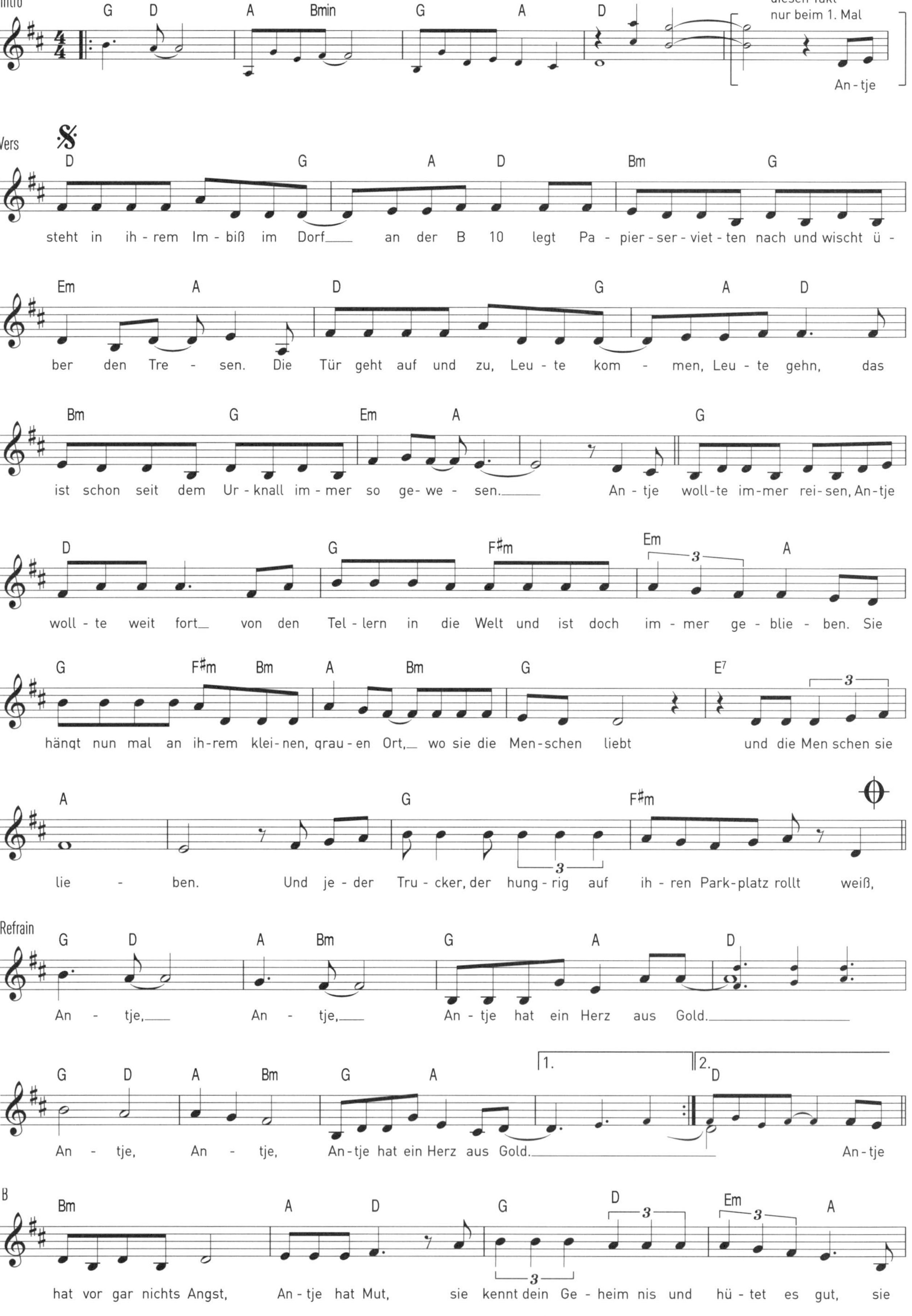
Intro
G D A Bmin G A D
diesen Takt nur beim 1. Mal
An-tje
Vers
D G A D Bm G
steht in ih-rem Im-biß im Dorf an der B 10 legt Pa-pier-ser-viet-ten nach und wischt ü-
Em A D G A D
ber den Tre-sen. Die Tür geht auf und zu, Leu-te kom-men, Leu-te gehn, das
Bm G Em A G
ist schon seit dem Ur-knall im-mer so ge-we-sen. An-tje woll-te im-mer rei-sen, An-tje
D G F#m Em A
woll-te weit fort von den Tel-lern in die Welt und ist doch im-mer ge-blie-ben. Sie
G F#m Bm A Bm G E7
hängt nun mal an ih-rem klei-nen, grau-en Ort, wo sie die Men-schen liebt und die Men schen sie
A G F#m
lie-ben. Und je-der Tru-cker, der hung-rig auf ih-ren Park-platz rollt weiß,
Refrain
G D A Bm G A D
An-tje, An-tje, An-tje hat ein Herz aus Gold.
G D A Bm G A
1. 2. D
An-tje, An-tje, An-tje hat ein Herz aus Gold. An-tje
B
Bm A D G D Em A
hat vor gar nichts Angst, An-tje hat Mut, sie kennt dein Ge-heim nis und hü-tet es gut, sie

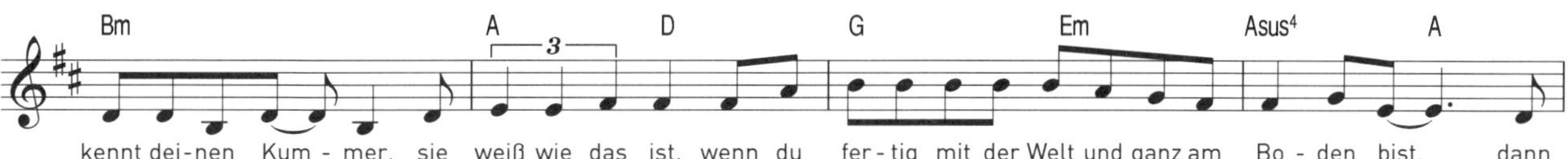

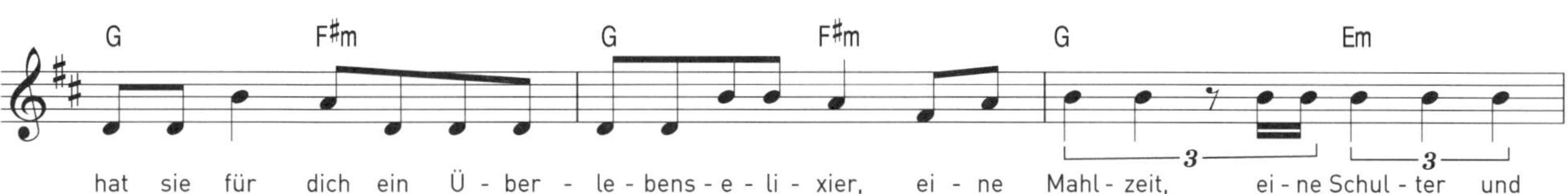

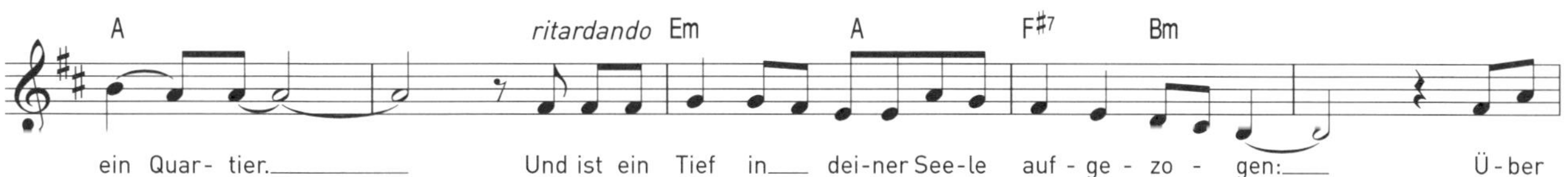

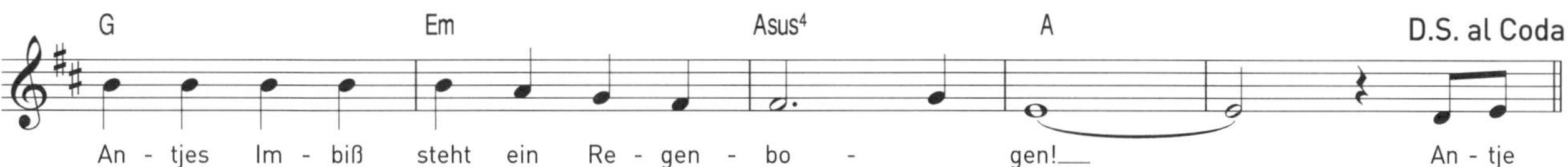

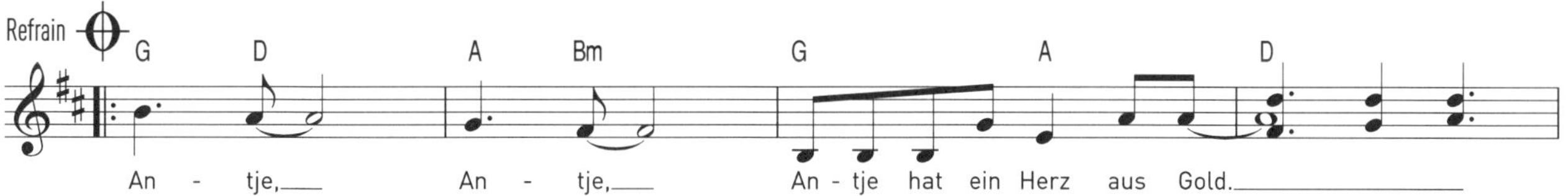

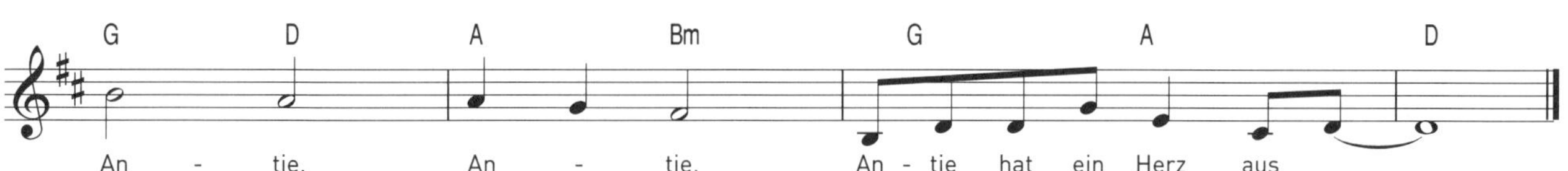

D G A D
1. Antje steht in ihrem Imbiß im Dorf an der B 10,
G Em A
legt Papierservietten nach und wischt über den Tresen.
D G A D
Die Tür geht auf und zu, Leute kommen, Leute gehen,
G Em A
das ist schon seit dem Urknall immer so gewesen.
G D
Antje wollte immer reisen, Antje wollte weit fort
G F♯m Em A
von den Tellern in die Welt und ist doch immer geblieben.
G F♯m Bm A Bm
Sie hängt nun mal an ihrem kleinen, grauen Ort,
G E7 A
wo sie die Menschen liebt und die Menschen sie lieben.
G F♯m
Und jeder Trucker, der hungrig auf ihren Parkplatz rollt weiß,
G D A Bm G A D
Antje, Antje, Antje hat ein Herz aus Gold.

D G A D
2. Antje kennt alle Filme, jeden großen Roman.
G Em A
Antje kennt sie alle, ihre durstigen Gesichter,
D G A D
Antje ist klug und weise und Antje schreibt an
G Em A
für die Beladenen, die heimlichen Trinker und Dichter.
G D
Antje hat einen Hund, der nicht beißt und nicht bellt,
G F#m Em A
der warten kann mit der Gelassenheit eines Hundes,
G F#m Bm A Bm
der erkannt hat, die Schwerkraft regiert die Welt,
G E7 A
und dass früher oder später etwas schmackhaftes, rundes
G F#m
von irgendeinem Teller für ihn auf den Boden rollt.
G D A Bm G A D
Antje, Antje, Antje hat ein Herz aus Gold.
Bm A D
Antje hat vor gar nichts Angst, Antje hat Mut,
G D Em A
sie kennt dein Geheimnis und hütet es gut,
Bm A D
sie kennt deinen Kummer, sie weiß wie das ist,
G Em A
wenn du fertig mit der Welt und ganz am Boden bist,
G D G D
dann hat sie für dich ein Überlebenselixier,
G Em A
eine Mahlzeit, eine Schulter und ein Quartier.
Em A F#7 Bm
Und ist ein Tief in deiner Seele aufgezogen:
G Em Asus4 A
Über Antjes Imbiß steht ein Regenbogen!

D G A D
3. Antje lehnt am Grill und lacht mit ihrem kirschroten Mund.
G Em A
Über ihrer Tür scheint die vertraute Leuchtreklame.
D G A D
Antje ist immer da, Antje hat immer offen und
G Em A
der kleine Raum ist rappelvoll wie eine Notaufnahme
G D
für alle die's nach Labung für Leib und Seele verlangt,
G F#m Em A
nach Trost und Rat, nach Fritten und nach Frikadellen,
G F#m Bm A Bm
und wenn dein Lebensschiff in schwerem Wetter schwankt,
G E7 A
sie richtet's wieder auf, und rettet dich aus den Stromschnellen.
G F#m
Antje sieht, wenn eine Träne in deine Pommes rollt,
G D A Bm G A D
Antje, Antje, Antje hat ein Herz aus Gold.

Das erste Mal

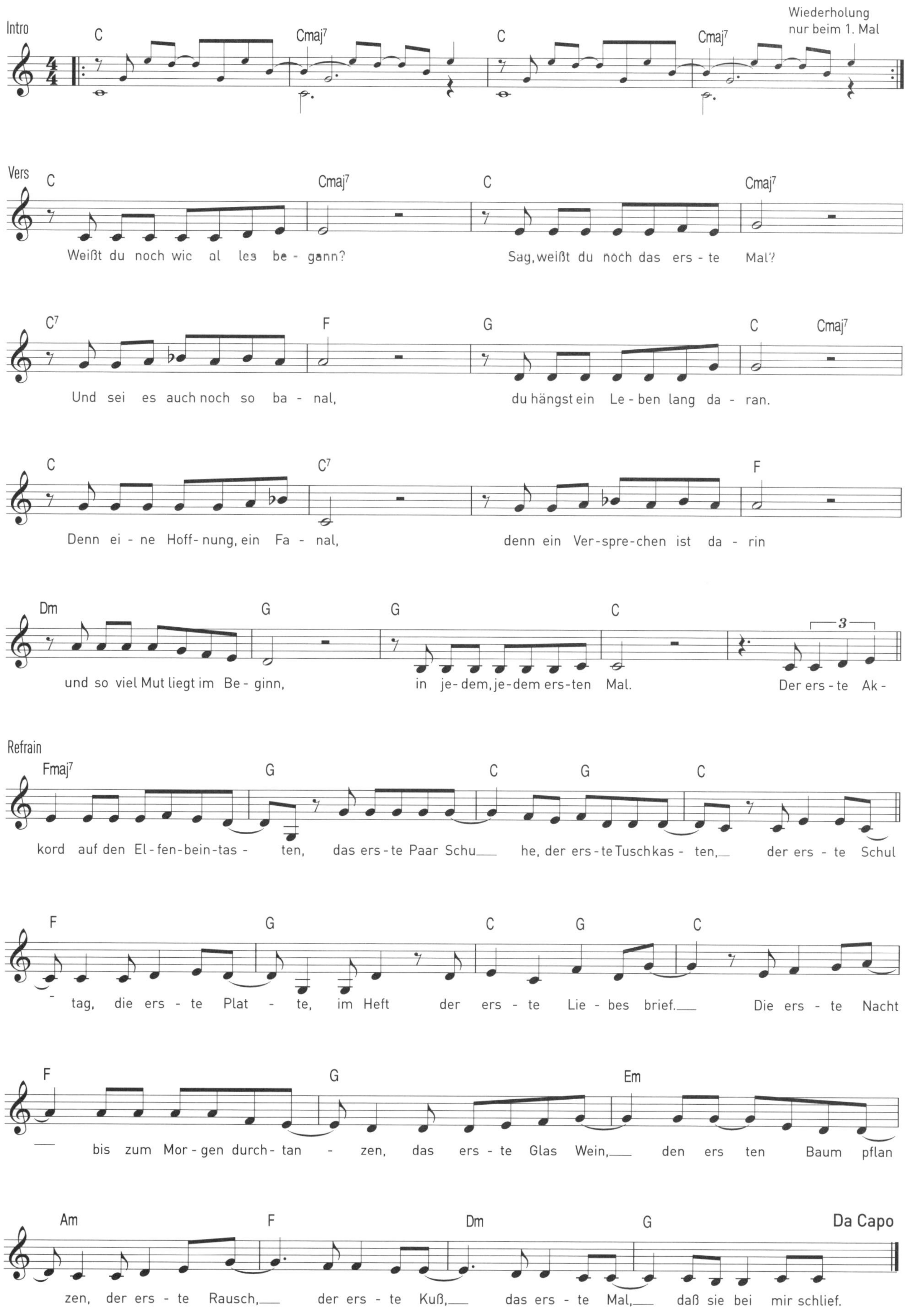

C   Cmaj7   C   Cmaj7
1. Weißt du noch wie alles begann? Sag, weißt du noch das erste Mal?
C7   F   G   C Cmaj7
Und sei es auch noch so banal, du hängst ein Leben lang daran.
C   C7   F
Denn eine Hoffnung, ein Fanal, denn ein Versprechen ist darin
Dm   G   C
und so viel Mut liegt im Beginn, in jedem, jedem ersten Mal.

Refrain

Fmaj7   G
Der erste Akkord auf den Elfenbeintasten,
C   G   C
das erste Paar Schuhe, der erste Tuschkasten,
F   G   C   G   C
der erste Schultag, die erste Platte, im Heft der erste Liebesbrief.
F   G
Die erste Nacht bis zum Morgen durchtanzen,
Em   Am
das erste Glas Wein, den ersten Baum pflanzen,
F   Dm   G   C
der erste Rausch, der erste Kuß, das erste Mal, dass sie bei mir schlief.

C   Cmaj7   C   Cmaj7
2. All mein Latein ist längst dahin und ich erinner' mich nur blass
C7   F   G   C Cmaj7
an den Satz des Pythagoras und ich vergesse jeden PIN.
C   C7   F
Aber eins vergisst du niemals, an eins erinnerst du dich doch,
Dm   G   C
nur eins und das erhellt dir noch die Nacht des tiefsten Lebenstals:

Refrain

Fmaj7   G
Das erste Mal blinzeln, das erste Mal brabbeln,
C   G   C
das erste Mal lächeln, das erste Mal krabbeln,
F   G   C   G   C
das erste Mal fallen, das erste Mal aufstehn, das erste Mal einen Kopffüßler mal'n,
F   G   Em   Am
die erste unbeantwortbare Frage, der erste Erfolg, die erste Niederlage,
F   Dm   G   C
das erste Mal fortgehn und mit dem ersten selbstverdienten Geld bezahl'n.

C   Cmaj7   C   Cmaj7
3. Die winzigste Erinnerung samml' ich, damit ich irgendwann
C7   F   G   C Cmaj7
mich noch einmal freikaufen kann aus Trübsal und Verbitterung.
C   C7   F
Die Münze, mit der ich bezahl, die allen Reichtum in sich trägt,
Dm   G   C
ist aus Erinnerung geprägt an jedes, jedes erste Mal.

Refrain

```
               Fmaj7                 G
Die erste Blue Jeans, die erste Apfelsine,
              C             G            C
das erste Gedicht, die erste Schreibmaschine,
              F             G               C           G      C
das erste Motorrad, das erste Mal im Kino „Jenseits von Eden“ sehn,
          F                 G
der erste Kummer, die erste Wende,
              Em                  Am
der erste Verlust, das erste dicke Ende,
          F                 Dm              G                      C
der erste Schritt, der erste Schnitt und irgendwann zum ersten Mal ...
```

Gegen den Wind

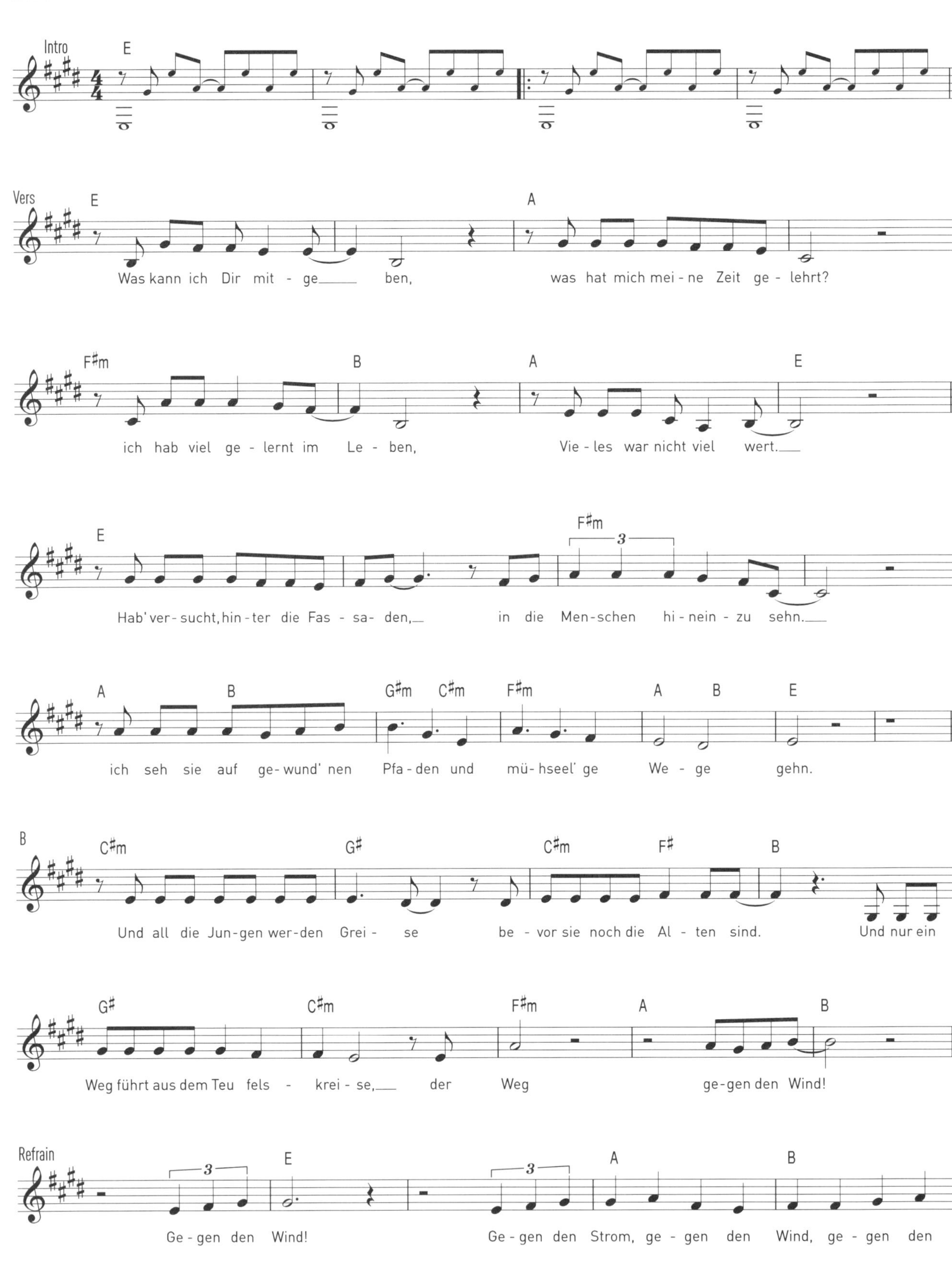

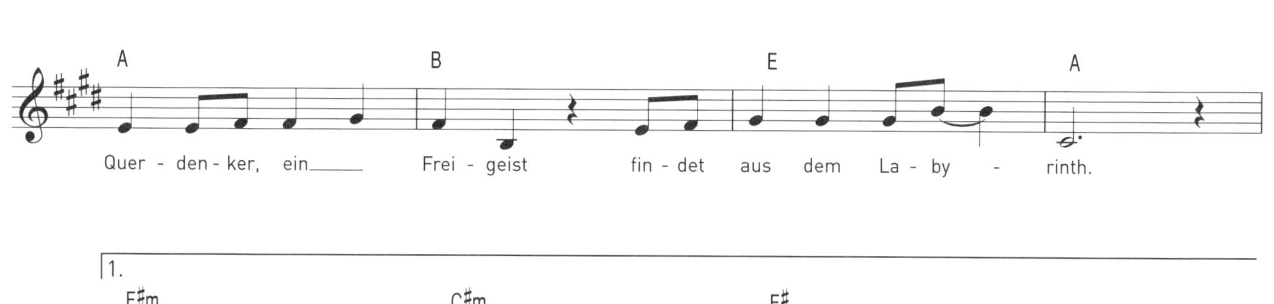
A
B
E
A
Quer - den - ker, ein Frei - geist fin - det aus dem La - by - rinth.

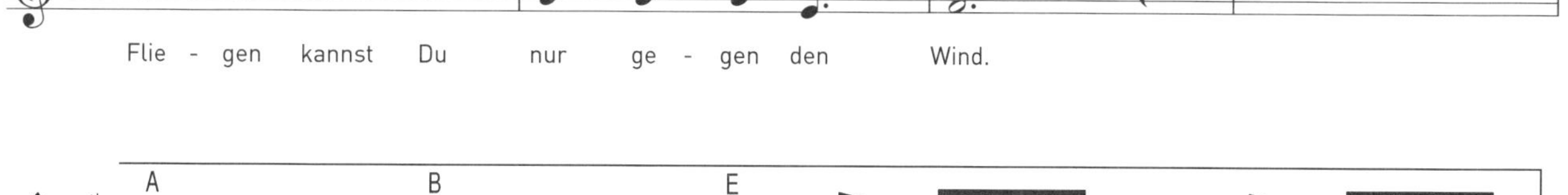
1.
F♯m
C♯m
F♯
Flie - gen kannst Du nur ge - gen den Wind.

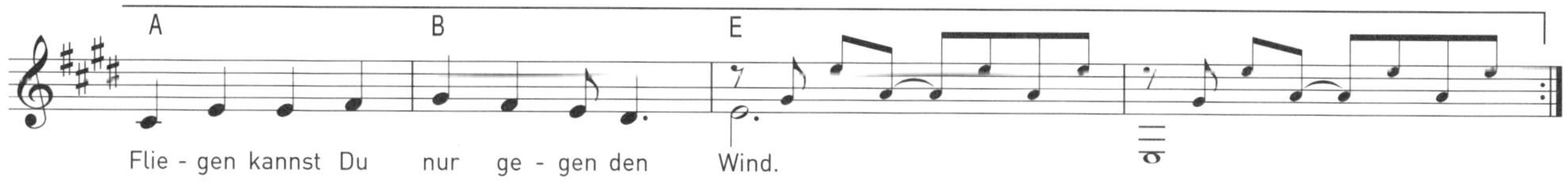
A
B
E
Flie - gen kannst Du nur ge - gen den Wind.

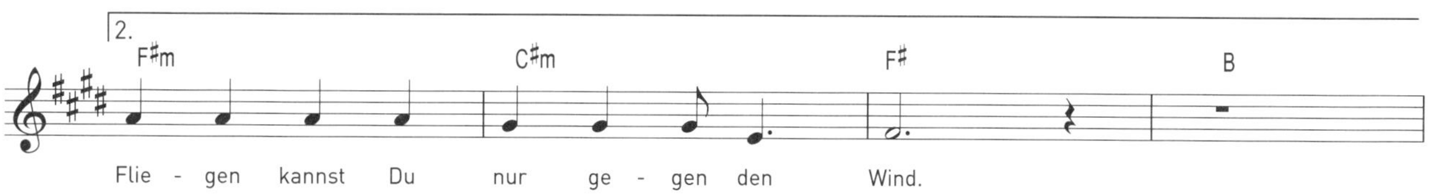
2.
F♯m
C♯m
F♯
B
Flie - gen kannst Du nur ge - gen den Wind.

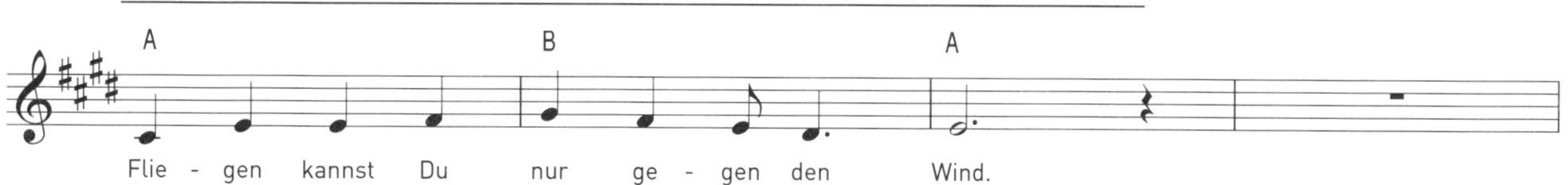
A
B
A
Flie - gen kannst Du nur ge - gen den Wind.

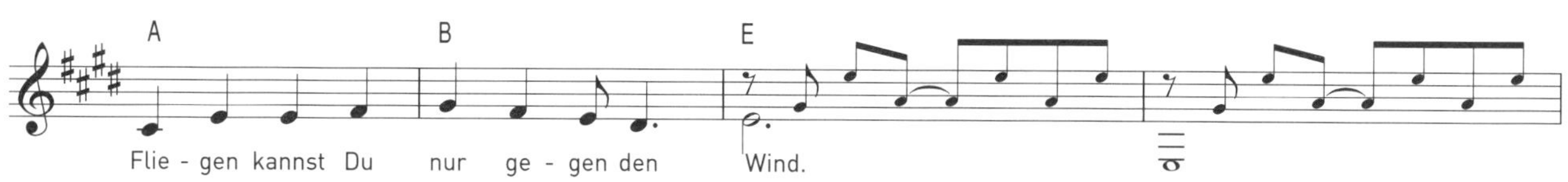
A
B
E
Flie - gen kannst Du nur ge - gen den Wind.

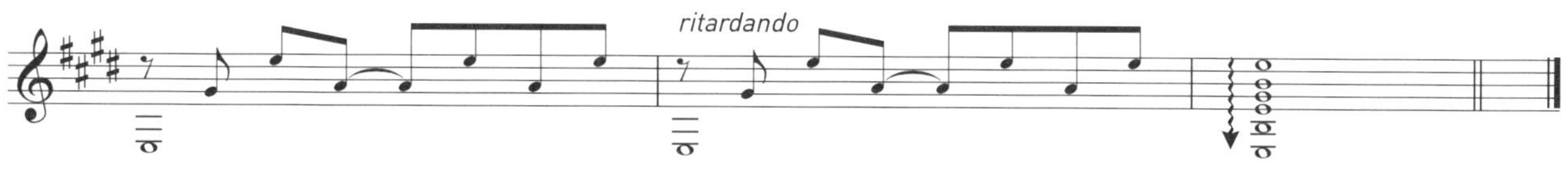
ritardando

```
     E                          A
1.   Was kann ich Dir mitgeben, was hat mich meine Zeit gelehrt?
     F#m                B     A                  E
     Hab viel gelernt im Leben, Vieles war nicht viel wert.
     E                                        F#m
     Hab' versucht, hinter die Fassaden, in die Menschen hineinzusehn.
     A           B              G#m C#m    F#m       A  B  E
     Ich seh sie auf gewund'nen Pfaden und mühsel'ge Wege gehn.
     C#m                      G#        C#m          F#   B
     Und all die Jungen werden Greise, bevor sie noch die Alten sind,
         G#                       C#m        A              B
     nur ein Weg führt aus dem Teufelskreise, der Weg gegen den Wind!
```

Refrain

```
             E               A               B
     Gegen den Wind! Gegen den Strom, gegen den Wind,
     E               G#m            A              B
     gegen den Geist der Zeit, gegen die Dummheit, mein Kind!
     A                  B          E          A
     Nur ein Querdenker, ein Freigeist findet aus dem Labyrinth.
     F#m             C#m          F#  B
     Fliegen kannst Du nur gegen den Wind.
     A               B         E
     Fliegen kannst Du nur gegen den Wind.
```

```
     E                          A
2.   Was soll'n die Leute sagen! Tu, was man von Dir will!
     F#m                      B   A              E
     Du darfst Dich nicht beklagen! Die Mütze ab! Sei still!
     E                                          F#m
     Nur Menschen die funktionieren, kann man verbiegen und verdrehn,
     A                   B              G#m  C#m    F#m        A  B    E
     kriegt man zum im Gleichschritt marschieren, und blind in den Abgrund gehn.
     C#m                      G#           C#m   F#       B
     Und wenn sich alle arrangieren, ohne Widerspruch und stumm,
     G#                C#m               A               B
     mitlaufen und parieren, dann steh Du auf und dreh dich um!
```

Refrain

Gute Seele

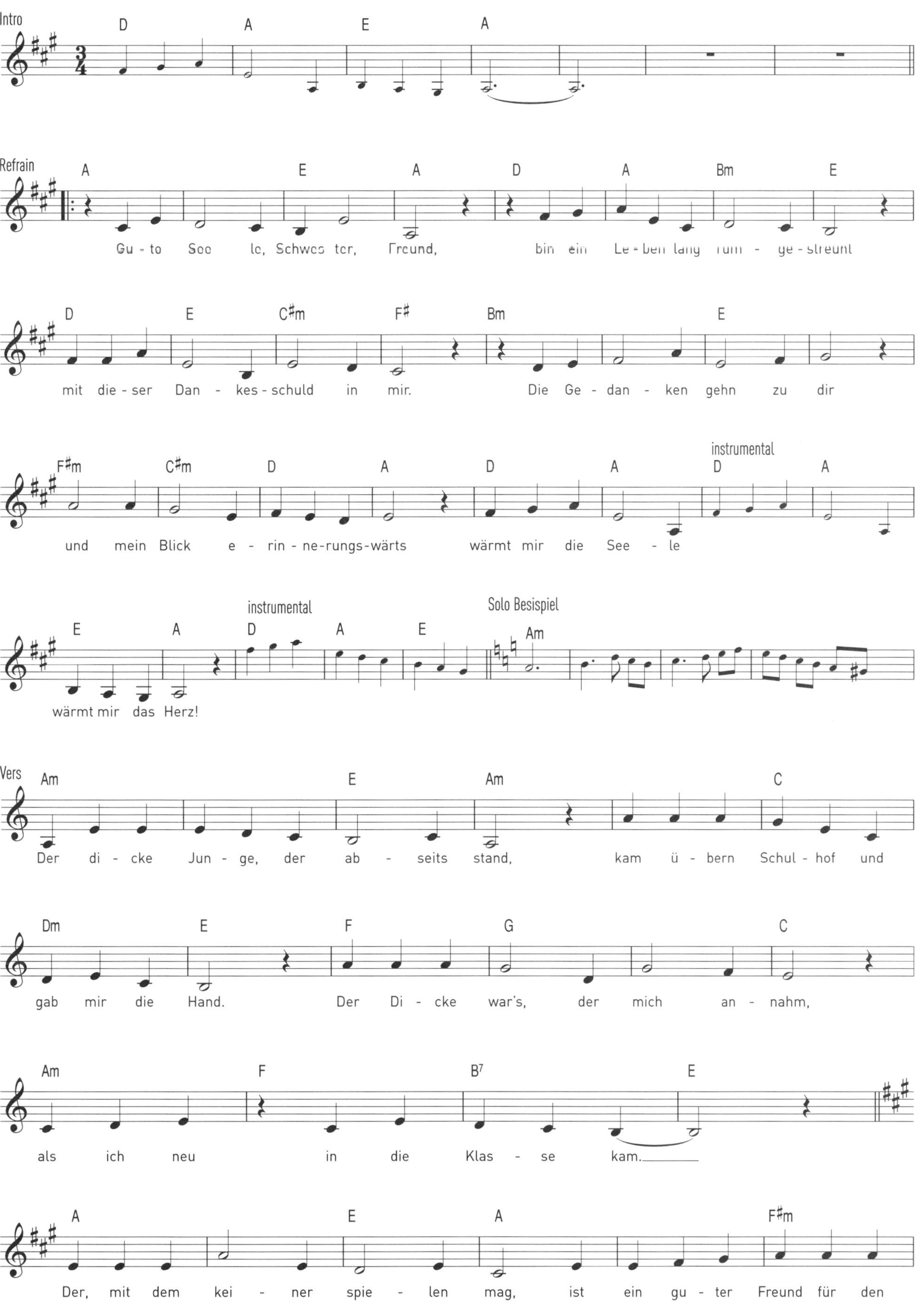
Intro
Refrain
Gu - te See - le, Schwes - ter, Freund, bin ein Le - ben lang rum - ge - streunt
mit die - ser Dan - kes - schuld in mir. Die Ge - dan - ken gehn zu dir
und mein Blick e - rin - ne - rungs - wärts wärmt mir die See - le
instrumental
wärmt mir das Herz!
instrumental
Solo Besispiel
Vers
Der di - cke Jun - ge, der ab - seits stand, kam ü - bern Schul - hof und
gab mir die Hand. Der Di - cke war's, der mich an - nahm,
als ich neu in die Klas - se kam.
Der, mit dem kei - ner spie - len mag, ist ein gu - ter Freund für den

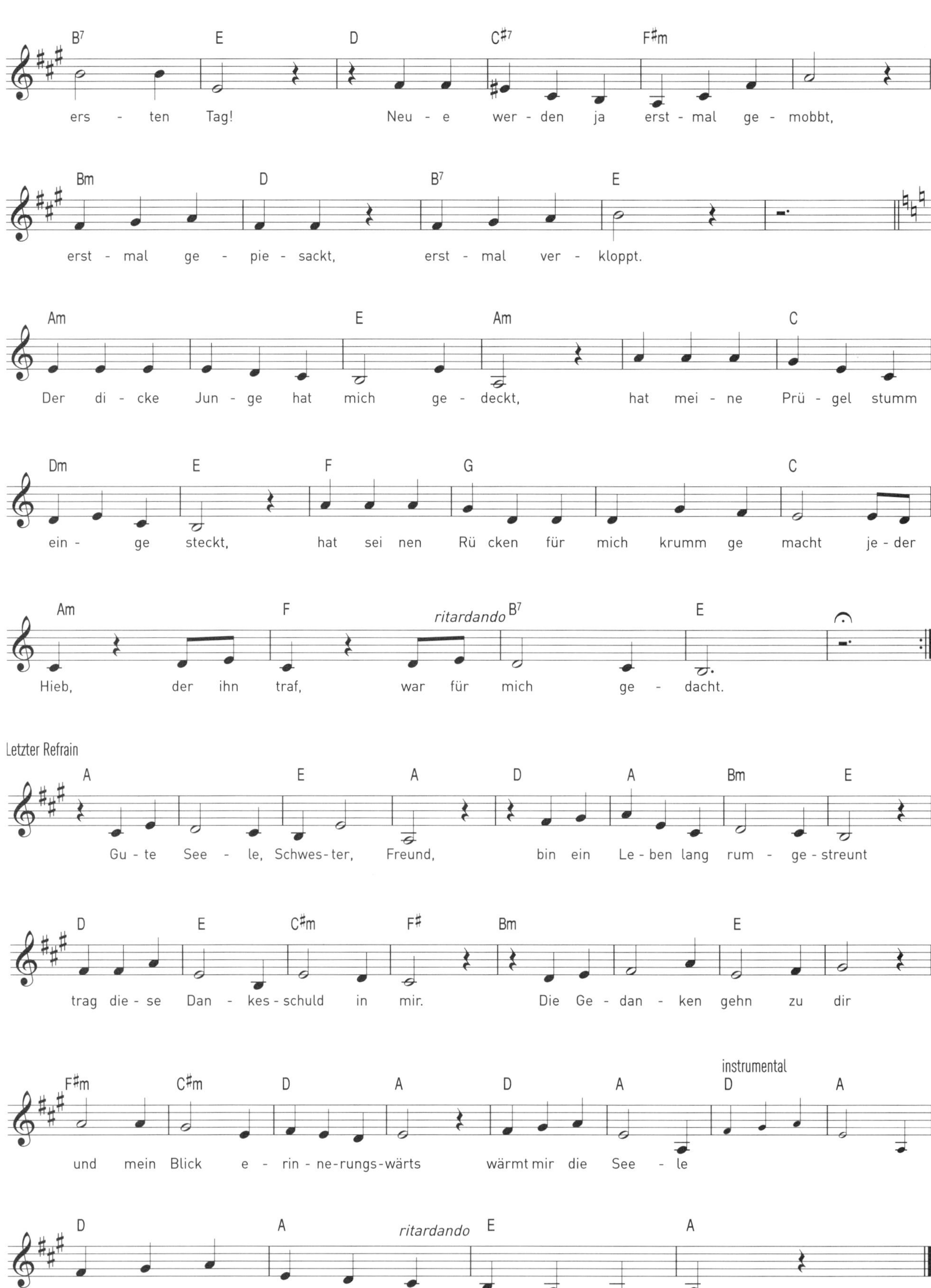

B7 E D C#7 F#m
ers - ten Tag! Neu - e wer - den ja erst - mal ge - mobbt,
Bm D B7 E
erst - mal ge - pie - sackt, erst - mal ver - kloppt.
Am E Am C
Der di - cke Jun - ge hat mich ge - deckt, hat mei - ne Prü - gel stumm
Dm E F G C
ein - ge steckt, hat sei nen Rü cken für mich krumm ge macht je - der
Am F ritardando B7 E
Hieb, der ihn traf, war für mich ge - dacht.
Letzter Refrain
A E A D A Bm E
Gu - te See - le, Schwes - ter, Freund, bin ein Le - ben lang rum - ge - streunt
D E C#m F# Bm E
trag die - se Dan - kes - schuld in mir. Die Ge - dan - ken gehn zu dir
instrumental
F#m C#m D A D A D A
und mein Blick e - rin - ne - rungs - wärts wärmt mir die See - le
D A ritardando E A
wärmt mir die See - le und wärmt mir das Herz!

Refrain

A   E   A   D   A   Bm   E
Gute Seele, Schwester, Freund, bin ein Leben lang rumgestreunt
D   E   C#m   F# Bm   E
mit dieser Dankesschuld in mir. Die Gedanken gehen zu dir
F#   C#m   D   A   D   A   E   A
und mein Blick erinnerungswärts wärmt mir die Seele, wärmt mir das Herz!
Am   E   Am   C   Dm   E
Der dicke Junge, der abseits stand, kam übern Schulhof und gab mir die Hand.
F   G   C   Am   F   B7   E
Der Dicke war's, der mich annahm, als ich neu in die Klasse kam.
A   E   A   F#m   B7   E
Der, mit dem keiner spielen mag, ist ein guter Freund für den ersten Tag!
D   C#7   F#m   Bm   D   B7   E
Neue werden ja erstmal gemobbt, erstmal gepiesackt, erstmal verkloppt.
Am   E Am   C   Dm   E
Der dicke Junge hat mich gedeckt, hat meine Prügel stumm eingesteckt,
F   G   C   Am   F   B7   E
hat seinen Rücken für mich krumm gemacht - jeder Hieb, der ihn traf, war für mich gedacht.

Refrain

A   E   A   D   A   Bm   E
Dicker Junge, Schwester, Freund, bin ein Leben lang rumgestreunt
D   E   C#m   F# Bm   E
mit dieser Dankesschuld in mir. Die Gedanken gehen zu dir
F#   C#m   D   A   D   A   E   A
und mein Blick erinnerungswärts wärmt mir die Seele, wärmt mir das Herz!
Am   E   Am   C   Dm   E
Diese Nylonhemden bei C & A, Objekt der Begierde, jetzt lagen sie da.
F   G   C   Am   F   B7   E
Das Taschengeld knapp, die Versuchung so groß, nur einmal berühr'n, doch ich ließ nicht mehr los.
A   E   A   F#m   B7   E
Ich schwöre, ich hatte noch nie geklaut, ich zog's unter mein Hemd, wie eine zweite Haut.
D   C#7   F#m   Bm   D   B7   E
Mit Unschuldsmiene an der Kasse vorbei, natürlich geschnappt, Aufstand und Polizei.
Am   E   Am   C   Dm   E
Zwei führten mich ab in den Bully vorm Haus, einer rauchte vorm Auto, einer fragte mich aus,
F   G   C
schob dann langsam und lautlos die Bullytür auf,
                  Am   F   B7   E
„Jetzt ist er mir glatt entwischt! "–„ Los, lauf, Junge, lauf!"

Refrain

A   E   A   D   A   Bm   E
Lieber Bulle, Schwester, Freund, bin ein Leben lang rumgestreunt
D   E   C#m   F# Bm   E
mit dieser Dankesschuld in mir. Die Gedanken gehen zu dir
F#   C#m   D   A   D   A   E   A
und mein Blick erinnerungswärts wärmt mir die Seele, wärmt mir das Herz!
Am   E   Am   C   Dm   E
Als ich vor Liebeskummer krank im Park auf der Bank mit den Tränen rang,
F   G   C   Am   F   B7   E
setzte sich das Nachbarmädchen zu mir, starrte mit auf den Boden, beide schwiegen wir.
A   E   A   F#m   B7   E
Aus ihrer Schultasche holte sie dann ihr Pausenbrot und bot es mir an.

D C#7 F#m Bm D B7 E
Ich biss hinein und mit jedem Stück kam ein Stück Lebensfreude zu mir zurück.
Am E Am C Dm E
Bald plauderte ich, lachte mit ihr und als ich aufstand und ging, war ich wieder gesund.
F G C Am F B7 E
Ich ahnte ja nicht, dass sie selbst unglücklich schon lange unsterblich verliebt war - in mich!

Refrain

A E A D A Bm E
Nachbarmädchen, Schwester, Freund, bin ein Leben lang rumgestreunt
D E C#m F# Bm E
mit dieser Dankesschuld in mir. Die Gedanken gehen zu dir
F# C#m D A D A E A
und mein Blick erinnerungswärts wärmt mir die Seele, wärmt mir das Herz!
Am E Am C Dm E
Die Lehrerein, die mir beim Diktat „Daß mit ß!" zugeflüstert hat,
F G C Am F B7 E
der Amtmann, der meinen Antrag annahm, obwohlich doch deutlich nach Dienstschluss kam,
A E A F#m B7 E
der Unbekannte, dessen Brief mir tröstlich war im tiefsten Tief,
D C#7 F#m Bm D B7 E
ihr habt mein Leben reich gemacht, ihr habt mich durch alle Klippen gebracht!
Am E Am C Dm E
Ohne Eure Liebe wär mein Lebensfloß zerschlagen im Meer,
F G C Am F B7 E
ohne Eure helfende Hand wär es nie fortgekommen vom steinigen Strand!

Refrain 1

Ficus Benjamini

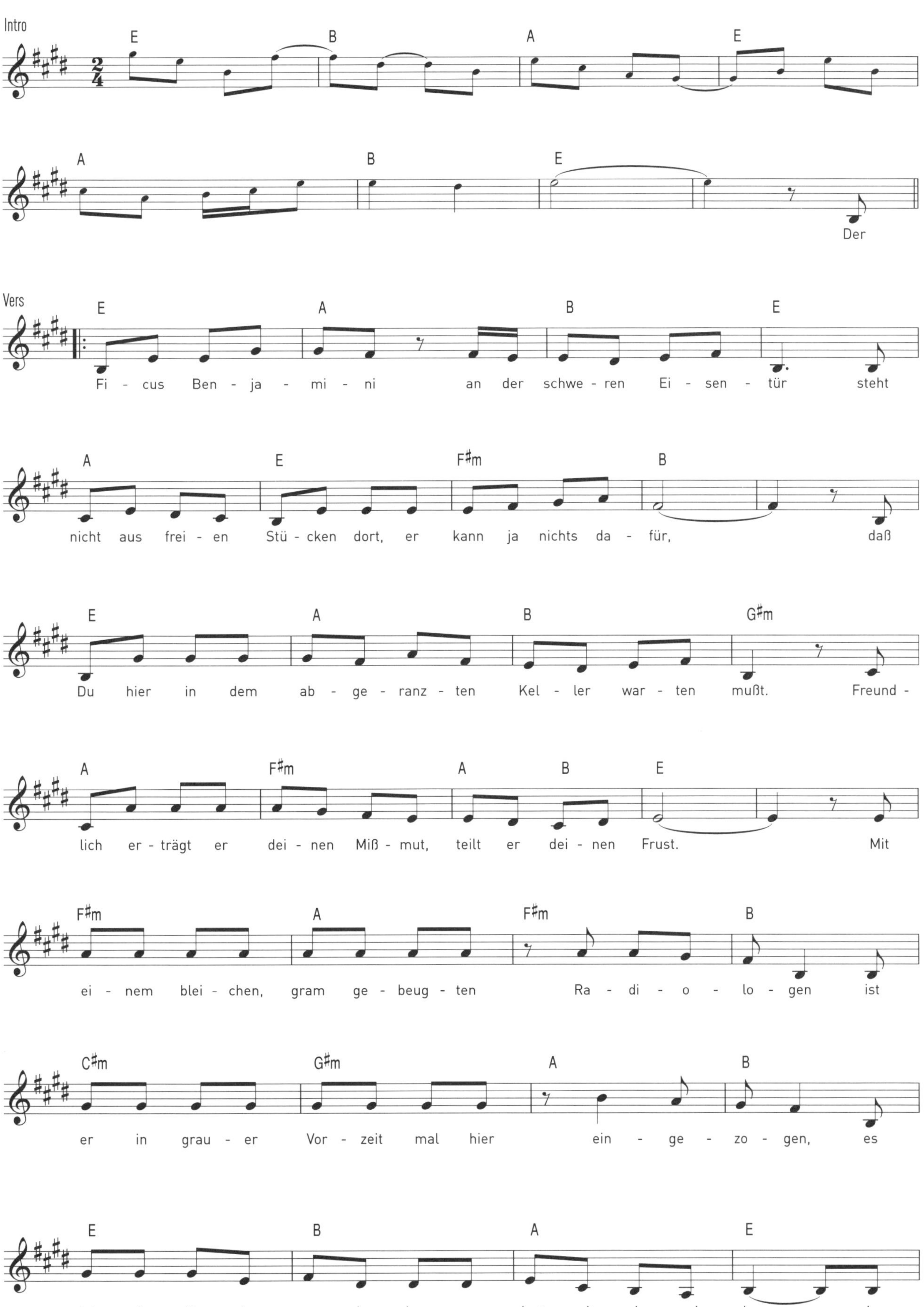

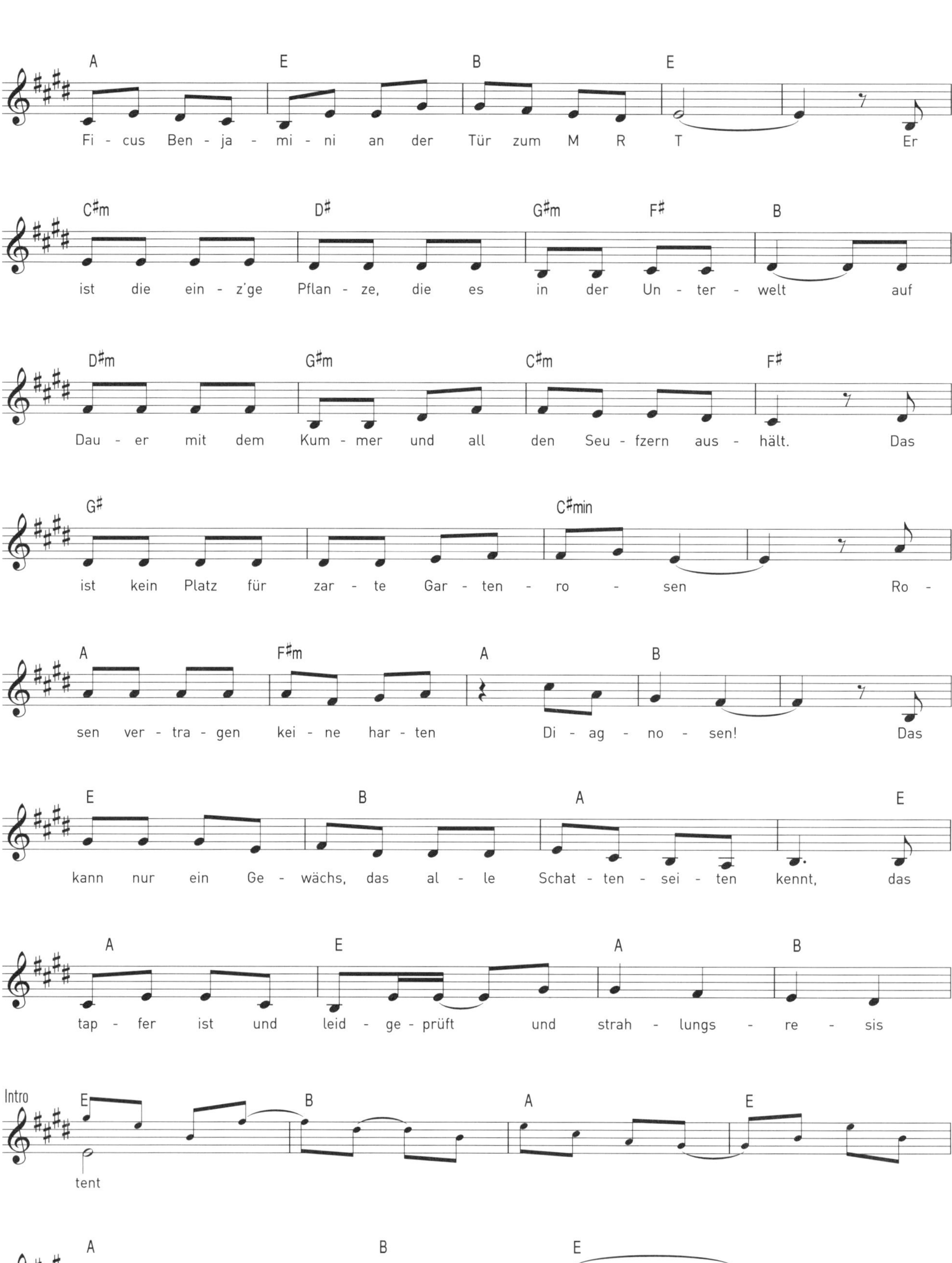
A E B E
Fi - cus Ben - ja - mi - ni an der Tür zum M R T Er
C#m D# G#m F# B
ist die ein - z'ge Pflan - ze, die es in der Un - ter - welt auf
D#m G#m C#m F#
Dau - er mit dem Kum - mer und all den Seu - fzern aus - hält. Das
G# C#min
ist kein Platz für zar - te Gar - ten - ro - sen Ro -
A F#m A B
sen ver - tra - gen kei - ne har - ten Di - ag - no - sen! Das
E B A E
kann nur ein Ge - wächs, das al - le Schat - ten - sei - ten kennt, das
A E A B
tap - fer ist und leid - ge - prüft und strah - lungs - re - sis
Intro E B A E
tent
A B E
Er

E A B E
1. Der Ficus Benjamini an der schweren Eisentür
A E F♯m B
steht nicht aus freien Stücken dort, er kann ja nichts dafür,
E A B G♯m
dass du hier in dem abgeranzten Keller warten musst.
A F♯m A B E
Freundlich erträgt er deinen Mißmut, teilt er deinen Frust.
F♯m A F♯m B
Mit einem bleichen, gramgebeugten Radiologen
C♯m G♯m A B
ist er in grauer Vorzeit mal hier eingezogen,
E B A E
es ist als stünde er schon immer dort, seit eh und je,
A E B E
der Ficus Benjamini an der Tür zum MRT.
C♯m D♯ G♯m F♯ B
Er ist die einz'ge Pflanze, die es in der Unterwelt
D♯m G♯m C♯m F♯
auf Dauer mit dem Kummer und all den Seufzern aushält.
G♯ C♯m
Das ist kein Platz für zarte Gartenrosen
A F♯m A B
Rosen vertragen keine harten Diagnosen!
E B A E
Das kann nur ein Gewächs, das alle Schattenseiten kennt,
A E A B E
das tapfer ist und leidgeprüft und strahlungsresistent!

E A B E
2. Er kennt in dem tageslichtlosen Raum das Inventar,
A E F♯m B
den Schirmständer, die Zeitschriften, den Tisch, das Formular.
E A B G♯m
Er kennt ihn, den Geruch der Angst, der an den Wänden klebt
A F♯m A B E
er kennt das Schwert des Damokles, das über allem schwebt.
F♯m A F♯m B
Er kennt die Qual der Ungewißheit und kennt die Befunde,
C♯m G♯m A B
vielleicht kennt er auch schon den Tag, vielleicht sogar die Stunde.
E B A E
Er selber überlebt in ausgetrocknetem Substrat,
A E B E
Savanne, auf die es seit Jahren nicht geregnet hat.
C♯m D♯ G♯m F♯ B
Nur ein paar Zigarettenkippen, hastig ausgedrückt
D♯m G♯m C♯m F♯
von traurigen Gelbfingern, sind das einz'ge, was ihn schmückt.
G♯ C♯m
Eine nervös verbogne Büroklammer
A F♯m A B
in seinem Untersatz legt Zeugnis ab von all dem Jammer,
E B A E
der ihn streift wie der Luftzug, wenn die Tür aufgeht, dann fällt
A E A B E
ein Blatt auf die speckige ADAC-Motorwelt.

E A B E
3. Du fragst dich, warum man dich diesmal so lang warten läßt,
A E F#m B
zählst die verbliebnen Blätter in dem räudigen Geäst.
E A B G#m
Und irgendwie erinnert dich die magere Gestalt
A F#m A B E
des Ficus Benjamini ganz entfernt an einen Wald.
F#m A F#m B
Es riecht wen'ger nach Kiefer als nach Desinfektionsmittel,
C#m G#m A B
und dann tragen die Förster hier ausnahmslos weiße Kittel.
E B A E
Und doch erinnert dich der kleine, mut'ge Baum daran,
A E B E
dass auch auf ausgedörrtem Boden Hoffnung wachsen kann,
C#m D# G#m F# B
und mit seinem gerupften, demütigen Blätterkleid
D#m G#m C#m F#
Vermag er dich zu trösten in dieser Trostlosigkeit:
G# C#m
Du kommst hier wieder raus, wirst über dir den Himmel sehen,
A F#m A B
über raschelndes Laub auf einem Waldweg gehen.
E B A E
Du wirst die Freiheit spürn, die Tür geht wieder auf vor dir -
A E A B E
der Ficus Benjamini aber bleibt für immer hier.

Nachtflug

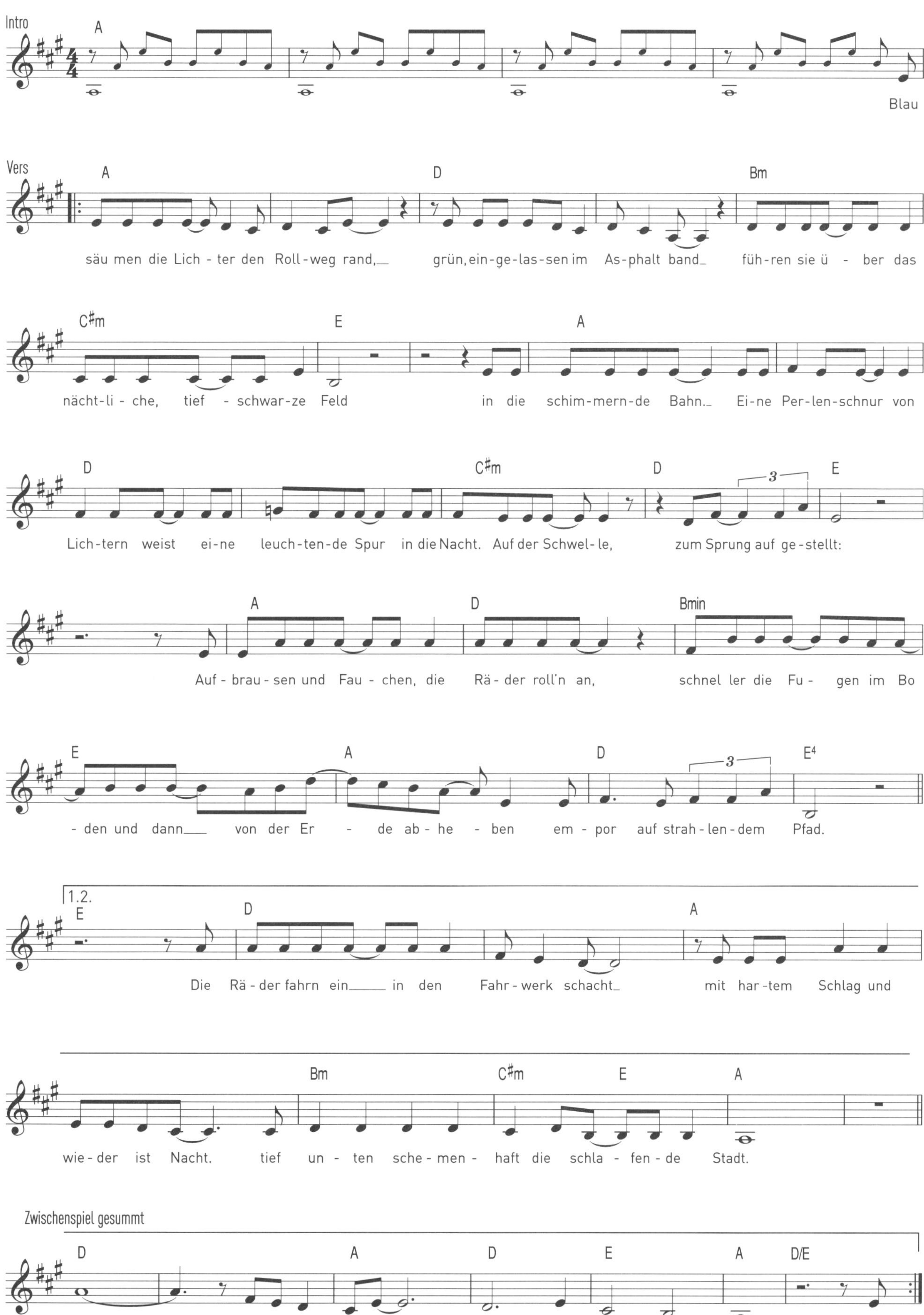

Intro
A
Blau
Vers
A D Bm
säu men die Lich - ter den Roll-weg rand,__ grün, ein-ge-las-sen im As-phalt band_ füh-ren sie ü - ber das
C#m E A
nächt-li - che, tief - schwar-ze Feld in die schim-mern-de Bahn._ Ei-ne Per-len-schnur von
D C#m D E
Lich-tern weist ei-ne leuch-ten-de Spur in die Nacht. Auf der Schwel-le, zum Sprung auf ge-stellt:
A D Bmin
Auf - brau - sen und Fau - chen, die Rä - der roll'n an, schnel ler die Fu - gen im Bo
E A D E4
- den und dann___ von der Er - de ab - he - ben em - por auf strah - len - dem Pfad.
1.2.
E D A
Die Rä - der fahrn ein___ in den Fahr - werk schacht_ mit har - tem Schlag und
Bm C#m E A
wie - der ist Nacht. tief un - ten sche - men - haft die schla - fen - de Stadt.
Zwischenspiel gesummt
D A D E A D/E
In

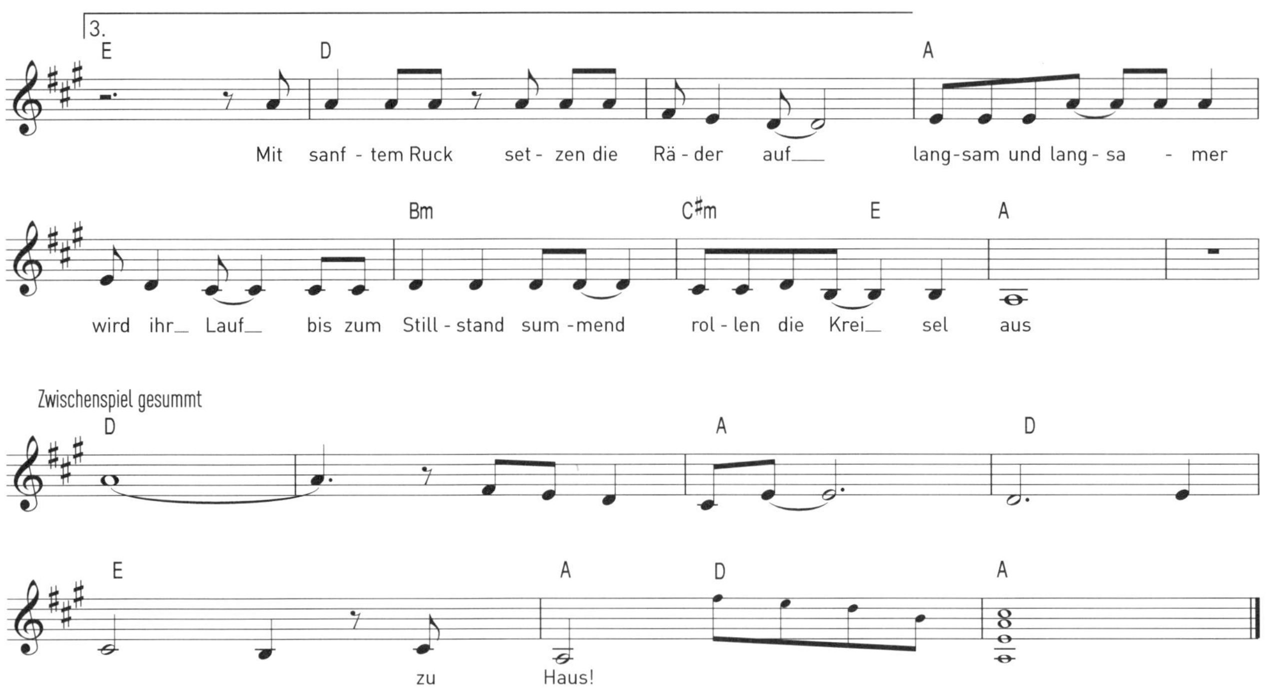
3.
E
D
A
Mit sanf - tem Ruck set - zen die Rä - der auf
lang - sam und lang - sa - mer
Bm
C#m
E
A
wird ihr Lauf bis zum Still - stand sum - mend rol - len die Krei - sel aus
Zwischenspiel gesummt
D
A
D
E
A
D
A
zu Haus!

```
       A                                           D
1. Blau säumen die Lichter den Rollwegrand, grün, eingelassen im Asphaltband
   Bm                    C#m                           E
   führen sie über das nächtliche, tiefschwarze Feld
        A                                                D
   In die schimmernde Bahn. Eine Perlenschnur von Lichtern weist eine leuchtende Spur
        C#m                        D                     E
   in die Nacht. Auf der Schwelle, zum Sprung aufgestellt:
     A                               D                 Bm                     E
   Aufbrausen und Fauchen, die Räder roll'n an, schneller die Fugen im Boden und dann
          A                   D                     E
   von der Erde abheben empor auf strahlendem Pfad.
     D                                                        A
   Die Räder fahrn ein in den Fahrwerkschacht mit hartem Schlag und wieder ist Nacht.
        Bm               C#m    E          A
   Tief unten schemenhaft die schlafende Stadt.

      A                                                          D
2. In Dunkelheit steigen, kaum dass man spürt, wenn der schwankende Flügel die Wolken berührt,
       Bm                 C#m                  E
   die stille stehn, eingefroren in blitzendem Licht.
           A                                           D
   Aus dem Nebel in einer anderen Welt auftauchen, unter dem Sternenzelt
      C#m            D                    E
   dahingleiten über samtener Wolkenschicht.
     A                                D                    Bm                  E
   Die metallene Haut rauscht im eisigen Strom, die enge Kanzel wird weit wie ein Dom,
          A               D             E
   unendliche Schönheit, die der Blick umspannt.
          D                                          A
   Auch ein Zweifler fragt sich in so einer Nacht, gibt es einen Gott, der über all dem wacht,
        Bm                        C#m       E      A
   der die Sterne führt und das Ruder in deiner Hand.

      A                                         D
3. Ein winziger Punkt nur am Firmament in klirrender Kälte, fremdem Element,
       Bm                      C#m                    E
   ein winziger Punkt auf dem Schirm einer Bodenstation.
       A                                                  D
   Kein Platz ist jetzt einsamer auf der Welt, nur die Stimme im Äther, die zu dir hält,
      C#m                  D          E
   ein Funkspruch, ein Gruß, deine Position.
          A                           D                    Bm                       E
   Und du sinkst aus den Wolken in die Regennacht und plötzlich erscheint sie in strahlender Pracht,
      A                D            E
   die gleißende Landebahn genau voraus.
     D                                      A
   Mit sanftem Ruck setzen die Räder auf, langsam und langsamer wird ihr Lauf,
         Bm                        C#m       E        A     A
   bis zum Stillstand, summend rollen die Kreisel aus - zu Haus!
```

Drachenblut

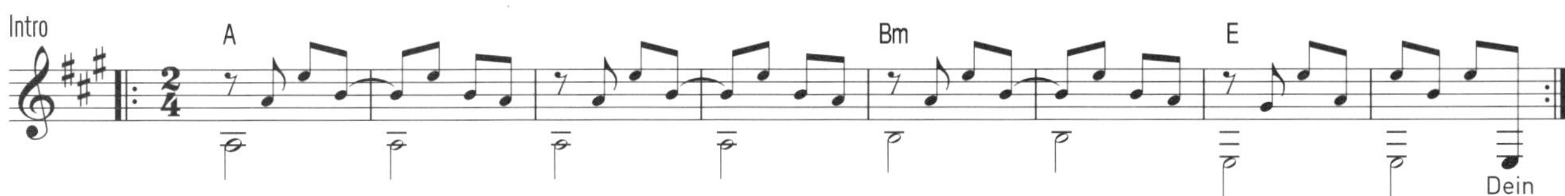

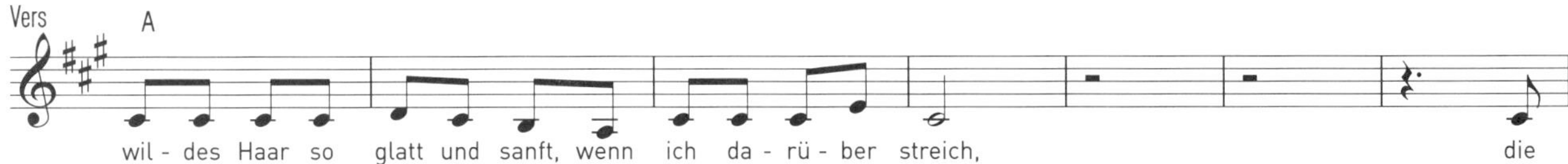

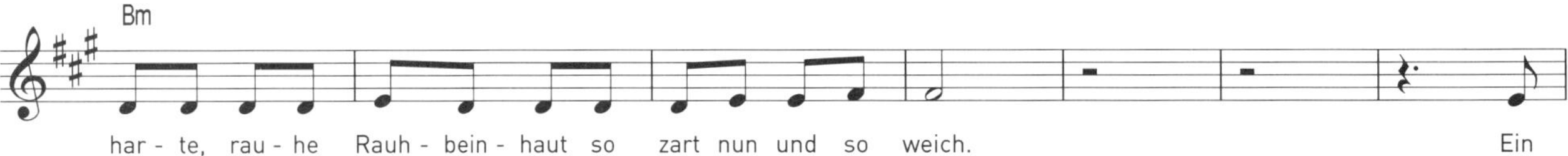

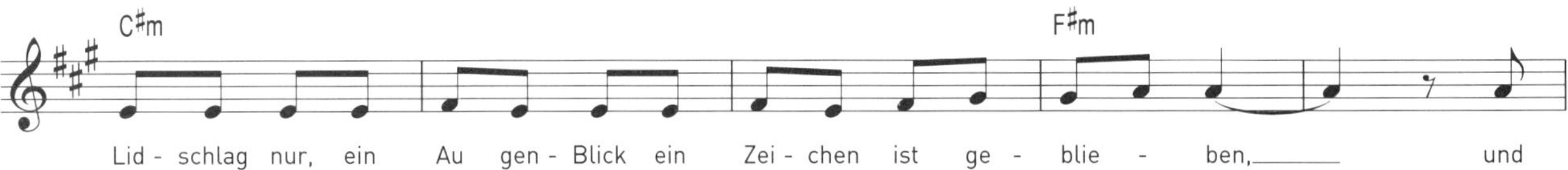

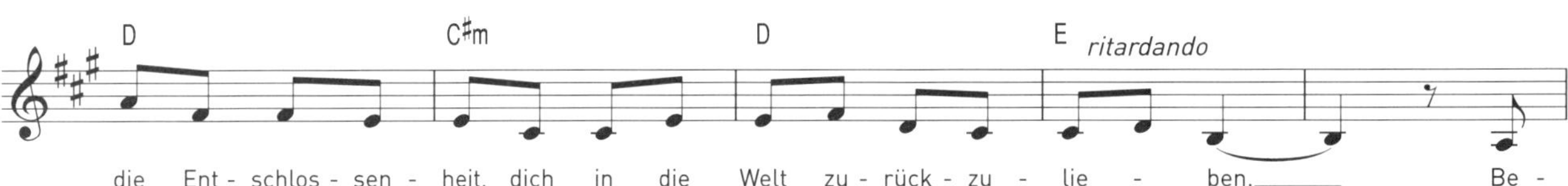

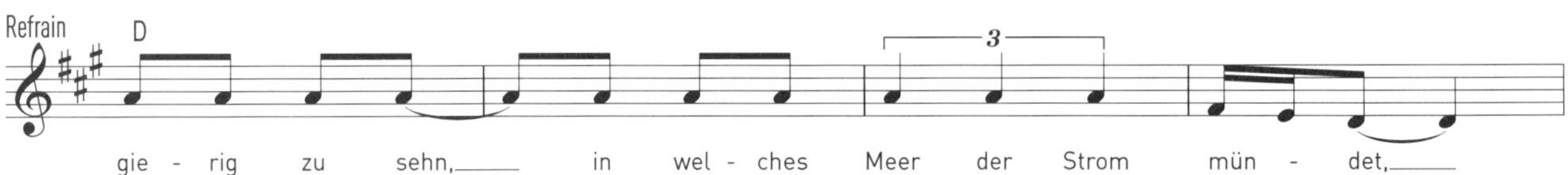

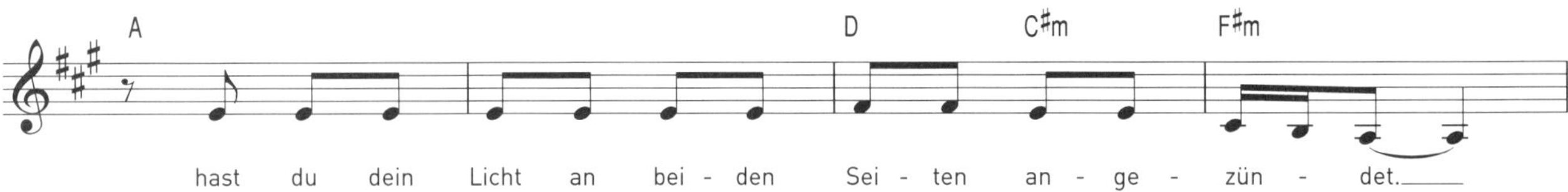

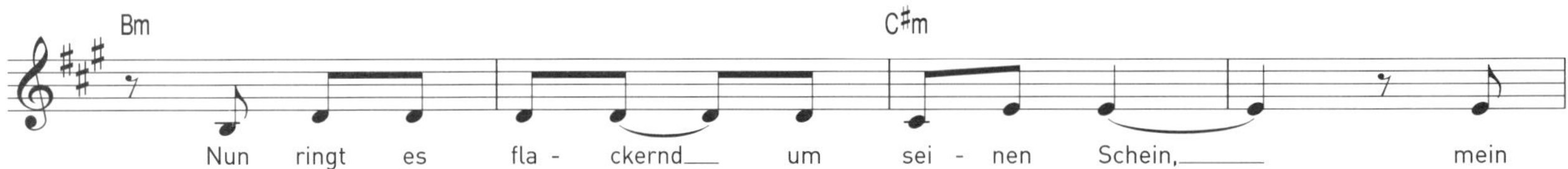

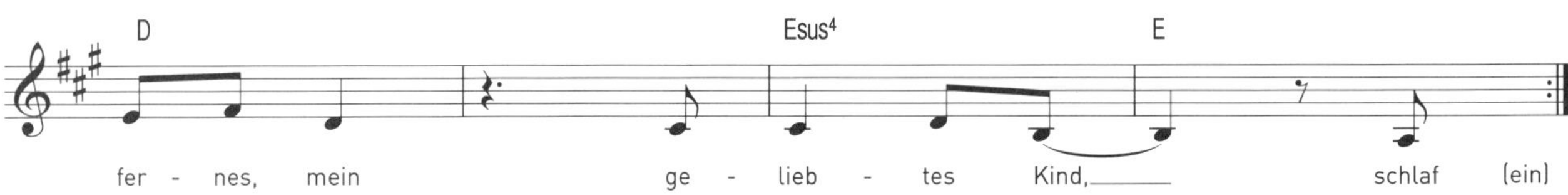

```
     A
1.   Dein wildes Haar so glatt und sanft, wenn ich darüber streich,
       Bm
     die harte, rauhe Rauhbeinhaut so zart nun und so weich.
       C♯m                                              F♯m
     Ein Lidschlag nur, ein Augen-Blick, ein Zeichen ist geblieben,
        D                C♯m          D           E
     und die Entschlossenheit, dich in die Welt zurückzulieben.
```

Refrain

```
      D
     Begierig zu sehn, in welches Meer der Strom mündet,
     A                           D     C♯m F♯m
     hast du dein Licht an beiden Seiten angezündet.
     Bm                          C♯m
     Nun ringt es flackernd um seinen Schein,
        D                Esus4  E        A
     mein fernes, mein geliebtes Kind, schlaf ein.
```

```
      A
2.   Ein ruheloser Suchender, ein Durchreisender nur
      Bm
     Immer auf Messers Schneide, immer auf der schnellen Spur,
       C♯m                                              F♯m
     Ein Doktor Faust, ein Bungeespringer, frei und ungebunden
        D           C♯m          D          E
     Hast du in den Favelas die Blaue Blume gefunden?
```

Refrain

```
      D
     Begierig zu sehn, in welches Meer der Strom mündet,
     A                           D     C♯m F♯m
     hast du dein Licht an beiden Seiten angezündet.
     Bm                          C♯m
     Nun ringt es flackernd um seinen Schein,
        D                Esus4  E        A
     mein fernes, mein geliebtes Kind, schlaf ein.
```

```
      A
3.   Hast Du auf deiner Reise so viel Kümmernis gesehn?
       Bm
     Erschöpft von so viel Schmerzen, ruh dich aus, lass es geschehn.
       C♯m                                        F♯m
     Ich bleib bei dir, ich setze mich an deiner Seite nieder.
       D           C♯m                 D        E
     Ich habe dich so lang vermisst, jetzt habe dich wieder.
```

Refrain

```
     D
     Gierig zu sehn, in welches Meer der Strom mündet,
     A                           D     C♯m F♯m
     hast du dein Licht an beiden Seiten angezündet.
     Bm                          C♯m
     Nun ringt es flackernd um seinen Schein,
        D                Esus4  E        A
     mein fernes, mein geliebtes Kind, schlaf ein.
```

Mairegen

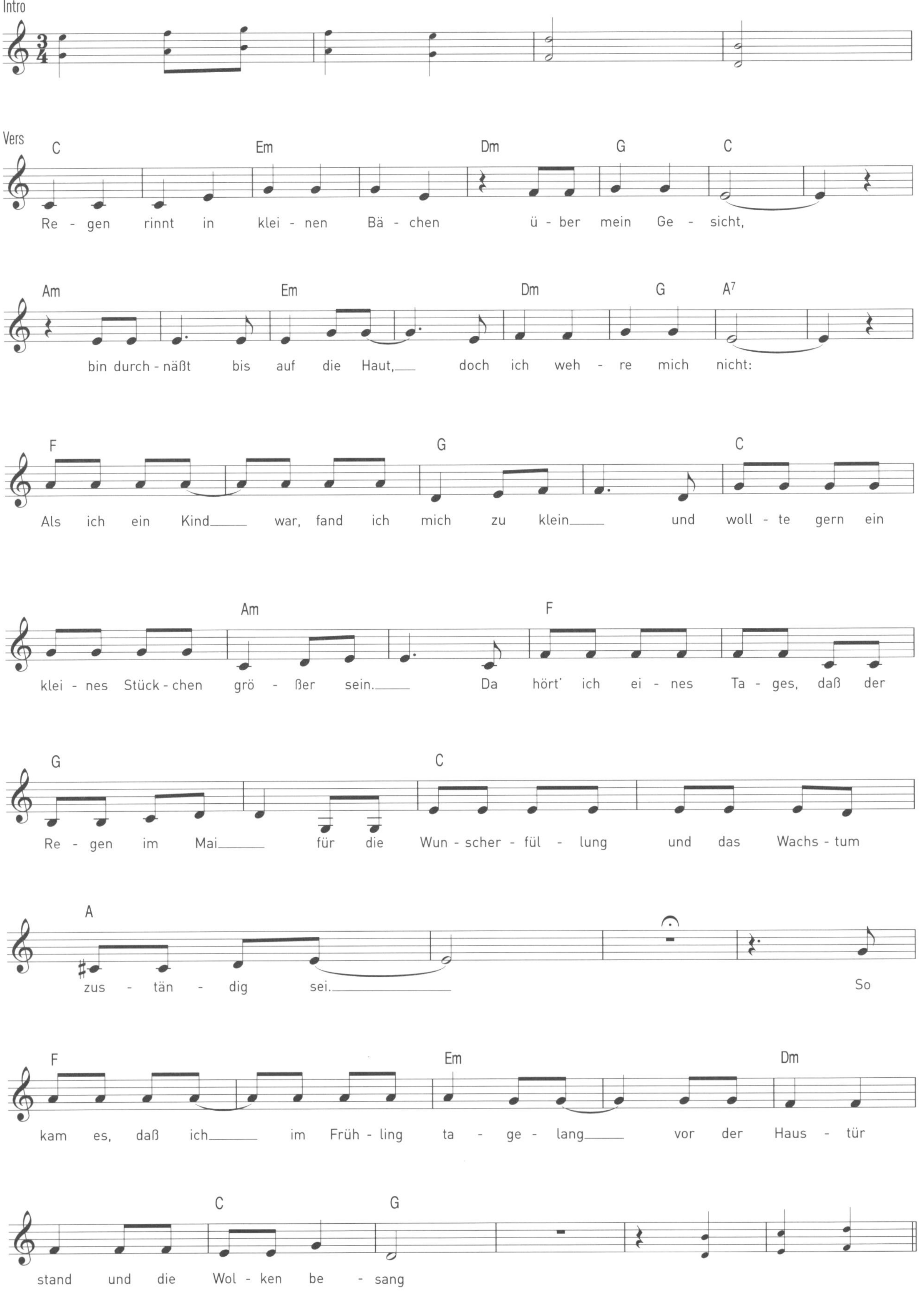
Intro
Vers
C Em Dm G C
Re - gen rinnt in klei - nen Bä - chen ü - ber mein Ge - sicht,
Am Em Dm G A7
bin durch - näßt bis auf die Haut, doch ich weh - re mich nicht:
F G C
Als ich ein Kind war, fand ich mich zu klein und woll - te gern ein
Am F
klei - nes Stück - chen grö - ßer sein. Da hört' ich ei - nes Ta - ges, daß der
G C
Re - gen im Mai für die Wun - scher - fül - lung und das Wachs - tum
A
zus - tän - dig sei. So
F Em Dm
kam es, daß ich im Früh - ling ta - ge - lang vor der Haus - tür
C G
stand und die Wol - ken be - sang

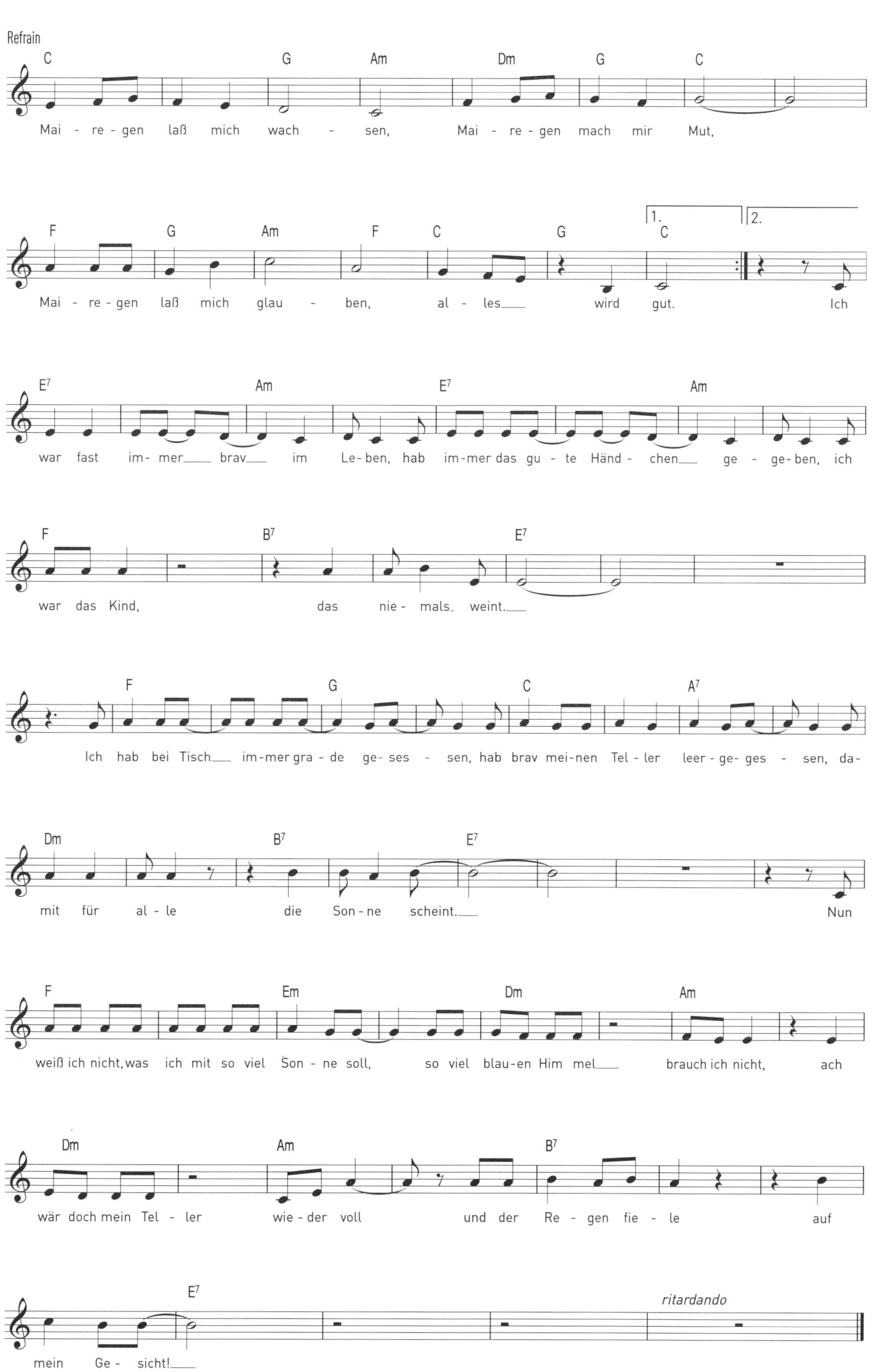
Refrain
C G Am Dm G C
Mai - re - gen laß mich wach - sen, Mai - re - gen mach mir Mut,
1. 2.
F G Am F C G C
Mai - re - gen laß mich glau - ben, al - les___ wird gut. Ich
E7 Am E7 Am
war fast im - mer___ brav___ im Le - ben, hab im - mer das gu - te Händ - chen___ ge - ge - ben, ich
F B7 E7
war das Kind, das nie - mals_ weint.___
F G C A7
Ich hab bei Tisch___ im - mer gra - de ge - ses - sen, hab brav mei - nen Tel - ler leer - ge - ges - sen, da -
Dm B7 E7
mit für al - le die Son - ne scheint.___ Nun
F Em Dm Am
weiß ich nicht, was ich mit so viel Son - ne soll, so viel blau - en Him mel___ brauch ich nicht, ach
Dm Am B7
wär doch mein Tel - ler wie - der voll und der Re - gen fie - le auf
E7
ritardando
mein Ge - sicht!___

Refrains 3 und 4

C   Em   Dm   G   C
1. Regen rinnt in kleinen Bächen über mein Gesicht,
Am   Em   Dm   G A^7
bin durchnässt bis auf die Haut, doch ich wehre mich nicht.
F   G
Als ich ein Kind war, fand ich mich zu klein
      Em   Am
und wollte gern ein kleines Stückchen größer sein.
     F   G
Da hört' ich eines Tages, dass der Regen im Mai
         C   A
für die Wunscherfüllung und das Wachstum zuständig sei.
F   Em
So kam es, dass ich im Frühling tagelang
Dm   C   G
vor der Haustür stand und die Wolken besang:

Refrain

C   G   Am   Dm   G   C
Mairegen lass mich wachsen, Mairegen mach mir Mut,
F   G   Am F   C   G   C
Mairegen lass mich glauben, alles wird gut.

C   Em   Dm   G   C
2. Manch kindlicher Kinderglaube verlässt dich im Leben nie.
Am   Em   Dm   G A^7
Schließlich bin ich heut größer als Berlusconi, größer als Sarkozy.
F   G
Darum ist es klug, du führst auf Schritt und Tritt
Em   Am
eine kleine Regenwolke mit dir mit,
            F   G
denn im Leben kommt es manchmal knüppeldick
         C   A
und du glaubst, du hast die Wahl nur zwischen Kugel und Strick.
               F   Em
Wenn das letzte Fünkchen Hoffnung dich verläßt,
             Dm   C   G
hältst du dich an einem kleinen Kinderreim fest:

Refrain

C G Am Dm G C
Mairegen lass mich wachsen, Mairegen mach mir Mut,

F G Am F C G C
Mairegen lass mich glauben, alles wird gut.

E^7 Am E^7 Am
Ich war fast immer brav im Leben, hab immer das gute Händchen gegeben,

F B^7 E^7
ich war das Kind, das niemals weint.

F G C A^7
Ich hab bei Tisch immer grade gesessen, hab brav meinen Teller leergegessen,

F B^7 E^7
Damit für alle die Sonne scheint.

F Em Dm Am
Nun weiß ich nicht, was ich mit so viel Sonne soll, soviel blauen Himmel brauch ich nicht,

Dm Am B^7 E^7
Ach wär doch mein Teller wieder voll und der Regen fiele auf mein Gesicht!

Refrain 3

C G Am Dm G C
Mairegen komm und regne, regne in mein Herz,

F G Am F C G C
regne meinen Kummer fort, lindere meinen Schmerz.

Refrain 4

C G Am Dm G C
Mairegen lass mich wachsen, Mairegen mach mir Mut,

F G Am F C G C
Mairegen lass mich glauben, alles wird gut.

Rotten Radish Skiffle Guys

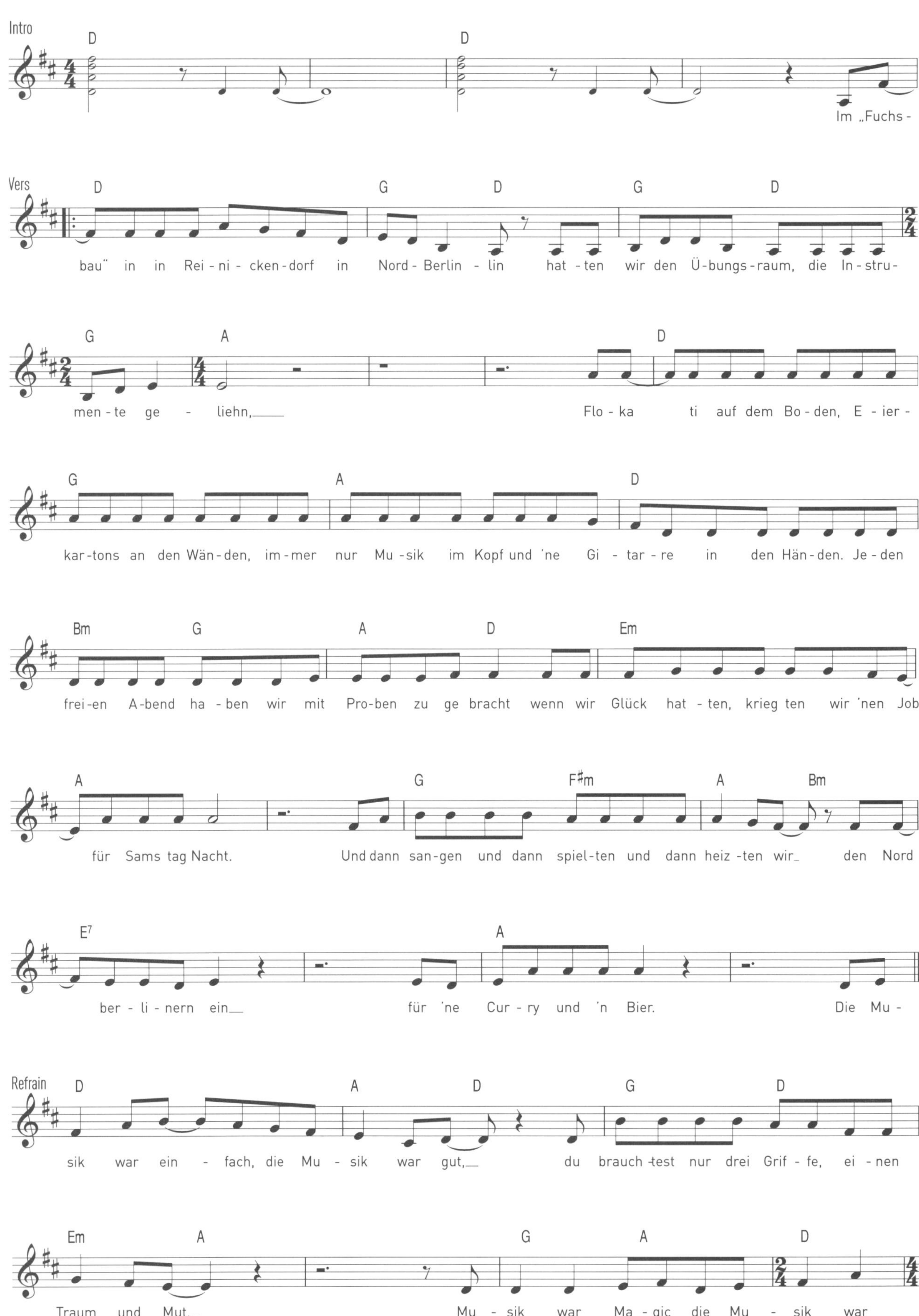

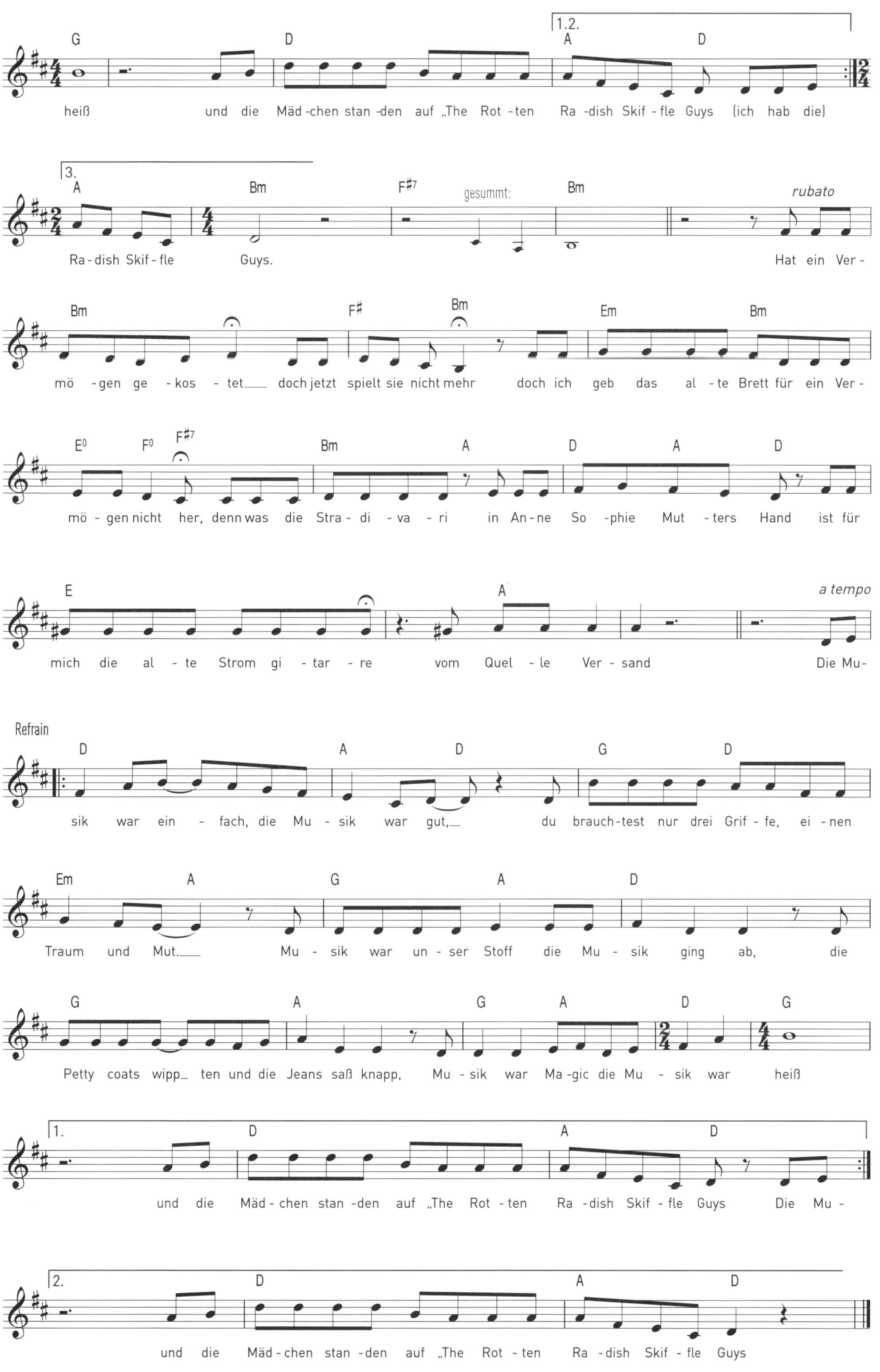
1.2.
G D A D
heiß und die Mäd-chen stan-den auf „The Rot-ten Ra-dish Skif-fle Guys (ich hab die)
3.
A Bm F♯7 gesummt: Bm rubato
Ra-dish Skif-fle Guys. Hat ein Ver-
Bm F♯ Bm Em Bm
mö-gen ge-kos-tet__ doch jetzt spielt sie nicht mehr doch ich geb das al-te Brett für ein Ver-
E0 F0 F♯7 Bm A D A D
mö-gen nicht her, denn was die Stra-di-va-ri in An-ne So-phie Mut-ters Hand ist für
E A a tempo
mich die al-te Strom gi-tar-re vom Quel-le Ver-sand Die Mu-
Refrain
D A D G D
sik war ein-fach, die Mu-sik war gut,__ du brauch-test nur drei Grif-fe, ei-nen
Em A G A D
Traum und Mut.__ Mu-sik war un-ser Stoff die Mu-sik ging ab, die
G A G A D G
Petty coats wipp_ ten und die Jeans saß knapp, Mu-sik war Ma-gic die Mu-sik war heiß
1.
D A D
und die Mäd-chen stan-den auf „The Rot-ten Ra-dish Skif-fle Guys Die Mu-
2.
D A D
und die Mäd-chen stan-den auf „The Rot-ten Ra-dish Skif-fle Guys

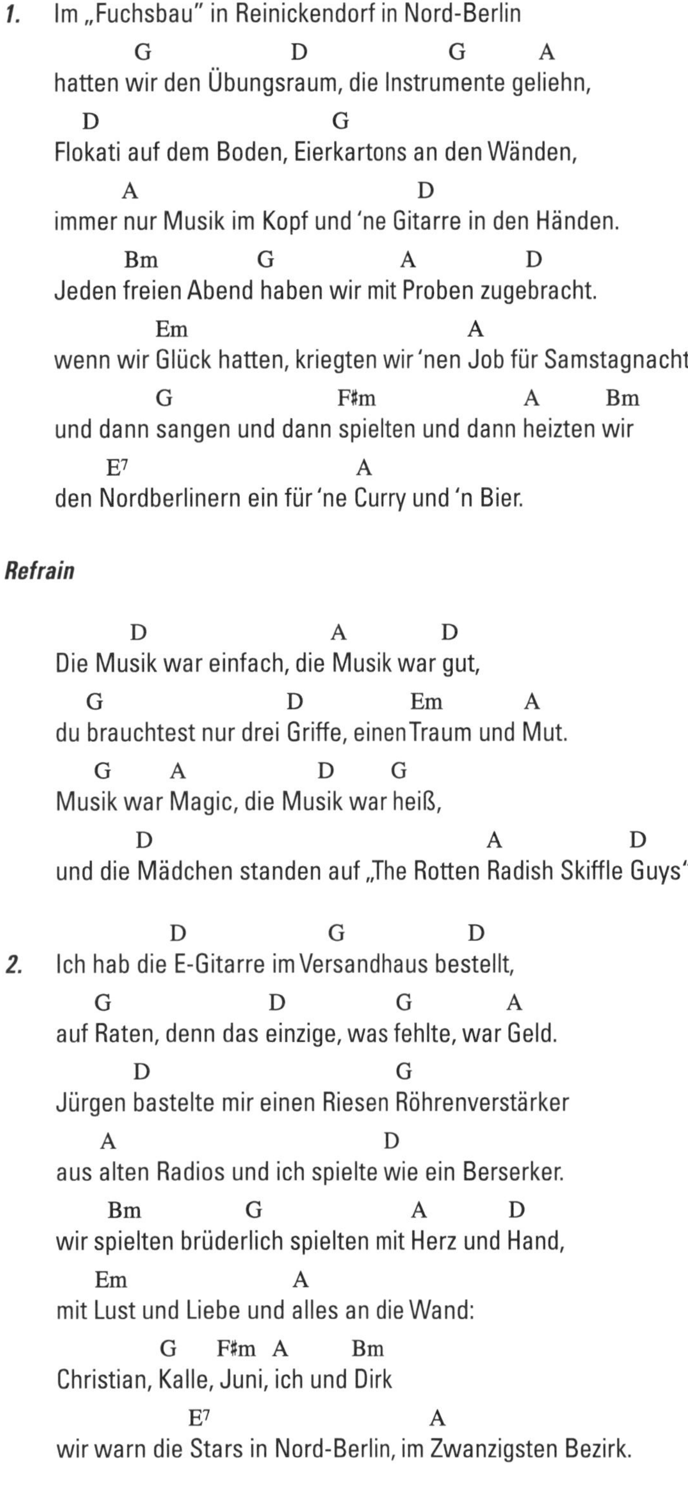

D G D
1. Im „Fuchsbau" in Reinickendorf in Nord-Berlin
G D G A
hatten wir den Übungsraum, die Instrumente geliehn,
D G
Flokati auf dem Boden, Eierkartons an den Wänden,
A D
immer nur Musik im Kopf und 'ne Gitarre in den Händen.
Bm G A D
Jeden freien Abend haben wir mit Proben zugebracht.
Em A
wenn wir Glück hatten, kriegten wir 'nen Job für Samstagnacht
G F♯m A Bm
und dann sangen und dann spielten und dann heizten wir
E7 A
den Nordberlinern ein für 'ne Curry und 'n Bier.

Refrain

D A D
Die Musik war einfach, die Musik war gut,
G D Em A
du brauchtest nur drei Griffe, einen Traum und Mut.
G A D G
Musik war Magic, die Musik war heiß,
D A D
und die Mädchen standen auf „The Rotten Radish Skiffle Guys".

D G D
2. Ich hab die E-Gitarre im Versandhaus bestellt,
G D G A
auf Raten, denn das einzige, was fehlte, war Geld.
D G
Jürgen bastelte mir einen Riesen Röhrenverstärker
A D
aus alten Radios und ich spielte wie ein Berserker.
Bm G A D
wir spielten brüderlich spielten mit Herz und Hand,
Em A
mit Lust und Liebe und alles an die Wand:
G F♯m A Bm
Christian, Kalle, Juni, ich und Dirk
E7 A
wir warn die Stars in Nord-Berlin, im Zwanzigsten Bezirk.

Refrain 2

D G D
3. Einer ging zur Bundesbahn, einer ging in die Politik,
G D G A
einer in den Knast, einer zur Post und einer macht Musik.
D G
Die alte E-Gitarre ist verbogen und verzogen,
A D
von Kneipendunst und Morgennebel vollgesogen
Bm G A D
hängt sie bei mir an einem Nagel an der Wand,
Em A
manchmal nehm ich sie nur noch so zum Streicheln in die Hand.
G F♯m A Bm
80 Mark hat sie gekostet, mein ganzes Taschengeld,
E7 A
doch es war für mich das kostbarste Stück Holz auf der Welt!

Refrain 3

Bm F♯ Bm
Hat ein Vermögen gekostet und jetzt spielt sie nicht mehr
Em Bm E° F° F♯
doch ich geb das alte Brett für ein Vermögen nicht her,
Bm A D A D
denn was die Stradivari in Anne Sophie Mutters Hand
E7 A
ist für mich die alte Stromgitarre vom Quelle-Versand!

Refrains 4 und 5:

D A D
Die Musik war einfach, die Musik war gut
G D Em A
du brauchtest nur drei Griffe, einen Traum und Mut.
G A D
Musik war unser Stoff, die Musik ging ab,
G A
die Pettycoats wippten und die Jeans saß knapp
G A D G
Musik war Magic, die Musik war heiß,
D A D
und die Mädchen standen auf „The Rotten Radish Skiffle Guys“.

Larissas Traum

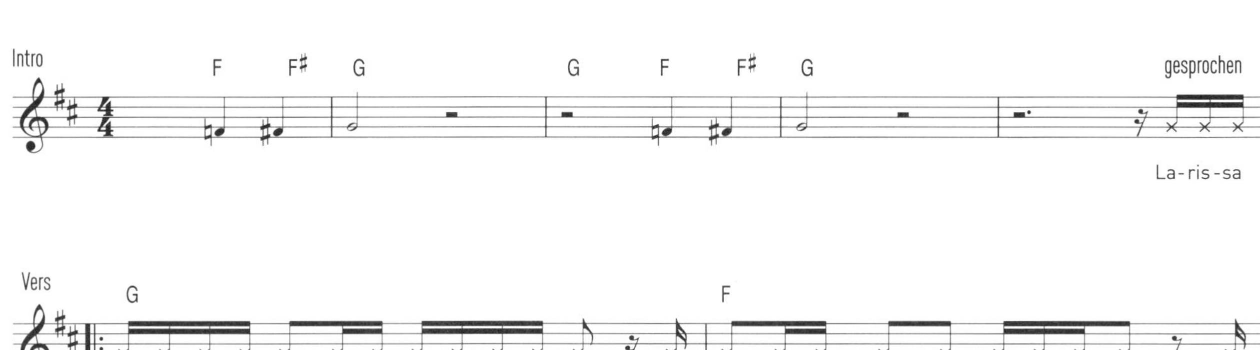

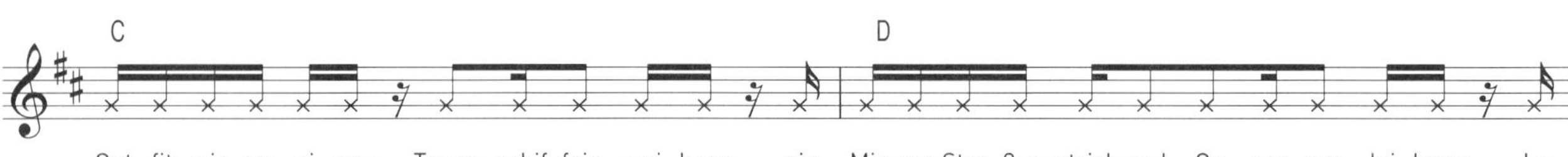

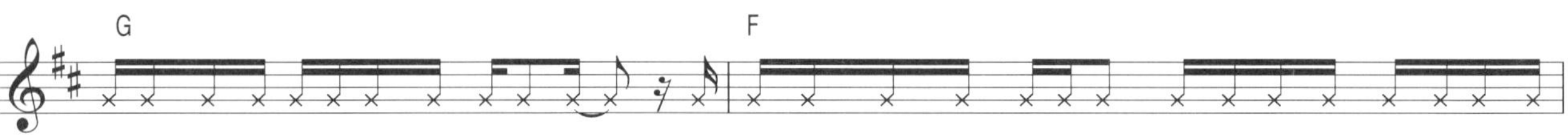

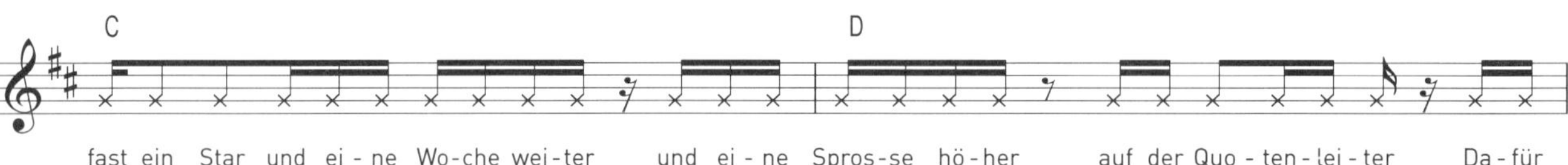

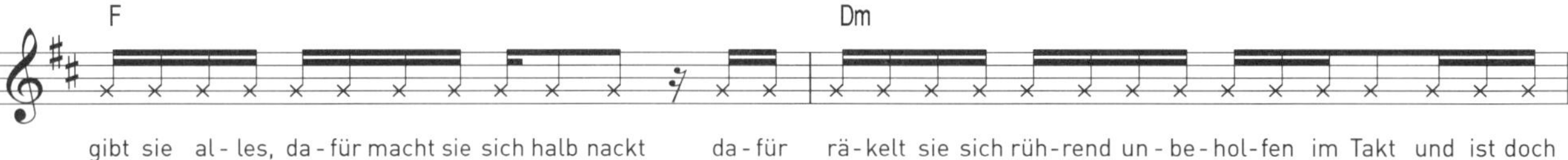

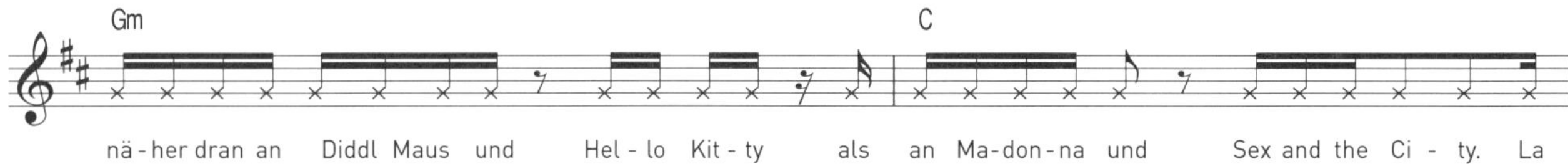

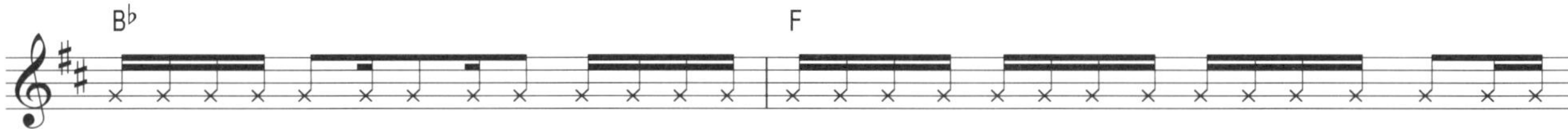

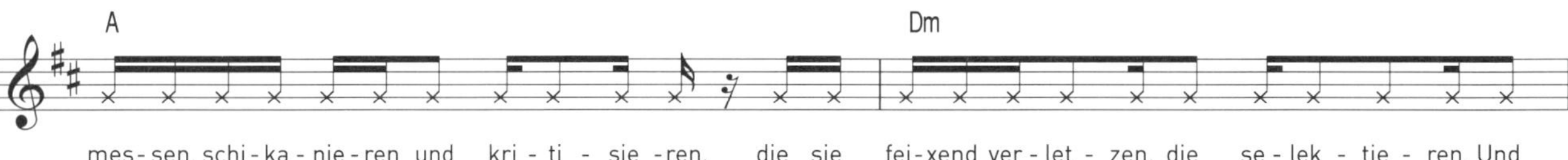

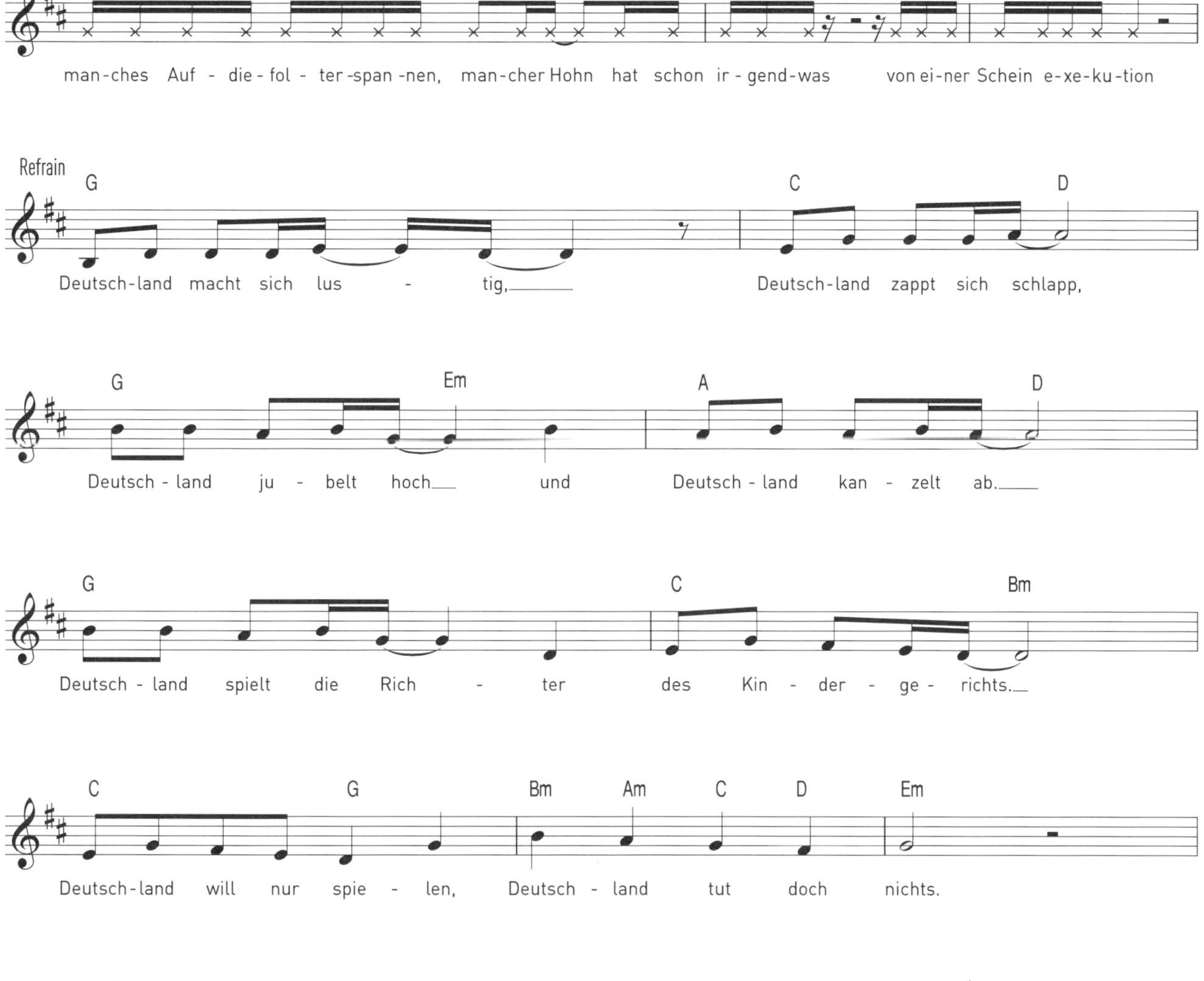
C Dm C D
man-ches Auf - die-fol - ter-span-nen, man-cher Hohn hat schon ir - gend-was von ei-ner Schein e-xe-ku-tion
Refrain
G C D
Deutsch-land macht sich lus - tig, Deutsch-land zappt sich schlapp,
G Em A D
Deutsch - land ju - belt hoch und Deutsch - land kan - zelt ab.
G C Bm
Deutsch - land spielt die Rich - ter des Kin - der - ge - richts.
C G Bm Am C D Em
Deutsch-land will nur spie - len, Deutsch - land tut doch nichts.
C D C G F F♯
La - ris - sa

G
1. Larissa steht am Mikrofon im Scheinwerferlicht,
F
ein grell überschminktes Kindergesicht,
C
ein Outfit wie zu einerTraumschiffeinweihung,
D
ein Mix aus Straßenstrich und Oscarverleihung.
G
Larissa singt wie alle Mädchen, die 16 sind,
F
nicht besser, nicht schlechter, und wenn sie heut gewinnt,
C
ist sie schon fast ein Star und eine Woche weiter
D
und eine Sprosse höher auf der Quotenleiter.
F
Dafür gibt sie alles, dafür macht sie sich halb nackt
Dm
dafür räkelt sie sich rührend unbeholfen imTakt
Gm
und ist doch näher dran an Diddl-Maus und Hello Kitty
C
als an Madonna und Sex and the City.
B♭
Larissa muss vor drei Juroren bestehn,
F
wie die drei Affen, die nichts hören, die nichts sagen und nichts sehn,
A
die sie messen, schikanieren und kritisieren,
Dm
die sie feixend verletzen, die selektieren.
C Dm
Und manches Aufdiefolterspannen, mancher Hohn
C D
hat schon irgendwas von einer Scheinexekution.

Refrain 1

G C D
Deutschland macht sich lustig, Deutschland zappt sich schlapp,
G Em A D
Deutschland jubelt hoch und Deutschland kanzelt ab.
G C Bm
Deutschland spielt die Richter des Kindergerichts.
C G Bm Am C D Em
Deutschland will nur spielen, Deutschland tut doch nichts.

          G
2. Larissa steht am Mikrofon im Scheinwerferlicht,
                    F
Sie wartet fiebernd auf das Telefongericht.
       C
Der dritte Platz, hey, Glückwunsch, Larissa!
       D
Aber die drei Hütchenspieler wissen es besser,
                  G
Sie schicken Pferdchen in ein Rennen, das dann
        F
Außer ihnen selbst, niemand gewinnen kann.
   C
Die Leute auf den Bänken trampeln und johlen,
   D
Das nächste Mal wird sie den ersten Platz holen!
               F
Es ist wie damals beim Wurstschnappen beim Kinderfest,
   Dm
Nur diesmal geht es um die Wurst, und diesmal lässt
   Gm
Sie sich die Chance nicht aus den Händen reißen,
        C
Diesmal ist sie entschlossen, sich festzubeißen.
     B♭
Dafür läßt sie alle Sprüche über sich ergehn,
              F
Erträgt die Demütigungen, nur um hier oben zu stehn,
  A
Im Studio vor der menschlichen Klatschkulisse,
         Dm
Die sich Häme wünscht, Lästern, Spott und Verrisse.
    C   Dm
Und draußen wartet die Flachbildschirm-Nation
         C   D
Auf den Geldgewinn aus der Telefonaktion.

Refrain 2

G   C   D
Deutschland macht sich lustig, Deutschland zappt sich schlapp,
G   Em   A   D
Deutschland jubelt hoch und Deutschland kanzelt ab.
G   C   Bm
Deutschland spielt die Richter des Kindergerichts.
C   G   Bm   Am   C D   Em
Deutschland will nur spielen, Deutschland tut doch nichts.

```
        G
3. Larissa steht am Mikrofon im ScheinwerferLicht
             F
   Doch irgendwie trifft sie denTon heute nicht.
      C
   Die ersten kichern, die ersten pfeifen,
         D
   Sie versucht die Schmähungen noch abzustreifen.
             G
   Sie steckt wie ein Boxer lächelnd die Schläge ein
            F
   Und spielt eisern vor, nicht getroffen zu sein,
       C
   Heut rufen sie nicht an, heut lassen sie sie fallen.
          D
   Gottverlassen, entblößt, abgestürzt vor allen,
      F
   Eine Eislaufprinzessin, dieTränen vergießt
         Dm
   Auf der Tränenbank und ihr Make-up zerfließt.
      Gm
   Was war sie für ein witziges, strahlendes Mädchen
        C
   In der Schülerband in ihrem Uckermarkstädchen!
     B♭
   Sie war der Superstar, beneidet und hofiert
            F
   Und heut Abend demoliert und aussortiert.
      A
   Eine Verliererin, eine Welt bricht zusammen –
      Dm
   Eine Kinderseele, übersäht von Schrammen.
      C                                Dm
   Und mit dem nächsten Werbeblock endet hier
      C                                   D
   LarissasTraum - und ihre Zukunft liegt hinter ihr.
```

Refrain 3

```
G                                C                   D
Deutschland macht sich lustig, Deutschland zappt sich schlapp,
G                  Em       A                 D
Deutschland jubelt hoch und Deutschland kanzelt ab.
G                                C            Bm
Deutschland spielt die Richter des Kindergerichts.
C                   G       Bm     Am   C  D    Em
Deutschland will nur spielen, Deutschland tut doch nichts.
```

Spring auf den blanken Stein

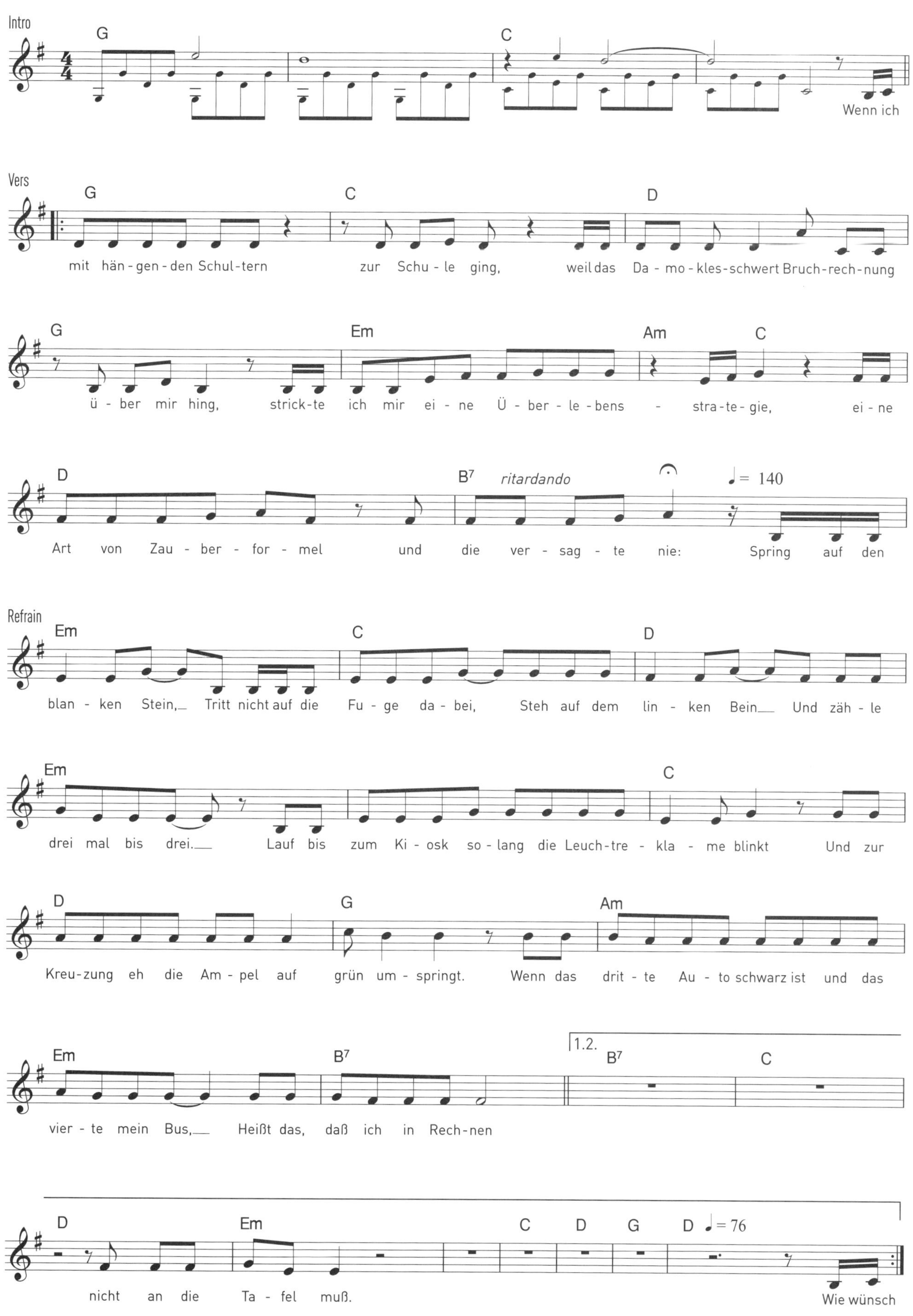

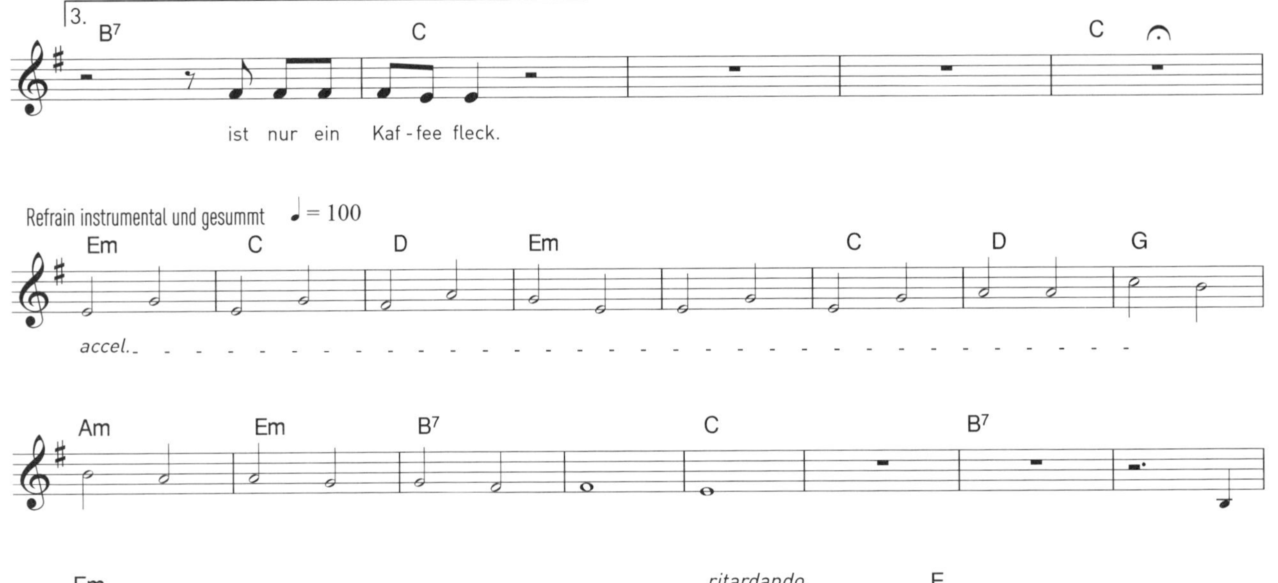

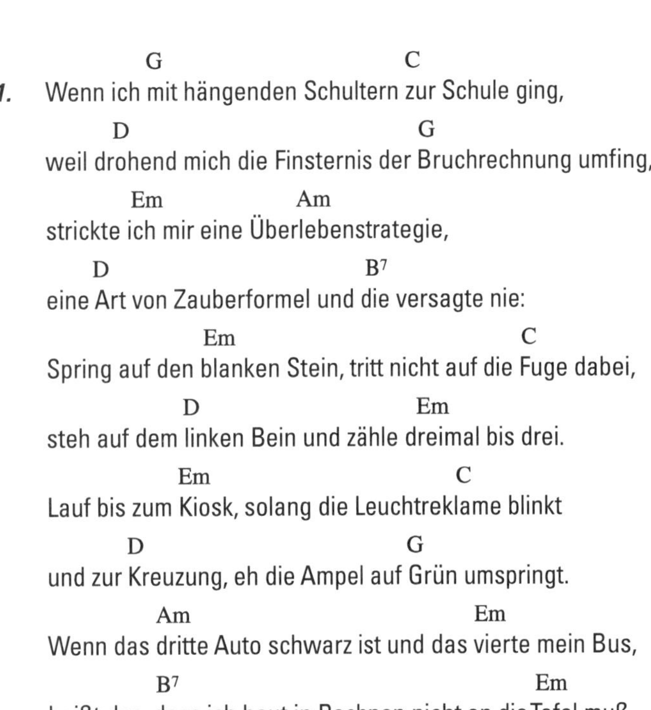

```
               G                        C
1.  Wenn ich mit hängenden Schultern zur Schule ging,
          D                          G
    weil drohend mich die Finsternis der Bruchrechnung umfing,
          Em              Am
    strickte ich mir eine Überlebenstrategie,
        D                         B7
    eine Art von Zauberformel und die versagte nie:
                  Em                          C
    Spring auf den blanken Stein, tritt nicht auf die Fuge dabei,
                D                    Em
    steh auf dem linken Bein und zähle dreimal bis drei.
                Em                        C
    Lauf bis zum Kiosk, solang die Leuchtreklame blinkt
           D                         G
    und zur Kreuzung, eh die Ampel auf Grün umspringt.
             Am                             Em
    Wenn das dritte Auto schwarz ist und das vierte mein Bus,
              B7                                  Em
    heißt das, dass ich heut in Rechnen nicht an die Tafel muß.
```

G   C
2. Wie wünschte ich mir, dass sie bemerkt, dass es mich gibt,

            D   G
dass sich diese Schönheit unsterblich in mich verliebt!

          Em   Am
Ich war struppig, doof und schüchtern, ich war unscheinbar,

              D   B^7
aber unerschütterlichen Glaubens, denn eins war mir klar:

                  Em   C
Spring auf den blanken Stein, tritt nicht auf die Fuge dabei,

              D   Em
steh auf dem linken Bein und zähle dreimal bis drei.

          Em   C
Wenn ich jetzt in dem Stück Kuchen einen Kirschkern find

        D   G
und ich spuck ihn mit geschlossnen Augen und treffe blind

        Am   Em
dort den dicken Bodybuilder und der sagt kein Wort,

                  B^7 Em
kommt sie noch heut mit auf mein Zimmer und erlegt mich sofort!

          G   C
3. Natürlich ist das Hokuspokus, einem Abzählreim,

          D   G
So einem Deppenorakel gehst doch du nicht auf den Leim.

      Em   Am
Aber erstens kommt es anders und zweitens manchmal

        D   B^7
Hast du keine andre Wahl als - Kopf oder Zahl...

                  Em   C
Spring auf den blanken Stein, tritt nicht auf die Fuge dabei,

              D   Em
steh auf dem linken Bein und zähle dreimal bis drei.

          Em   C
Wenn die Grau-Frau dich im Halteverbot nicht aufschreibt,

          D   G
wenn die Münze, die du wirfst, auf dem Rand stehn bleibt,

        Am   Em
eene meene muh und Mausespeck und du bist weg

            B^7 C
und dieser Schatten auf dem Röntgenbild ist nur ein Kaffeefleck!

Das Butterbrot

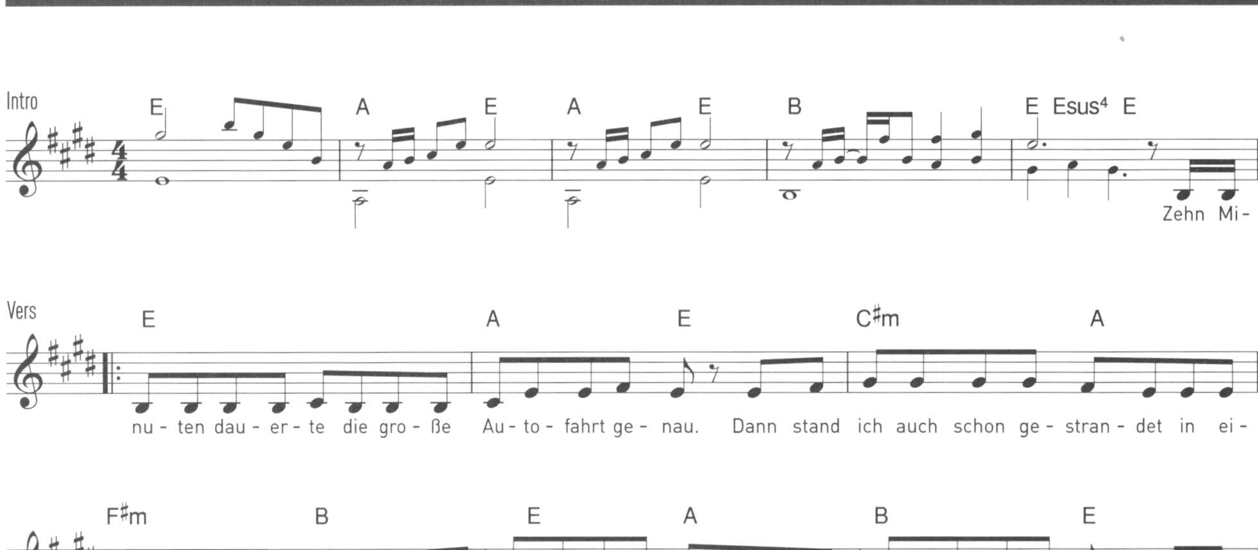

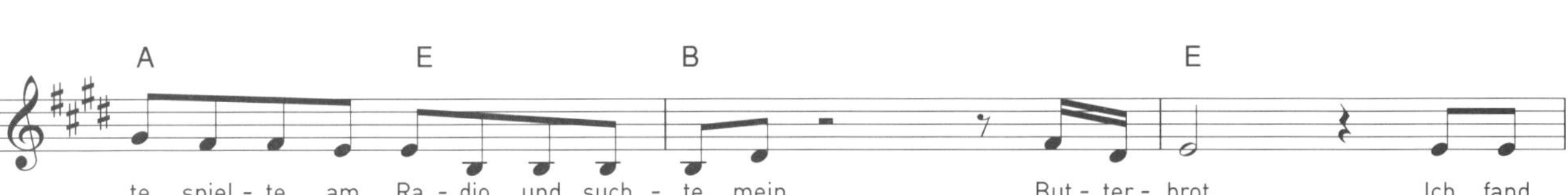

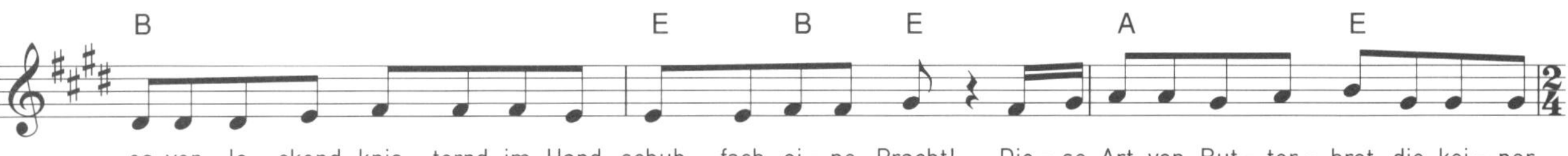

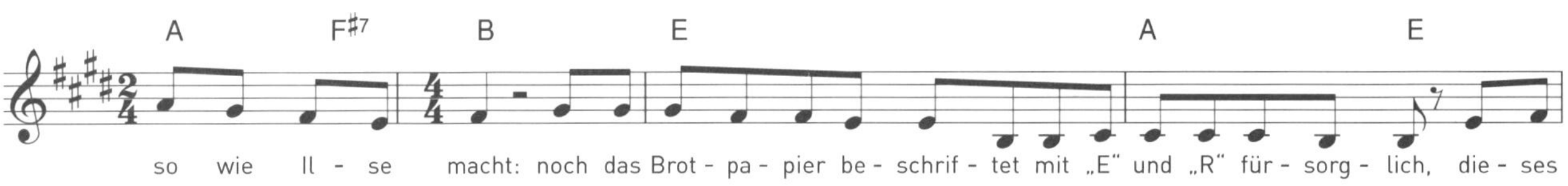

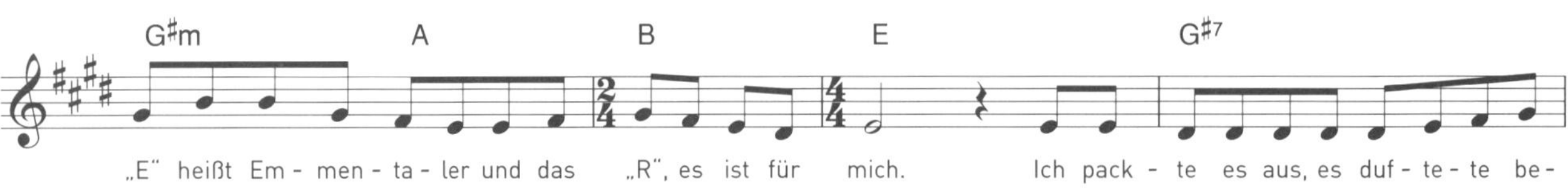

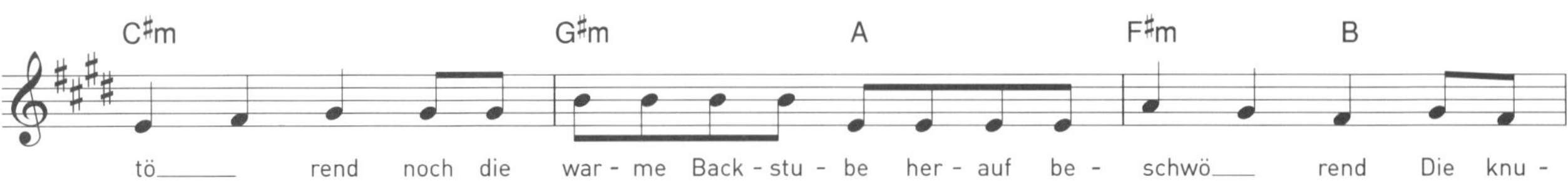

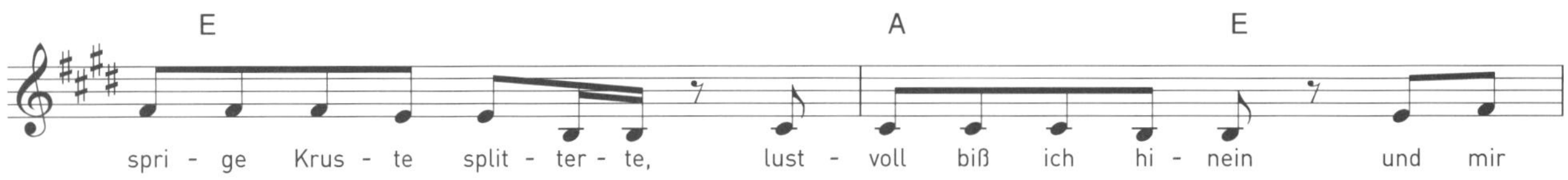

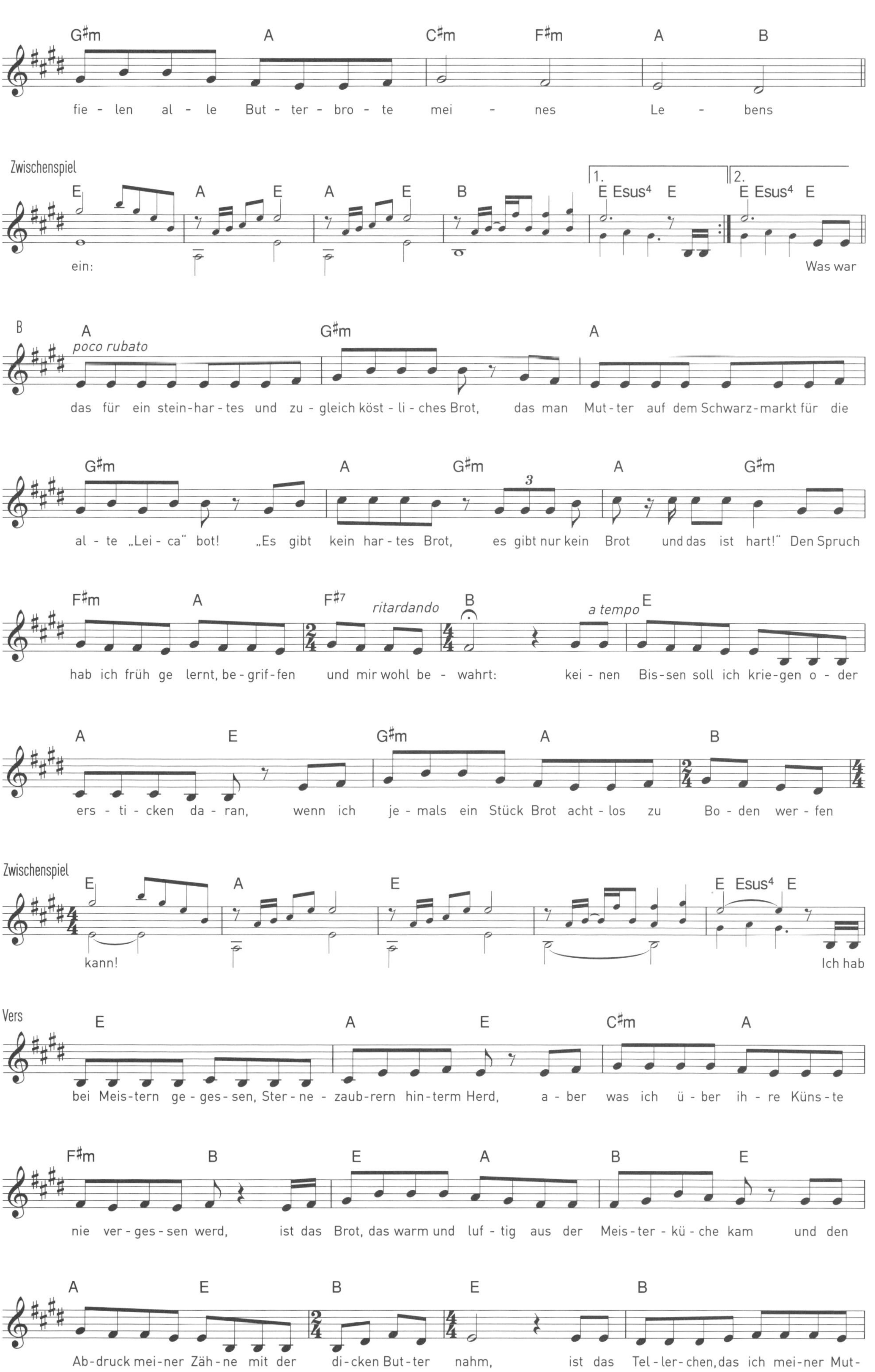
G♯m A C♯m F♯m A B
fie - len al - le But - ter - bro - te mei - nes Le - bens
Zwischenspiel
E A E A E B 1. E Esus4 E 2. E Esus4 E
ein: Was war
B
poco rubato
A G♯m A
das für ein stein-har - tes und zu - gleich köst - li - ches Brot, das man Mut - ter auf dem Schwarz - markt für die
G♯m A G♯m 3 A G♯m
al - te „Lei - ca" bot! „Es gibt kein har - tes Brot, es gibt nur kein Brot und das ist hart!" Den Spruch
F♯m A F♯7 ritardando B a tempo E
hab ich früh ge lernt, be - grif - fen und mir wohl be - wahrt: kei - nen Bis - sen soll ich krie - gen o - der
A E G♯m A B
ers - ti - cken da - ran, wenn ich je - mals ein Stück Brot acht - los zu Bo - den wer - fen
Zwischenspiel
E A E E Esus4 E
kann! Ich hab
Vers
E A E C♯m A
bei Meis - tern ge - ges - sen, Ster - ne - zaub - rern hin - term Herd, a - ber was ich ü - ber ih - re Küns - te
F♯m B E A B E
nie ver - ges - sen werd, ist das Brot, das warm und luf - tig aus der Meis - ter - kü - che kam und den
A E B E B
Ab - druck mei - ner Zäh - ne mit der di - cken But - ter nahm, ist das Tel - ler - chen, das ich mei - ner Mut -

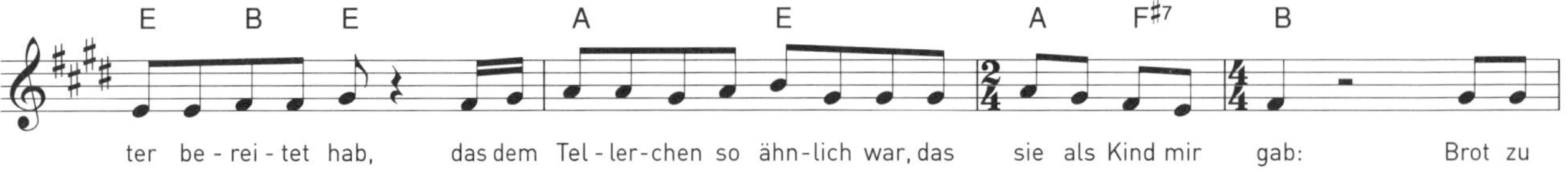
E B E A E A F♯7 B
ter be-rei-tet hab, das dem Tel-ler-chen so ähn-lich war, das sie als Kind mir gab: Brot zu
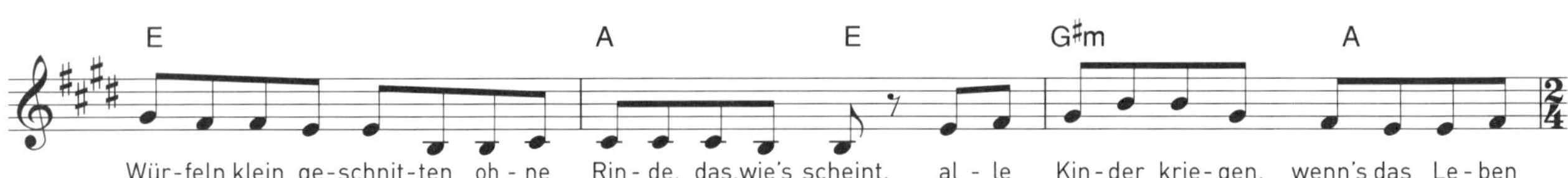
E A E G♯m A
Wür-feln klein ge-schnit-ten oh-ne Rin-de, das, wie's scheint, al-le Kin-der krie-gen, wenn's das Le-ben
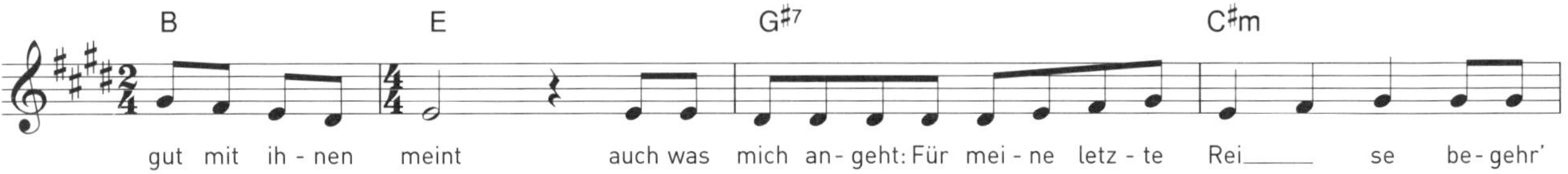
B E G♯7 C♯m
gut mit ih-nen meint auch was mich an-geht: Für mei-ne letz-te Rei___ se be-gehr'
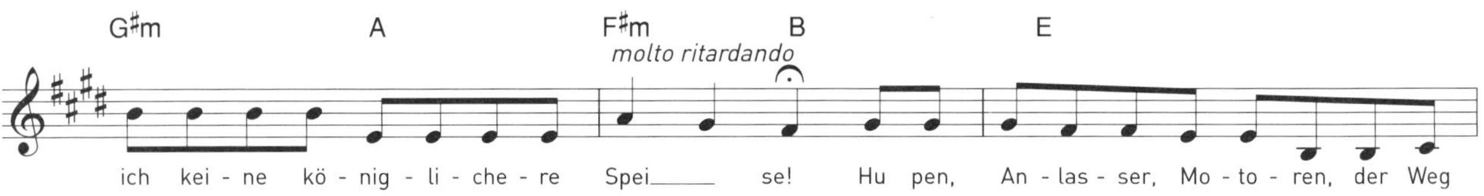
G♯m A F♯m B E
molto ritardando
ich kei-ne kö-nig-li-che-re Spei___ se! Hu pen, An-las-ser, Mo-to-ren, der Weg
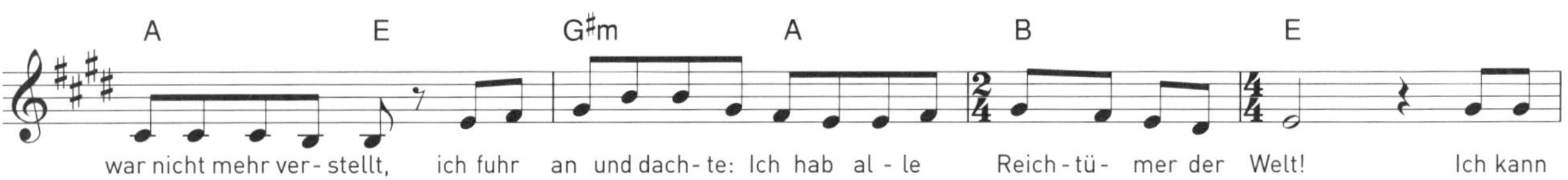
A E G♯m A B E
war nicht mehr ver-stellt, ich fuhr an und dach-te: Ich hab al-le Reich-tü-mer der Welt! Ich kann
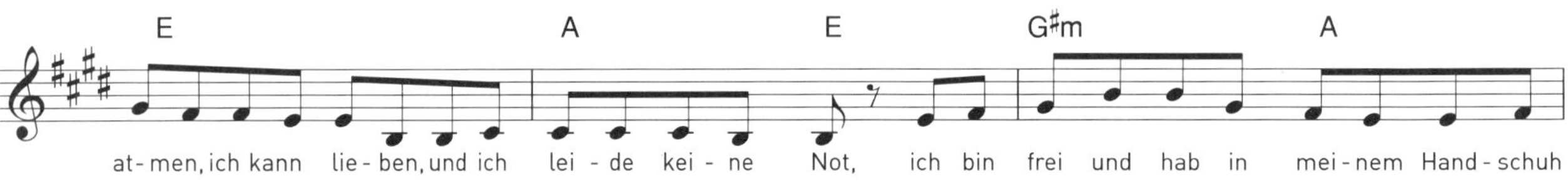
E A E G♯m A
at-men, ich kann lie-ben, und ich lei-de kei-ne Not, ich bin frei und hab in mei-nem Hand-schuh
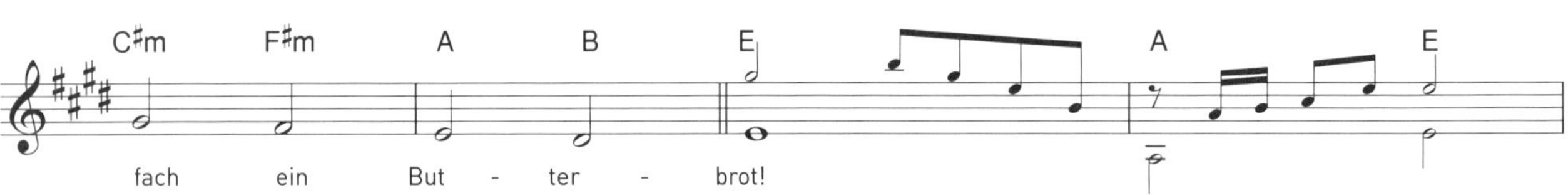
C♯m F♯m A B E A E
fach ein But-ter-brot!
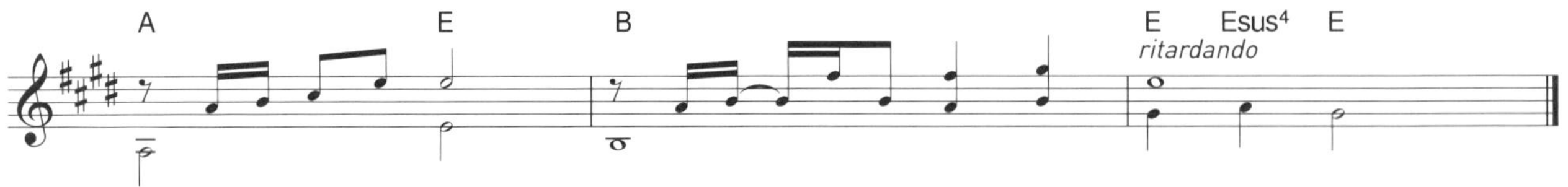
A E B E Esus4 E
ritardando

E A E
1. Zehn Minuten dauerte die große Autofahrt genau.
C♯m A F♯m B
Dann stand ich auch schon gestrandet in einem biblischen Stau:
E A B E
eine Baustelle am Horizont, Vollsperrung, ich sah rot,
A E B E
ich fluchte, spielte am Radio und suchte mein Butterbrot.
B E B E
Ich fand es verlockend knisternd im Handschuhfach, eine Pracht!
A E A F♯7 B
Diese Art von Butterbrot, die keiner so wie Ilse macht:
E A E
noch das Brotpapier beschriftet mit „E" und „R" fürsorglich,
G♯m A B E
dieses „E" heißt Emmentaler und das „R", es ist für mich.
G♯7 C♯m
Ich packte es aus, es duftete betörend
G♯m A F♯m B
noch die warme Backstube heraufbeschwörend.
E A E
Die knusprige Kruste splitterte, lustvoll biss ich hinein
G♯m A C♯m F♯m A B E
und mir fielen alle Butterbrote mei-nes Lebens ein:

E A E
2. Diese Köstlichkeit, die meine Oma mir auf einem Brett
C♯m A F♯m B
mitleidig ins Zimmer schob „Tja, ohne Abendbrot ins Bett!"
E A B E
Ein Radieschenbrot und eins mit Quark und Schnittlauch, welch ein Fest!
A E B E
Und noch eins mit Rübensirup, ich liebte Stubenarrest!
B E B E
Oder wenn mein Vater abends von der Arbeit wiederkam
A E A F♯7 B
und aus seiner Aktentasche diese Alubüchse nahm,
E A E
die ein roter Einweckgummi doppelt genommen umschloss,
G♯m A B E
den er sorgfältig abstreifte, wie ich dieses Spiel genoss,
G♯7 C♯m
wenn er den matt-silbrigen Deckel aufmachte
G♯m A F♯m B
und vom Brot, das er wieder nach Hause brachte,
E A E
mir und meiner Schwester schweigend je eine Hälfte anbot.
G♯m A C♯m F♯m A B E
Hab'nie was Besseres gegessen, als Va - ters Hasenbrot.

```
            A                                    G#m
B.  Was war das für ein steinhartes und zugleich köstliches Brot,
            A                                         G#m
    das man Mutter auf dem Schwarzmarkt für die alte „Leica" bot!
          A          G#m                 A              G#m
    „Es gibt kein hartes Brot, es gibt nur kein Brot und das ist hart!"
             F#m          A           F#7            B
    Den Spruch hab ich früh gelernt, begriffen und mir wohl bewahrt:
           E                           A          E
    keinen Bissen soll ich kriegen oder ersticken daran,
             G#m            A           B            E
    wenn ich jemals ein Stück Brot achtlos zu Boden werfen kann!

           E                            A           E
3.  Ich hab bei Meistern gegessen, Sternezaubrern hinterm Herd,
         E                          A           E
    aber was ich über ihre Künste nie vergessen werd,
           E               A            B           E
    ist das Brot, das warm und luftig aus der Meisterküche kam
          A              E             B            E
    und den Abdruck meiner Zähne mit der dicken Butter nahm,
          B                              E      B     E
    ist das Tellerchen, das ich meiner Mutter bereitet hab,
          A             E                A      F#7      B
    das dem Tellerchen so ähnlich war, das sie als Kind mir gab:
           E                              A              E
    Brot zu Würfeln klein geschnitten ohne Rinde, das, wie's scheint,
       G#m          A              B            E
    alle Kinder kriegen, wenn's das Leben gut mit ihnen meint –
            G#7                      C#m
    auch was mich angeht: Für meine letzte Reise
           G#m         A       F#m B
    begehr' ich keine königlichere Speise!
           E                             A                E
    Hupen, Anlasser, Motoren, der Weg war nicht mehr verstellt,
             G#m          A          B               E
    ich fuhr an und dachte: Ich hab alle Reichtümer der Welt!
            E                                A         E
    Ich kann atmen, ich kann lieben, und ich leide keine Not,
         G#m               A                  C#m F#m A  B   E
    ich bin frei und hab in meinem Handschuhfach ein Butter - brot!
```

Wir sind eins

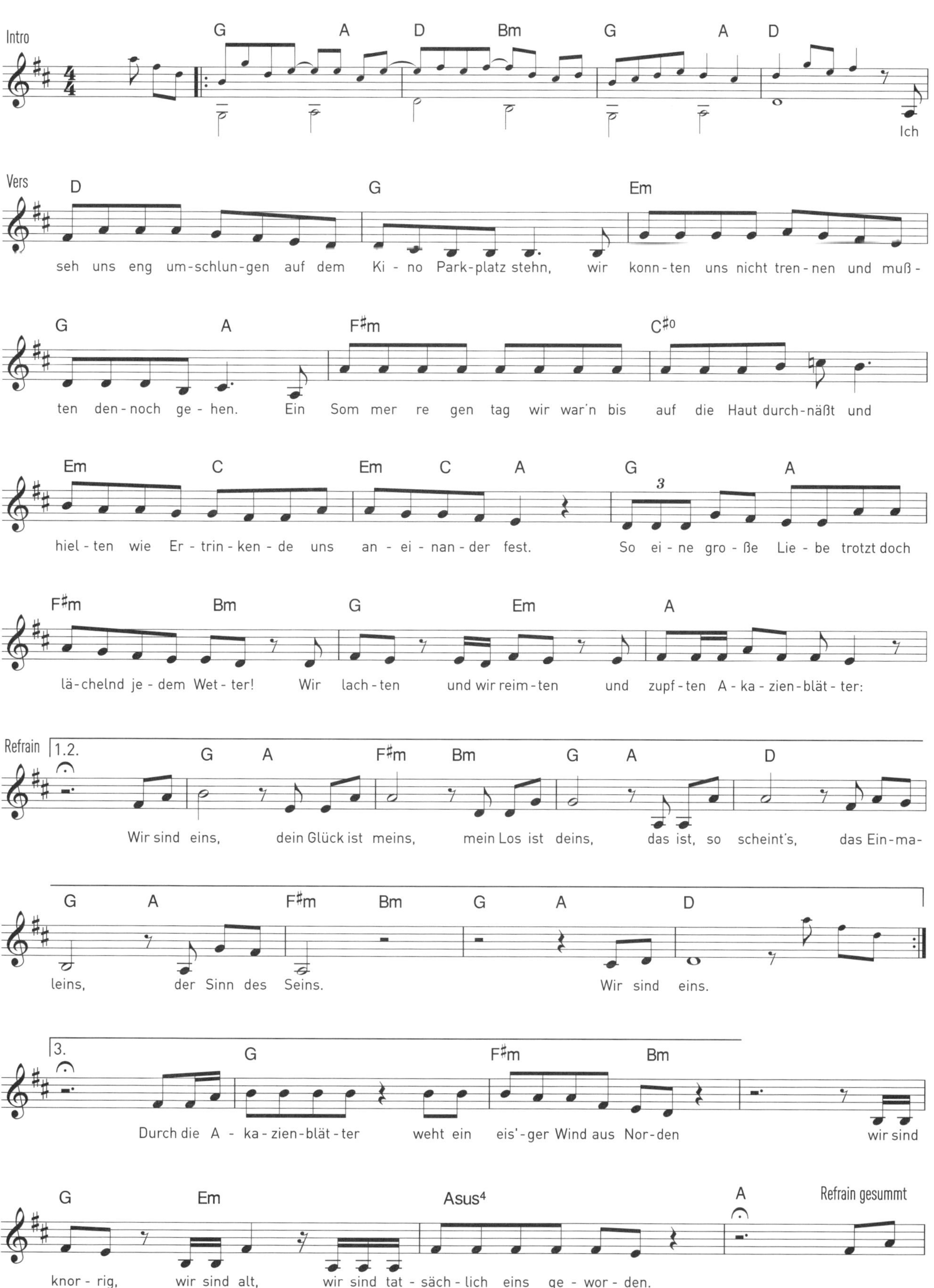

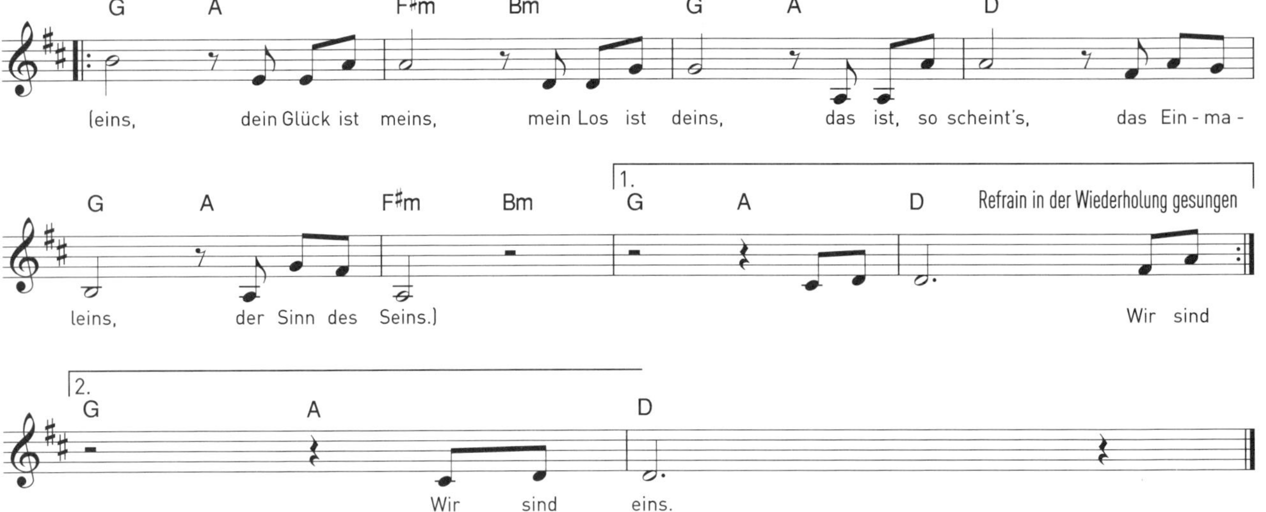


```
D                                    G
Ich seh uns eng umschlungen auf dem Kino-Parkplatz stehn,
  G                              Em              A
Wir konnten uns nicht trennen und mussten dennoch gehen.
  F♯m                            C♯°
Ein Sommerregentag, wir war'n bis auf die Haut durchnässt
   Em           C              Em        A
Und hielten wie Ertrinkende uns aneinander fest.
G            A               F♯m          Bm
So eine große Liebe trotzt doch lächelnd jedem Wetter!
  G              Em         A
Wir lachten und wir reimten und zupften Akazienblätter:
        G      A
Wir sind eins,
              F♯    Bm
Dein Glück ist meins,
             Em      A
Mein Los ist deins,
            D
Das ist, so scheint's,
            G      A
Das Einmaleins,
              F♯     Bm  G   A
Der Sinn des Seins.
        D
Wir sind eins.
```

D G
Wir haben uns gefunden, voneinander nie entfernt,
G Em A
In Sturm und glatter See miteinander leben gelernt,
F♯m C♯°
Manch Plan ging auf und mancher zerbrach an der Wirklichkeit
Em C Em A
Wir lieben uns, und immer noch sprühn Funken seit der Zeit
G A F♯m Bm
Und geht einer von uns die Tür zuschlagend aus dem Zimmer,
G Em A
Er kommt wieder zurück, der alte Zauberspruch wirkt immer:

Refrain

D G
Du kennst all meine Kunststücke, ich kenn dein rotes Tuch,
G Em A
Du kennst meine Geheimnisse, du bist mein offnes Buch.
F♯m C♯°
Nichts andres will ich lesen und nichts andres brauch ich mehr
Em C Em A
Als dich an meiner Seite - alles was ich begehr!
G A F♯m Bm
Lass uns zusammenrücken und in den bitterkalten
G Em A
Rauhreifmorgen uns aneinander wärmen und festhalten.
G F♯m Bm
Durch die Akazienblätter weht ein eisiger Wind aus Norden –
G Em A^{sus4} A
Wir sind knorrig, wir sind alt, wir sind tatsächlich eins geworden.

Pickingvorschläge

1. Antje

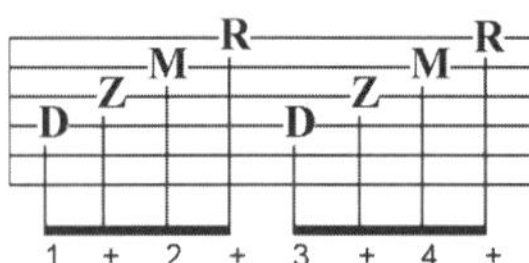

2. Das erste Mal

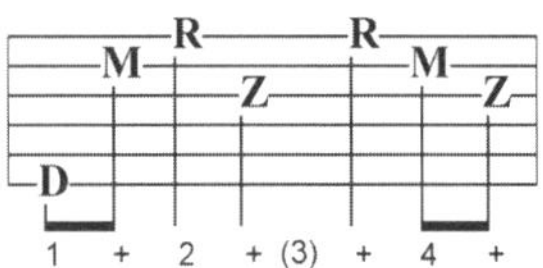

3. Gegen den Wind

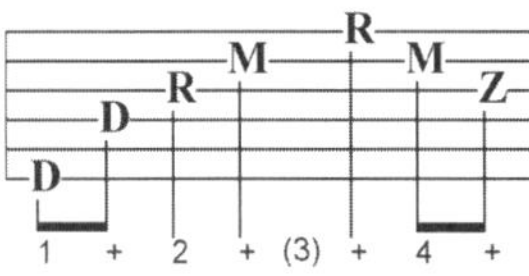

4. Gute Seele

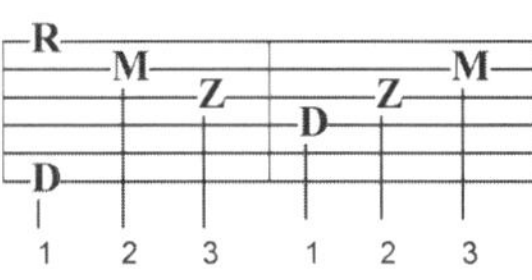

5. Ficus Benjamini

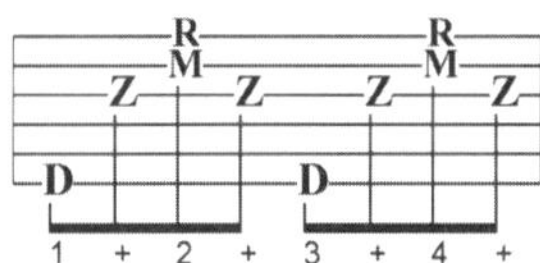

6. Nachtflug

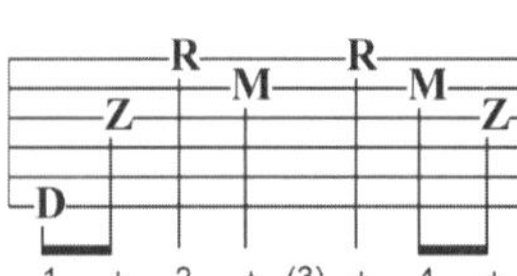

7. Drachenblut

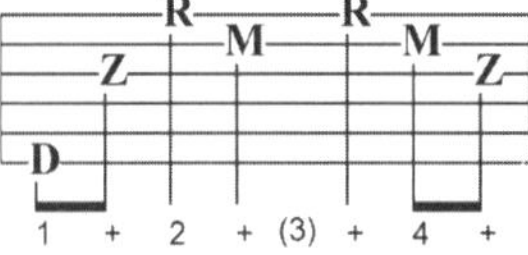

8. Mairegen

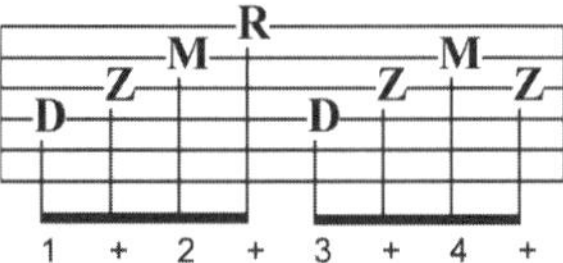

9. Rotten Radish Skiffle Guys

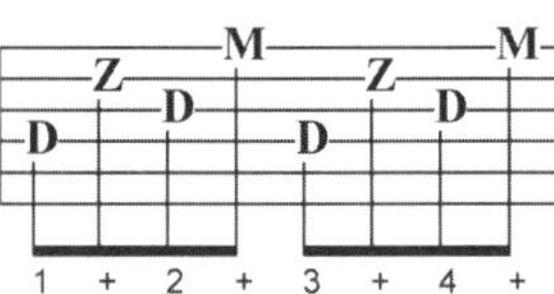

10. Larissas Traum

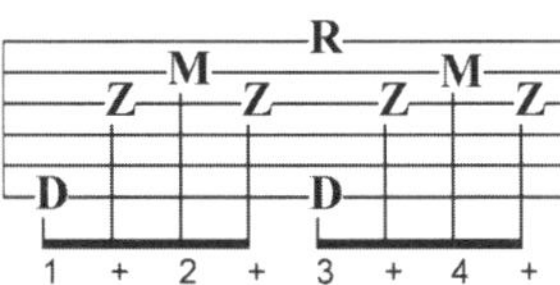

11. Spring auf den blanken Stein

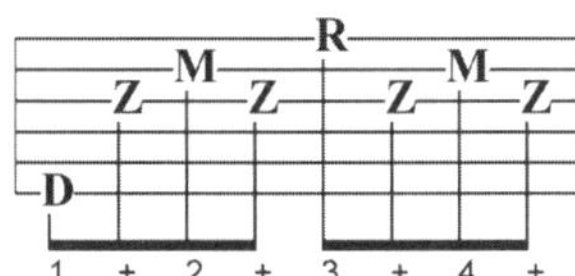

12. Das Butterbrot

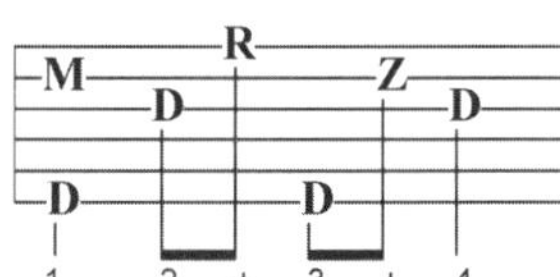

13. Wir sind eins

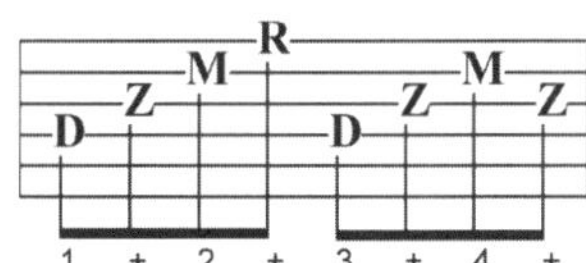

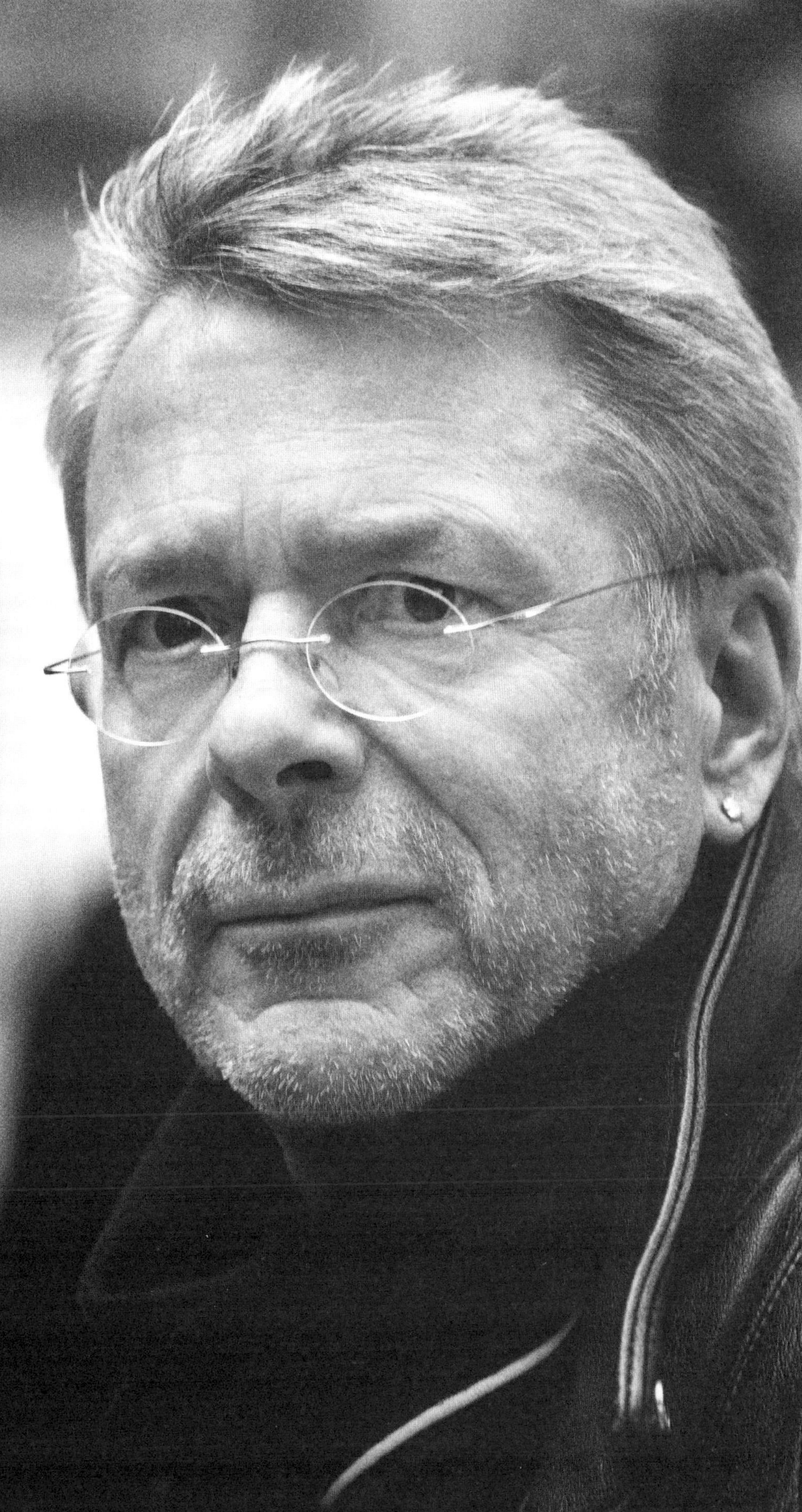

Dann mach's gut

Foto: Jim Rakete, Berlin

Wenn du bei mir bist

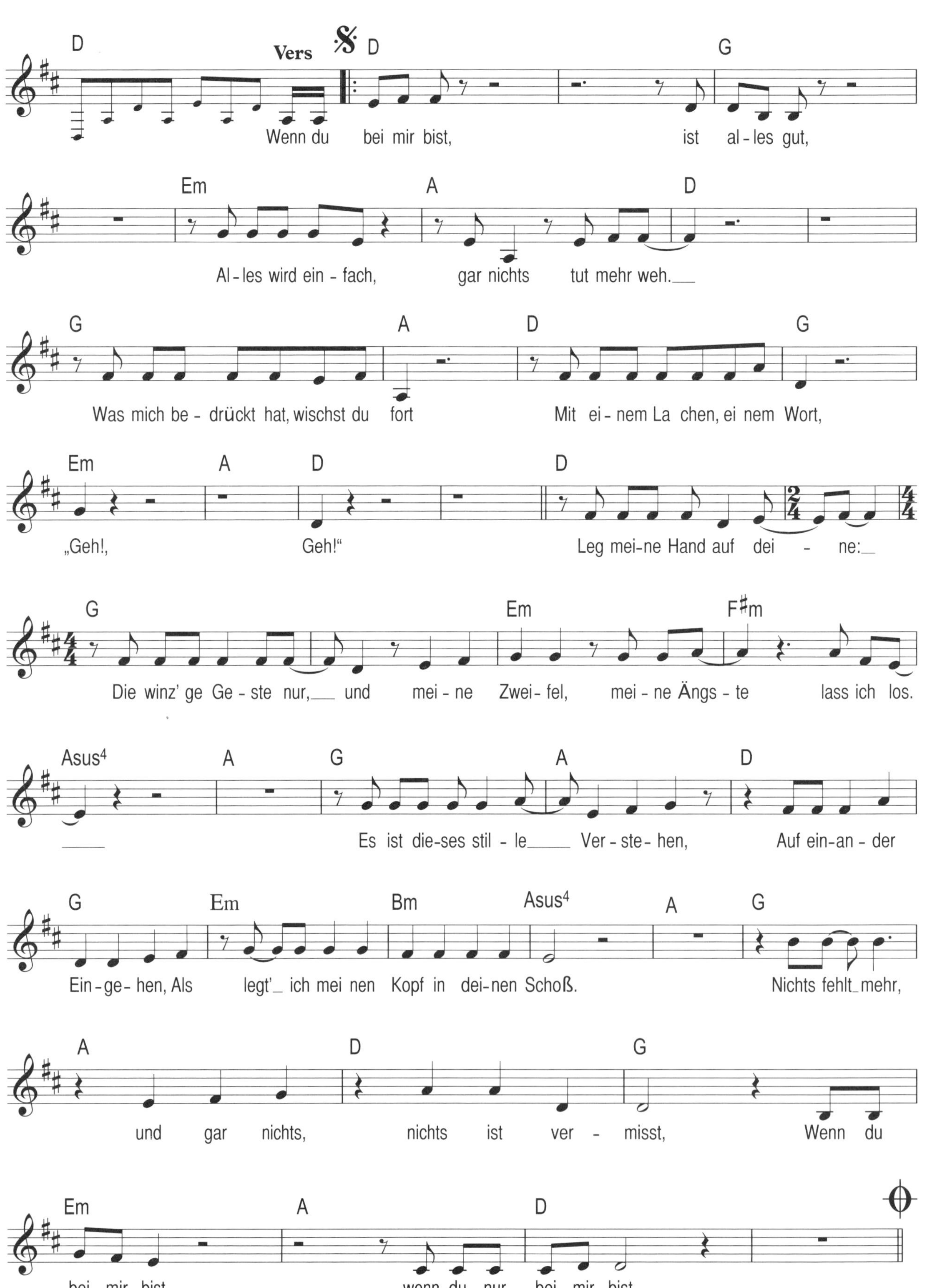

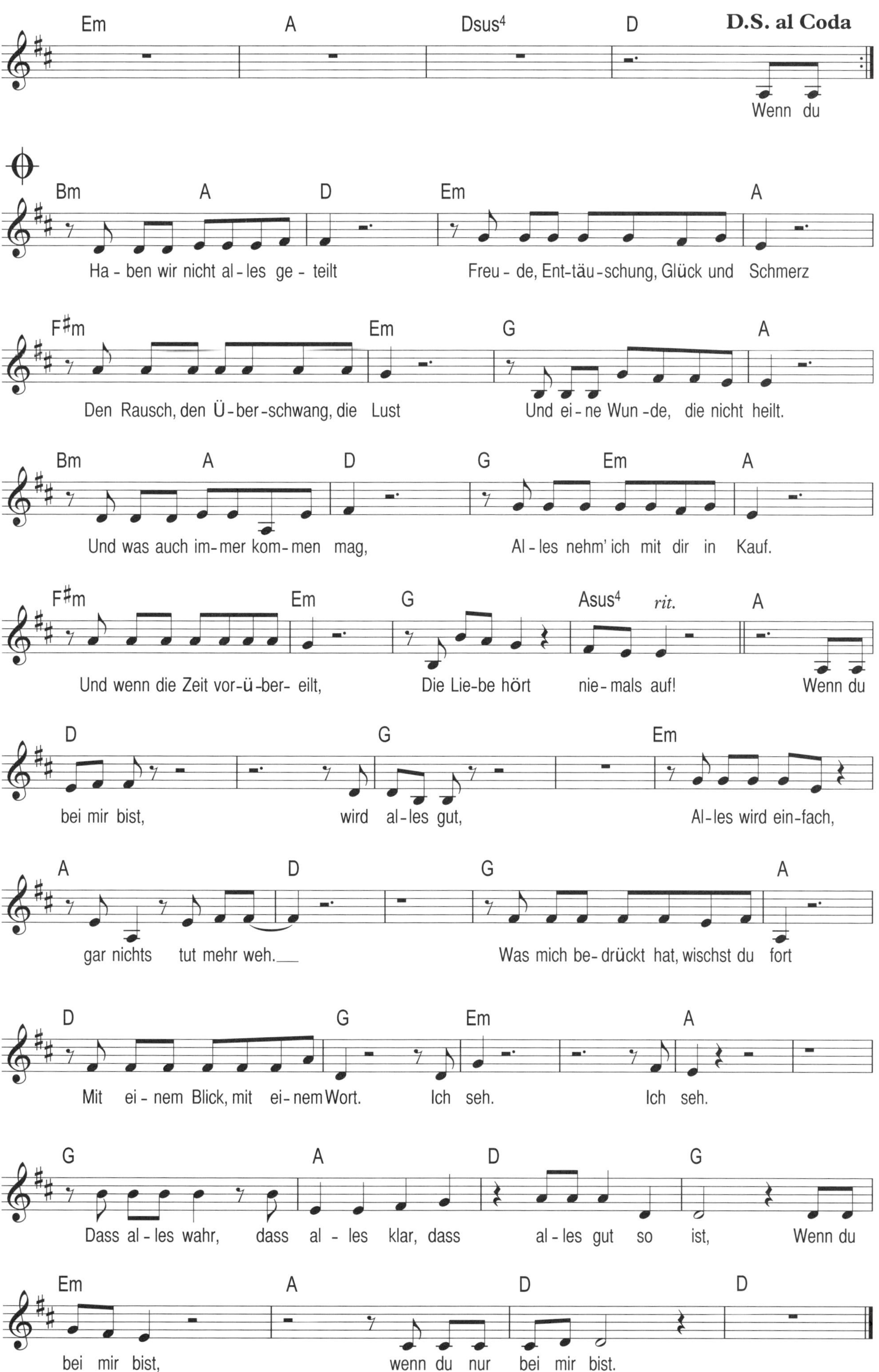
Em A Dsus4 D D.S. al Coda
Wenn du
Bm A D Em A
Ha - ben wir nicht al - les ge - teilt Freu - de, Ent - täu - schung, Glück und Schmerz
F#m Em G A
Den Rausch, den Ü - ber - schwang, die Lust Und ei - ne Wun - de, die nicht heilt.
Bm A D G Em A
Und was auch im - mer kom - men mag, Al - les nehm' ich mit dir in Kauf.
F#m Em G Asus4 rit. A
Und wenn die Zeit vor - ü - ber - eilt, Die Lie - be hört nie - mals auf! Wenn du
D G Em
bei mir bist, wird al - les gut, Al - les wird ein - fach,
A D G A
gar nichts tut mehr weh.__ Was mich be - drückt hat, wischst du fort
D G Em A
Mit ei - nem Blick, mit ei - nem Wort. Ich seh. Ich seh.
G A D G
Dass al - les wahr, dass al - les klar, dass al - les gut so ist, Wenn du
Em A D D
bei mir bist, wenn du nur bei mir bist.

D G Em A D
1. Wenn du bei mir bist, ist alles gut, alles wird einfach, gar nichts tut mehr weh.
G A D G Em A D
Was mich bedrückt hat, wischst du fort mit einem Lachen, einem Wort, Geh! Geh!
D G
Leg meine Hand auf deine: die winz'ge Geste nur, und meine
Em F♯m Asus4 A
Zweifel, meine Ängste lass ich los.
G A D G
Es ist dieses stille Verstehen, auf einander Eingehen,
Em Bm Asus4 A
Als legt' ich meinen Kopf in deinen Schoß.
G A D G
Nichts fehlt mehr, und gar nichts, nichts ist vermisst,
Em A D D
Wenn du bei mir bist, wenn du nur bei mir bist.

Zwischenspiel

Em A Dsus4 D

D G Em A D
2. Wenn du bei mir bist, ist alles leicht. Kein Ärgernis, kein Groll erreicht mich mehr.
G A D G Em A D
Ist fern, was noch so groß aussah, bedrohlich, düster und so nah, und schwer, und schwer
D G
Wenn ich mich aus der rauhen Zeit in tiefem Urvertrauen
Em F♯m Asus4 A
In deine Liebe fallen lassen kann.
G A D G
Arglos, ohne mich zu sorgen, aufgefangen und geborgen,
Em Bm Asus4 PA
Heil und unverletzbar bin ich dann.
G A D G
Nichts zählt mehr, gar nichts zählt, weil nichts mehr wichtig ist,
Em A D
Wenn du bei mir bist, wenn du nur bei mir bist.

Zwischenteil

Bm A D Em A
Haben wir nicht alles geteilt - Freude, Enttäuschung, Glück und Schmerz,
F♯m Em G A
Den Rausch, den Überschwang, die Lust und eine Wunde, die nicht heilt.
Bm A D Em A
Und was auch immer kommen mag, alles nehm' ich mit dir in Kauf.
F♯m Em G Asus4 A
Und wenn die Zeit vorübereilt, die Liebe hört niemals auf!
D G Em A D
Wenn du bei mir bist, wird alles gut, alles wird einfach, gar nichts tut mehr weh.
G A D G Em A
Was mich bedrückt hat, wischst du fort mit einem Blick, mit einem Wort. Ich seh, ich seh,
G A D G
Dass alles wahr, dass alles klar, dass alles gut so ist,
Em A D D
Wenn du bei mir bist, wenn du nur bei mir bist.

Wenn schon Musik

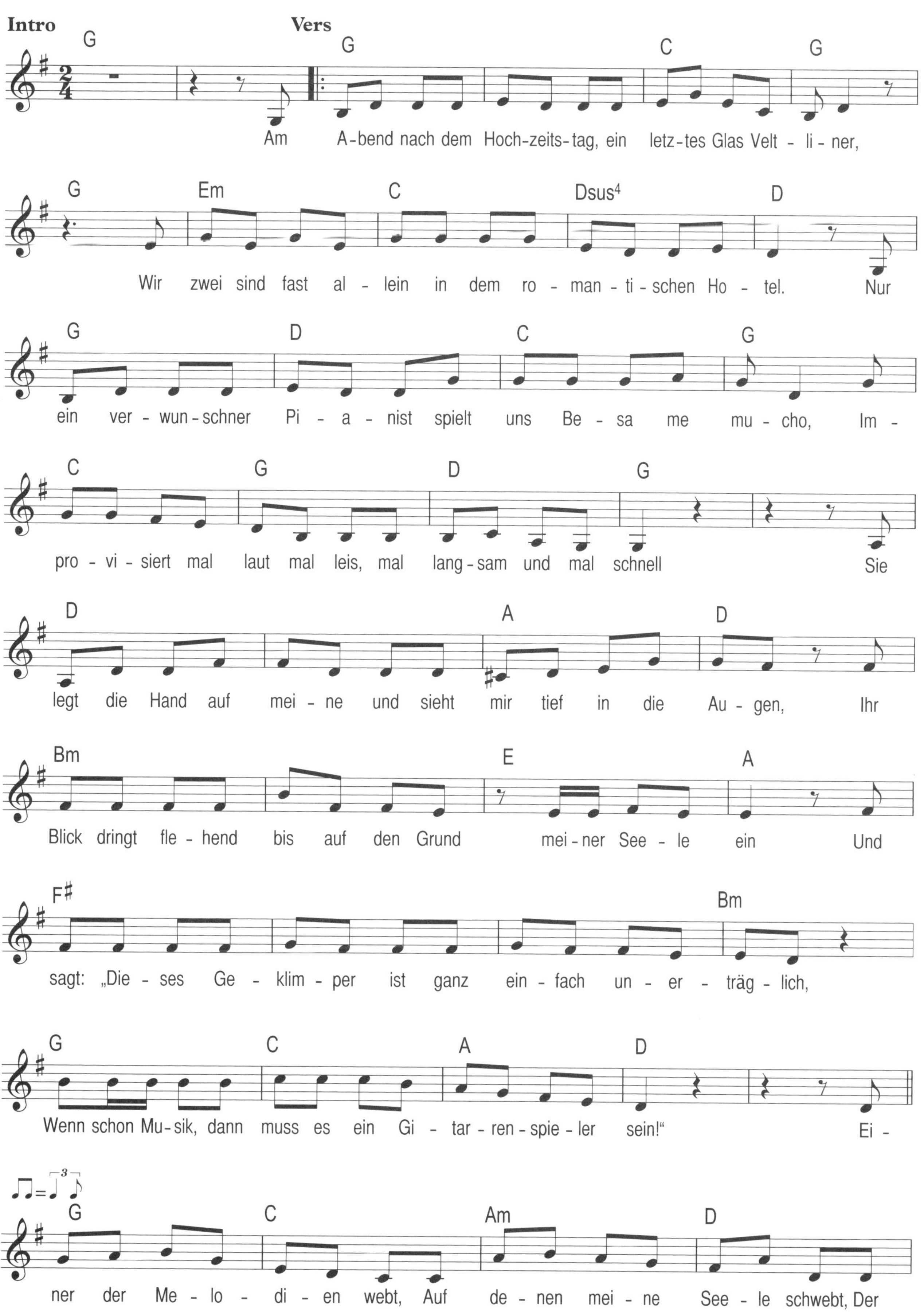

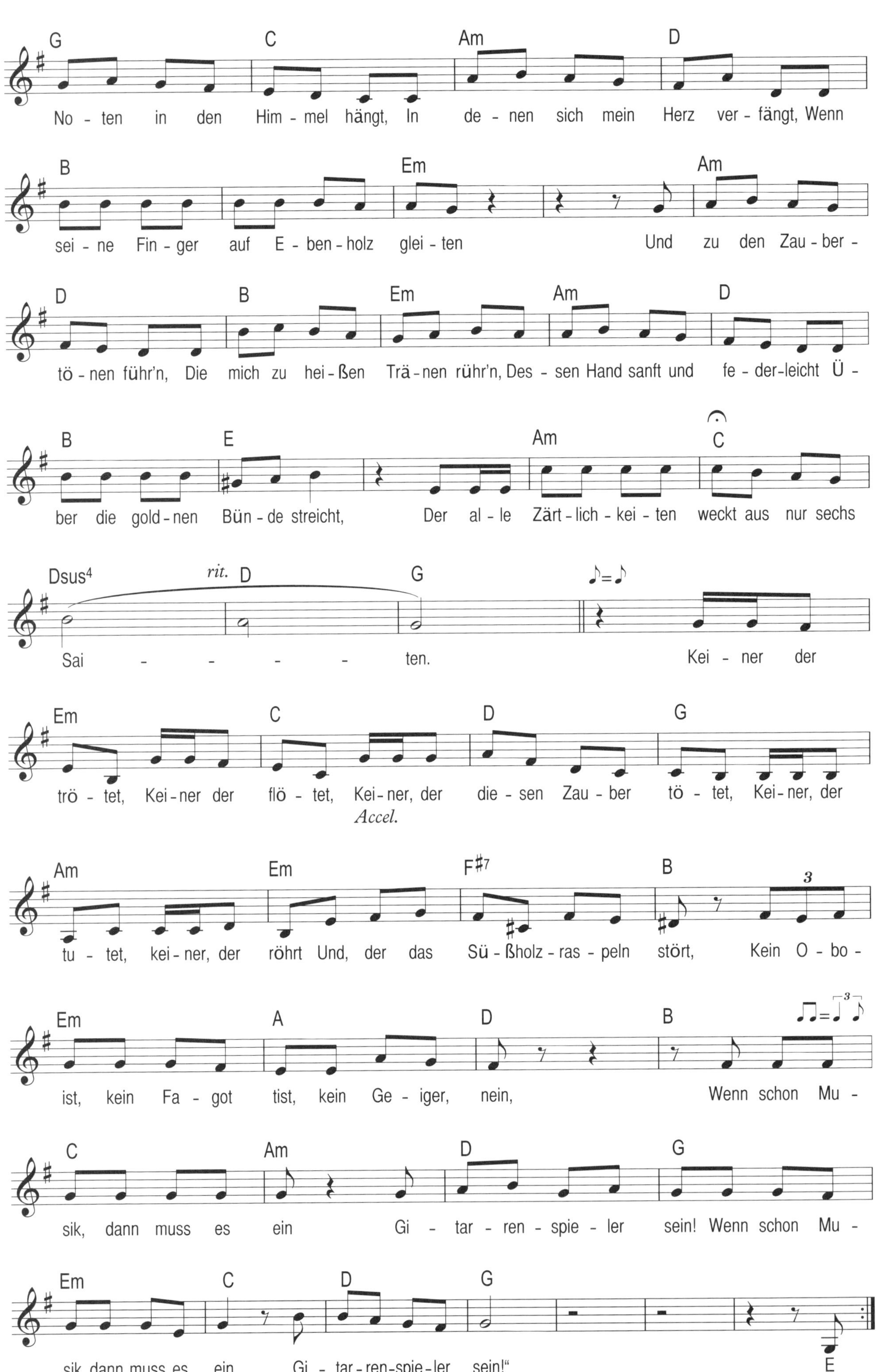
G C Am D
No - ten in den Him - mel hängt, In de - nen sich mein Herz ver - fängt, Wenn
B Em Am
sei - ne Fin - ger auf E - ben - holz glei - ten Und zu den Zau - ber -
D B Em Am D
tö - nen führ'n, Die mich zu hei - ßen Trä - nen rühr'n, Des - sen Hand sanft und fe - der - leicht Ü -
B E Am C
ber die gold - nen Bün - de streicht, Der al - le Zärt - lich - kei - ten weckt aus nur sechs
Dsus4 rit. D G
Sai - - - - - ten. Kei - ner der
Em C D G
trö - tet, Kei - ner der flö - tet, Kei - ner, der die - sen Zau - ber tö - tet, Kei - ner, der
Accel.
Am Em F♯7 B
tu - tet, kei - ner, der röhrt Und, der das Sü - ßholz - ras - peln stört, Kein O - bo -
Em A D B
ist, kein Fa - got tist, kein Ge - iger, nein, Wenn schon Mu -
C Am D G
sik, dann muss es ein Gi - tar - ren - spie - ler sein! Wenn schon Mu -
Em C D G
sik, dann muss es ein Gi - tar - ren - spie - ler sein!"
E

G C G
1. Am Abend nach dem Hochzeitstag, ein letztes Glas Veltliner,
Em C D
Wir zwei sind fast allein in dem romantischen Hotel.
G D C G
Nur ein verwunschner Pianist spielt uns Besa me mucho,
C G D G
Improvisiert mal laut mal leis, mal langsam und mal schnell
D A D
Sie legt die Hand auf meine und sieht mir tief in die Augen,
Bm E A
Ihr Blick dringt flehend bis auf den Grund meiner Seele ein
F♯ Bm
Und sagt: „Dieses Geklimper ist ganz einfach unerträglich,
G C A D
Wenn schon Musik, dann muss es ein Gitarrenspieler sein!"
G C Am D
Einer, der Melodien webt, auf denen meine Seele schwebt,
G C Am D
Der Noten in den Himmel hängt, in denen sich mein Herz verfängt,
B^7 Em
Wenn seine Finger auf Ebenholz gleiten
Am D B^7 Em
Und zu den Zaubertönen führ'n, die mich zu heißen Tränen rühr'n,
Am D B^7 E
Dessen Hand sanft und federleicht über die goldnen Bünde streicht,
Am C D^{sus4} D G
Der alle Zärtlichkeiten weckt aus nur sechs Saiten.
Em C D G
Keiner, der trötet, keiner, der flötet, keiner, der diesen Zauber tötet,
Am Em $F\sharp^7$ B
Keiner, der tutet, keiner, der röhrt und der das Süßholzraspeln stört,
Em A D B
Kein Oboist, kein Fagottist, kein Geiger, nein,
C Am D G
Wenn schon Musik, dann muss es ein Gitarrenspieler sein!
Em C D G
Wenn schon Musik, dann muss es ein Gitarrenspieler sein!

G C G
2. Egal, ob nun Philharmonie oder Fußgängerzone,
Em C D
Ob in der U-Bahn oder auf dem Balkon nebenan,
G D C G
Im Himmelbett, beim Bügeln, im Auto, in deinen Armen
C G D G
Lieb ich Glissandi, Ritardandi, lieb ich's filigran.
D A D
Und wenn ich eines Tages auf die letzte Reise gehe,
Bm E A
Dann ladet dazu kein gedung'nes Streichensemble ein,
F♯ Bm
Und keine Orgel wage es, das Largo mir zu hupen,
G C A D
Wenn schon Musik, dann muss es ein Gitarrenspieler sein!

G C Am D
Der das perfekte Timing kennt, den Ton mit sicherem Talent,
G C Am D
Weder zu früh oder zu spät erklingen lässt, kurz ein Poet,
B^7 Em
Der mich mit kundigen Griffen begleitet.
Am D B^7 Em
Der mit Genie und mit Geschick im allerschönsten Augenblick
Am D B^7 E
Zur rechten Zeit am rechten Ort Arpeggio und vollen Akkord
Am C D^{sus4} D G
Wie einen Sternenhimmel weit vor mir ausbreitet.
Em C D G
Keine Posaune verdirbt mir die Laune, brecht mir kein Requiem vom Zaune.
Am Em F♯^{7} B
Keiner, der seinen Bass zersägt, Keiner, der auf die Pauke schlägt,
Em A D B
Keiner, der fiedelt, jodelt, dudelt, bitte nein!
C Am D G
Wenn schon Musik, dann muss es ein Gitarrenspieler sein!
Em C D G
I: Wenn schon Musik, dann muss es ein Gitarrenspieler sein! **:I 2 X**

Fahr' dein Schiffchen durch ein Meer von Kerzen

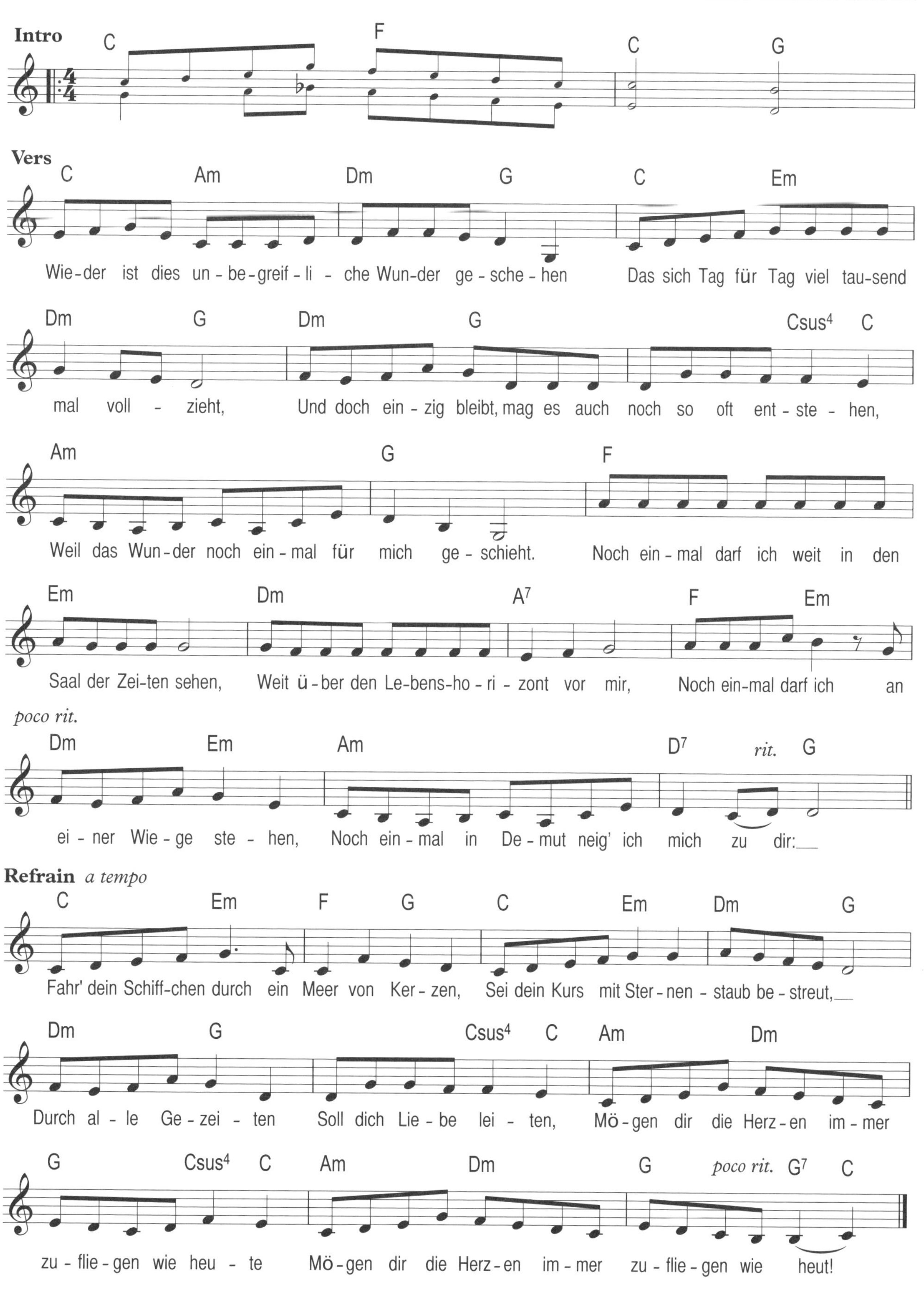

2 X da Capo

C Am Dm G
1. Wieder ist dies unbegreifliche Wunder geschehen,
C Em Dm G
Das sich Tag für Tag viel tausendmal vollzieht,
Dm G C^{sus4} C
Und doch einzig bleibt, mag es auch noch so oft entstehen,
Am G
Weil das Wunder noch einmal für mich geschieht.
F Em
Noch einmal darf ich weit in den Saal der Zeiten sehen,
Dm A^7
Weit über den Lebenshorizont vor mir,
F Em Dm Em
Noch einmal darf ich an einer Wiege stehen,
Am D^7 G
Noch einmal in Demut neig' ich mich zu dir:

Refrain:

C Em Am F G
Fahr' dein Schiffchen durch ein Meer von Kerzen,
C Em Dm G
Sei dein Kurs mit Sternenstaub bestreut,
Dm G C^{sus4} C
Durch alle Gezeiten soll dich Liebe leiten,
Am Dm G C^{sus4} C
Mögen dir die Herzen immer zufliegen wie heute,
Am Dm G G C
Mögen dir die Herzen immer zufliegen wie heut'!

C Am Dm G
2. Es sollen die Steine, die auf deinen Wegen liegen
C Em Dm G
Freundlich, sanft und weich zu deinen Füßen sein
Dm G C^{sus4} C
Mög' dein Bündel leicht auf deinen Schultern wiegen,
Am G
Und sei'n Fußstapfen dir nie zu groß und nie zu klein.
F Em
Über allen Straßen sollen Fähnchen für dich wehen
Dm A^7
Und von allen Dächern pfeifen Spatzen Symphonien,
F Em Dm Em
Blumen soll'n auf den Balkons die Köpfe nach dir drehen
Am D^7 G
Und den Seraphim, die deinen Wagen ziehn.

Refrain:

C Em Am F G
Fahr' dein Schiffchen durch ein Meer von Kerzen,
C Em Dm G
Sei dein Kurs mit Sternenstaub bestreut,
Dm G C^{sus4} C
Durch alle Gezeiten soll dich Liebe leiten,
Am Dm G C^{sus4} C
Mögen dir die Herzen immer zufliegen wie heute,
Am Dm G G C
Mögen dir die Herzen immer zufliegen wie heut'!

C Am Dm G
3. Immer einen Glückspfennig in einer deiner Taschen,
C Em Dm G
Immer einen ruhigen Atemzug im Ziel,
Dm G C^{sus4} C
Immer voll Vertrau'n, doch mit allen Wassern gewaschen,
Am G
Immer eine Handbreit davon unterm Kiel.
F Em
Dass durch alle Fährnis dich ein Schutzengel begleite,
Dm A^7
Dass ein Leuchtfeuer dich führ' mit sich'rem Schein!
F Em Dm Em
Immer sei ein bester Freund an deiner Seite -
Am D^7 G
Ich will gern der älteste von ihnen sein.

Refrain:

C Em Am F G
Fahr' dein Schiffchen durch ein Meer von Kerzen,
C Em Dm G
Sei dein Kurs mit Sternenstaub bestreut,
Dm G C^{sus4} C
Durch alle Gezeiten soll dich Liebe leiten,
Am Dm G C^{sus4} C
Mögen dir die Herzen immer zufliegen wie heute,
Am Dm G G C
Mögen dir die Herzen immer zufliegen wie heut'!

Vaters Mantel

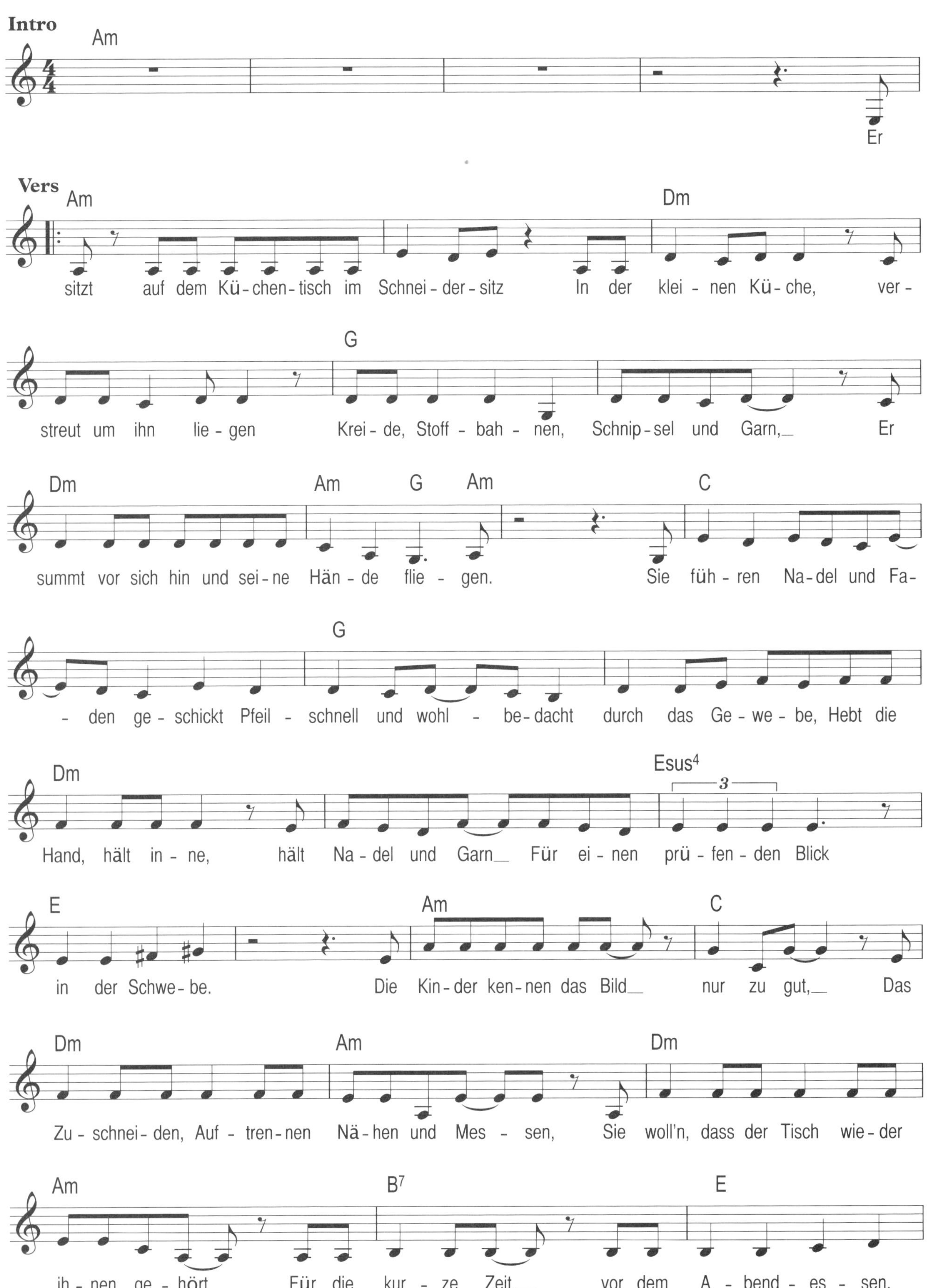

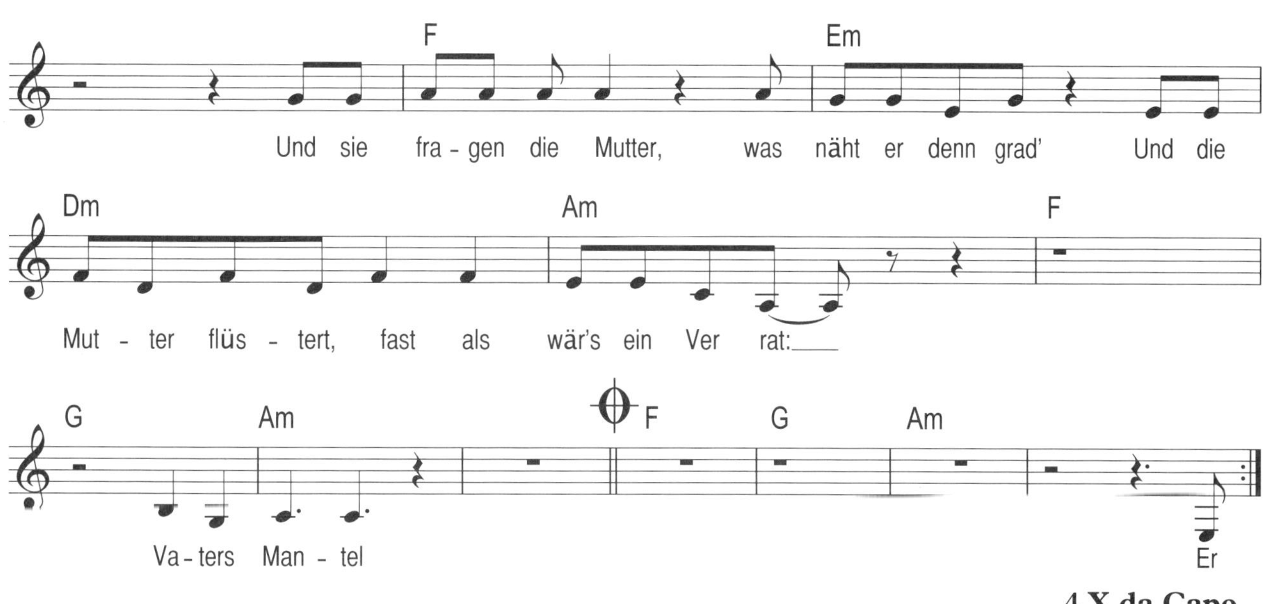

4 X da Capo

Am Ende der 5. Strophe:

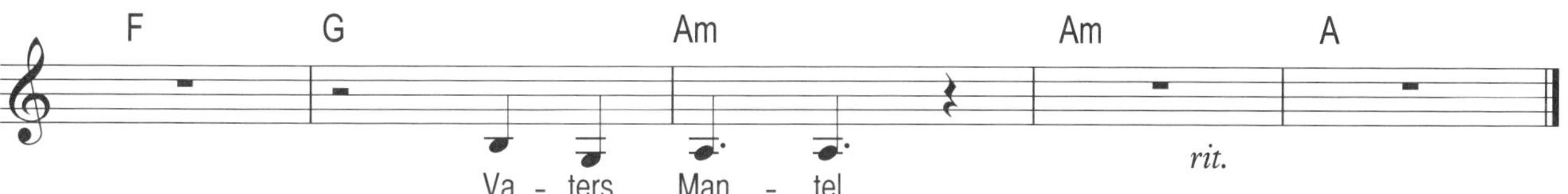

Am
1. Er sitzt auf dem Küchentisch im Schneidersitz
Dm
In der kleinen Küche, verstreut um ihn liegen
G
Kreide, Stoffbahnen, Schnipsel und Garn,
Dm Am G Am
Er summt vor sich hin und seine Hände fliegen.
C
Sie führen Nadel und Faden geschickt,
G
Pfeilschnell und wohlbedacht durch das Gewebe,
Dm
Hebt die Hand, hält inne, hält Nadel und Garn
Esus4 E
Für einen prüfenden Blick in der Schwebe.
Am C
Die Kinder kennen das Bild nur zu gut,
Dm Am
Das Zuschneiden, Auftrennen, Nähen und Messen,
Dm Am
Sie woll'n, dass der Tisch wieder ihnen gehört
B^7 E
Für die kurze Zeit vor dem Abendessen.
F Em
Und sie fragen die Mutter, was näht er denn grad',
Dm Am
Und die Mutter flüstert, fast als wär's ein Verrat:
F G Am F G Am
Vaters Mantel

Am
2. Er näht ihn aus schweren kostbaren Tuch,
Dm
Er näht ihn für immer, er näht ihn mit Liebe.
G
Das hat er gelernt, als er vierzehn war,
Dm   Am   G   Am
Und noch immer spürt er die Rohrstockhiebe,
C
Wenn der Meister in blinden Zorn geriet,
G
Weil ein Muster sich nicht in ein Muster fügte,
Dm
Unsichtbar, nur einen Fadenbreit,
E^{sus4} E
Und das kleinste Versehen mit Schlägen rügte.
Am   C
Vom ersten Tageslicht bis in die Nacht,
Dm   Am
Und keinen Feiertag gab's bei dem Schinder.
Dm   Am
Zu fünft waren sie und sie nähten für ihn,
B^7 E
Zu fünft und sie waren noch allesamt Kinder.
F   Em
Die Nähstube kalt und der Lohn jämmerlich.
Dm   Am
Aber diesen Mantel, den näht er für sich!
F   G   Am   F   G   Am
Vaters Mantel

Am
3. Zu Haus acht Geschwister in karger Zeit,
Dm
Er bringt sie durch mit dem Geschick seiner Hände,
G
Näht, bügelt, wäscht für sie und er füllt
Dm   Am   G Am
Ihre Teller, wenn's eng wird zum Monatsende.
C
Er heftet den Kragen an das Revers,
G
Um das Fischgrätmuster genau anzusetzen,
Dm
Näht das seidige Futter ein und er sieht
E^{sus4} E
Sich heimkehren aus dem Krieg in einem Fetzen.

           Am   C
Sieht sich im gottverlassenen Unterstand
          Dm   Am
Noch für all die andern armen Teufel nähen,
Dm   Am
Fußlappen aus Fahnen und Uniform,
    B^7 E
Auf denen sie dann in Gefangenschaft gehen.
     F   Em
Den Krümel Tabak teilt er brüderlich,
      Dm   Am
Aber diesen Mantel, den näht er für sich!
F   G   Am   F   G   Am
            Vaters Mantel

      Am
4. Er hat ihn betrachtet mit stillem Stolz:
    Dm
Die Stulpen am Ärmel, der aufrechte Kragen,
    G
Die Knöpfe, die Patten, die schnurgrade Naht,
    Dm   Am   G Am
Im Dorf hat noch keiner so einen getragen,
   C
Er näht für die Frau und die Kinder jetzt
             G
Hosen und Rock, macht Neues aus alten Dingen,
        Dm
Macht Mützen und näht Kleider für das Dorf
         E^{sus4} E
Aus den Stoffresten, die ihm die Leute bringen.
              Am   C
Sie kommen gern auf einen kleinen Schwatz
      Dm   Am
Herein, wenn sie das fertige Stück abholen,
           Dm   Am
Sie loben die Arbeit, zahlen den Lohn,
                B^7 E
Und durch die Küchentür blicken sie verstohlen
         F   Em
Auf den Flur: Da hängt er fein säuberlich
          Dm   Am
Auf dem Bügel, ein Meisterstück Stich für Stich!
F   G   Am   F   G   Am
            Vaters Mantel

```
         Am
5.  Ich sehe ihn vor mir im Schneidersitz,
    G
    Um ihn verstreut Schnipsel und Stoffreste,
         Dm
    Das Maßband ausgerollt um seinen Hals,
          Dm                     Am    G   Am
    Bunte Fäden wie Orden auf seiner Weste.
      C
    Er hat mir den Mantel geschenkt, als er
       G
    Ihm groß geworden war in späten Jahren,
      Dm
    Er hat mich geadelt mit dem Geschenk
              Esus4                     E
    Und dem Vertrau'n, ihn in Ehren zu bewahren.
       Am                      C
    Das gute Tuch, neu wie am ersten Tag,
       Dm                        Am
    Die Stulpen, die Ärmel, der aufrechte Kragen!
      Dm                    Am
    Ich trag ihn und trag die Erinnerung
             B7                  E
    An den Schneider an ganz besonderen Tagen,
       F                      Em
    Mit Freude, aufrecht und feierlich,
       Dm                  Am
    Ich bin mir bewusst, heut trage ich
    F       G        Am        F      G         Am  A
                 Vaters Mantel            Vaters Mantel
```

Vater und Sohn

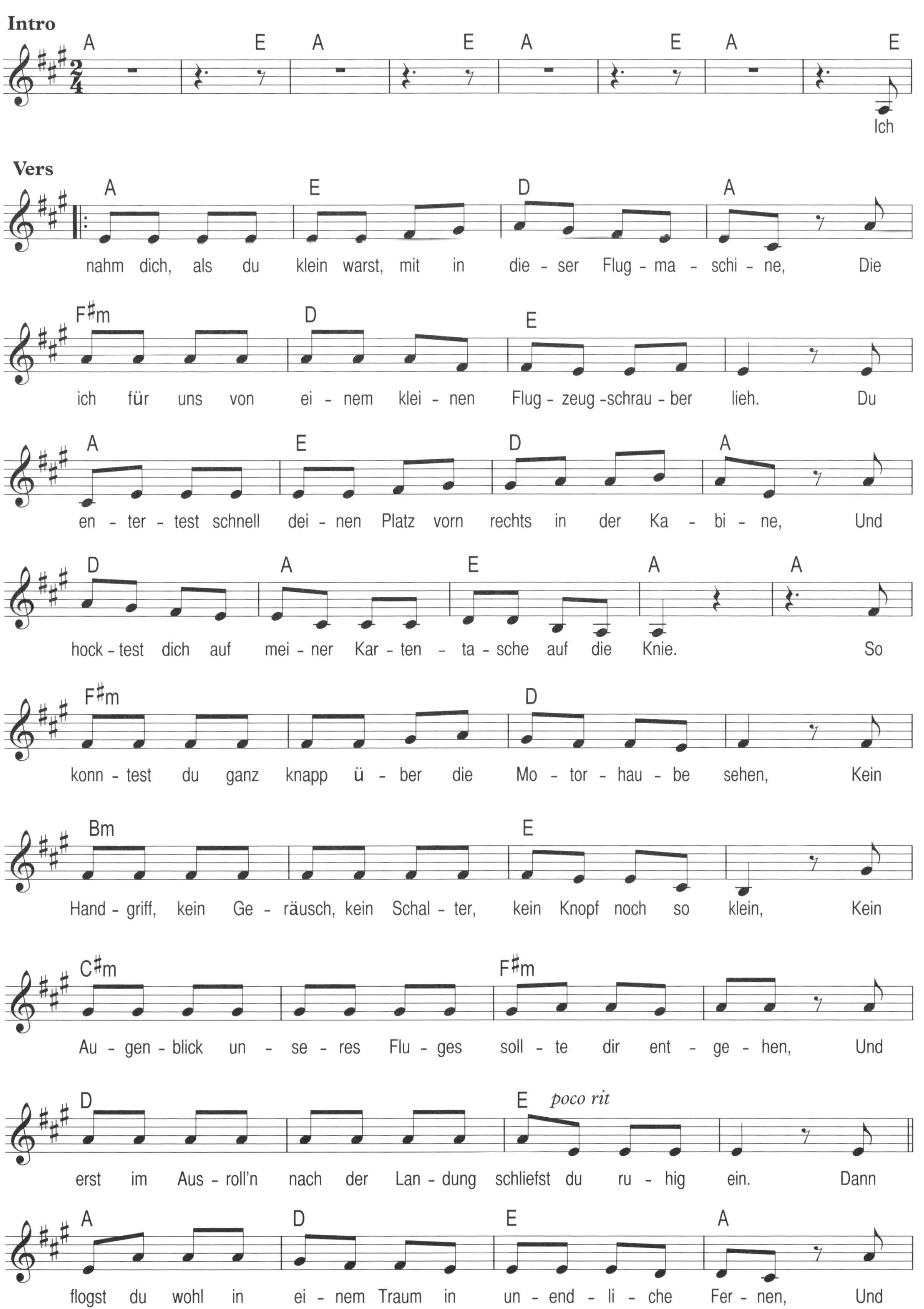

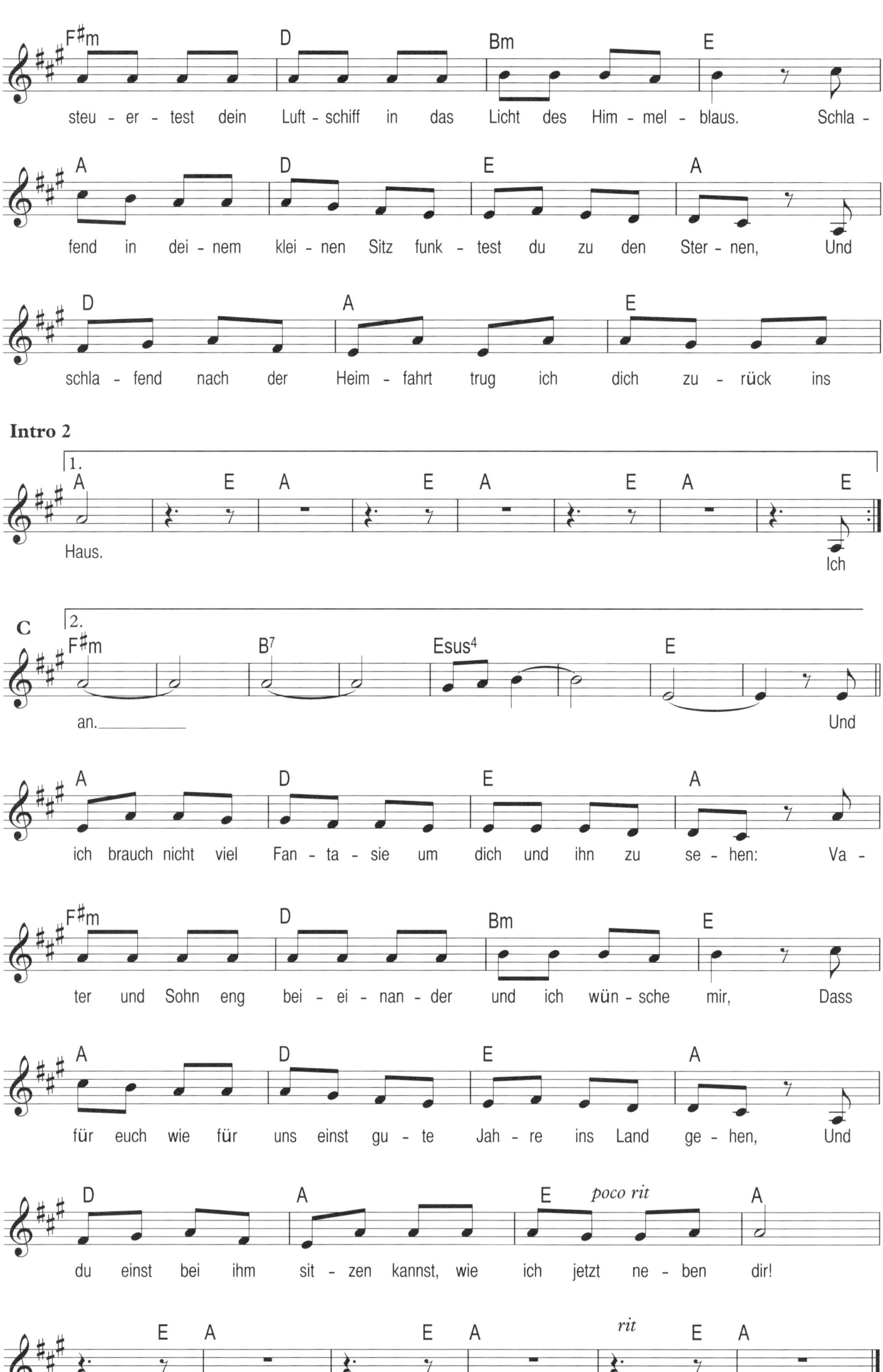
F♯m
D
Bm
E
steu - er - test dein Luft - schiff in das Licht des Him - mel - blaus. Schla -
A
D
E
A
fend in dei - nem klei - nen Sitz funk - test du zu den Ster - nen, Und
D
A
E
schla - fend nach der Heim - fahrt trug ich dich zu - rück ins
Intro 2
1.
A E A E A E A E
Haus.
Ich
C
2.
F♯m
B7
Esus4
E
an.
Und
A
D
E
A
ich brauch nicht viel Fan - ta - sie um dich und ihn zu se - hen: Va -
F♯m
D
Bm
E
ter und Sohn eng bei - ei - nan - der und ich wün - sche mir, Dass
A
D
E
A
für euch wie für uns einst gu - te Jah - re ins Land ge - hen, Und
D
A
E
poco rit
A
du einst bei ihm sit - zen kannst, wie ich jetzt ne - ben dir!
E A E A
rit
E A

A   E   D   A
1. Ich nahm dich, als du klein warst, mit in dieser Flugmaschine,
F♯m   D   E
Die ich für uns von einem kleinen Flugzeugschrauber lieh.
A   E   D   A
Du entertest schnell deinen Platz vorn rechts in der Kabine,
D   A   E   A
Und hocktest dich auf meiner Kartentasche auf die Knie.
F♯m   D
So konntest du ganz knapp über die Motorhaube sehen,
Bm   E
Kein Handgriff, kein Geräusch, kein Schalter, kein Knopf noch so klein,
C♯m   F♯m
Kein Augenblick unseres Fluges sollte dir entgehen,
D   E
Und erst im Ausroll'n nach der Landung schliefst du ruhig ein.
A   D   E   A
Dann flogst du wohl in einem Traum in unendliche Fernen,
F♯m   D   Bm   E
Und steuertest dein Luftschiff in das Licht des Himmelblaus.
A   D   E   A
Schlafend in deinem kleinen Sitz funktest du zu den Sternen,
D   A   E   A
Und schlafend nach der Heimfahrt trug ich dich zurück ins Haus.

A   E   D   A
2. Ich sitze neben dir in dieser großen Flugmaschine,
F♯m   D   E
Du bist jetzt hinterm Steuer, und wir fliegen durch die Nacht,
A   E   D   A
Vater und Sohn nochmal vereint in der dunklen Kabine,
D   A   E   A
Vor uns die ganze Welt, hinter uns hundert Tonnen Fracht.
F♯m   D
Vor uns auf einem kleinen Schirm leuchten die Städtenamen,
Bm   E
Aufgereiht alle Sehnsüchte auf einer Perlenschnur,
C♯m   F♯m
Wie sie in meinen Kinderträumen Nacht für Nacht vorkamen:
D   E
Dschalalabad, Rangoon, Bangkok, Phnom Penh und Singapur.
A   D   E   A
Und wenn wir landen werden, heimgekehrt von unsrer Reise,
F♯m   D   Bm   E
Wirst du zu deinem kleinen Sohn nach Haus fahren und dann
A   D   E   A
Wird er dir um den Hals fall'n und dich auf dieselbe Weise
D   A   E   F♯m B^7 E^{sus4} E
Ausfragen, wie du mich einst, und alles fängt von vorne an.
A   D   E   A
Und ich brauch nicht viel Fantasie um dich und ihn zu sehen:
F♯m   D   Bm   E
Vater und Sohn eng beieinander, und ich wünsche mir,
A   D   E   A
Dass für euch - wie für uns einst - gute Jahre ins Land gehen,
D   A   E   A
Und du einst bei ihm sitzen kannst, wie ich jetzt neben dir!

Wolle

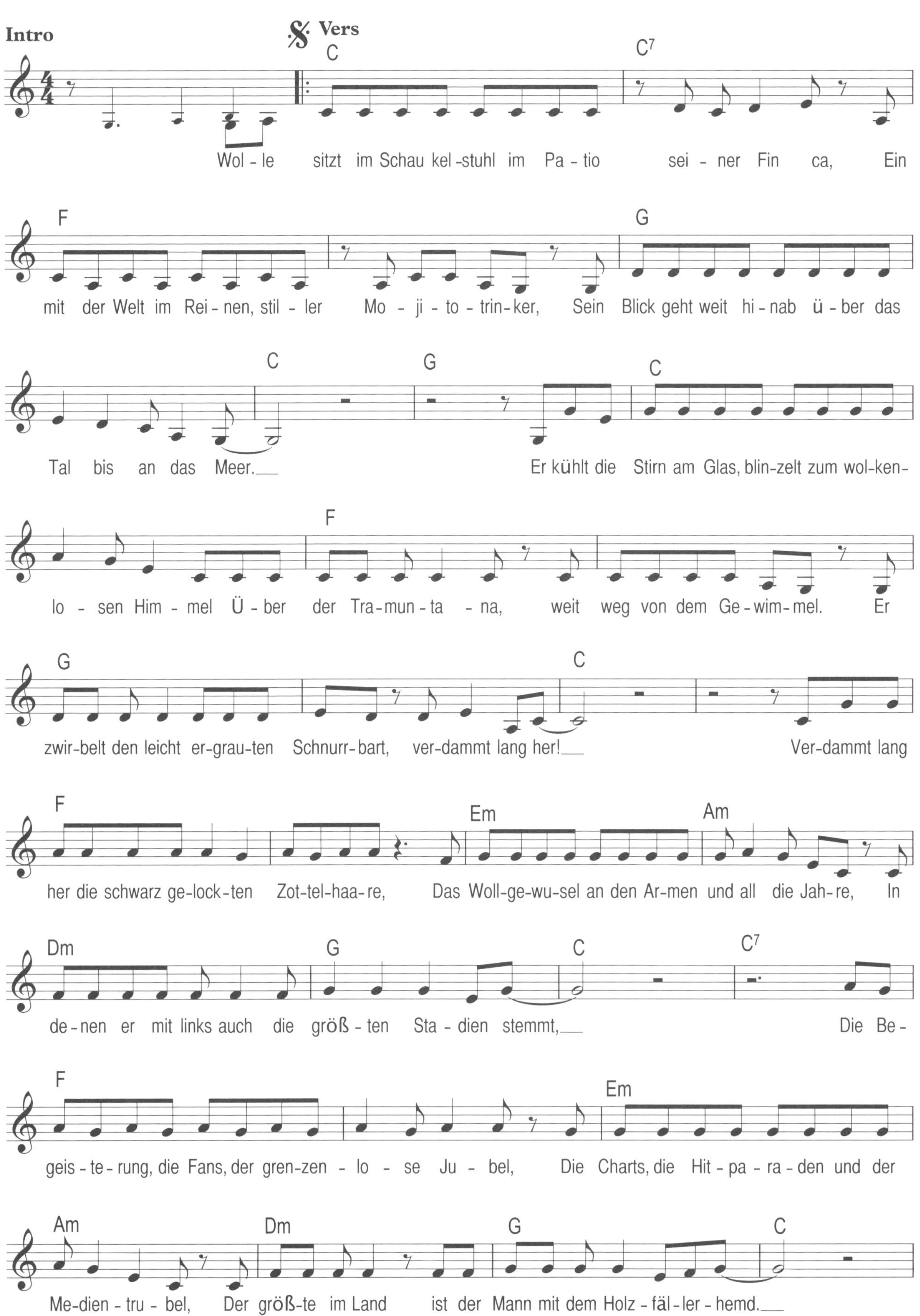
Intro
Vers
C C7
Wol - le sitzt im Schau kel -stuhl im Pa - tio sei - ner Fin ca, Ein
F G
mit der Welt im Rei - nen, stil - ler Mo - ji - to - trin - ker, Sein Blick geht weit hi - nab ü - ber das
C G C
Tal bis an das Meer.__ Er kühlt die Stirn am Glas, blin-zelt zum wol-ken-
F
lo - sen Him - mel Ü - ber der Tra-mun - ta - na, weit weg von dem Ge - wim - mel. Er
G C
zwir-belt den leicht er-grau-ten Schnurr- bart, ver-dammt lang her!__ Ver-dammt lang
F Em Am
her die schwarz ge-lock-ten Zot-tel-haa-re, Das Woll-ge-wu-sel an den Ar-men und all die Jah-re, In
Dm G C C7
de - nen er mit links auch die größ - ten Sta - dien stemmt,__ Die Be-
F Em
geis - te - rung, die Fans, der gren-zen - lo - se Ju - bel, Die Charts, die Hit - pa - ra - den und der
Am Dm G C
Me-dien - tru - bel, Der größ-te im Land ist der Mann mit dem Holz - fäl - ler - hemd.__

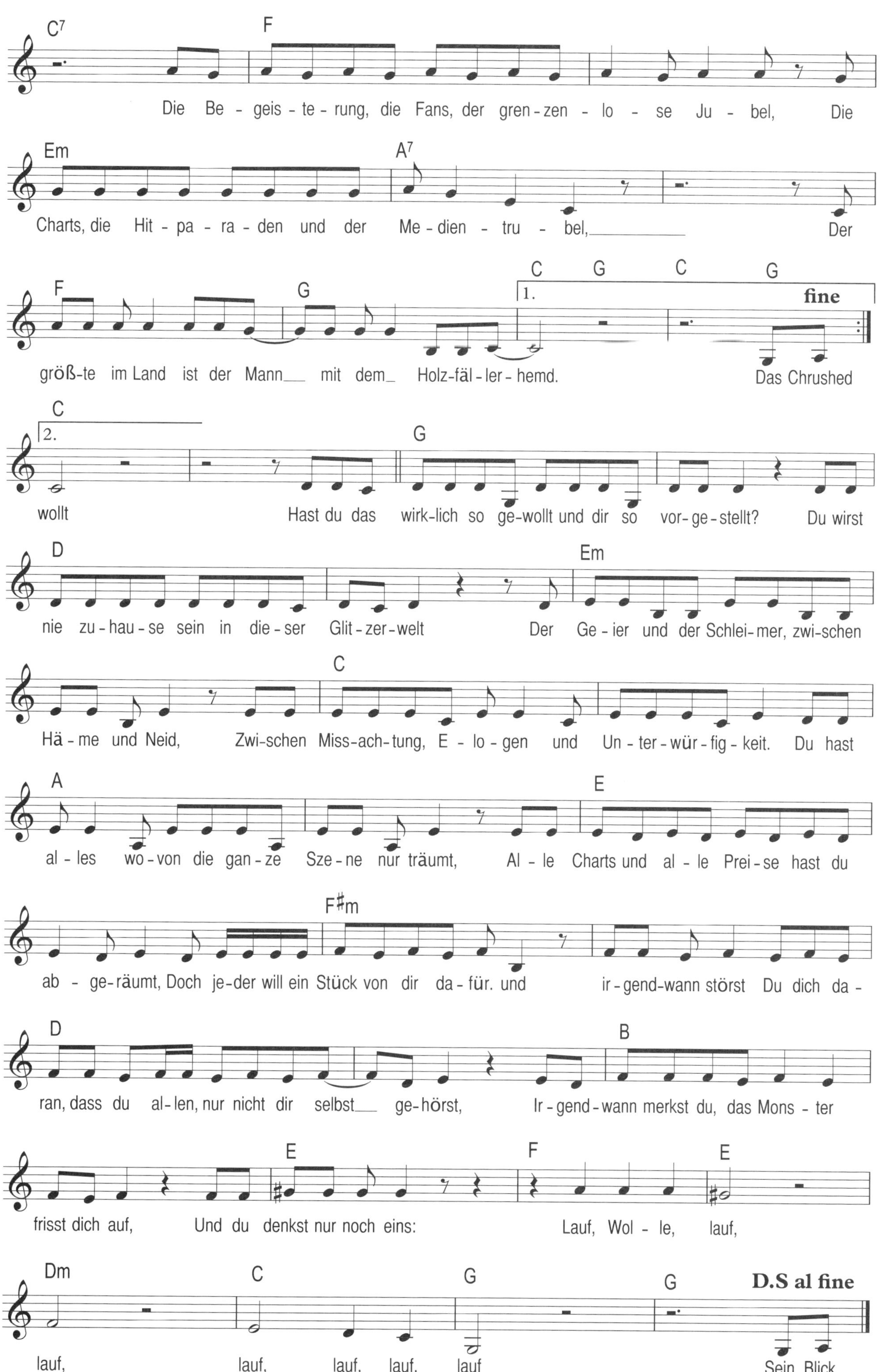
Die Be - geis - te - rung, die Fans, der gren - zen - lo - se Ju - bel, Die
Charts, die Hit - pa - ra - den und der Me - dien - tru - bel, Der
größ-te im Land ist der Mann mit dem Holz-fäl - ler - hemd.
fine
Das Chrushed
wollt Hast du das wirk-lich so ge-wollt und dir so vor - ge - stellt? Du wirst
nie zu - hau - se sein in die - ser Glit - zer - welt Der Ge - ier und der Schlei - mer, zwi-schen
Hä - me und Neid, Zwi-schen Miss-ach - tung, E - lo - gen und Un - ter - wür - fig - keit. Du hast
al - les wo - von die gan - ze Sze - ne nur träumt, Al - le Charts und al - le Prei - se hast du
ab - ge - räumt, Doch je - der will ein Stück von dir da - für. und ir - gend - wann störst Du dich da -
ran, dass du al - len, nur nicht dir selbst ge - hörst, Ir - gend - wann merkst du, das Mons - ter
frisst dich auf, Und du denkst nur noch eins: Lauf, Wol - le, lauf,
lauf, lauf, lauf, lauf, lauf
D.S al fine
Sein Blick

C C7
1. Wolle sitzt im Schaukelstuhl im Patio seiner Finca,
F
Ein mit der Welt im Reinen, stiller Mojitotrinker,
G C G
Sein Blick geht weit hinab über das Tal bis an das Meer.
C
Er kühlt die Stirn am Glas, blinzelt zum wolkenlosen Himmel
F
Über der Tramuntana, weit weg von dem Gewimmel.
G C
Er zwirbelt den leicht ergrauten Schnurrbart, verdammt lang her!
F
Verdammt lang her die schwarz gelockten Zottelhaare,
Em Am
Das Wollgewusel an den Armen und all die Jahre,
Dm G C C7
In denen er mit links auch die größten Stadien stemmt,
F
Die Begeisterung, die Fans, der grenzenlose Jubel,
Em Am
Die Charts, die Hitparaden und der Medientrubel,
Dm G C C7
Der größte im Land ist der Mann mit dem Holzfällerhemd.
F
Die Begeisterung, die Fans, der grenzenlose Jubel,
Em A7
Die Charts, die Hitparaden und der Medientrubel,
F G C G7 C G
Der größte im Land ist der Mann mit dem Holzfällerhemd.

C C7
2. Das Crushed-Ice in seinem Mojitoglas knistert leise,
F
Was war das für eine wahnwitzige, lange Reise
G C G
Für den Jungen aus Radertal mit dem großen Traum!
C
Bei den Bossen in den Plattenstudios nur Stirnrunzeln,
F
Beim Radio, bei der Zeitung nur mitleidiges Schmunzeln.
G C
Sie ahnen nicht: Vor ihnen steht die Nummer 1 im Raum.
F
Denn über Nacht wird es aus jedem Lautsprecher klingen,
Em Am
Und die halbe Nation wird seine Lieder mitsingen,
Dm G C C7
Und alles, was Wolle anfasst, wird zu Gold.
F
Und was abends Gold ist, wird Platin am nächsten Morgen,
Em Am
Vorbei das Klinkenputzen, vergessen alle Sorgen,
Dm G C C7
Die Welle des Erfolges rollt. So hat er das gewollt!

F
Und was abends Gold ist, wird Platin am nächsten Morgen,
Em A^7
Vorbei das Klinkenputzen, vergessen alle Sorgen,
F G C
Die Welle des Erfolges rollt. So hat er das gewollt!

G
Hast du das wirklich so gewollt und dir so vorgestellt?
D
Du wirst nie zu Hause sein in dieser Glitzerwelt
Em
Der Geier und der Schleimer, zwischen Häme und Neid,
C
Zwischen Missachtung, Elogen und Unterwürfigkeit.
A
Du hast alles wovon die ganze Szene nur träumt,
E
Alle Charts und alle Preise hast du abgeräumt,
F♯m
Doch jeder will ein Stück von dir dafür und irgendwann störst
D
Du dich daran, dass du allen, nur nicht dir selbst gehörst,
B
Irgendwann merkst du, das Monster frisst dich auf,
E F E Dm C G
Und du denkst nur noch eins: Lauf, Wolle, lauf, lauf, lauf, lauf, lauf, lauf!

C C^7
3. Sein Blick wandert zum Abendhorizont in die Weite,
F
Seine Hand geht zu der Hand der Frau an seiner Seite,
G C G
Eine Geste, so vertraut, wieviel Jahre sind das nun?
C
Nur mit ihrem Mut hat er sein Lebenswerk gedrechselt,
F
Sie ist noch dieselbe, er hat sie nicht ausgewechselt
G C
Für ein junges Huhn wie das Minister und alte Geldsäcke tun.
F
Wolle lacht, er kommt im Feuilleton nicht vor bis heute,
Em Am
Dafür hat er einen Platz im Herzen seiner Leute.
Dm G C C^7
Er fragt sie, ob sie irgendwas vermisst und sie sagt: „Nein!"
F
In der Ferne liegt die Bucht im ersten Sternenschimmer,
Em Am
Es wird kühl im Patio, sie gehn rein ins Fernsehzimmer,
Dm G C C^7
Und Wolle legt die alte DVD mit „Casablanca" ein.
F
In der Ferne liegt die Bucht im ersten Sternenschimmer,
Em A^7
Es wird kühl im Patio, sie gehn rein ins Fernsehzimmer,
F G C G C
Und Wolle legt die alte DVD mit „Casablanca" ein.

Spielmann

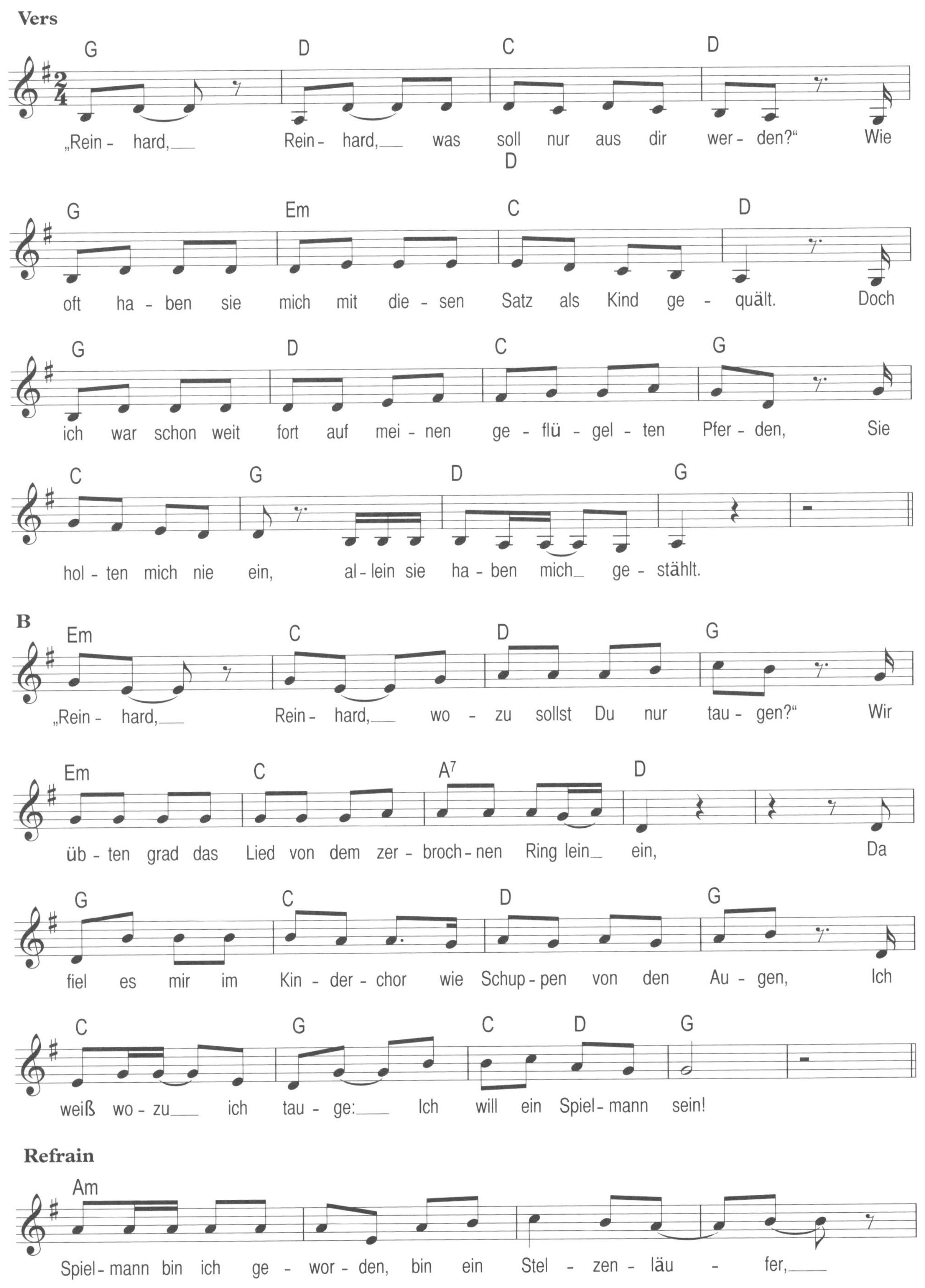
Vers
G D C D
„Rein - hard, Rein - hard, was soll nur aus dir wer - den?" Wie
D
G Em C D
oft ha - ben sie mich mit die - sen Satz als Kind ge - quält. Doch
G D C G
ich war schon weit fort auf mei - nen ge - flü - gel - ten Pfer - den, Sie
C G D G
hol - ten mich nie ein, al - lein sie ha - ben mich ge - stählt.
B
Em C D G
„Rein - hard, Rein - hard, wo - zu sollst Du nur tau - gen?" Wir
Em C A7 D
üb - ten grad das Lied von dem zer - broch - nen Ring lein ein, Da
G C D G
fiel es mir im Kin - der - chor wie Schup - pen von den Au - gen, Ich
C G C D G
weiß wo - zu ich tau - ge: Ich will ein Spiel - mann sein!
Refrain
Am
Spiel - mann bin ich ge - wor - den, bin ein Stel - zen - läu - fer,

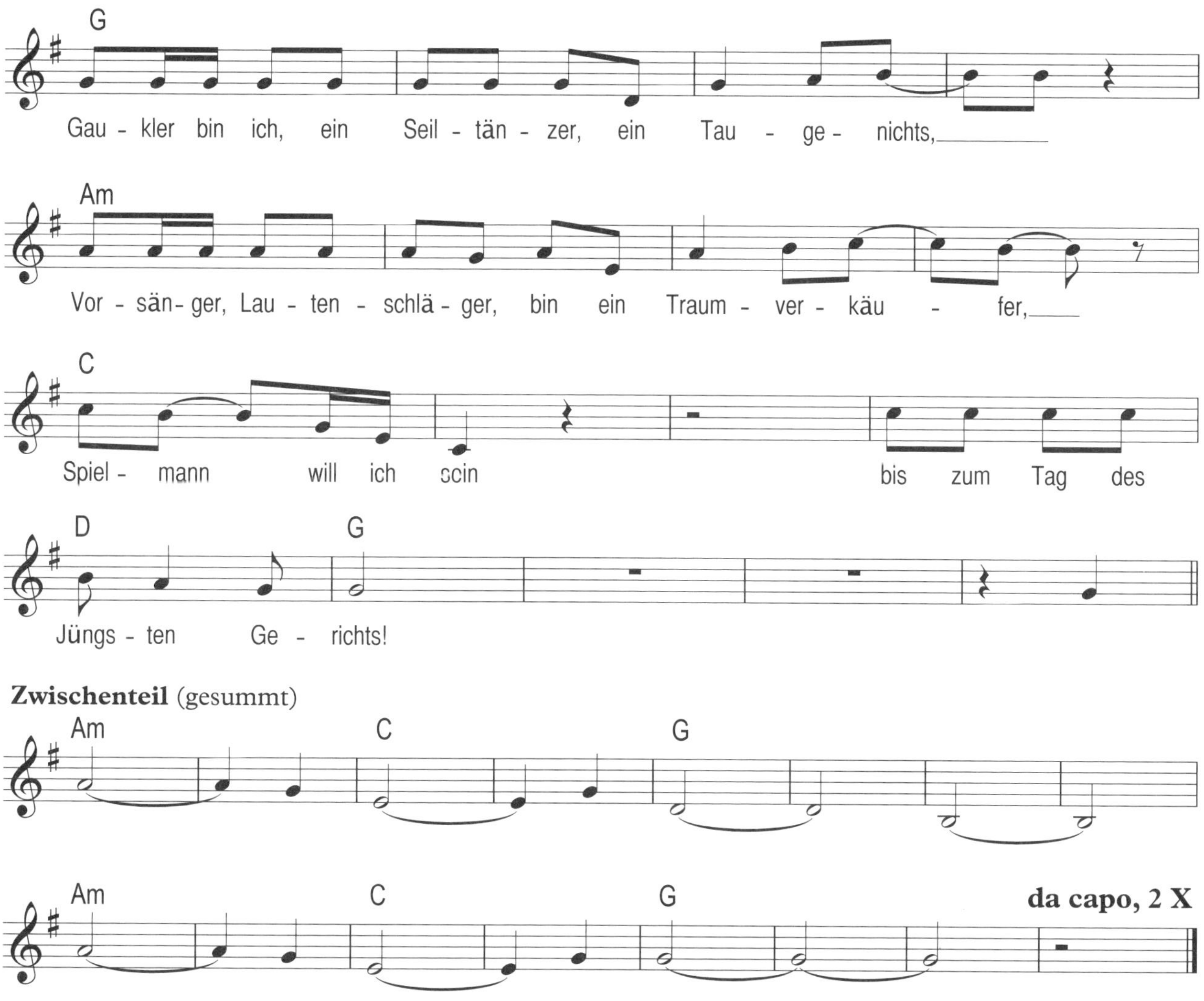

G
Gau - kler bin ich, ein Seil - tän - zer, ein Tau - ge- nichts,

Am
Vor - sän- ger, Lau - ten - schlä - ger, bin ein Traum - ver - käu - fer,

C
Spiel - mann will ich scin bis zum Tag des

D G
Jüngs - ten Ge - richts!

Zwischenteil (gesummt)

Am C G

Am C G **da capo, 2 X**

beim 3 Durchgang 2 x B, dann 2 x Refrain

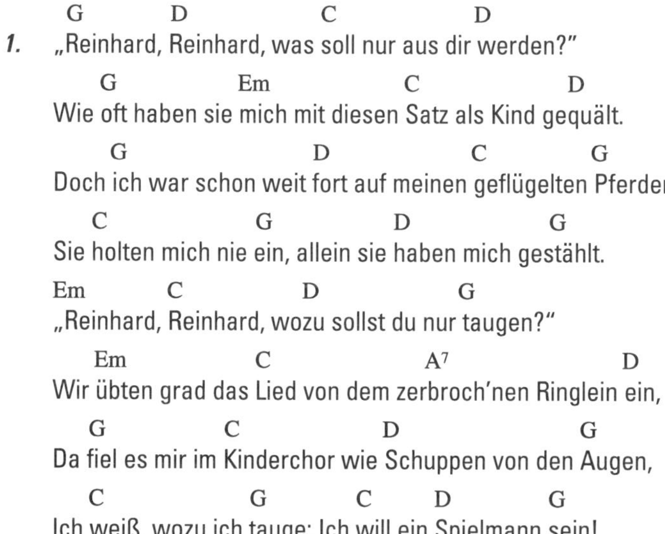

G D C D
1. „Reinhard, Reinhard, was soll nur aus dir werden?"
G Em C D
Wie oft haben sie mich mit diesen Satz als Kind gequält.
G D C G
Doch ich war schon weit fort auf meinen geflügelten Pferden,
C G D G
Sie holten mich nie ein, allein sie haben mich gestählt.
Em C D G
„Reinhard, Reinhard, wozu sollst du nur taugen?"
Em C A7 D
Wir übten grad das Lied von dem zerbroch'nen Ringlein ein,
G C D G
Da fiel es mir im Kinderchor wie Schuppen von den Augen,
C G C D G
Ich weiß, wozu ich tauge: Ich will ein Spielmann sein!

Refrain:

Am
Spielmann bin ich geworden, bin ein Stelzenläufer,
G
Gaukler bin ich, ein Seiltänzer, ein Taugenichts,
Am
Vorsänger, Lautenschläger, bin ein Traumverkäufer,
C D G
Spielmann will ich sein bis zum Tag des Jüngsten Gerichts!
Zwischenspiel: Am C G G Am C G G

G D C D
2. „Reinhard, Reinhard, wohin soll das noch führen,
G Em C D
Wann lernst du endlich, dass du für das Leben lernst?
G D C G
Dein Eigensinn, dein Widerspruch verstell'n dir alle Türen,
C G D G
Wann hörst du auf zu träumen und nimmst das Leben ernst?
Em C D G
Reinhard, Reinhard, das wird noch böse enden,
Em C A7 D
Ein Hungerleider wirst du, so lenk doch endlich ein!"
G C D G
Ich will, sagt' ich, kein Amt, keine Macht, keine Dividenden,
C G C D G
Keinen Ministerthron, ich will ein Spielmann sein!

Refrain:

Am
Spielmann bin ich geworden, bin ein Stelzenläufer,
G
Gaukler bin ich, ein Seiltänzer, ein Taugenichts,
Am
Vorsänger, Lautenschläger, bin ein Traumverkäufer,
C D G
Spielmann will ich sein bis zum Tag des Jüngsten Gerichts!
Zwischenspiel: Am C G G Am C G G

G D C D
3. Trag mein Felleisen nun wohl über tausend Brücken,
G Em C D
Auf jedem Marktplatz habe ich meinen Salto gemacht.
G D C G
Applaus, köstlicher Klang, wenn meine Kunststücke mir glücken,
C G D G
Und stille Freude, reicher Lohn, wenn die Manege lacht.

```
       Em              C             D                 G
B.  Und immer noch in Traurigkeit und Kümmernissen
       Em                  C                    A7                    D
    Fällt mir wie einst das Lied von dem zerbroch'nen Ringlein ein,
      G                 C                      D          G
    Ein Gegengift bei Häme, Neid und     Vipernbissen,
       C                    G                 C        D            G
    Was soll mir schon geschehen, ich darf ja Spielmann sein!
        Em                  C                     D                   G
    Manchmal summ' ich so vor mich hin: Hör ich das Mühlrad gehen...
        Em                  C                          A7                D
    Dann mach ich meinen eignen Schluss und eignen Vers daraus:
      G                   C                     D                  G
    Ich weiß was ich will, will mein Leben lang die Leier drehen
       C                  G               C              D          G
    Und meine Weisen singen und geh'n von Haus zu Haus!
```

Refrain:

```
    Am
    Spielmann bin ich geworden, bin ein Stelzenläufer,
    G
    Gaukler bin ich, ein Seiltänzer, ein Taugenichts,
    Am
    Vorsänger, Lautenschläger, bin ein Traumverkäufer,
    C                                          D            G
    Spielmann will ich sein bis zum Tag des Jüngsten Gerichts!
```

Refrain wiederholen, letzte Zeile:

```
    C                                       D              G
    Spielmann will ich sein am Tage des Jüngsten Gerichts!
```

Lieber kleiner Silvestertag

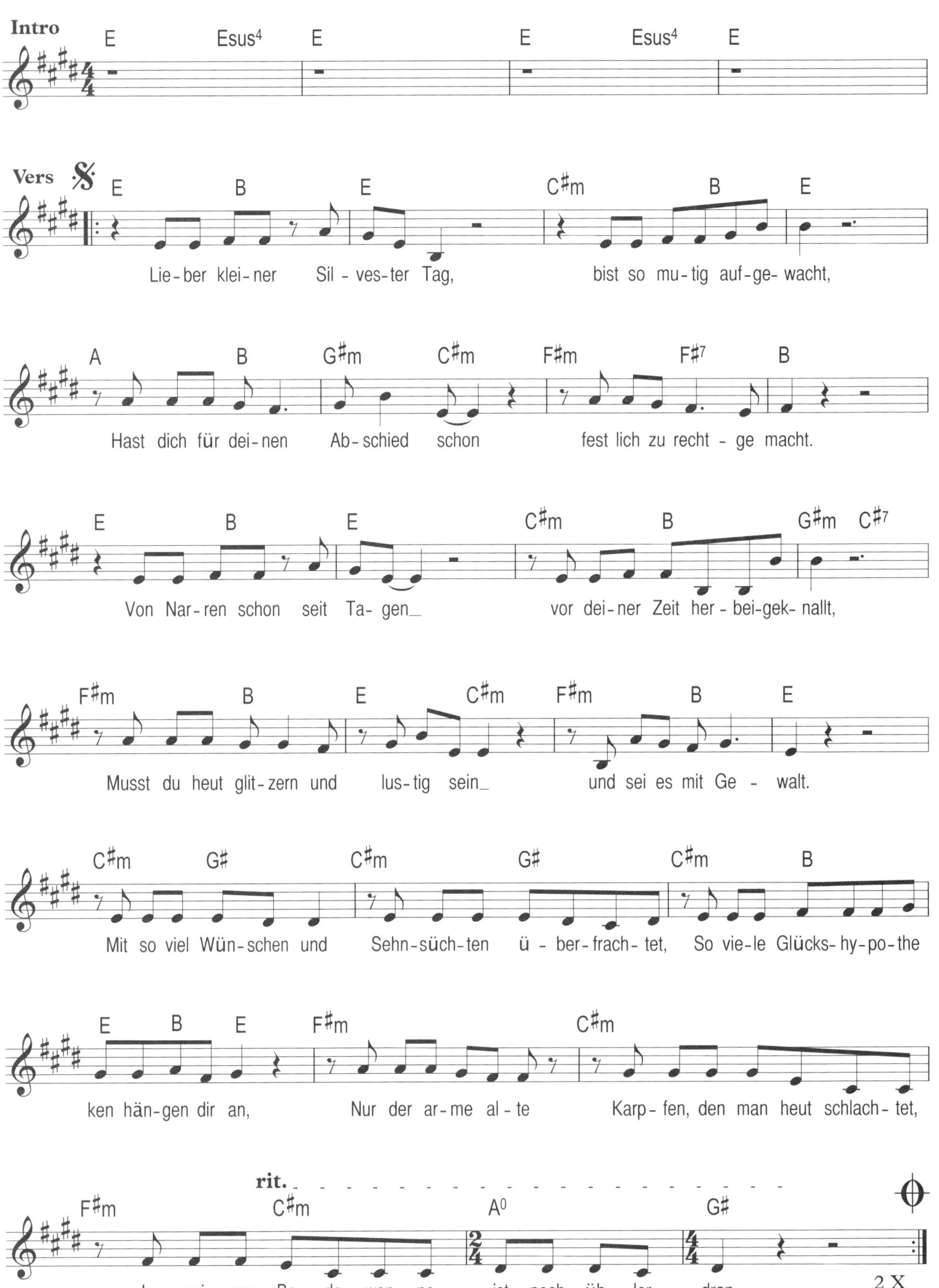

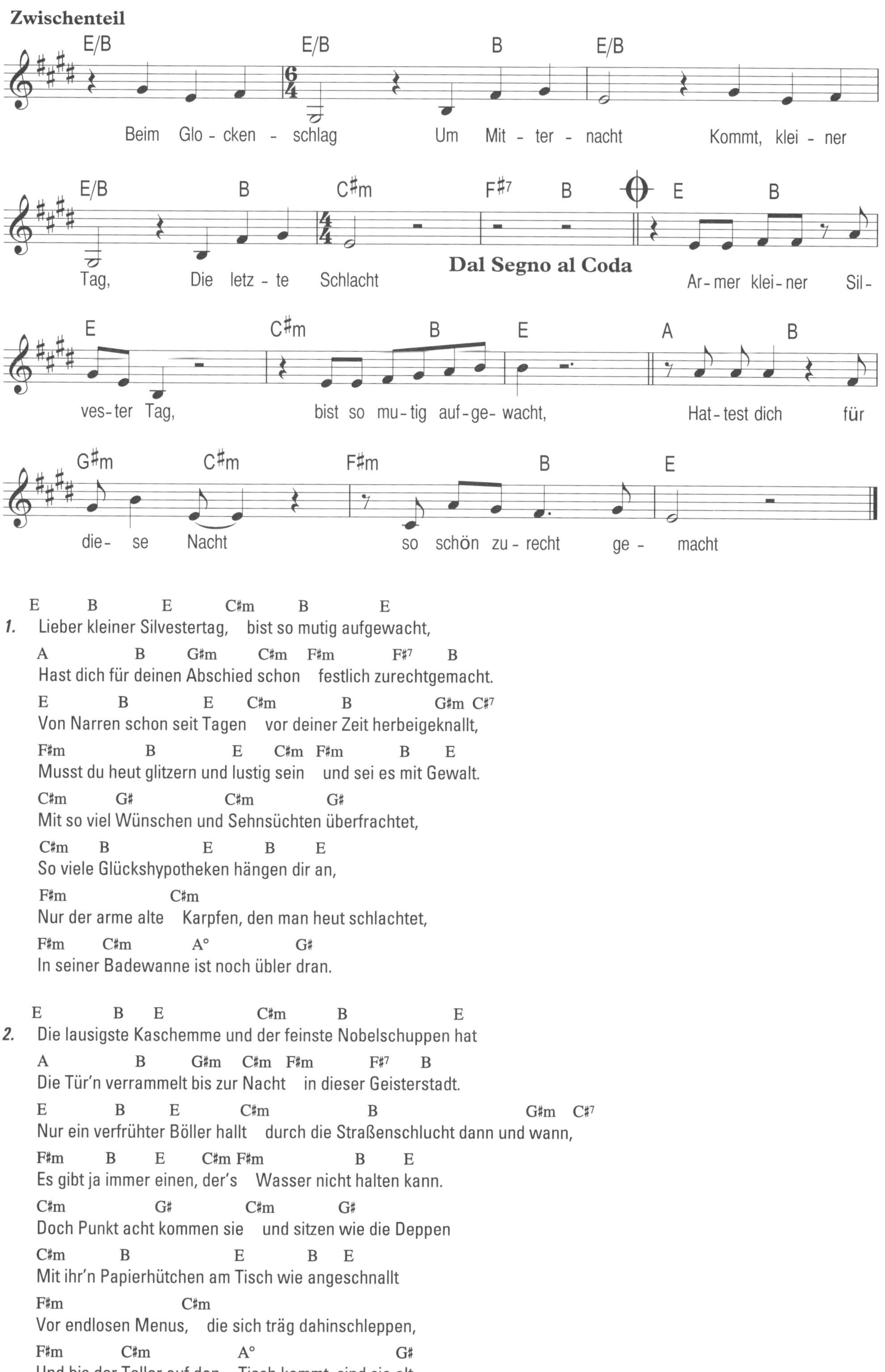

E B E C♯m B E
1. Lieber kleiner Silvestertag, bist so mutig aufgewacht,
A B G♯m C♯m F♯m F♯7 B
Hast dich für deinen Abschied schon festlich zurechtgemacht.
E B E C♯m B G♯m C♯7
Von Narren schon seit Tagen vor deiner Zeit herbeigeknallt,
F♯m B E C♯m F♯m B E
Musst du heut glitzern und lustig sein und sei es mit Gewalt.
C♯m G♯ C♯m G♯
Mit so viel Wünschen und Sehnsüchten überfrachtet,
C♯m B E B E
So viele Glückshypotheken hängen dir an,
F♯m C♯m
Nur der arme alte Karpfen, den man heut schlachtet,
F♯m C♯m A° G♯
In seiner Badewanne ist noch übler dran.

E B E C♯m B E
2. Die lausigste Kaschemme und der feinste Nobelschuppen hat
A B G♯m C♯m F♯m F♯7 B
Die Tür'n verrammelt bis zur Nacht in dieser Geisterstadt.
E B E C♯m B G♯m C♯7
Nur ein verfrühter Böller hallt durch die Straßenschlucht dann und wann,
F♯m B E C♯m F♯m B E
Es gibt ja immer einen, der's Wasser nicht halten kann.
C♯m G♯ C♯m G♯
Doch Punkt acht kommen sie und sitzen wie die Deppen
C♯m B E B E
Mit ihr'n Papierhütchen am Tisch wie angeschnallt
F♯m C♯m
Vor endlosen Menus, die sich träg dahinschleppen,
F♯m C♯m A° G♯
Und bis der Teller auf den Tisch kommt, sind sie alt.

```
    E           B      E               C#m             B                 E
3.  In Häusern und in Stuben dehnt    qualvoll der Frohsinn sich dahin,
    A           B    G#m   C#m  F#m               F#7   B
    Gebiert die guten Vorsätze        heut für den Neubeginn.
    E                B     E      C#m          B                G#m   C#7
    Luftschlangen und Eierlikör,    der letzte Streit im alten Jahr,
    F#m      B          E       C#m   F#m           B     E
    Der gute Vorsatz schon vergeigt    vorm 1. Januar.
    C#m       G#           C#m             G#
    So sitzen sie, so warten sie sprachlos zusammen
    C#m              B                     E       B         E
    Vorm Flachbildschirm so wie in jedem Jahr und schaun
    F#m                                C#m
    Den immer gleichen Zombies      zu in den Unprogrammen,
    F#m              C#m              A°               G#
    Starr'n auf die Uhr und den erlösenden Countdown:
```

Zwischenteil

```
    E/B             B                   E/B
    Beim Glockenschlag um Mitternacht
                     B                C#m        F#7        B
    Kommt, kleiner Tag, die letzte Schlacht.
```

```
    E                    B      E            C#m          B                E
4.  Dann probt die trunkene Nation    johlend ihren Weltuntergang,
    A                    B         G#m     C#m  F#m         F#7             B
    Schmerzlich entbehrter Monatslohn    verpufft, Dreck und Gestank.
    E                  B        E           C#m                B                G#m    C#7
    Blaulicht mischt sich ins Feuerwerk      und Martinshorn in die Musik,
    F#m     B            E          C#m   F#m        B        E
    Auf den Fluren im Krankenhaus:    Szenen wie im Krieg.
    C#m        G#           C#m             G#
    Kleiner Silvestertag,    grad noch behängt mit Träumen,
    C#m           B                      E        B         E
    Hast ausgedient, drei mal verleugnet, liegst du bald
    F#m                          C#m
    Bei Flaschen, Böllern und    entschmückten Weihnachtsbäumen,
    F#m            C#m                 A°              G#
    Mit dem Gesicht nach unten    auf dem Asphalt.
    E       B           E           C#m         B              E
    Armer kleiner Silvestertag,    bist so mutig aufgewacht,
    A       B       G#m  C#m  F#m               B       E
    Hattest dich für diese Nacht    so schön zurechtgemacht.
```

Alter Freund

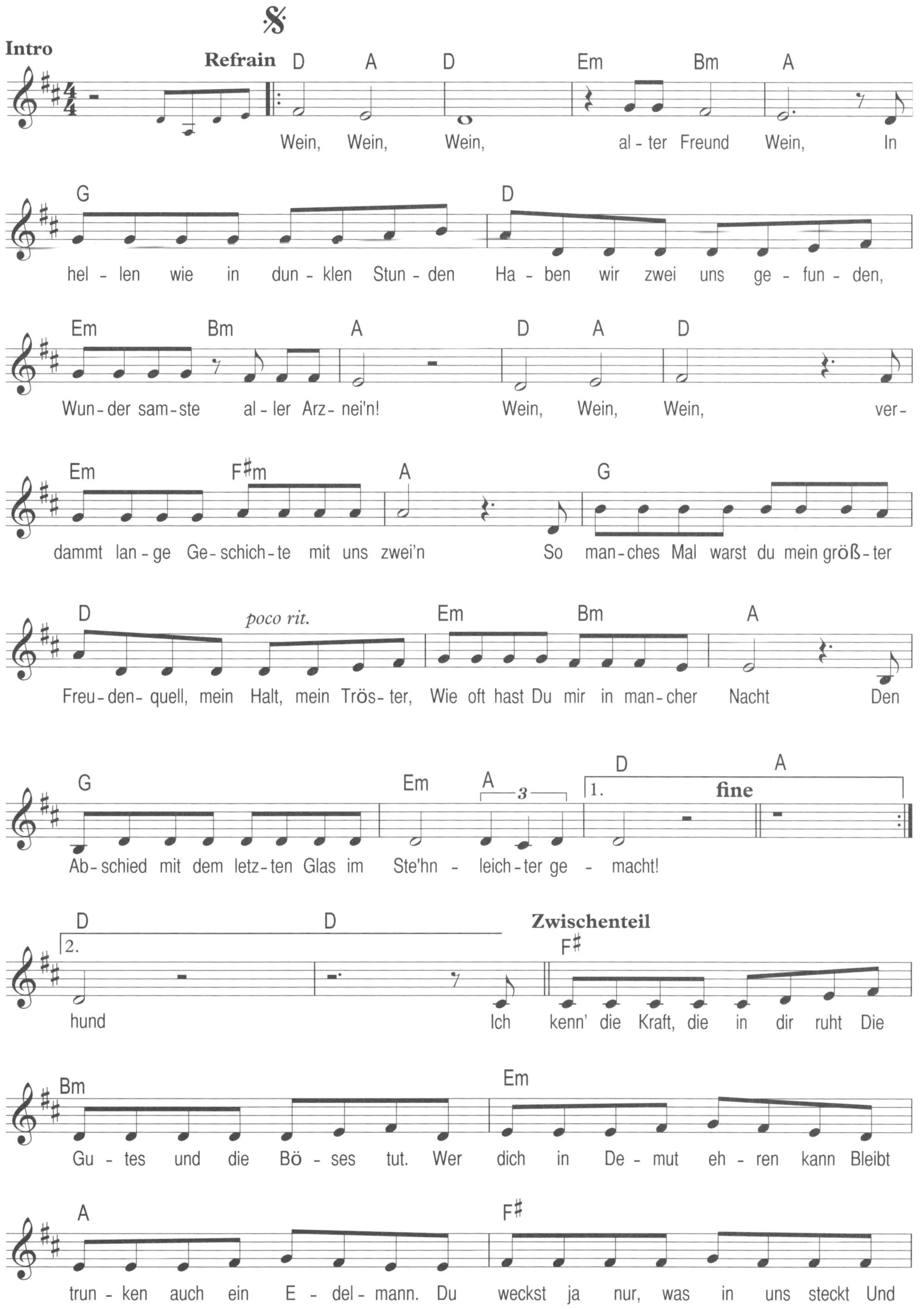

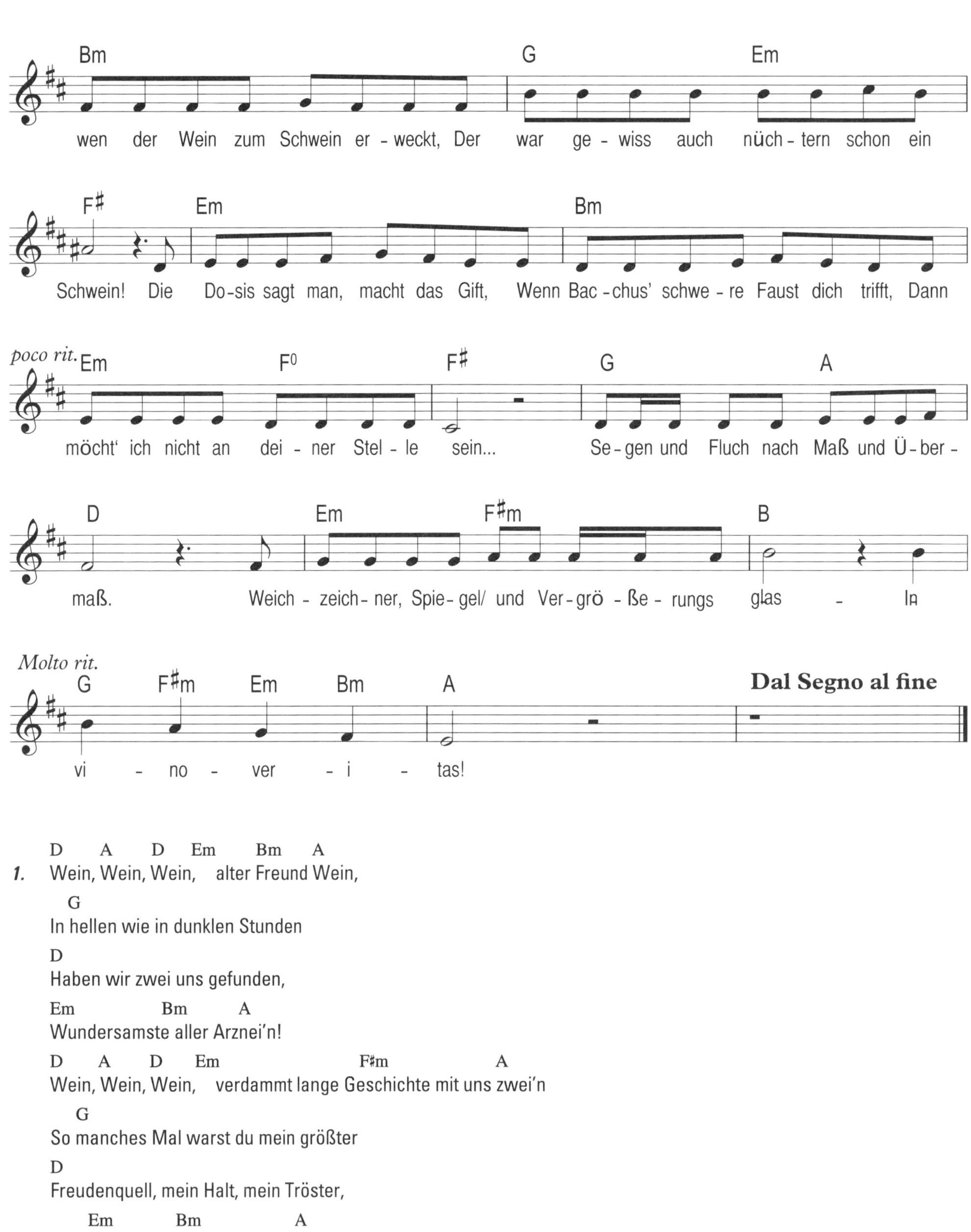

D A D Em Bm A
1. Wein, Wein, Wein, alter Freund Wein,
G
In hellen wie in dunklen Stunden
D
Haben wir zwei uns gefunden,
Em Bm A
Wundersamste aller Arznei'n!
D A D Em F♯m A
Wein, Wein, Wein, verdammt lange Geschichte mit uns zwei'n
G
So manches Mal warst du mein größter
D
Freudenquell, mein Halt, mein Tröster,
Em Bm A
Wie oft hast Du mir in mancher Nacht
G Em A D A
Den Abschied mit dem letzten Glas im Stehen - leichter gemacht!

D   A   D   Em   Bm   A
2. Wein, Wein, Wein,   alter Freund Wein,

       G
Manchmal brauch ich die Glut der Reben

D
Einfach, um zu überleben.

Em   Bm   A
Manchmal will ich gar nicht tapfer sein.

D   A   D   Em   F♯m   A
Wein, Wein, Wein, manchmal roll ich mich ein.

       G
Manchmal will ich mich nur verstecken

D
Und still meine Wunden lecken,

     Em   Bm   A
Mit vollem Becher und aus vollem Mund

    G   Em   A   D
Den Mond anheulen wie ein geprügelter Kettenhund.

Zwischenteil

     F♯   Bm
Ich kenn' die Kraft, die in dir ruht, die Gutes und die Böses tut.

      Em   A
Wer dich in Demut ehren kann, bleibt trunken auch ein Edelmann.

    F♯   Bm
Du weckst ja nur, was in uns steckt und wen der Wein zum Schwein erweckt,

    G   Em   F♯
Der war gewiss auch nüchtern schon ein Schwein!

     Em   Bm
Die Dosis sagt man, macht das Gift, wenn Bacchus' schwere Faust dich trifft,

       Em   F°   F♯
Dann möcht' ich nicht an deiner Stelle sein...

G   A   D
Segen und Fluch nach Maß und Übermaß.

Em   F♯m   B
Weichzeichner, Spiegel und Vergrößerungsglas -

    Em F♯m Em Bm A
In vino veritas!

D   A   D Em   Bm   A
3. Wein, Wein, mein alter Freund Wein,

G
Auch in meiner letzten Stunde

D
Führt mir noch das Glas zum Munde,

Em   Bm   A
Kommt und schenkt mir ein!

D   A   D   Em   F♯m   A
Wein, Wein, Wein, mach meinen Kummer klein,

     G
Das Leben geht ja trotzdem weiter,

D
Komm, mach mich noch einmal heiter,

Em   Bm   A
Wärme mich im kühlen Abendhauch,

     G   Em A D
Und unsern kranken Nachbarn   -   auch.

Das Taschentuch

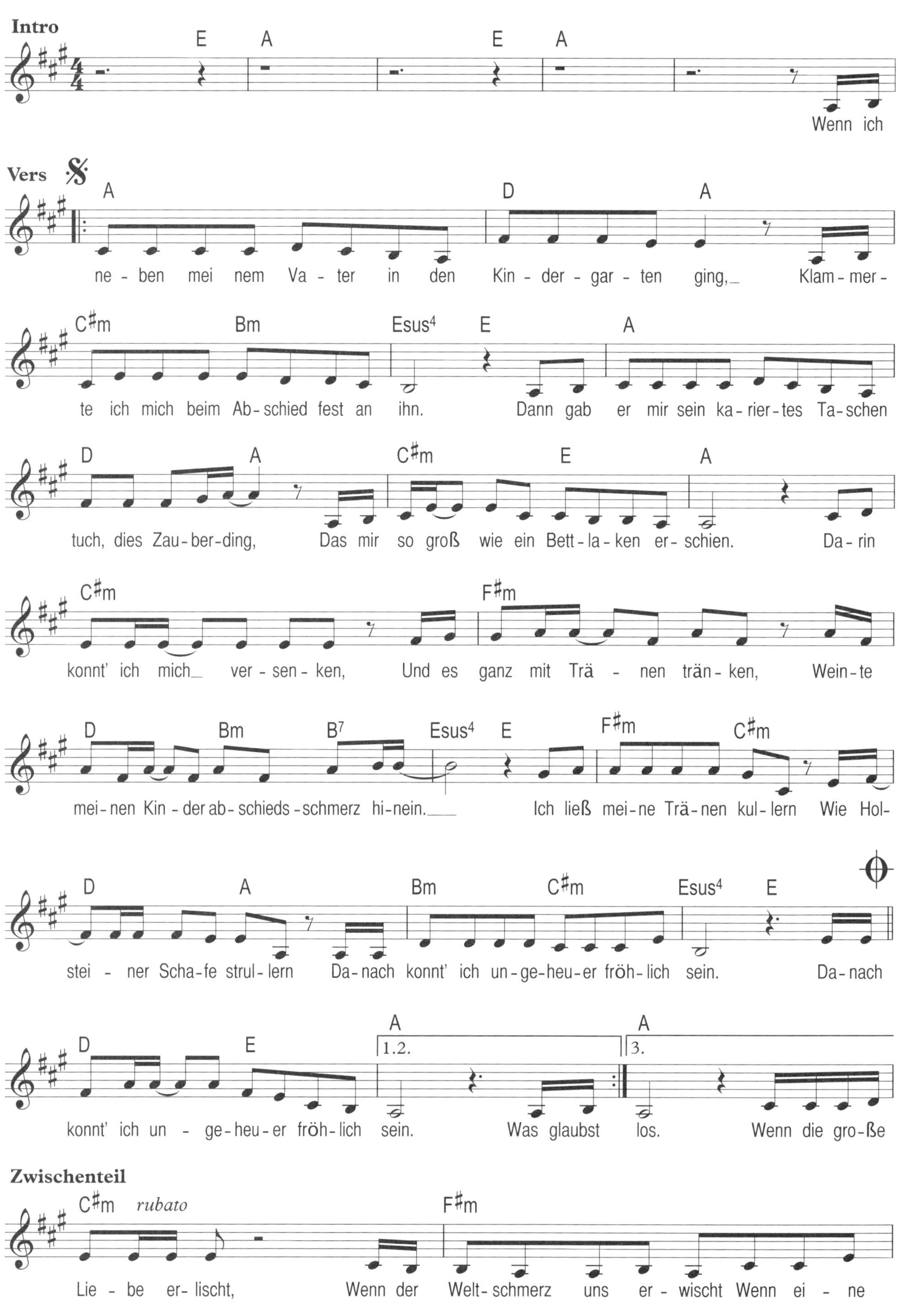

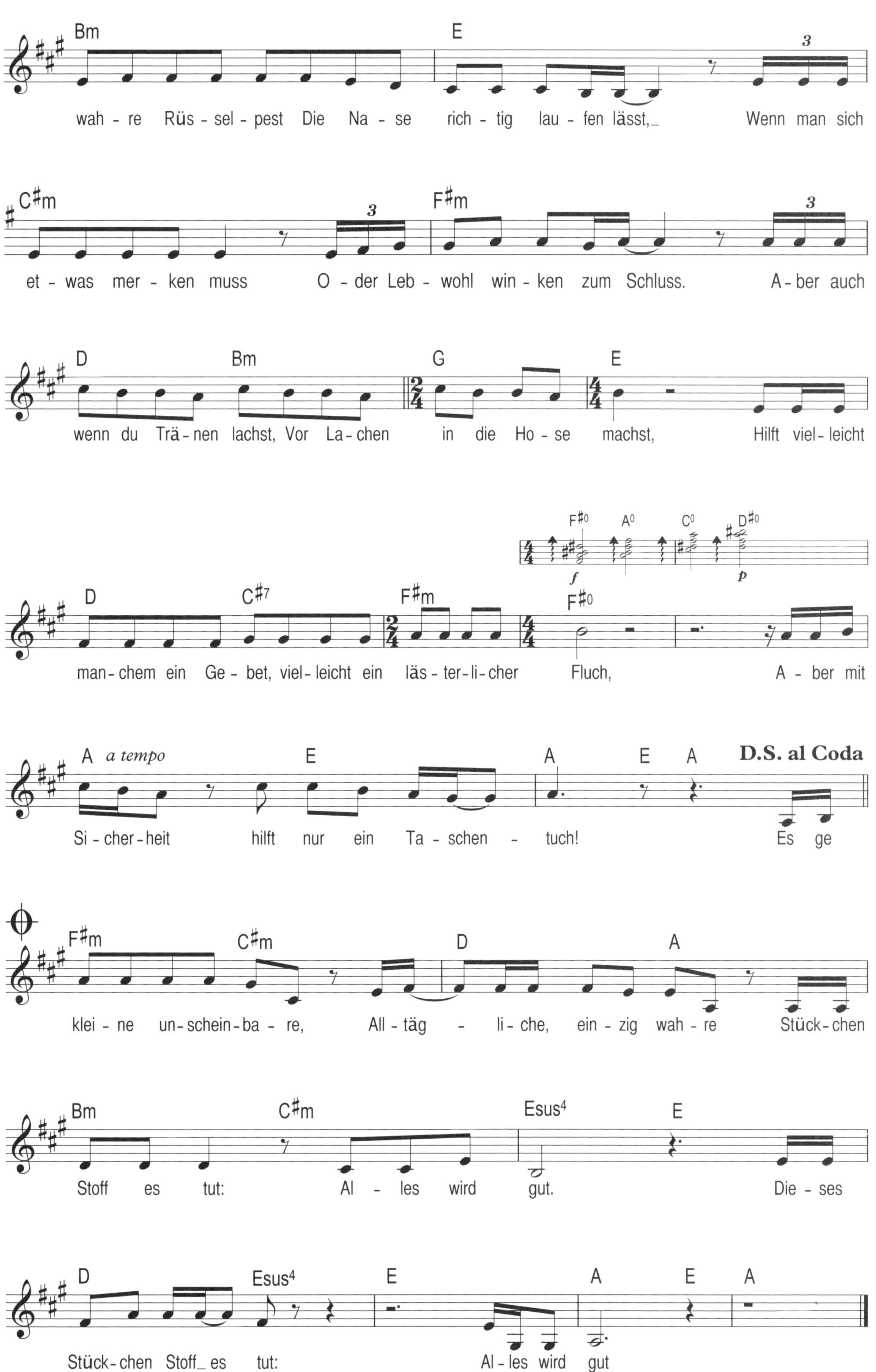
Bm E 3
wah - re Rüs - sel - pest Die Na - se rich - tig lau - fen lässt,_ Wenn man sich
C♯m 3 F♯m 3
et - was mer - ken muss O - der Leb - wohl win - ken zum Schluss. A - ber auch
D Bm G E
wenn du Trä - nen lachst, Vor La - chen in die Ho - se machst, Hilft viel - leicht
F♯0 A0 C0 D♯0
f p
D C♯7 F♯m F♯0
man - chem ein Ge - bet, viel - leicht ein läs - ter - li - cher Fluch, A - ber mit
A a tempo E A E A D.S. al Coda
Si - cher - heit hilft nur ein Ta - schen - tuch! Es ge
F♯m C♯m D A
klei - ne un - schein - ba - re, All - täg - li - che, ein - zig wah - re Stück - chen
Bm C♯m Esus4 E
Stoff es tut: Al - les wird gut. Die - ses
D Esus4 E A E A
Stück - chen Stoff_ es tut: Al - les wird gut

A D A
1. Wenn ich neben meinem Vater in den Kindergarten ging,
C♯m Bm E^{sus4} E
Klammerte ich mich beim Abschied fest an ihn.
A D A
Dann gab er mir sein kariertes Taschentuch, dies Zauberding,
C♯m E A
Das mir so groß wie ein Bettlaken erschien.
C♯m F♯m
Darin konnt' ich mich versenken, und es ganz mit Tränen tränken,
D Bm B^7 E^{sus4} E
Weinte meinen Kinderabschiedsschmerz hinein.
F♯m C♯m D A
Ich ließ meine Tränen kullern wie Holsteiner Schafe strullern.
Bm C♯m E^{sus4} E
Danach konnt' ich ungeheuer fröhlich sein.
D E A
Danach konnt' ich ungeheuer fröhlich sein.

A D A
2. Was glaubst du, hält die Queen in ihrem Henkeltäschchen parat,
C♯m Bm E^{sus4} E
Wenn sie huldvoll auf ihrem Balkon erscheint?
A D A
Was die Kanzlerin in ihrer engen Jackentasche hat?
C♯m E A
So wie du, ein Taschentuch, in das sie weint.
C♯m F♯m
Nach des Tages Müh und Jammer im Kanzleramt in der Kammer,
D Bm B^7 E^{sus4} E
Wo sie nicht mehr mühevoll um Fassung ringt,
F♯m C♯m D A
Lässt sie ihre Tränen rinnen wie kleine Eisprinzessinnen,
Bm C♯m E^{sus4} E
Wenn die langgeübte Kür doch nicht gelingt.
D E A
Wenn die langgeübte Kür doch nicht gelingt.

A D A
3. Was glaubst du denn, was dein Bänker mit dem Köfferchen verdeckt,
C♯m Bm E^{sus4} E
Was James Bond stets in den Schulterholster schob,
A D A
Was der coole Gangsta Rapper in der Strickmütze versteckt,
C♯m E A
Und das Model in der Handtasche von Joop?
C♯m F♯m
Was halten sie schön gestaltet, glattgebügelt und gefaltet,
D Bm B^7 E^{sus4} E
Oder von zitternder Hand zerknüllt im Schoß?
F♯m C♯m D A
Ihr Taschentuch, denn es weinen die Großen so wie die Kleinen,
Bm C♯m E^{sus4} E
Und die Schönsten schluchzen manchmal hemmungslos.
D E A
Und die Schönsten schluchzen manchmal hemmungslos.

Zwischenteil

```
                  C#m                         F#m
Wenn die große Liebe erlischt, wenn der Weltschmerz uns erwischt,
              Bm                             E
Wenn eine wahre Rüsselpest die Nase richtig laufen lässt,
                  C#m                               F#m
Wenn man sich etwas merken muss oder Lebwohl winken zum Schluss.
              D               Bm                 G          E
Aber auch wenn du Tränen lachst, vor Lachen in die Hose machst,
                 D             C#7               F#m         F#° A°    C°   D#°
Hilft vielleicht manchem ein Gebet, vielleicht ein lästerlicher Fluch,
            A            E               A      E  A
Aber mit Sicherheit hilft nur ein Taschentuch!
```

```
          A                         D            A
4.  Es gehört zu einem guten Album, einem guten Buch,
               C#m         Bm              Esus4      E
    Wenn man dir die gute Nachricht überbringt,
             A                                D               A
    Mit zum Lieferumfang eigentlich auch noch ein Taschentuch.
              C#m                E                   A
    Wenn du hörst und liest und glaubst, dein Herz zerspringt,
               C#m                              F#m
    Dann hilft dir nur eins: Ein Taschentuch viel 100-mal gewaschen,
              D                  Bm     B7     Esus4    E
    Sanft und warm und so weich wie ein Mausefell.
                F#m              C#m              D                A
    Nichts kann dich auch in der größten Freude freu'n, im Kummer trösten,
            Bm                C#m            Esus4   E
    Nichts trocknet die Tränenflut so gut und schnell
              F#m            C#m      D               A
    Wie dies kleine unscheinbare, alltägliche, einzig wahre
               Bm          C#m           Esus4     E
    Stückchen Stoff es tut:    Alles wird gut.
            D                  E               A
    Dieses Stückchen Stoff es tut: Alles wird gut.
```

Tiergarten

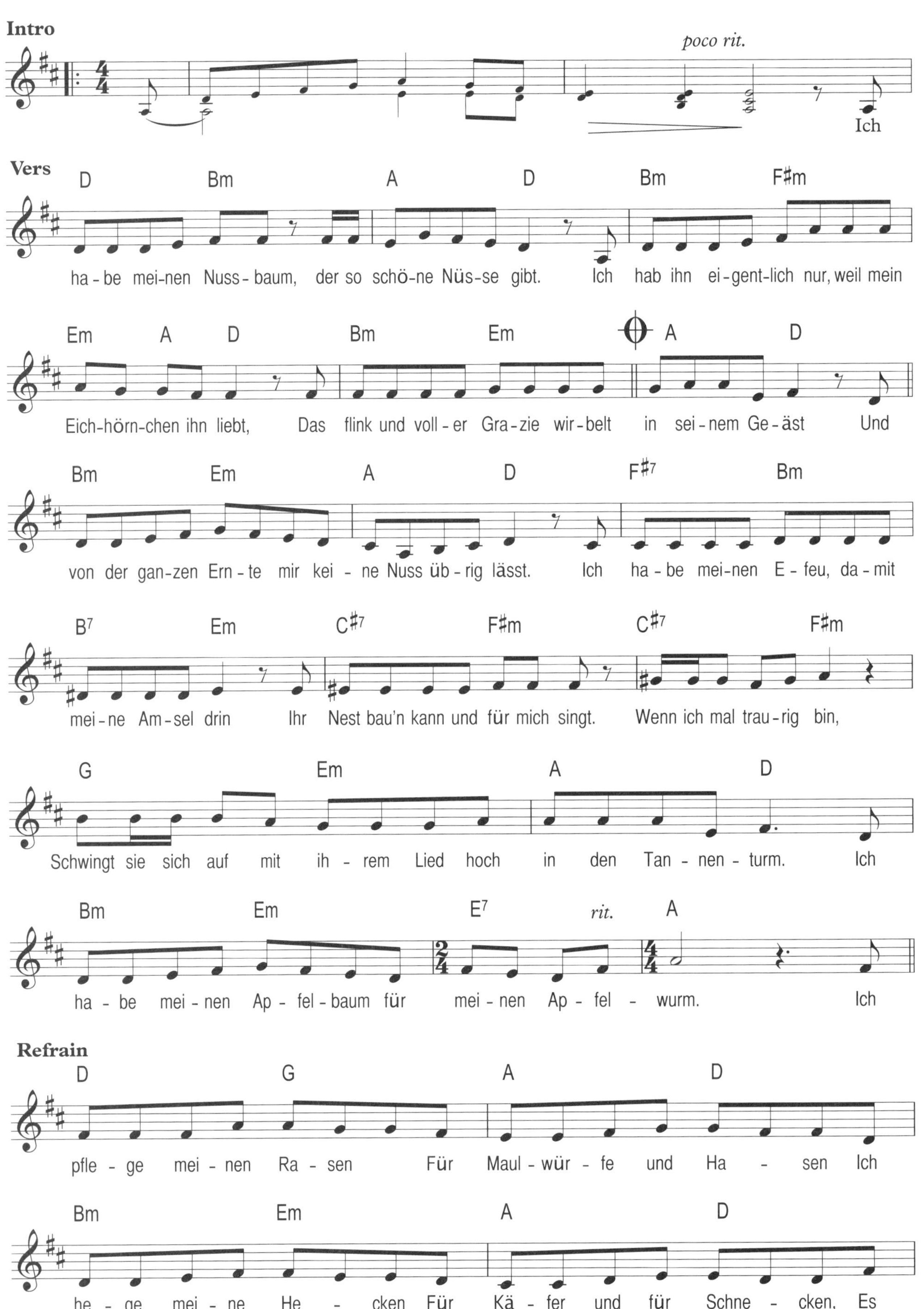
Intro
poco rit.
Ich
Vers
D Bm A D Bm F♯m
ha-be mei-nen Nuss-baum, der so schö-ne Nüs-se gibt. Ich hab ihn ei-gent-lich nur, weil mein
Em A D Bm Em A D
Eich-hörn-chen ihn liebt, Das flink und voll-er Gra-zie wir-belt in sei-nem Ge-äst Und
Bm Em A D F♯7 Bm
von der gan-zen Ern-te mir kei-ne Nuss üb-rig lässt. Ich ha-be mei-nen E-feu, da-mit
B7 Em C♯7 F♯m C♯7 F♯m
mei-ne Am-sel drin Ihr Nest bau'n kann und für mich singt. Wenn ich mal trau-rig bin,
G Em A D
Schwingt sie sich auf mit ih-rem Lied hoch in den Tan-nen-turm. Ich
Bm Em E7 rit. A
ha-be mei-nen Ap-fel-baum für mei-nen Ap-fel-wurm. Ich
Refrain
D G A D
pfle-ge mei-nen Ra-sen Für Maul-wür-fe und Ha-sen Ich
Bm Em A D
he-ge mei-ne He-cken Für Kä-fer und für Schne-cken, Es

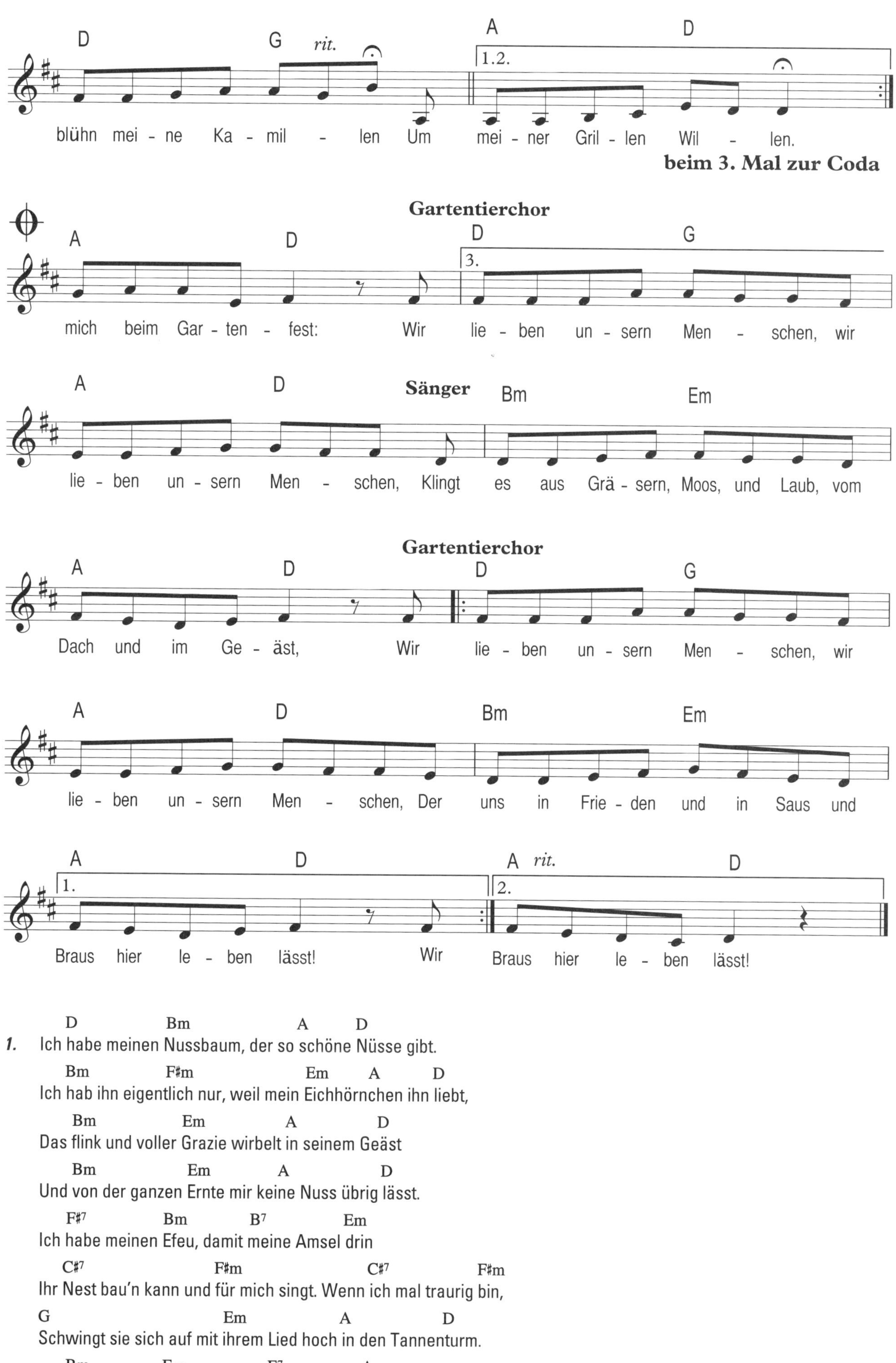

1. Ich habe meinen Nussbaum, der so schöne Nüsse gibt.
Ich hab ihn eigentlich nur, weil mein Eichhörnchen ihn liebt,
Das flink und voller Grazie wirbelt in seinem Geäst
Und von der ganzen Ernte mir keine Nuss übrig lässt.
Ich habe meinen Efeu, damit meine Amsel drin
Ihr Nest bau'n kann und für mich singt. Wenn ich mal traurig bin,
Schwingt sie sich auf mit ihrem Lied hoch in den Tannenturm.
Ich habe meinen Apfelbaum für meinen Apfelwurm.

D G A D
Ich pflege meinen Rasen für Maulwürfe und Hasen
Bm Em A D
Ich hege meine Hecken für Käfer und für Schnecken,
D G A D
Es blühn meine Kamillen um meiner Grillen Willen.

D Bm A D
2. Ich gieße meine Katzenminze, weil sich dann vielleicht
Bm F#m Em A D
Die Katze freut, wenn sie bei Nacht durch meine Minze streicht.
Bm Em A D
Ich hätschle meinen Kirschbaum nur für einen Star, der dann
Bm Em A D
Die Kirschen frisst und Gute Nacht, Freunde nachpfeifen kann.
F#7 Bm B7 Em
Die Blaumeise dribbelt den Maisenknödel um den Ast,
C#7 F#m C#7 F#m
Die schwere Hummel macht in meiner Glockenblume Rast.
G Em A D
In meiner Pflaume lebt die Made sorglos in den Tag,
Bm Em E7 A
Fernab von allen Ängsten, was die Zukunft bringen mag.
D G A D
Ich höre das Gras wachsen, ich hör die Dachse flachsen,
Bm Em A D
Ich hör die Knospe springen, ich hör das Würmchen singen.
D G A D
Hör den Insektenreigen und die Zikaden geigen.

D Bm A D
3. Es sieht in meinem Garten nicht wie Schöner Wohnen aus
Bm F#m Em A D
Dafür sind alle Tiere drin willkommen und zu Haus.
Bm Em A D
Und alles singt, zirpt, piept im Chor für mich beim Gartenfest:
D G A D
Wir lieben unsern Menschen, wir lieben unsern Menschen,
Bm Em A D
Klingt es aus Gräsern, Moos, und Laub, vom Dach und im Geäst,
D G A D
I: Wir lieben unsern Menschen, wir lieben unsern Menschen,
Bm Em A D
Der uns in Frieden und in Saus und Braus hier leben lässt! **:I**

Gute Kühe kommen in den Himmel

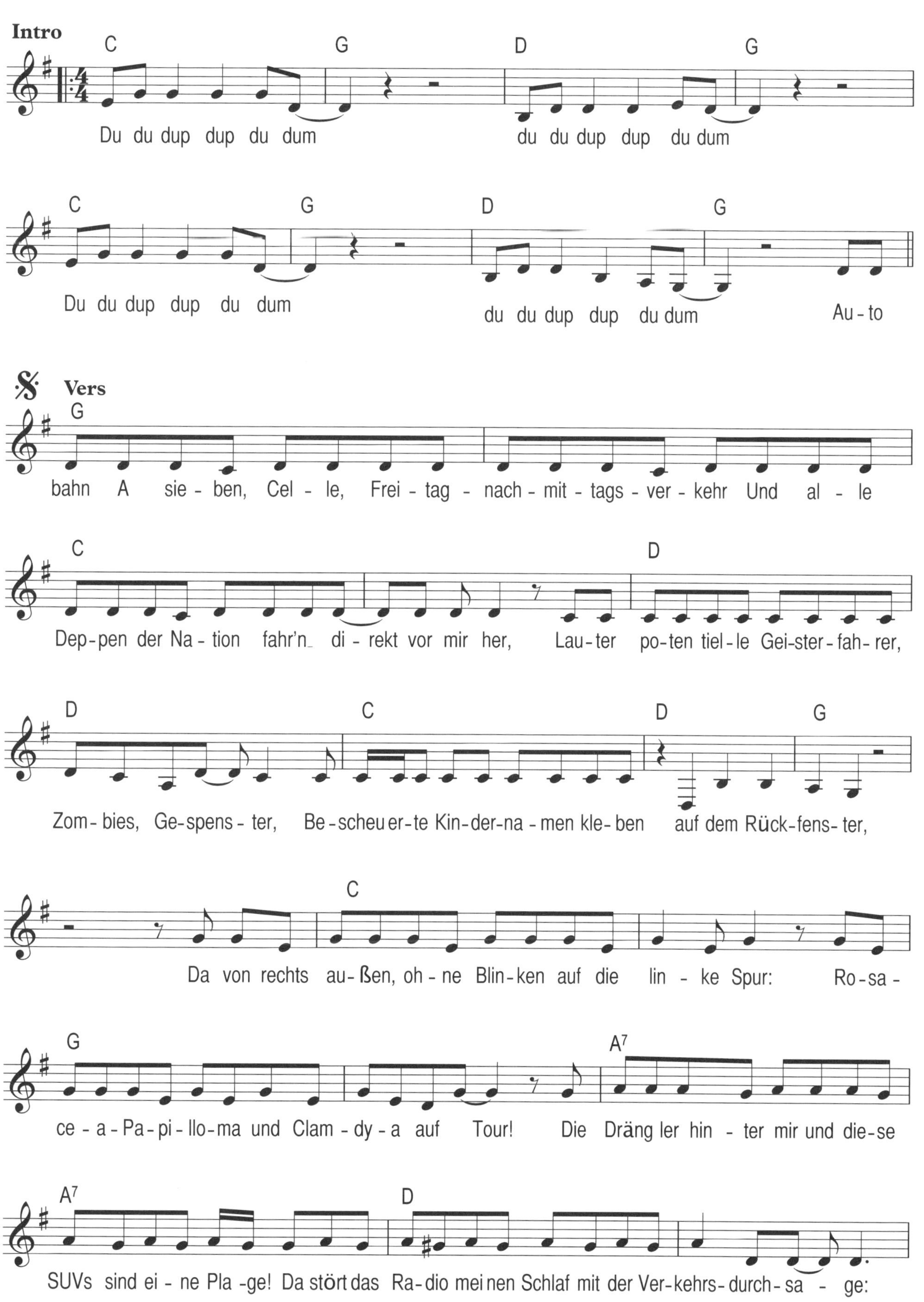

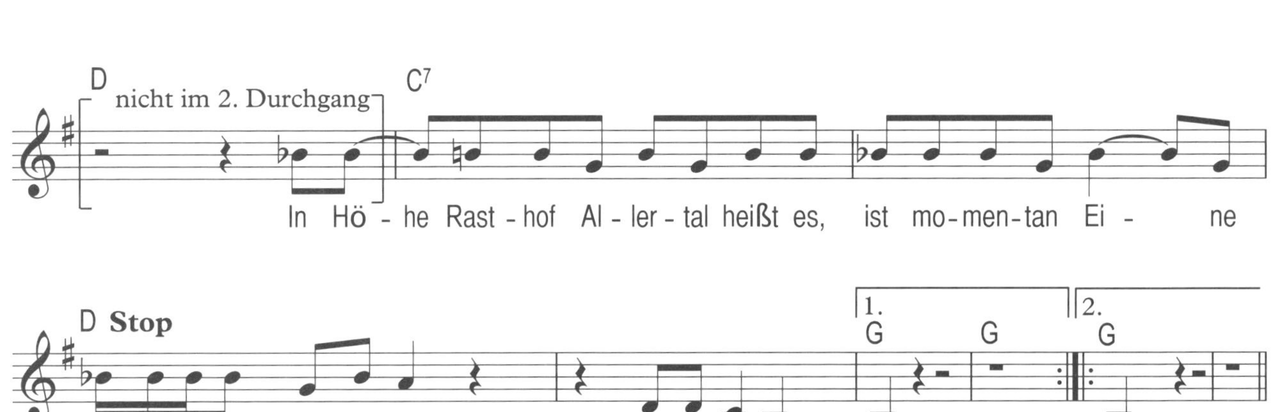

Refrain

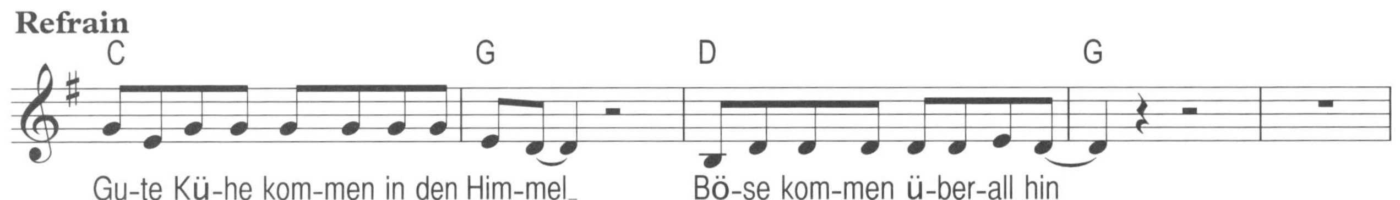

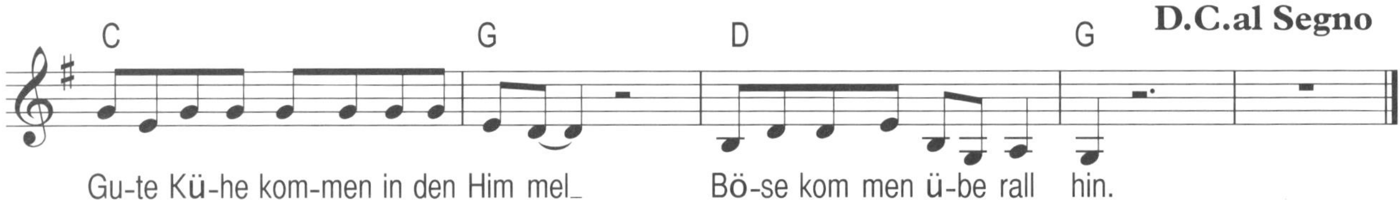

4 x wiederholen, immer Haus 2

```
   C                    G  D                G
I: Du du dup dup du dum, Du du dup dup du dum :I
```

```
      G
1. Autobahn A 7, Celle, Freitagnachmittagsverkehr,
          C
   Und alle Deppen der Nation fahr'n direkt vor mir her,
         D
   Lauter potentielle Geisterfahrer, Zombies, Gespenster,
     C                         D        G
   Bescheuerte Kindernamen kleben  auf dem Rückfenster,
                C
   Da von rechts außen, ohne Blinken auf die linke Spur:
      G
   Rosacea-Papilloma und Clamydia on Tour!
     A7
   Die Drängier hinter mir und diese SUVs sind eine Plage!
               D
   Da stört das Radio meinen Schlaf mit der Verkehrsdurchsage:
     C7
   In Höhe Rasthof Allertal, heißt es, ist momentan
      D                               G
   Eine Gruppe entlaufener Kühe auf der Autobahn.
```

Zwischenspiel

```
   C                    G  D                G
I: Du du dup dup du dum, Du du dup dup du dum :I
```

G
2. Das ist ja gleich da vorn, ich bin neugierig von Natur

C
Und großer Kuhfreund, da seh ich sie schon auf der linken Spur.

D
Erst mal absichern, Warndreieck und Warnblinkanlage,

C D G
Häng der Leitkuh Luise meine Warnweste um, mal eine Frage:

C
Was macht ein Dutzend Buntgescheckte Niedersachsen hier

G
Am Rasthof Allertal am Freitag Nachmittag um vier?

A^7
Da bricht es aus ihr raus, ein lang aufgestauter Kummer:

D
Ein Leben lang im Stall war unser Aufschrei nur ein stummer

C
Protest. Das geht auf keine Kuhhaut, jetzt muss was gescheh'n,

D G
Wenn sich was ändern soll, dann muss man auf die Straße gehn!

Refrain

C G D G
I: Gute Kühe kommen in den Himmel, böse kommen überall hin. :I

G
3. Du siehst uns auf der „Grünen Woche" in Berlin geschönt,

G
Gepampert, manikürt, geduscht, gelegt, geföhnt.

D
Die Wirklichkeit sieht anders aus, wir stehen ungestriegelt

C D G
Und ungewaschen dicht an dicht im Dunkeln eingeriegelt.

C
Unsere Milch, jetzt hör gut zu, kriegt unser Kälbchen nie,

C
Und die zärtliche Melkerin ist eine Utopie,

A^7
Sie melken uns mit chromblitzenden High-tech-Dingern,

D
Die noch schlimmer sind, als der Knecht mit seinen kalten Fingern.

C
Und du musst wissen, dass der Bauer ein wahrer Sadist,

D G
Ein Kuhhändler, ein Schwein und übler Eutergrapscher ist.

Refrain

C G D G
I: Gute Kühe kommen in den Himmel, böse kommen überall hin. :I

G
4. Dann wär da auch noch die Besamung, und die ist längst
C
Nicht ganz so lustig, sprach Luise, wie du vielleicht denkst.
D
Und auch nicht wie sie uns auf ihren Viehtransporter treiben,
C D G
Und den Schlachthof brauch ich dir ja wohl nicht näher zu beschreiben.
C
Vom ersten bis zum letzten Muh geknechtet, ist doch klar,
G
Das Kuhleben ist auch nicht mehr, was es mal war.
A^7
All das verdanken wir den Sesselfurzern, den Untoten
D
In Brüssel, die uns schikanier'n mit Vorschriften und Quoten
C
Für Stall, für Milch und Futter, und das Rindvieh beugt sich brav -
D G
Nein, wie sagte doch Klaus Störtebecker: Lever dod als Slav!

Refrain

C G D G
|: Gute Kühe kommen in den Himmel, böse kommen überall hin. **:|**

G
5. Ich hab ja dies Helfersyndrom, ich mach den Supermann
C
Und führ' die Kühe erstmal auf den Rasthof nebenan,
D
Ich seh mich schon groß auf der Titelseite aller Blätter:
C D G
Das Vaterland verneigt sich vor dem furchtlosen Kuh-Retter.
C
Inzwischen Blaulicht, Feuerwehr und Polizei in Schar'n,
G
Ich habe meine Pflicht getan, jetzt kann ich weiterfahr'n.
A^7
Im Fortgehn aber hör' ich, flüstert hinter mir Luise:
D
Hey, Thelma, Schwestern, Durchbruch, querfeldein über die Wiese!
C
Etwas Besseres als den Stall findest du überall -
D G
Und sei's der Tod auf der A 7, Rasthof Allertal!

Refrain

C G D G
|: Gute Kühe kommen in den Himmel, böse kommen überall hin. **:|**

Spangen und Schleifen und Bänder

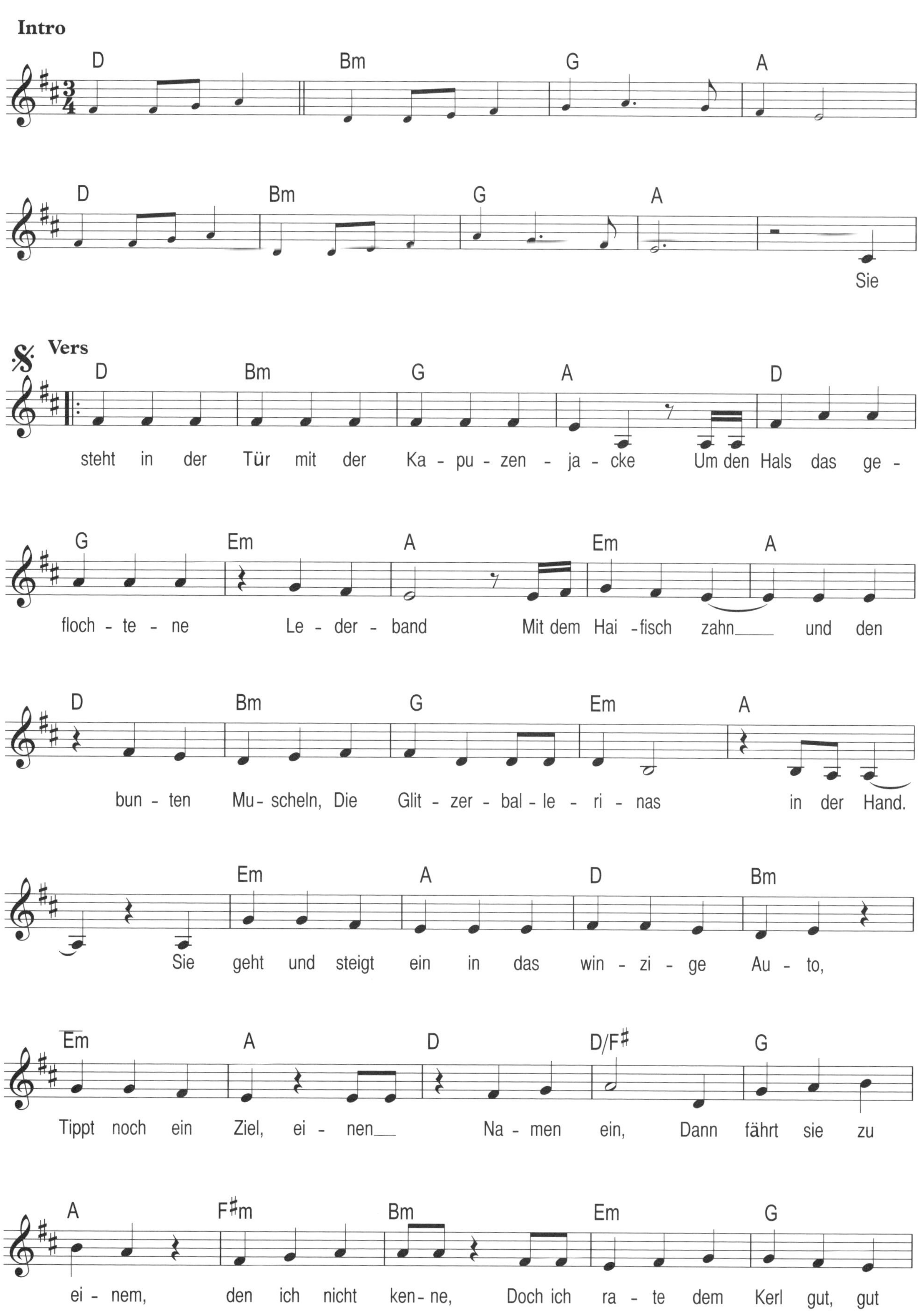

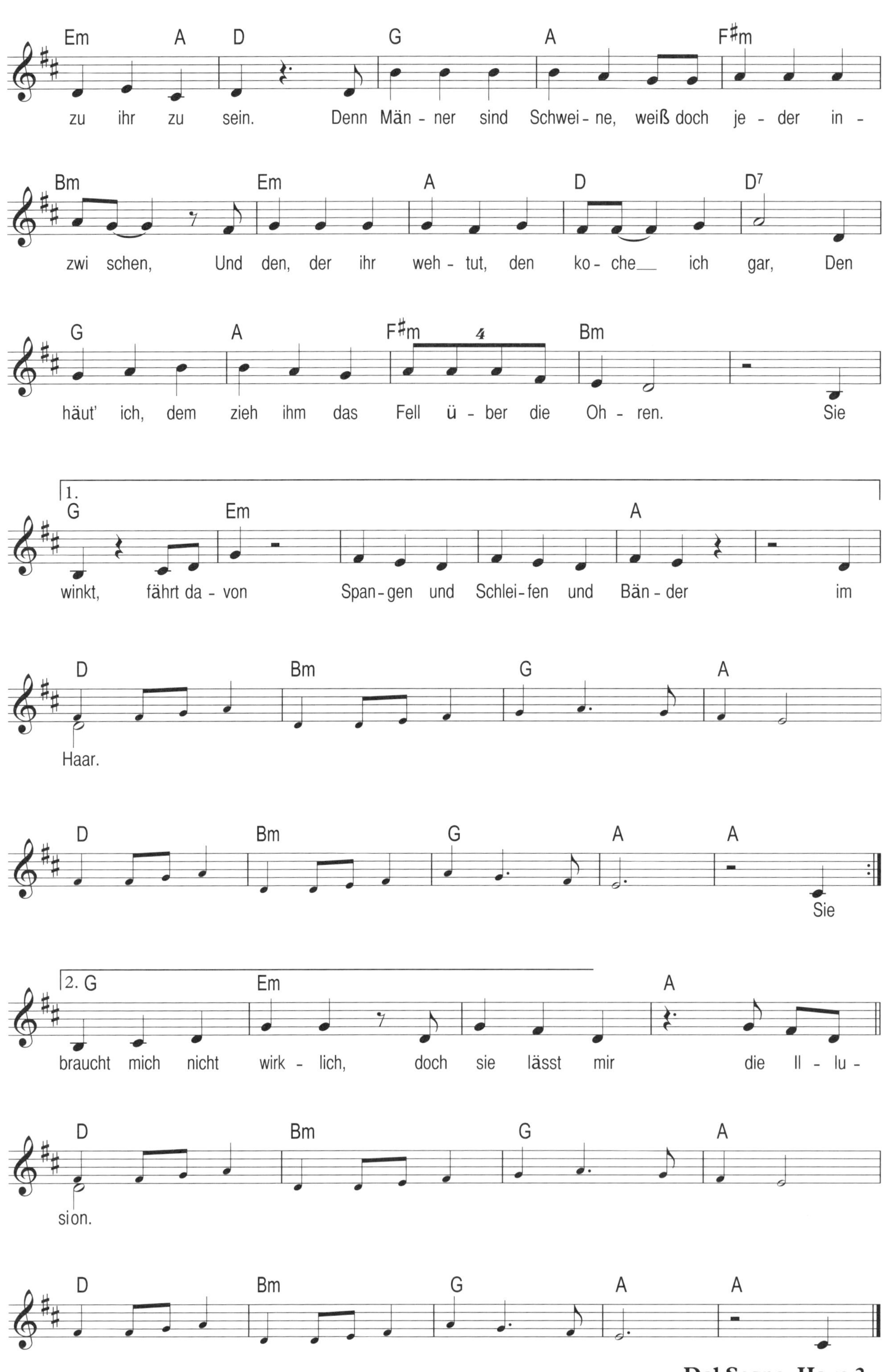
Em A D G A F#m
zu ihr zu sein. Denn Män - ner sind Schwei - ne, weiß doch je - der in -
Bm Em A D D7
zwi schen, Und den, der ihr weh - tut, den ko - che__ ich gar, Den
G A F#m Bm
häut' ich, dem zieh ihm das Fell ü - ber die Oh - ren. Sie
1.
G Em A
winkt, fährt da - von Span - gen und Schlei - fen und Bän - der im
D Bm G A
Haar.
D Bm G A A
Sie
2. G Em A
braucht mich nicht wirk - lich, doch sie lässt mir die Il - lu -
D Bm G A
si on.
D Bm G A A
Dal Segno, Haus 2

D Bm G A
1. Sie steht in der Tür mit der Kapuzenjacke,
D G Em A
Um den Hals das geflochtene Lederband
Em A D Bm
Mit dem Haifischzahn und den bunten Muscheln,
G Em A
Die Glitzerballerinas in der Hand.
Em A D Bm
Sie geht und steigt ein in das winzige Auto,
Em A D D/F#
Tippt noch ein Ziel, einen Namen ein,
G A F#m Bm
Dann fährt sie zu einem, den ich nicht kenne,
Em G Em A D
Doch ich rate dem Kerl gut, gut zu ihr zu sein.
G A F#m Bm
Denn Männer sind Schweine, weiß doch jeder inzwischen,
Em A D D^7
Und den, der ihr wehtut, den koche ich gar,
G A F#m Bm
Den häut' ich, dem zieh ich das Fell über die Ohren.
G Em A D
Sie winkt, fährt davon - Spangen und Schleifen und Bänder im Haar.

D Bm G A
2. Sie wohnt in der Stadt, da wo die Jungen Wilden
D G Em A
Zu Haus sind, verdient ihr erstes eignes Geld.
Em A D Bm
Die Leute in ihrem Job haben sie gerne,
G Em A
Sie ist angekommen in ihrer Welt.
Em A D Bm
Hin und wieder schickt sie mir ein Foto auf's Handy,
Em A D D/F#
Ein Bild vor dem Spiegel oder ein Gericht,
G A F#m Bm
Das sie für sich kocht oder für eine Freundin,
Em G Em A D
Manchmal schnell einen Smiley nur: Vergissmeinnicht!
G A F#m Bm
Manchmal ruft sie mich an, weil eine Lampe flackert,
Em A D D^7
Ein Wasserhahn tropft, ja, klar, ich komme ja schon!
G A F#m Bm
Dann mach ich noch einmal den furchtlosen Retter,
G Em A D
Sie braucht mich nicht wirklich, doch sie lässt mir die Illusion.

D Bm G A
3. Sie steht in der Tür, sieht sich über die Schulter
D G Em A
Mit diesem Lächeln im Fortgehen um.
Em A D Bm
Die Züge, der Blick und der Gang ihrer Mutter
G Em A
Dazu ihr ganz eigenes Mysterium.
Em A D Bm
Manchmal denk ich, wenn sie ein kleines Tier wäre,
Em A D D/F♯
Würden alle verzaubert im Zoo vor ihr stehn:
G A F♯m Bm
So flinke, so funkelnde, blitzende Augen!
Em G Em A D
Man käme von fern, um die einmal zu sehn.
G A F♯m Bm
Und in ein Gefühl von Stolz fließt die Erkenntnis:
Em A D D^{7}
Ich hab an dem Werk nur geringen Verdienst.
G A F♯m Bm
Ich habe ja nur das T-Shirt beigetragen,
G Em A D
Die Spangen und Schleifen und Bänder im Haar und die Jeans.

Dann mach's gut

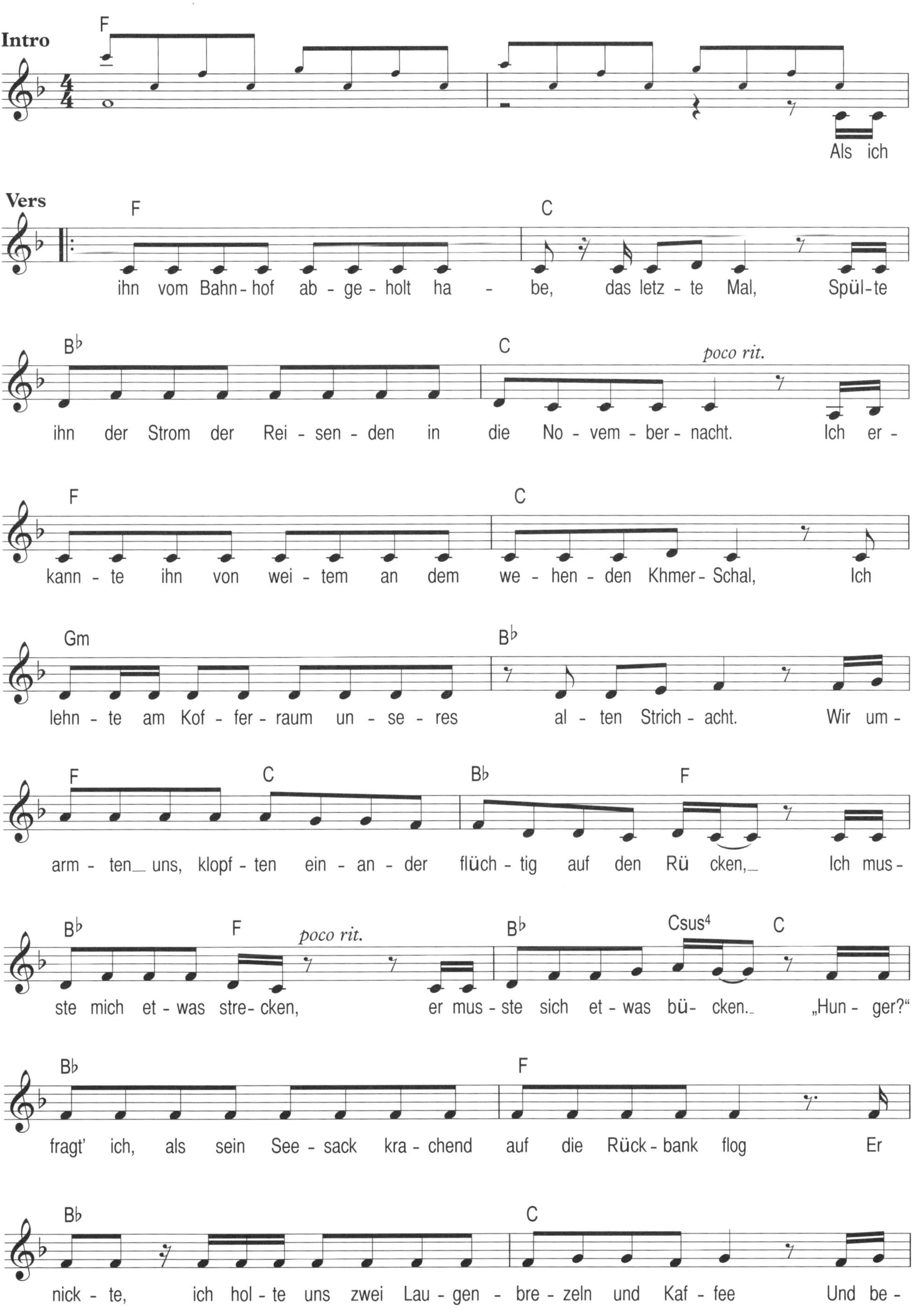

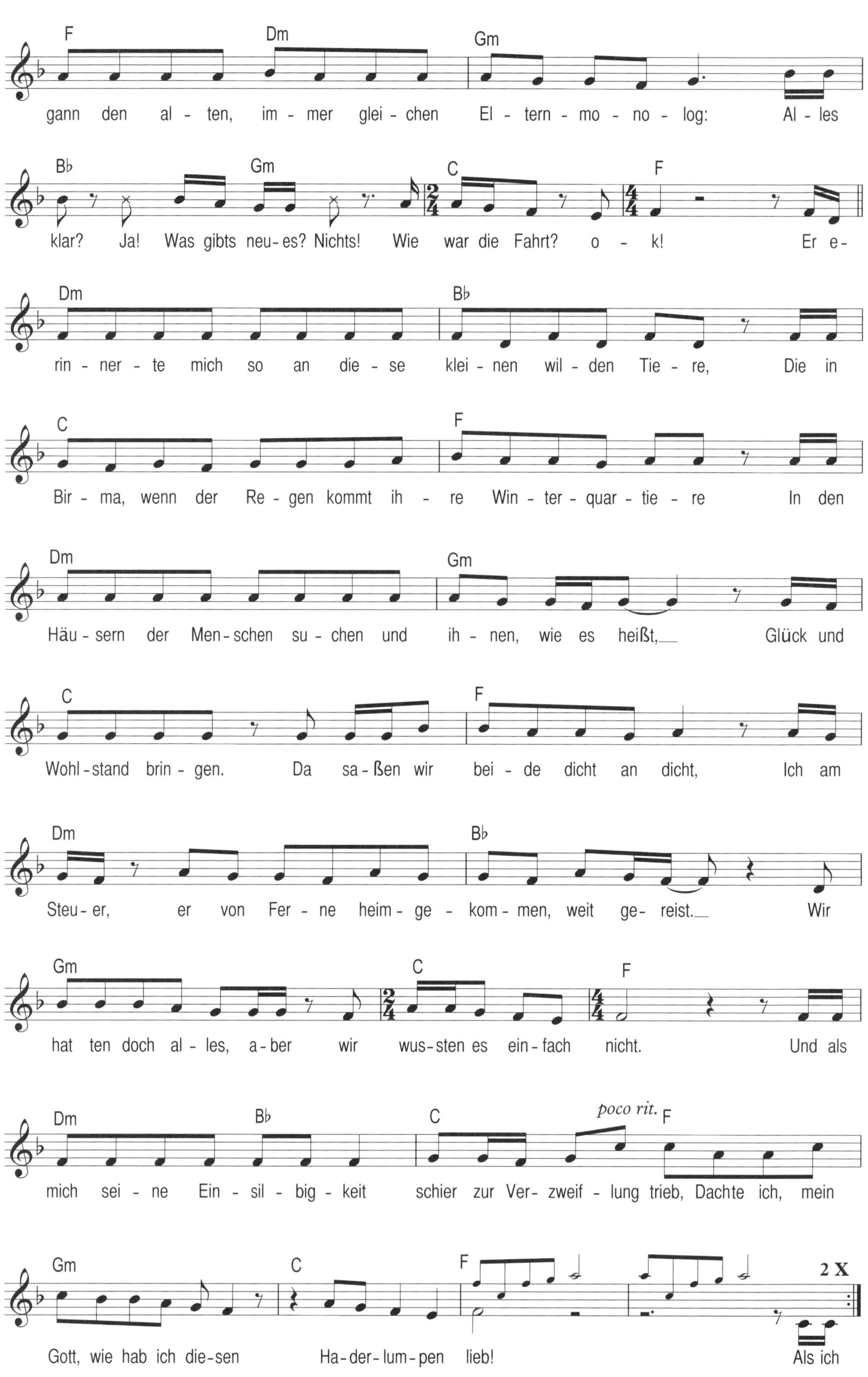
F Dm Gm
gann den al - ten, im - mer glei - chen El - tern - mo - no - log: Al - les
B♭ Gm C F
klar? Ja! Was gibts neu - es? Nichts! Wie war die Fahrt? o - k! Er e-
Dm B♭
rin - ner - te mich so an die - se klei - nen wil - den Tie - re, Die in
C F
Bir - ma, wenn der Re - gen kommt ih - re Win - ter - quar - tie - re In den
Dm Gm
Häu - sern der Men - schen su - chen und ih - nen, wie es heißt, Glück und
C F
Wohl - stand brin - gen. Da sa - ßen wir bei - de dicht an dicht, Ich am
Dm B♭
Steu - er, er von Fer - ne heim - ge - kom - men, weit ge - reist. Wir
Gm C F
hat ten doch al - les, a - ber wir wus - sten es ein - fach nicht. Und als
Dm B♭ C poco rit. F
mich sei - ne Ein - sil - big - keit schier zur Ver - zweif - lung trieb, Dachte ich, mein
Gm C F
Gott, wie hab ich die - sen Ha - der - lum - pen lieb! Als ich
2 X

```
    F                                   C
1.  Als ich ihn vom Bahnhof abgeholt habe,   das letzte Mal,
      B♭                                C
    Spülte ihn der Strom der Reisenden in die Novembernacht.
       F                               C
    Ich erkannte ihn von weitem an dem wehenden Khmer-Schal,
     Gm                              B♭
    Ich lehnte am Kofferraum unseres alten Strichacht.
        F              C              B♭             F
    Wir umarmten uns, klopften einander flüchtig auf den Rücken,
         B♭             F              B♭            Csus4  C
    Ich musste mich etwas strecken, er musste sich etwas bücken.
          B♭                                      F
    „Hunger?" fragt' ich, als sein Seesack krachend auf die Rückbank flog,
     B♭                               C
    Er nickte, ich holte uns zwei Laugenbrezeln und Kaffee
        F              Dm           Gm
    Und begann den alten, immer gleichen Elternmonolog:
       B♭              Gm                 C              F
    Alles klar? Ja! Was gibt's neues? Nichts! Wie war die Fahrt? Okay!
      Dm                        B♭
    Er erinnerte mich so an diese kleinen wilden Tiere,
      C                             F
    Die in Birma, wenn der Regen kommt, ihre Winterquartiere
        Dm                                 Gm
    In den Häusern der Menschen suchen und ihnen, wie es heißt,
          C                                 F
    Glück und Wohlstand bringen. Da saßen wir beide dicht an dicht,
        Dm                          B♭
    Ich am Steuer, er von ferne heimgekommen, weit gereist.
     Gm                          C              F
    Wir hatten doch alles, aber wir wussten es einfach nicht.
         Dm             B♭       C                      F
    Und als mich seine Einsilbigkeit schier zur Verzweiflung trieb,
                   Gm                     C              F
    Dachte ich, mein Gott, wie hab ich diesen   Haderlumpen lieb!

        F                                C
2.  Als ich ihn zum Bahnhof gebracht habe,   das letzte Mal,
         B♭                               C
    Schulterte er seinen grünen Seesack, in der freien Hand
           F                               C
    Hielt er ein großes Mitbringsel. Rauchend vor dem Wartesaal
        Gm                             B♭
    Lehnte er mit einem Lächeln an der bekritzelten Wand.
        F       C               B♭       F
    Er trug das rote Barett, das ihm betrunkene Soldaten
        B♭              F              B♭        Csus4  C
    Mal geschenkt hatten. Er ging zum Zigarettenautomaten,
         B♭                                 F
    Und als er nach Münzen suchte, schob ich zwischen Reisepass,
       B♭                                 C
    Tagebuch und Ticket heimlich einen Brief und einen Schein.
          F                 Dm                 Gm
    „Pass gut auf dich auf, und grüß das Mädchen, und iss auch mal was!"
          B♭          Gm                C                    F
    Stummes Nicken. Kinder können manchmal schrecklich wortkarg sein.
```

```
              Dm                                  B♭
„Dann mach's gut!" Und wir klopften einander flüchtig auf den Rücken,
         C                                  F
Ich musste mich etwas strecken, er musste sich etwas bücken.
           Dm                                  Gm
Und sein schwarzes Haar fiel in den Nacken auf gebräunte Haut,
       C                               F
In die faltenlose Stirn. Aus seinen dunklen Augen floss
           Dm                               B♭
Ein Blick fern wie aus der Nacht der Zeiten und doch so vertraut.
          Gm                                   C          F
Und als sich die Waggontür lärmend zwischen uns beiden schloss,
          Dm             B♭            C             F
Sah ich ihn schemenhaft hinter der spiegelnden Scheibe stehn -
        Gm                                  C          F
Wir begreifen unser Glück erst, wenn wir es von draußen sehn!
```

3.

```
           F                                 C
Wenn ich ihn vom Bahnhof abhol'n könnte    noch einmal
           B♭                                  C
Wollt' ich seinen schweren Seesack tragen und er wär mir leicht,
         F                       C
Und ich deckte eine Tafel für ihn    für ein Abendmahl
        Gm                         B♭
Wie es einem Königssohn gebührt und zur Ehre gereicht.
         F          C                  B♭           F
Und ich wollte ihm den köstlichsten Wein von der Loire eingießen
        B♭           F             B♭            Csus4  C
Und Girlanden sollten weh'n und alle Flüsse aufwärts fließen.
           B♭                          F
Wenn ich ihn vom Bahnhof abholen könnte nur noch einmal.
           B♭                                      C
Wollt' ich gern bei Tag und Nacht in Wind und Wetter wartend stehn,
            F             Dm           Gm
Könnt' ich irgendwann im Strom der Reisenden den roten Schal,
           B♭          Gm          C          F
Leuchtend und so wohlvertraut, schon in der Ferne wehen sehn,
             Dm                                B♭
„Welcome home" und wir klopften einander lachend auf den Rücken,
        C                                F
Ich würde mich etwas strecken, er würde sich etwas bücken.
           Dm                          Gm
Wenn er auftauchte noch einmal vor mir aus der Dämmerung
      C                                 F
Hielt ich ihn mit beiden Armen fest, meine kostbare Fracht
          Dm                          B♭
Und der rostige Strichacht würde für ihn noch einmal jung
              Gm                          C       F
Und trüg ihn heim wie eine Sänfte aus 1000 und 1 Nacht.
    Dm              B♭            C              F
Ich wollte für immer warten vor der lausigen Bahnstation
```

... Gesummt

```
Gm         C          F          F
```

Lass nun ruhig los das Ruder

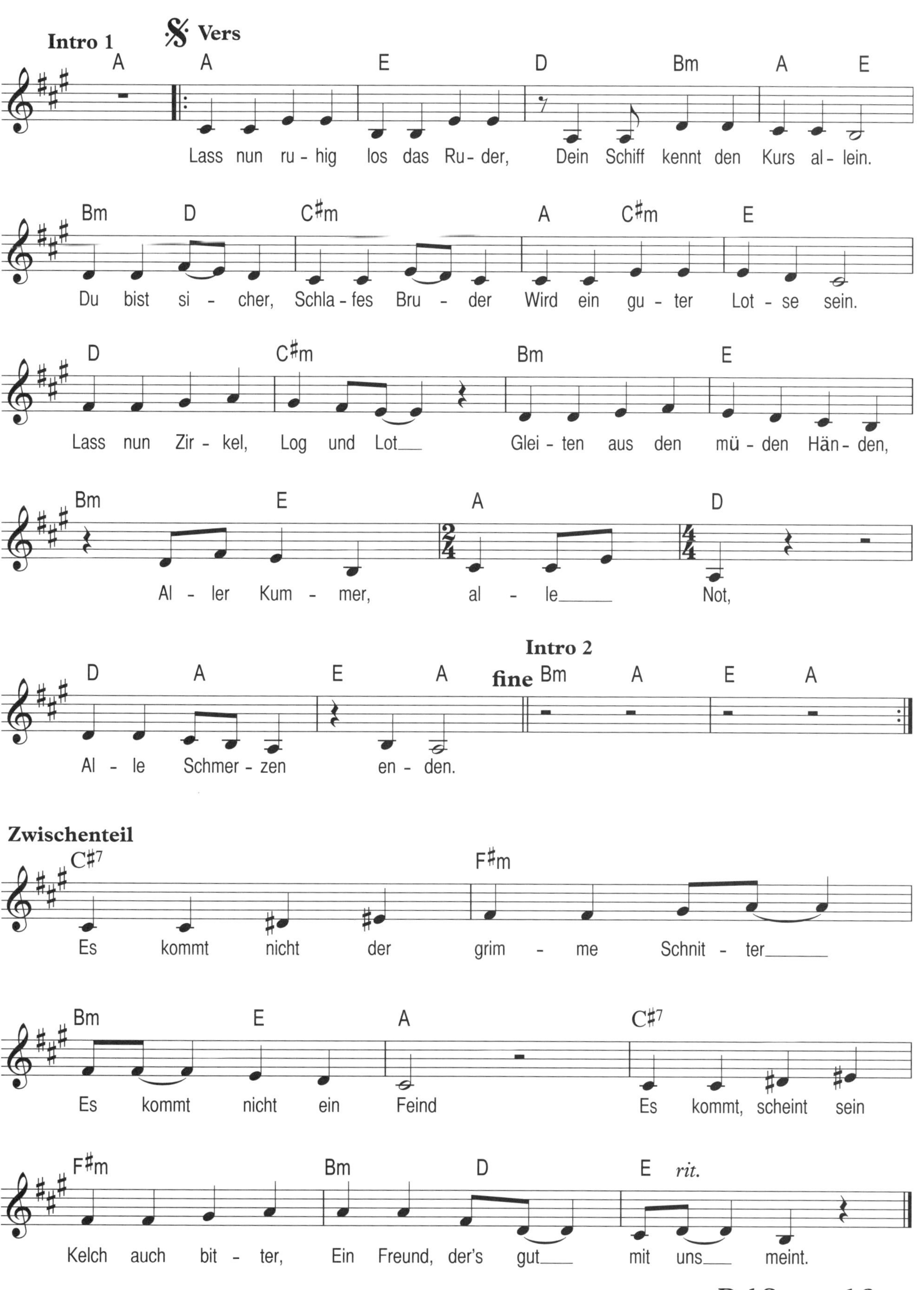

A   E   D   Bm   A   E
1. Lass nun ruhig los das Ruder, Dein Schiff kennt den Kurs allein.
Bm   D   C♯m   A   C♯m E   A
Du bist sicher, Schlafes Bruder wird ein guter Lotse sein.
D   C♯m   Bm   E
Lass nun Zirkel, Log und Lot getrost aus den müden Händen,
Bm E   A   D   A   E A
Aller Kummer, alle Not, alle Schmerzen enden.

A   E   D   Bm   A   E
2. Es ist tröstlich, einzusehen, dass nach der bemess'nen Frist
Bm   D   C♯m   A   C♯m   E   A
Abschiednehmen und Vergehen auch ein Teil des Lebens ist.
D   C♯m   Bm   E
Und der Wind wird weiter wehn, und es dreht der Kreis des Lebens,
Bm   E   A   D   A   E A
Und das Gras wird neu entstehn, und nichts ist vergebens.

Zwischenteil

C♯7   F♯m   Bm   E   A
Es kommt nicht der grimme Schnitter, es kommt nicht ein Feind,
C♯7   F♯m   Bm   D   E
Es kommt, scheint sein Kelch auch bitter, ein Freund, der's gut mit uns meint.

A   E   D   Bm   A   E
3. Heimkehr'n in den guten Hafen über spiegelglattes Meer,
Bm   D   C♯m   A   C♯m   E   A
Nicht mehr kämpfen, ruhig schlafen, nun ist Frieden ringsumher.
D   C♯m   Bm   E
Und das Dunkel weicht dem Licht, mag es noch so finster scheinen.
Bm   E   A   D   A   E A
Nein, hadern dürfen wir nicht - doch wir dürfen weinen.

Pickingvorschläge

1. Wenn du bei mir bist

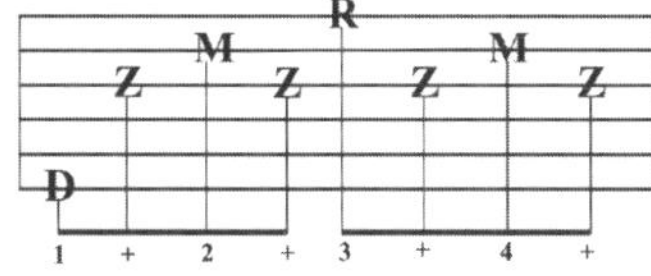

2. Wenn schon Musik

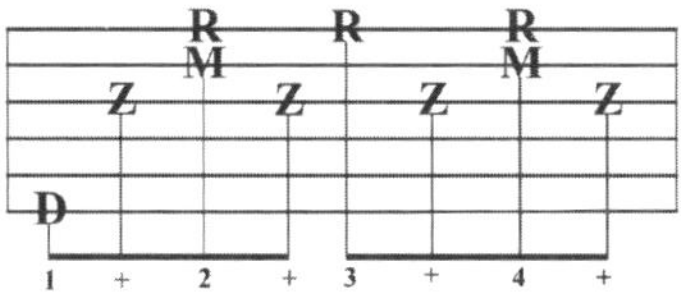

3. Fahr' dein Schiffchen durch ein Meer von Kerzen

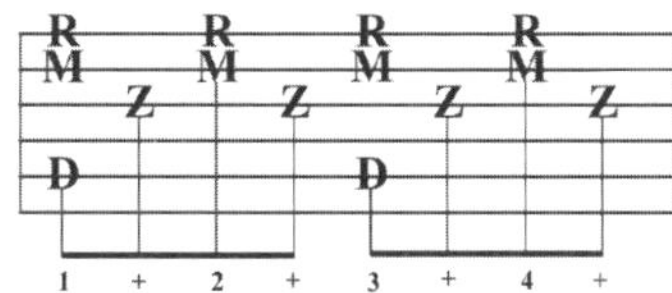

4. Vaters Mantel

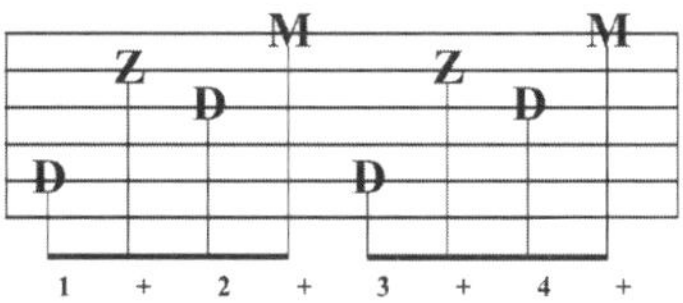

5. Vater und Sohn

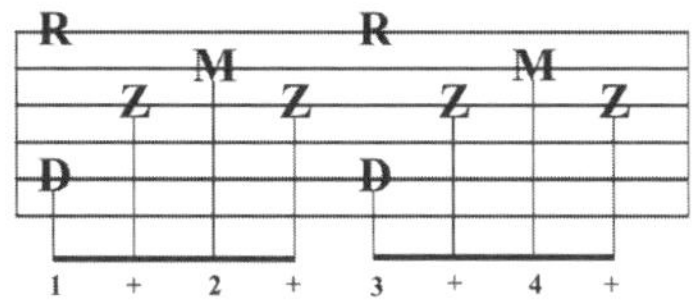

6. Wolle

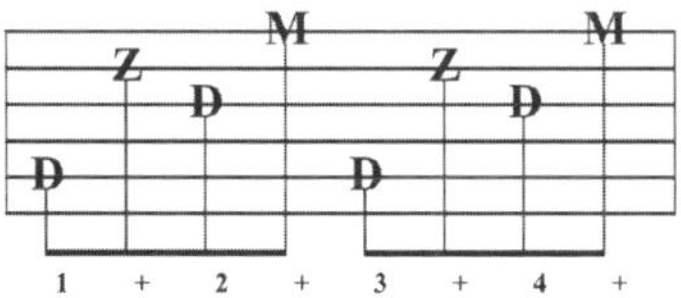

7. Spielmann

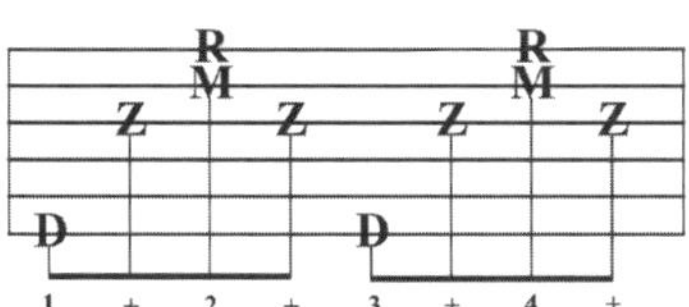

8. Lieber kleiner Silvestertag

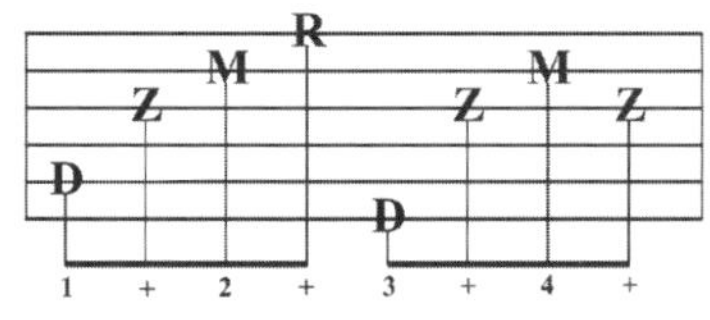

9. Alter Freund

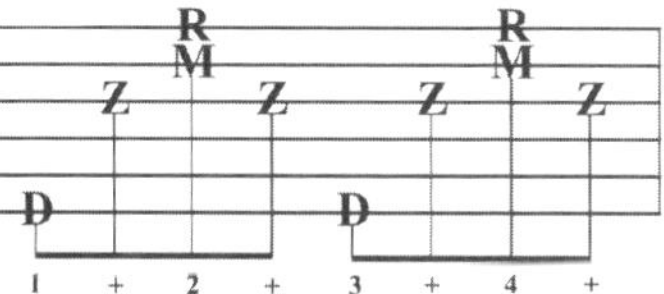

10. Das Taschentuch

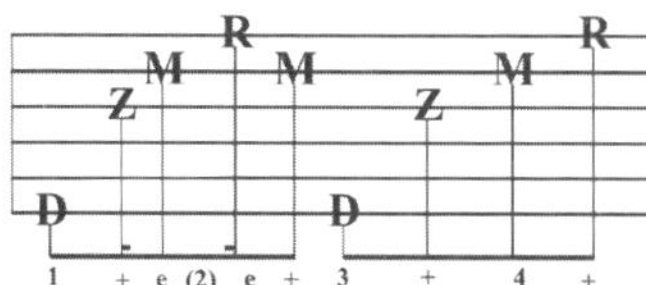

11. Tiergarten

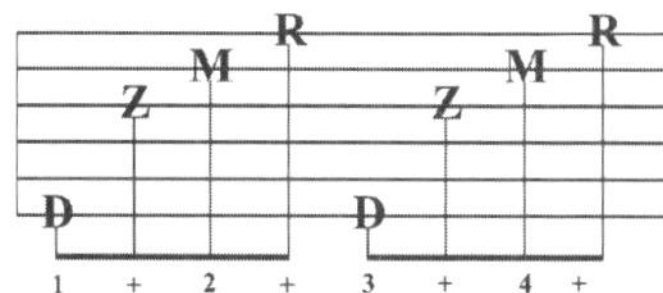

12. Gute Kühe kommen in den Himmel

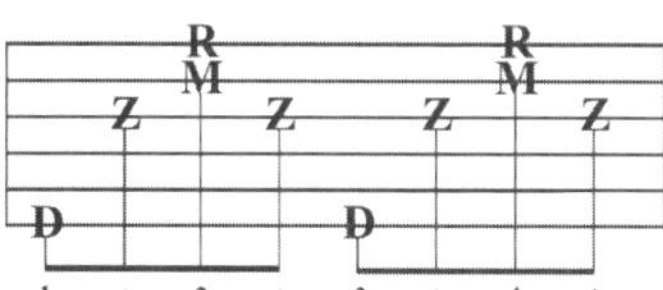

13. Spangen und Schleifen und Bänder

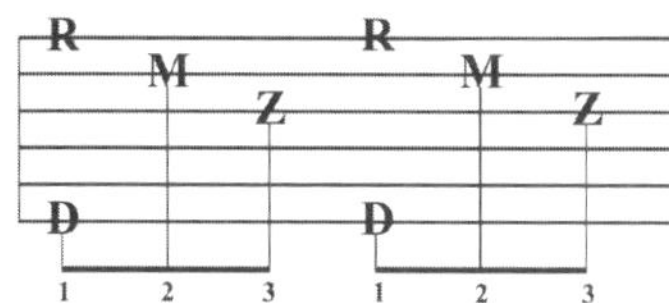

14. Dann machs gut

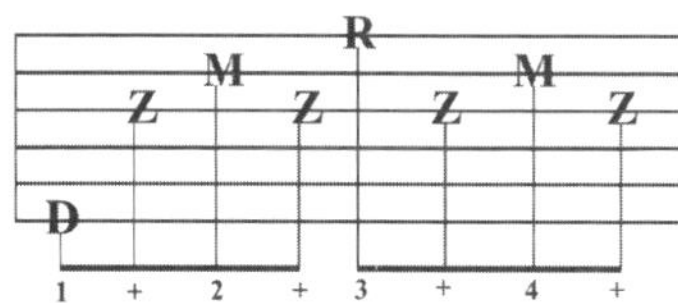

15. Lass nun ruhig los das Ruder

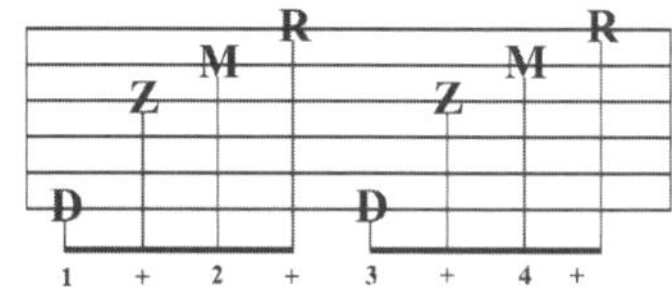

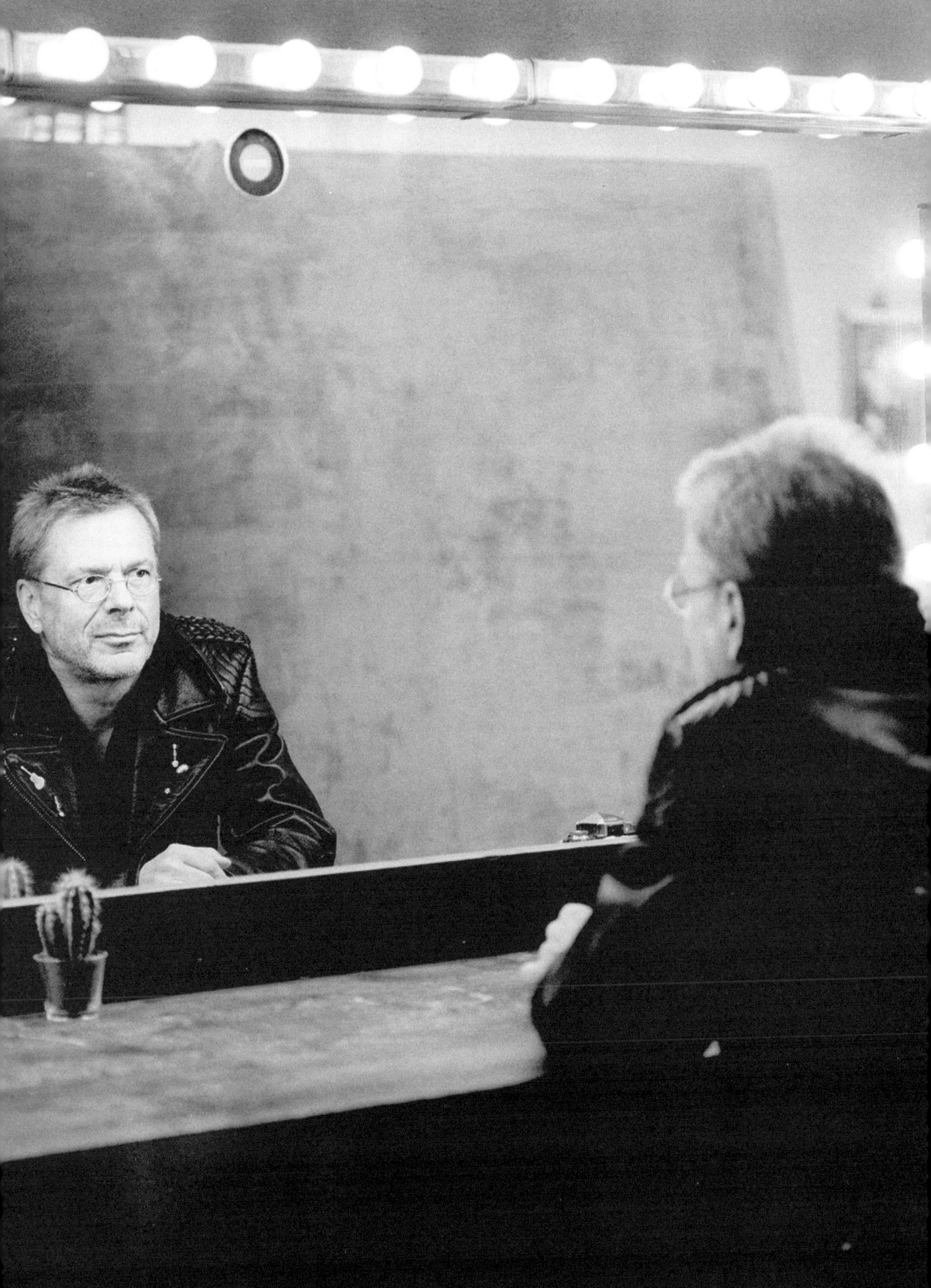

Zugabe

Foto: Jim Rakete, Berlin

Die Abendpantolette

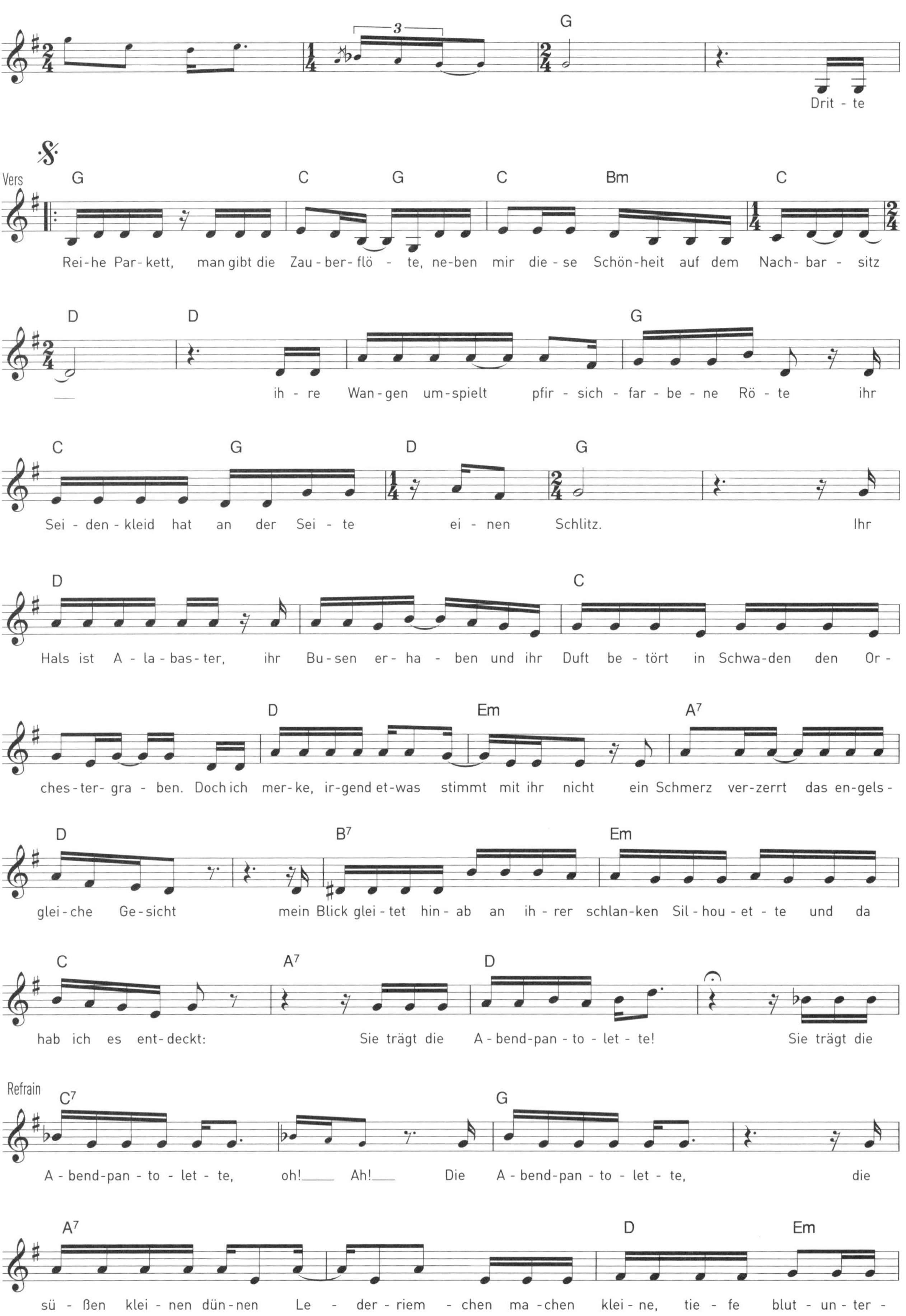

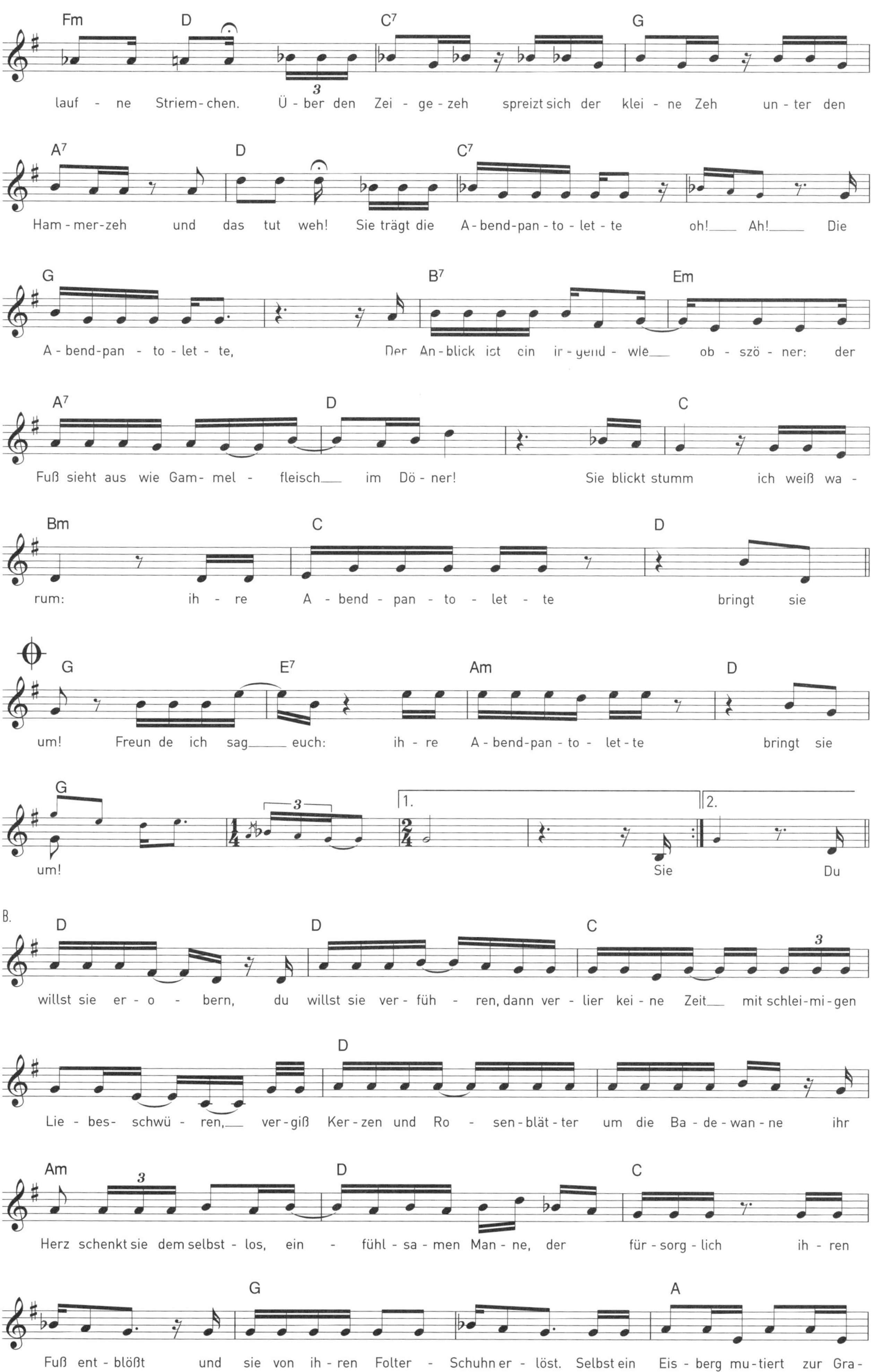

Fm D C7 G
lauf - ne Striem - chen. Ü - ber den Zei - ge - zeh spreizt sich der klei - ne Zeh un - ter den
A7 D C7
Ham - mer - zeh und das tut weh! Sie trägt die A - bend - pan - to - let - te oh! Ah! Die
G B7 Em
A - bend - pan - to - let - te, Der An - blick ist ein ir - gend - wie ob - szö - ner: der
A7 D C
Fuß sieht aus wie Gam - mel - fleisch im Dö - ner! Sie blickt stumm ich weiß wa -
Bm C D
rum: ih - re A - bend - pan - to - let - te bringt sie
G E7 Am D
um! Freun de ich sag euch: ih - re A - bend - pan - to - let - te bringt sie
G
um! Sie Du
1. 2.
B.
D D C
willst sie er - o - bern, du willst sie ver - füh - ren, dann ver - lier kei - ne Zeit mit schlei - mi - gen
D
Lie - bes - schwü - ren, ver - giß Ker - zen und Ro - sen - blät - ter um die Ba - de - wan - ne ihr
Am D C
Herz schenkt sie dem selbst - los, ein - fühl - sa - men Man - ne, der für - sorg - lich ih - ren
G A
Fuß ent - blößt und sie von ih - ren Folter - Schuhn er - löst. Selbst ein Eis - berg mu - tiert zur Gra -

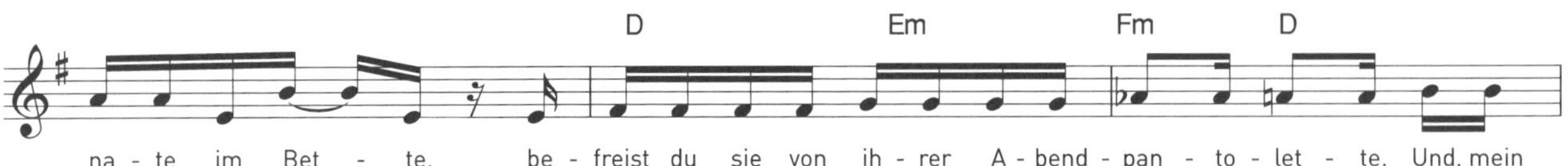

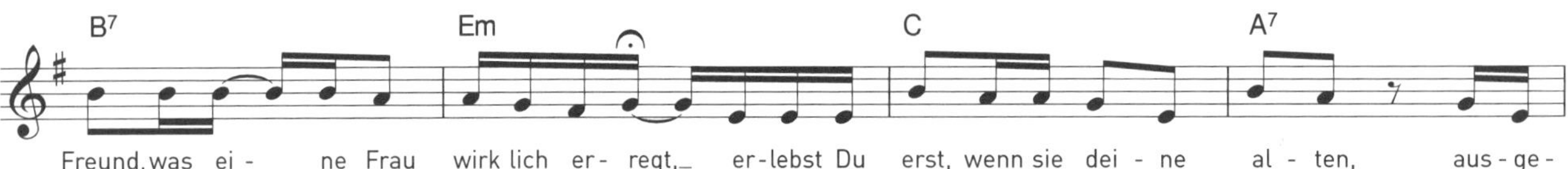

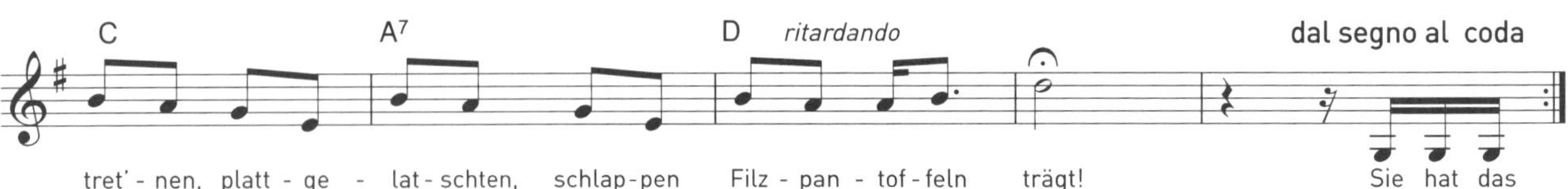

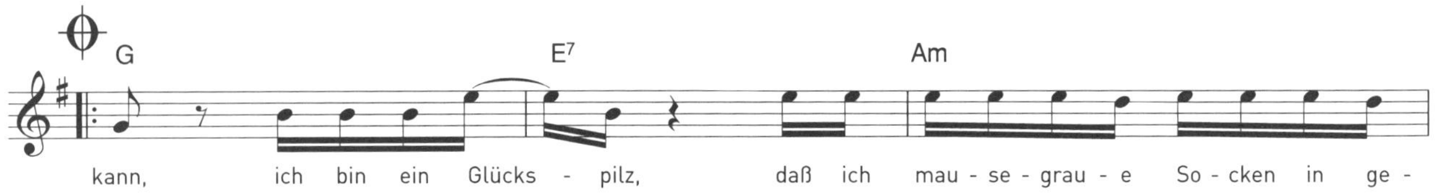

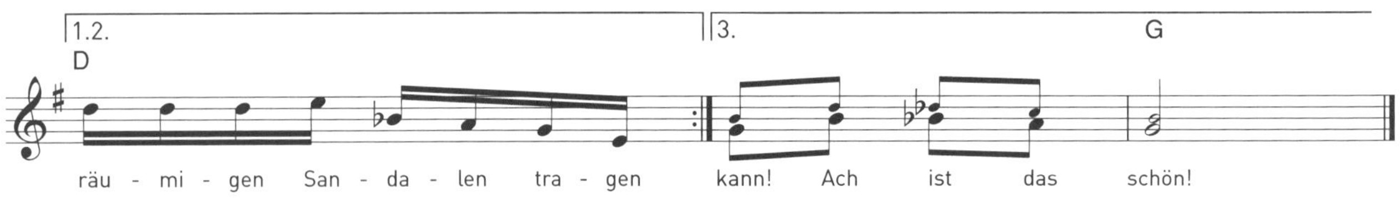

Pickingvorschlag

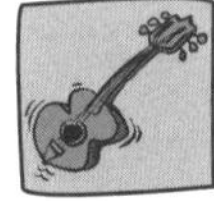

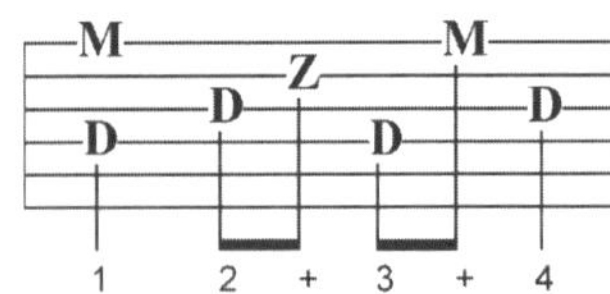

G C G
1. Dritte Reihe Parkett, man gibt die Zauberflöte,
C Bm C D
neben mir diese Schönheit auf dem Nachbarsitz
D G
ihre Wangen umspielt pfirsichfarbene Röte
C G D G
ihr Seidenkleid hat an der Seite einen Schlitz.
D
Ihr Hals ist Alabaster, ihr Busen erhaben
C
und ihr Duft betört in Schwaden den Orchestergraben.
D Em
Doch ich merke, irgend etwas stimmt mit ihr nicht
A^7 D
ein Schmerz verzerrt das engelsgleiche Gesicht
B^7 Em
mein Blick gleitet hinab an ihrer schlanken Silhouette
C A^7 D
und da hab ich es entdeckt: Sie trägt die Abendpantolette!

Refrain

C G
Sie trägt die Abendpantolette, oh! Ah! Die Abendpantolette,
A^7
die süßen kleinen dünnen Lederriemchen
D Em Fm D
machen kleine, tiefe blutunterlaufne Striemchen.
C G
Über den Zeigezeh spreizt sich der kleine Zeh
A^7 D
unter den Hammerzeh – und das tut weh!
C G
Sie trägt die Abendpantolette oh! Ah! Die Abendpantolette.
B^7 Em
Der Anblick ist ein irgendwie obszöner:
A^7 D
der Fuß sieht aus wie Gammelfleisch im Döner!
C Bm C D G
Sie blickt stumm ich weiß warum: ihre Abendpantolette bringt sie um!
E^7 C D G
Freunde ich sag euch: ihre Abendpantolette bringt sie um!

G C G
2. Sie schreitet majestätisch zur Preisverleihung
C Bm C D
über den Roten Teppich stolz und begehrenswert
D G
sie empfängt heute die ultimative Weihung,
C G D G
sie wird heut mit der Goldenen Veronica geehrt.
D
Aufgebrezelt, aufgestylt in Glanz und Glitter
C
räkelt sie sich ausgiebig im Blitzlichtgewitter.

D Em
Mit den üblichen Verdächtigen, die jeder kennt,
A^7 D
den hageren Hyänen vom Charity-Event.
B^7 Em
Ich seh sie neckisch ein Bein seitlich aus der Robe stellen
C A^7 D
und eine heißeTräne in ihren Augen quellen:

Refrain

C G
Sie trägt die Abendpantolette, oh! Ah! Die Abendpantolette.
A^7
Ich seh Zehen mit blau-schwarz gequetschten Krallen,
D Em Fm D
ich seh scharlachrot aufgescheuerte Ballen.
C G
Und als Hobbymediziner erkenn ich genau
A^7 D
Hämatome, Halux Valgus und Venenstau.
C G
Sie trägt die Abendpantolette oh! Ah! Die Abendpantolette.
B^7 Em
Ihr Spann zu einem Lymphsee angeschwollen
A^7 D
und die Knöchel aufgequollen wie Knoblauchknollen
C Bm C D G
sie knickt um, sie geht klumm, ihre Abendpantolette bringt sie um!
E^7 C D G
Die arme Heidi, ihre Abendpantolette bringt sie einfach um!

D
B Du willst sie erobern, du wilist sie verführen,
C
dann verlier keine Zeit mit schleimigen Liebesschwüren,
D
vergiss Kerzen und Rosenblätter um die Badewanne
Am D
ihr Herz schenkt sie dem selbstlos, einfühlsamen Manne,
C G
der fürsorglich ihren Fuß entblößt und sie von ihren Folter-Schuhn erlöst.
A
Selbst ein Eisberg mutiert zur Granate im Bette,
D Em Fm D
befreist du sie von ihrer Abendpantolette.
B^7 Em
Und, mein Freund, was eine Frau wirklich erregt,
C A^7 C
erlebst Du erst, wenn sie deine alten, ausgetret'nen,
A^7 D
plattgelatschten, schlappen Filzpantoffeln trägt!

G C G
3. Sie hat das Wahlrecht erkämpft, die Gleichberechtigung errungen,
C Bm C D
das Heimchen am Herd in die Wüste geschickt
D G
sie hat den Macho und den Nanga Parbat bezwungen
C G D G
sie hat den Kanzler aus dem Kanzleramt gekickt.
D
Sie macht mit dem Airbus jede Seitenwindlandung
C
sie rettet den Rettungsschwimmer aus der Brandung
D Em
wenn sie bescheuert genug ist, kann sie zur Bundeswehr gehn
A7 D
und wenn's drauf ankommt, pinkelt sie auch im Stehen,
B7 Em
vorbei die Sklaverei, sie sprengt alle Ketten,
C A7 D
doch wenn es Abend wird, trägt sie Abendpantoletten!

Refrain

C G
Sie trägt die Abendpantolette, oh! Ah! Die Abendpantolette.
A7
Ein Frauenfuß besteht aus 31 Gelenken
D Em Fm D
und 26 Knöcheln, die kann sich frau verrenken
C G
in Schuhen von perversen Frauenhassern erdacht,
A7 D
das Hühnerauge weint, der Orthopäde lacht.
C G
Sie trägt die Abendpantolette, oh! Ah! Die Abendpantolette.
B7 Em
Ein Frauenleben lang in Angst und Schrecken
A7 D
im nächsten Fußabtreter festzustecken!
C Bm
Ach wie gut, dass ich als Mann
C D G
mausegraue Frotteesocken in geräumigen Sandalen tragen kann!
E7
ich bin ein Glückspilz,
A D G
dass ich mausegraue Socken in geräumigen Sandalen tragen kann!
E7
Danke, liebe gute Fee,
A D G
dass ich mausegraue Socken in geräumigen Sandalen tragen kann!
E7
... und im Sommer zieh ich mir Shorts dazu an,
A D G
dass ich mausegraue Froteesocken in geräumigen Sandalen tragen kann!

Lied für Klaus

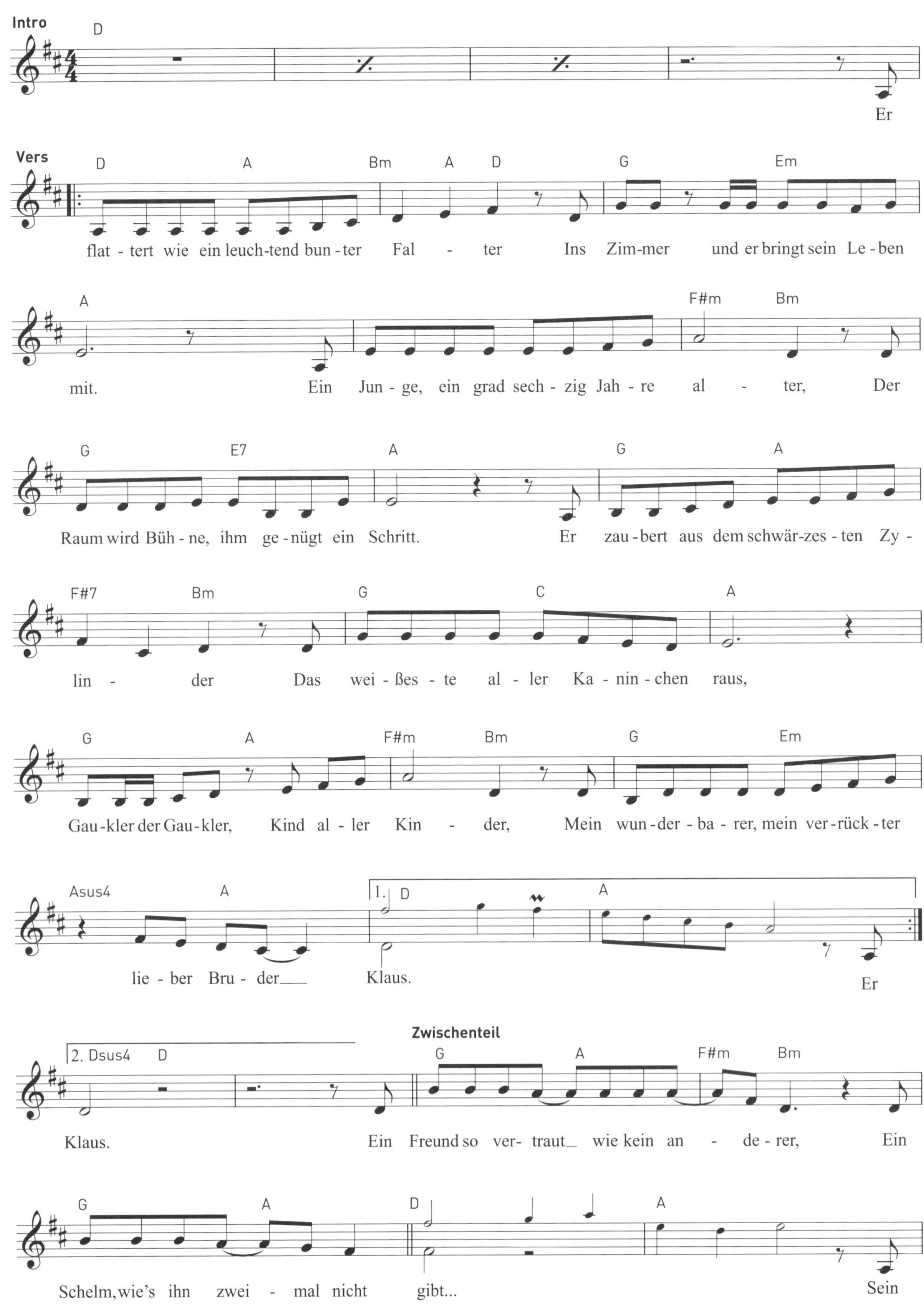

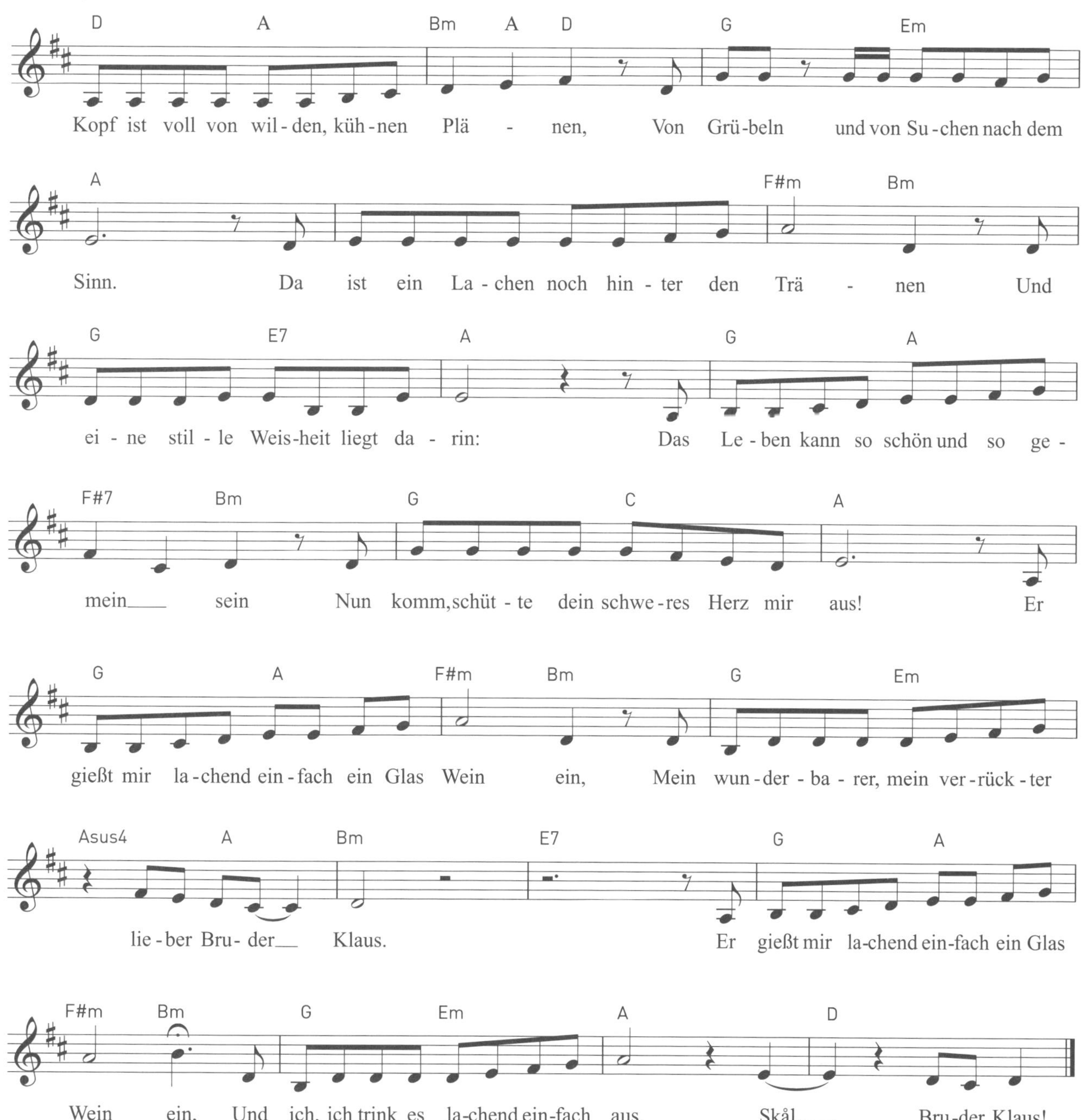
D A Bm A D G Em
Kopf ist voll von wil-den, küh-nen Plä - nen, Von Grü-beln und von Su-chen nach dem
A F#m Bm
Sinn. Da ist ein La-chen noch hin-ter den Trä - nen Und
G E7 A G A
ei-ne stil-le Weis-heit liegt da - rin: Das Le-ben kann so schön und so ge-
F#7 Bm G C A
mein___ sein Nun komm, schüt-te dein schwe-res Herz mir aus! Er
G A F#m Bm G Em
gießt mir la-chend ein-fach ein Glas Wein ein, Mein wun-der-ba-rer, mein ver-rück-ter
Asus4 A Bm E7 G A
lie-ber Bru-der___ Klaus. Er gießt mir la-chend ein-fach ein Glas
F#m Bm G Em A D
Wein ein, Und ich, ich trink es la-chend ein-fach aus, Skål,___ Bru-der Klaus!

D A Bm A D
1. Er flattert wie ein leuchtend bunter Falter
G Em A
Ins Zimmer und er bringt sein Leben mit.
A F♯m Bm
Ein Junge, ein grad 60 Jahre alter,
G E^{7} A
Der Raum wird Bühne, ihm genügt ein Schritt.
G A F♯^{7} Bm
Er zaubert aus dem schwärzesten Zylinder
G C A
Das weißeste aller Kaninchen raus,
G A F♯^{7} Bm
Gaukler der Gaukler, Kind aller Kinder,
G A^{sus4} A D A
Mein wunderbarer, mein verrückter lieber Bruder Klaus.

D A Bm A D
2. Er nimmt sich die Gitarre die noch eben
G Em A
Nur ein Stück Holz war, nur ein Gegenstand.
A F♯m Bm
Er weckt sie, lässt sie atmen, lässt sie leben,
G E^{7} A
Lässt sie erklingen unter seiner Hand.
G A F♯^{7} Bm
Er singt und säng' er nur die Lottozahlen,
G C A
Es wird die reinste Poesie daraus.
G A F♯^{7} Bm
Nur einer kann so unbefangen malen,
G A^{sus4} A D
Mein wunderbarer, mein verrückter lieber Bruder Klaus.

Zwischenteil

G A F♯m Bm
Ein Freund so vertraut wie kein anderer,
G A D A
Ein Schelm, wie's ihn zweimal nicht gibt ...

D A Bm A D
3. Sein Kopf ist voll von wilden, kühnen Plänen,
G Em A
Von Grübeln und von Suchen nach dem Sinn.
A F♯m Bm
Da ist ein Lachen noch hinter den Tränen
G E^{7} A
Und eine stille Weisheit liegt darin:

G A F#7 Bm
Das Leben kann so schön und so gemein sein -
G C A
Nun komm, schütte dein schweres Herz mir aus!
G A F#7 Bm
Er gießt mir lachend einfach ein Glas Wein ein,
G Asus4 A D
Mein wunderbarer, mein verrückter lieber Bruder Klaus.
G A F#7 Bm
Er gießt mir lachend einfach ein Glas Wein ein,
G Em A D
Und ich, ich trink es lachend einfach aus, Skål, Bruder Klaus!

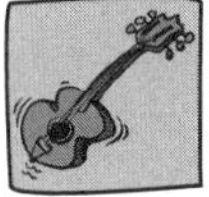

Pickingvorschlag

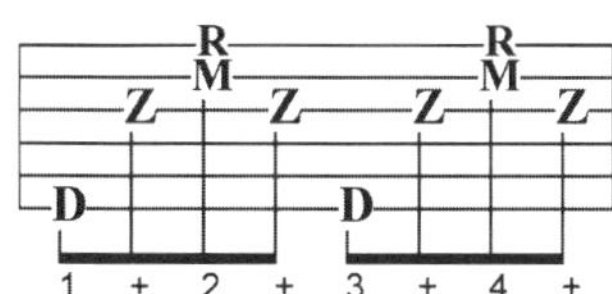

Männer im Baumarkt

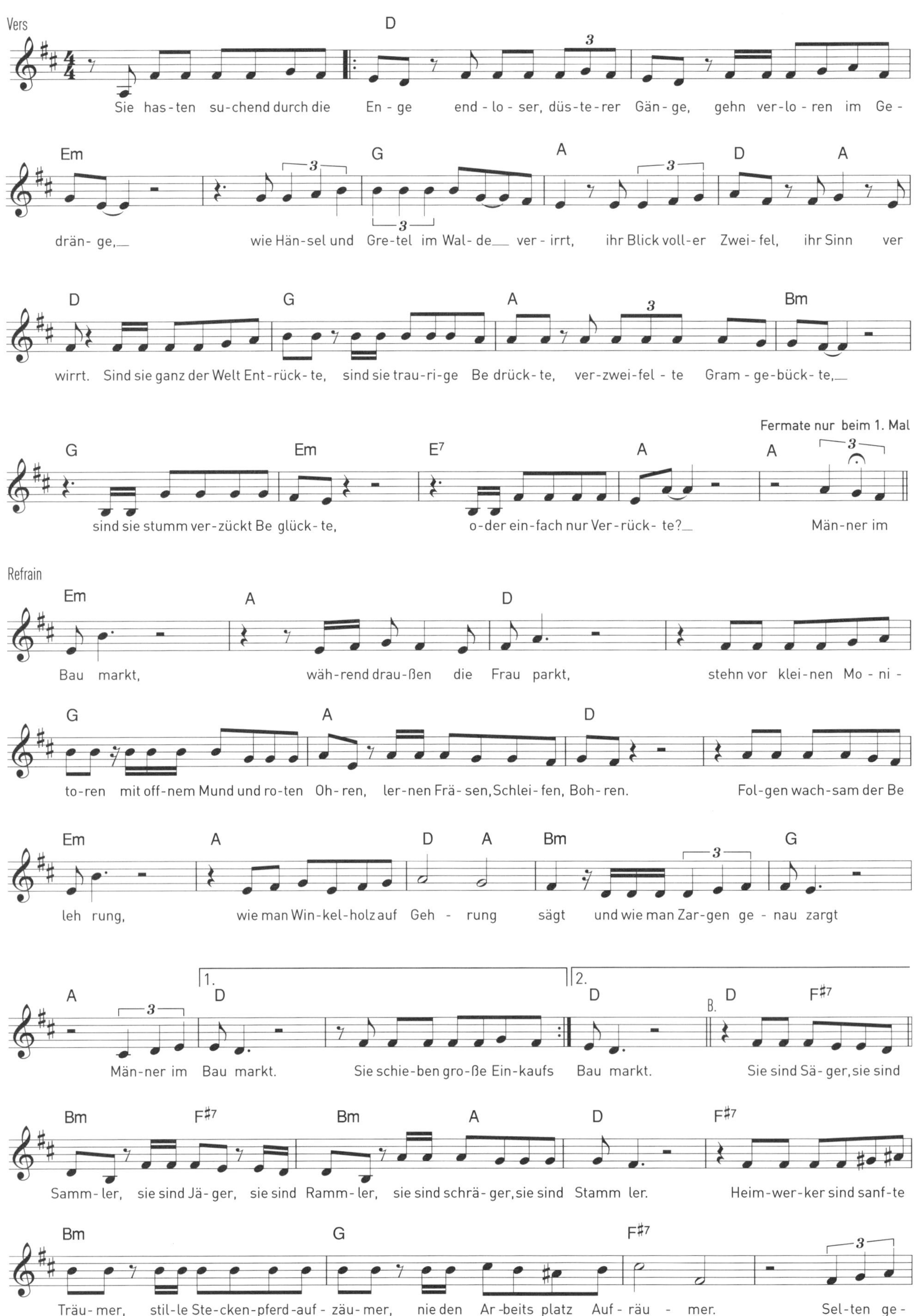

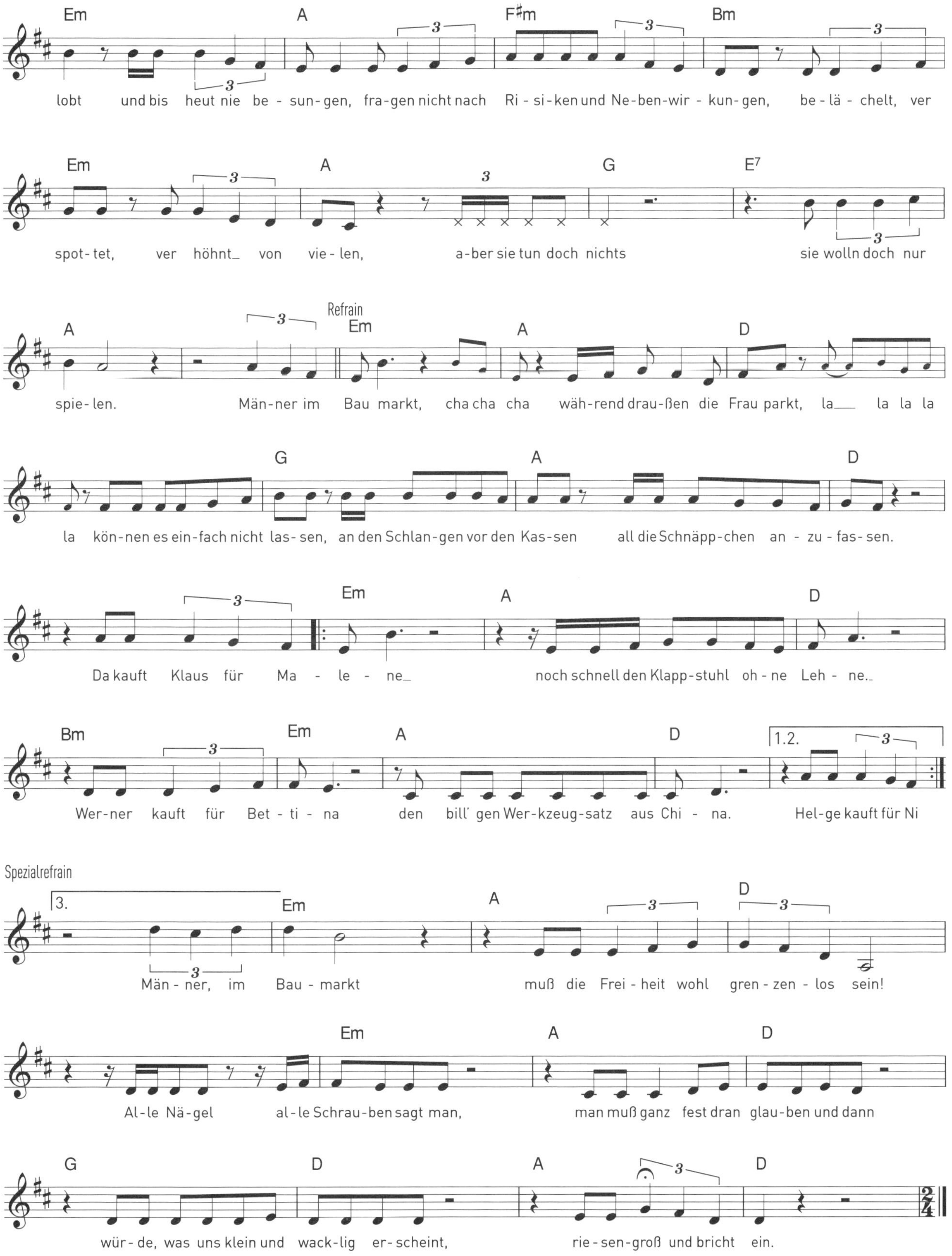

Em A F♯m Bm

lobt und bis heut nie be - sun-gen, fra-gen nicht nach Ri - si - ken und Ne-ben-wir - kun-gen, be - lä - chelt, ver

Em A G E7

spot- tet, ver höhnt_ von vie - len, a-ber sie tun doch nichts sie wolln doch nur

A Refrain Em A D

spie - len. Män-ner im Bau markt, cha cha cha wäh-rend drau-ßen die Frau parkt, la__ la la la

G A D

la kön-nen es ein-fach nicht las-sen, an den Schlan-gen vor den Kas-sen all die Schnäpp-chen an - zu - fas-sen.

Em A D

Da kauft Klaus für Ma - le - ne_ noch schnell den Klapp-stuhl oh - ne Leh - ne._

Bm Em A D 1.2.

Wer-ner kauft für Bet - ti - na den bill' gen Wer-kzeug-satz aus Chi - na. Hel-ge kauft für Ni

Spezialrefrain

3. Em A D

Män - ner, im Bau - markt muß die Frei - heit wohl gren - zen - los sein!

Em A D

Al-le Nä-gel al-le Schrau-ben sagt man, man muß ganz fest dran glau-ben und dann

G D A D

wür-de, was uns klein und wack-lig er-scheint, rie-sen-groß und bricht ein.

Pickingvorschlag

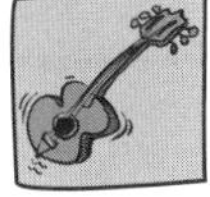

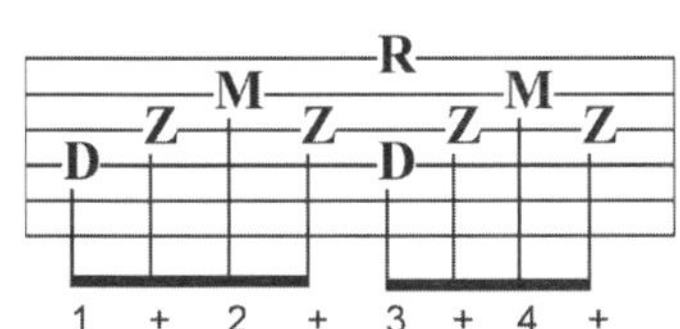

D
1. Sie hasten suchend durch die Enge endloser, düsterer Gänge,
Em
gehn verloren im Gedränge,
G A D A D
wie Hänsel und Gretel im Walde verirrt, ihr Blick voller Zweifel, ihr Sinn verwirrt.
G A
Sind sie ganz der Welt Entrückte, sind sie traurige Bedrückte,
Bm G Em
verzweifelte Gramgebückte, sind sie stumm verzückt Beglückte,
E^7 A
oder einfach nur Verrückte?

Refrain

Em A D
Männer im Baumarkt, während draußen die Frau parkt,
G A
stehn vor kleinen Monitoren mit offnem Mund und roten Ohren,
D Em A
lernen Fräsen, Schleifen, Bohren. Folgen wachsam der Belehrung,
D A Bm G A
wie man Winkelholz auf Gehrung sägt und wie man Zargen genau zargt -
D
Männer im Baumarkt.

D
2. Sie schieben große Einkaufswagen, müssen große Tüten tragen,
Em
müssen viele Fragen fragen.
G A
Sind stets auf der Suche nach dem nächsten Kick
D A D
mit diesem verwegnen Geht-nicht-gibt's-nicht-Blick
G A
bohrn sie furchtlos und behende Löcher in Tische und Wände,
D G E^7
überschwemmen, legen Brände und bringen nie etwas zu Ende -
A D
sind so kleine Hände!

Refrain

Em A D
Männer im Baumarkt, während draußen die Frau parkt,
G A
treibt unstillbares Verlangen, gierig mit glühenden Wangen
D
zu Kneif-, Flach- und zu Rohrzangen.
Em A D A
Kuscheln mit Gartengeräten, träumen vom Hacken und Jäten
Bm G A D
und, dass den Rasen die Frau harkt. Männer im Baumarkt.

F#7 Bm F#7 Bm
B. Sie sind Säger, sie sind Sammler, sie sind Jäger, sie sind Rammler,
A D
sie sind schräger, sie sind Stammler.
F#7 Bm G
Heimwerker sind sanfte Träumer, stille Steckenpferdaufzäumer,
F#7
nie den Arbeitsplatz Aufräumer.
Em A F#m Bm
Selten gelobt und bis heut nie besungen, fragen nicht nach Risiken und Nebenwirkungen,
Em A
belächelt, verspottet, verhöhnt von vielen,
G A
aber sie tun doch nichts - sie wolln doch nur spielen.

Refrain

Em A D
Männer im Baumarkt, während draußen die Frau parkt,
G A
können es einfach nicht lassen, an den Schlangen vor den Kassen
D
all die Schnäppchen anzufassen.
Em A D
Da kauft Klaus für Malene noch schnell den Klappstuhl ohne Lehne.
Bm Em A D
Werner kauft für Bettina den bill'gen Werkzeugsatz aus China.
Em A D
Helge kauft für Nicole die große Isolierbandrolle.
Em A D
Marco kauft für Maria diesen schicken Schraubenzieher.
Em A D
Bodo kauft für Belinda ein Sortiment Kabelbinder.
Bm Em A D
Reinhard kauft für Hella den Winkelschleifervorsatzteller!

Spezialrefrain

Em A D
Männer, im Baumarkt muss die Freiheit wohl grenzenlos sein!
Em A D
Alle Nägel alle Schrauben sagt man, man muss ganz fest dran glauben und dann
G D A D
würde, was uns klein und wacklig erscheint, riesengroß und - bricht ein.

Musikpolizei

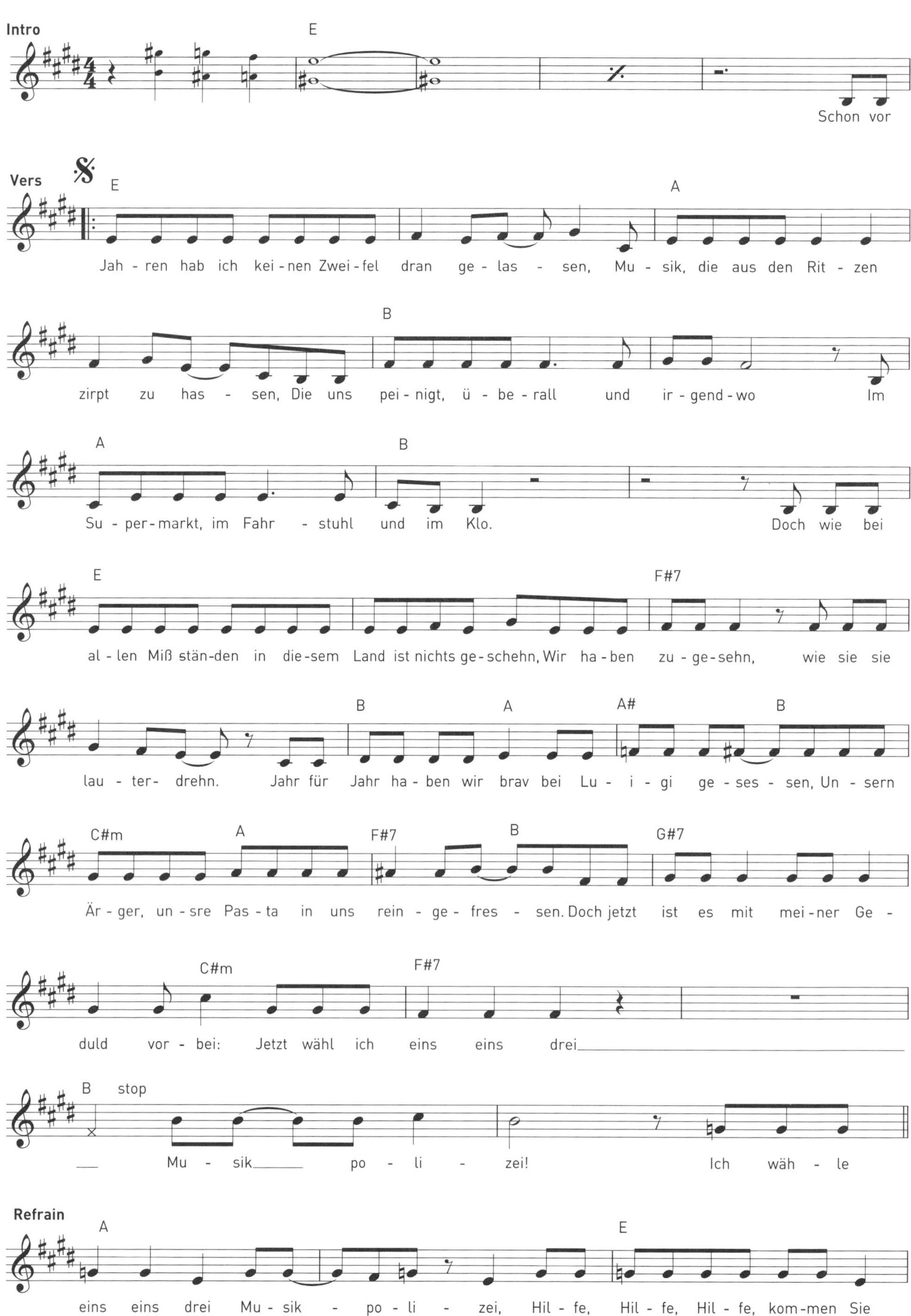

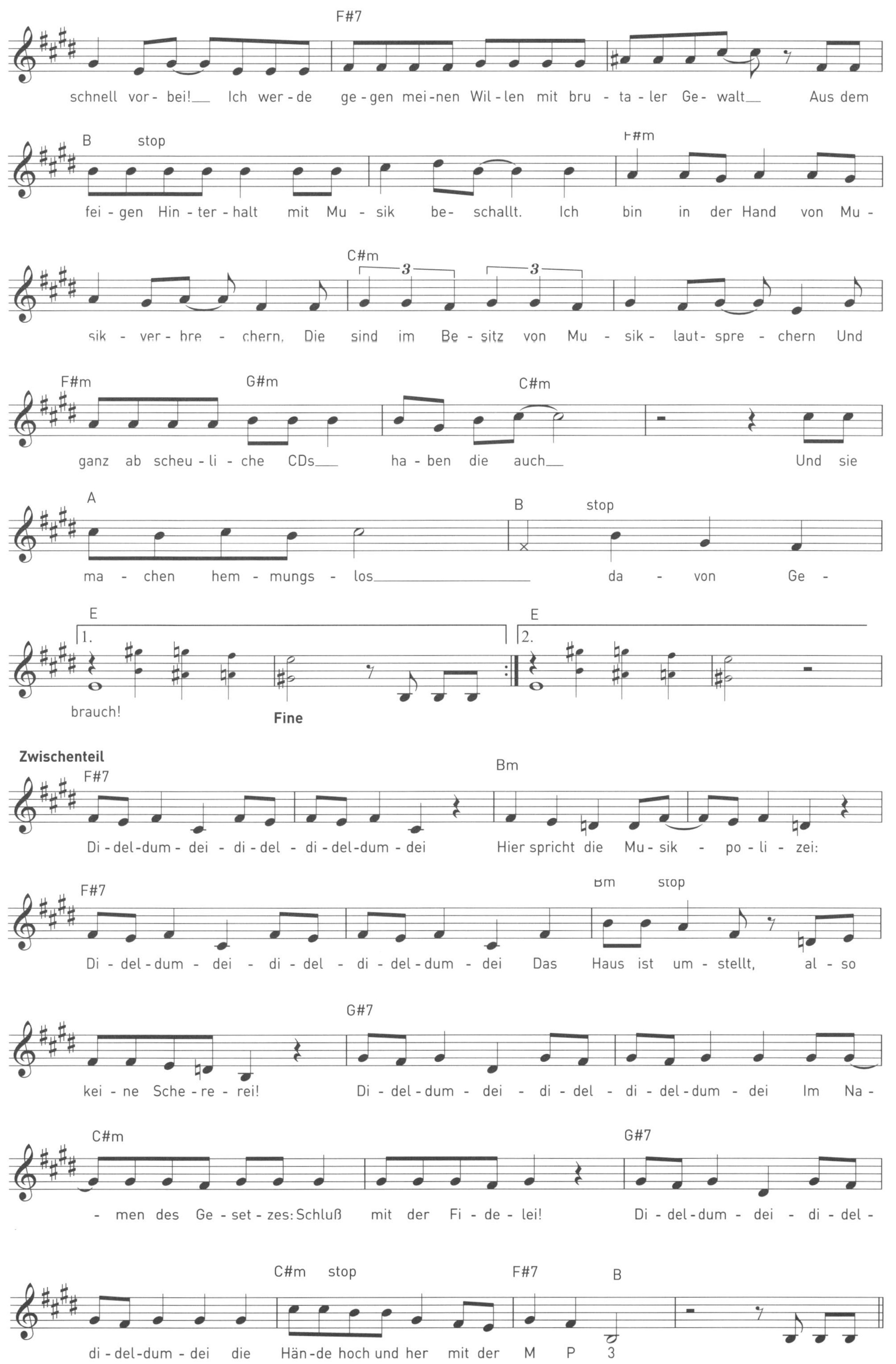

F#7
schnell vor- bei! Ich wer-de ge-gen mei-nen Wil-len mit bru - ta-ler Ge- walt Aus dem
B stop F#m
fei - gen Hin - ter - halt mit Mu - sik be- schallt. Ich bin in der Hand von Mu -
C#m
sik - ver- bre - chern. Die sind im Be - sitz von Mu - sik- laut- spre - chern Und
F#m G#m C#m
ganz ab scheu - li - che CDs ha - ben die auch Und sie
A B stop
ma - chen hem - mungs - los da - von Ge -
E E
1. 2.
brauch!
Fine
Zwischenteil
F#7 Bm
Di - del-dum - dei - di - del - di - del-dum - dei Hier spricht die Mu - sik - po - li - zei:
F#7 Bm stop
Di - del - dum - dei - di - del - di - del - dum - dei Das Haus ist um - stellt, al - so
G#7
kei - ne Sche - re - rei! Di - del - dum - dei - di - del - di - del - dum - dei Im Na -
C#m G#7
- men des Ge - set - zes: Schluß mit der Fi - de - lei! Di - del - dum - dei - di - del -
C#m stop F#7 B
di - del-dum - dei die Hän-de hoch und her mit der M P 3
D.S. al Fine

E
1. Schon vor Jahren hab ich keinen Zweifel dran gelassen,
A
Musik, die aus den Ritzen zirpt, zu hassen,
B
Die uns peinigt, überall und irgendwo
A B
Im Supermarkt, im Fahrstuhl und im Klo.
E
Doch wie bei allen Missständen in diesem Land ist nichts geschehn,
F♯7
Wir haben zugesehn, wie sie sie lauter drehn.
B A A♯ B
Jahr für Jahr haben wir brav bei Luigi gesessen,
C♯m A F♯7 B
Unsern Ärger, unsre Pasta in uns reingefressen.
G♯7 C♯m
Doch jetzt ist es mit meiner Geduld vorbei:
F♯7 B
Ich wähle 113 – Musikpolizei!

Refrain

A
Ich wähle 113 – Musikpolizei,
E
Hilfe, Hilfe, Hilfe, kommen Sie schnell vorbei!
F♯7
Ich werde gegen meinen Willen mit brutaler Gewalt
B
Aus dem feigen Hinterhalt mit Musik beschallt.
F♯m
Ich bin in der Hand von Musikverbrechern,
C♯m
Die sind im Besitz von Musiklautsprechern
F♯m G♯m C♯m
Und ganz abscheuliche CDs haben die auch
A B E
Und sie machen hemmungslos davon Gebrauch!

E
2. Wir sind zum Zwangshören verdammt, sie drohn mit Repressalien,
A
Sie bewerfen uns mit Musikfäkalien.
B
Jeder hat doch einen anderen Musikgeschmack,
A B
Doch sie packen uns alle in den gleichen Sack:

E
Also ich zum Beispiel will am liebsten gar nichts hörn

F♯7
Aber sie foltern mich mit den Fischer Chörn,

B A A♯ B
Und mancher hört gern Pavarotti, doch was kriegt er: Ramazotti

C♯m A F♯7 B
Und wer tatsächlich Ramazotti will, kriegt Helmut Lotti.

G♯7 C♯m
Doch jetzt spreng ich alle Ketten der Sklaverei ,

F♯7 B
Ich wähle 113 – Musikpolizei!

Refrain

A
Ich wähle 113 – Musikpolizei,

E
Hilfe, Hilfe, Hilfe, kommen Sie schnell vorbei!

F♯7
Sie spielen Volksmusik und jeder einzelne Ton

B
Davon verstößt gegen die Genfer Konvention.

F♯m
Schickt sofort ein SEK, um mich zu retten,

C♯m
Schießt das Radio aus und legt den Wirt in Ketten,

F♯m G♯m C♯m
Ich halte das Gejodel nicht mehr aus,

A B E
Ich bin ein Mensch, holt mich hier raus!

Zwischenteil

F♯7
Dideldumdumdideldideldumdei

Bm
Hier spricht die Musikpolizei:

F♯7
Dumdideldideldumdideldumdei,

Bm
Das Haus ist umstellt, also keine Schererei!

G♯7
Dideldumdumdideldideldumdei

C♯m
Im Namen des Gesetzes: Schluss mit der Fidelei!

G♯7
Dumdideldideldumdideldumdei,

C♯m F♯7 B
Hände hoch und her mit der MP 3!

E
3. Es fiept aus jeder Art von Öffnung, es dröhnt und dudelt,
A
Wir werden mit Musikausscheidungen besudelt.
B
Cui bono? Fragt der Kriminalist verdutzt,
A B
Wem nutzt es, dass man mit Musik die Umwelt verschmutzt?
E
Der Beschallungs-Industrie, die uns besetzt,
F#7
Der Musik-Mafia, die uns mit Gülle verätzt.
B A A# B
Keiner will sie, keiner braucht sie, jeder kriegt sie auf die Ohren,
C#m A F#7 B
Von Konstanz bis Flensburg ist das Vaterland verloren!
G#7 C#m
In jeder Kneipe, jedem Wartezimmer herrscht die Tyrannei -
F#7 B
Ich wähle 113 – Musikpolizei!

Refrain

A
Ich wähle 113 – Musikpolizei,
E
Hilfe, Hilfe, Hilfe, kommen Sie schnell vorbei!
F#7
Und schickt mir keinen Polizeiseelsorger ins Haus,
B
Sondern macht dem Plattenspieler den Garaus
F#m
Erlöst uns von dieser fiesen Plage,
C#m
Sprengt in Gottes Namen die Musikanlage,
F#m G#m C#m
Befreit uns und die Bundesrepublik
A B E
Von der Pest ungewollter Plätschermusik!

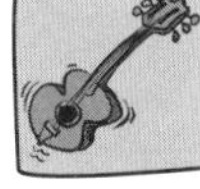

Pickingvorschlag

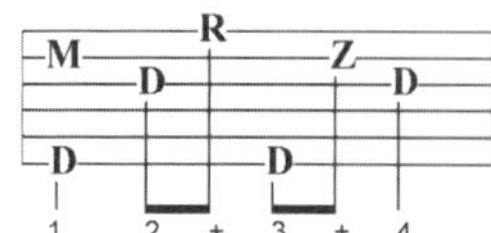